一本书讲透
税收筹划

蔡昌 等○著

TAX
PLANNING

中国人民大学出版社
·北京·

专家委员会

学术顾问

刘 桓（国务院参事，北京市政协委员，中央财经大学教授）
贺 强（全国政协委员，中央财经大学金融学院教授、博士生导师）
蓝逢辉（全国政协委员，中国注册税务师协会副会长）
倪红日（国务院发展研究中心原研究员）
刘剑文（中国法学会财税法学研究会会长，北京大学教授、博士生导师）
王雍君（中央财经大学政府预算研究中心主任、教授、博士生导师）
贾绍华（国家税务总局税务干部学院原院长，国务院政府特殊津贴专家）
焦瑞进（国家税务总局原副巡视员，中国税务学会学委会副秘书长）
蔡 磊（京东集团副总裁，中国国际商会税收委员会副主席）

专家委员

邓远军（中央财经大学税收筹划与法律研究中心副主任、研究员）
黄洁瑾（中央财经大学税收筹划与法律研究中心研究员、税务律师）
周 城（上海财经大学|上海国际银行金融学院执行院长）
梁志华（上海财经大学|上海国际银行金融学院副院长）
谢莉萍（上海财经大学|上海国际银行金融学院财税研究中心执行主任）
李为人（中国社会科学院大学商学院副院长、税务硕士教育中心副主任）
张云华（海南师范大学经济与管理学院副院长、教授）
郑立文（宁德师范学院经济管理学院党委书记、教授）
史娇艳（中国建筑装饰协会工业和信息化分会副秘书长）
王 荔（四川省知识产权服务与创新发展促进会会长）
易梅梅（中融煦日（北京）科技有限公司合伙人）
薛兴华（云帐房网络科技有限公司创始人兼首席执行官）
王 莹（云帐房网络科技有限公司产品事业部总经理）
胡万军（重庆众合共赢科技有限公司联合创始人）
徐 晨（重庆众合共赢科技有限公司联合创始人、税务总监）
金文龙（苏州瑞华云财务共享科技有限公司执行董事、注册会计师）
陈立清（苏州瑞华云财务共享科技有限公司副总经理）
余洪钢（江西太平洋宇洪建设有限公司董事长）
苏 正（上海华赫企业管理咨询（集团）有限公司董事长）
王 晖（上海华赫企业管理咨询（集团）有限公司合伙人）
梁玉萍（广东锦之源财税咨询有限公司创始人）
李锦荣（广东锦之源财税咨询有限公司总裁）
田 茵（深圳市聚丰源企业管理咨询有限公司合伙人）
杨卓翰（深圳市聚丰源企业管理咨询有限公司合伙人）
宋 玉（江西君浩晖帆税务师事务所有限公司所长）
谢 萍（福建凤竹财税管理咨询有限公司创始人）
王长东（菏泽江天联合会计师事务所（普通合伙）合伙人）
梁显华（菏泽江天联合会计师事务所（普通合伙）合伙人）
王 薇（四川国恒天策知识产权运营管理有限公司总裁）
戎燕茹（北京德和衡律师事务所资深律师）
凌 玲（广东宝城（前海）律师事务所资深律师）

前　言

一部人类税收史，就是一部避税与反避税较量的历史。没有避税的欲望和冲动，就没有反避税的动力和源泉，也就无从谈起税收的进步与社会的发展。

征税与纳税是一种永恒的、高智商的动态博弈对局。渔网理论就很好地刻画了征纳双方之间的微妙关系：渔民编织渔网出海打鱼。茫茫大海，风高浪急，总会出现一些鱼像过筛子一样漏掉。那么，该如何看待漏网之鱼呢？鱼之漏网，原因在于网而非鱼，鱼从网中钻出是鱼渴望生存的天性使然。渔民不应该埋怨鱼，而应该想办法修补好捕鱼之网。将渔网理论应用于避税领域，确实具有一定的法律意义：税法犹如一张大网，再结实的渔网都有网眼过大或破损之处，再完善的税法都有一定的缺陷和漏洞。有鉴于此，避税行为是纳税人对税收环境的反应和适应，体现着纳税人捕捉"税法漏洞"、挖掘"税收空间"的洞察力。更为重要的是，避税行为堪称税收公平与效率的"试金石"，纳税人的避税行为使政府意识到修补"税法之网"的迫切性，进而演变成一种税制变迁的推动力，引发税制的诱致性制度变迁。

"横看成岭侧成峰，远近高低各不同"，社会各界对避税的理解与认识也是如此。基于民法中的"私法自治"原则，纳税人因对税收利益的追求而采取法律允许的合法避税行为，这是纳税人享有的一项合法权益。税收法定原则确立了纳税人的合法避税权，而"私法自治"使这种权利成为现实，体现着纳税人的法律意识，也体现着民主、正义的税收契约精神。

本书以活泼的笔法、轻松幽默的语言，谈论合法避税与税收筹划的实操秘诀，传播依法纳税、科学筹划的理税思想。本书脉络清晰，文风隽永，是一部寓深刻哲理和复杂运作于一体的通俗简约之作。本书分法人篇、个人篇和案例篇分别论述，法人篇按照业务流程展开，个人篇按照涉税业务类型展开，案例篇详细解读筹划实战案例。本书提供了税收筹划知识架构与实战经验，引导大家理解和掌握合法避税与税收筹划的基本技术和方法。

本书由中央财经大学蔡昌教授任主编，初稿由主编所带领的研究团队共同完成。本书2015年初版（书名为《避税那些事儿》），受到广大读者的普遍好评，2021年应广大读者的要求，作者根据最新税制改革和社会经济环境变化，对本书进行大幅度增补与修订。为本书作出贡献的作者是王长东、梁显华、谢尧、王世超、张进、褚晓菲、杨琳、张渤雯、李艳红、马刘丁、王道庆（中国社会科学院大学）、蔡一炜（英国巴斯大学）、李劲微、朱凯达、冯宗齐、沈静、徐长拓、刘万敏、马燕妮、林淼、张聪、王永琦（中央财经大学）等。其中，蔡一炜撰写第二章，梁显华撰写第五章、第六章，王长东撰写第九章、第十章。由于社会经济环境千差万别，税收筹划实践变化无穷，限于时间和作者水平，本书必然存在不足之处，在此恳请读者朋友不吝赐教，为本书提出宝贵意见与建议（作者联系方式：caichang@126.com）。

  本书的专业审订得到学术顾问和专家委员会的大力支持与帮助，在此表示诚挚的谢意。还要特别感谢中央财经大学税收筹划与法律研究中心、上海财经大学|上海国际银行金融学院、中国社会科学院大学税务硕士教育中心、海南华宜财经研究院、海南师范大学经济与管理学院、中国建筑装饰协会工业和信息化分会、四川省知识产权服务与创新发展促进会、云帐房网络科技有限公司、融智华尔街（北京）创业投资有限责任公司、Tax100税百社区、昌泰税务书院、上海华赫企业管理咨询（集团）有限公司、上海霖泰大数据科技中心、广东锦之源财税咨询有限公司、苏州瑞华云财务共享科技有限公司、北京中经阳光税收筹划事务所有限公司、江西太平洋宇洪建设有限公司、深圳市聚丰源企业管理咨询有限公司、江西君浩晖帆税务师事务所有限公司、福建凤竹财税管理咨询有限公司、中融煦日（北京）科技有限公司、江西应用科技学院、菏泽江天联合会计师事务所（普通合伙）、四川国恒天策知识产权运营管理有限公司、

北京德和衡律师事务所等机构作为专业技术支持单位所给予的大力帮助。

本书引用的图片除特别标注之外均来自网络,鉴于引用时无法获知原创作者及出处,在此一并对原创作者表示感谢。

最后,希望本书能如夏日的一丝凉风,带给大家一份清新的感觉,同时带来一份敬畏税收的感悟和良知。

蔡 昌

2021年2月于北京

目 录
CONTENTS

法人篇

第一章 税从哪里来，又到哪里去 3

　第一节　避税："税收绿洲"孕育的"沙漠之狐"　3

　第二节　什么是真正意义上的避税　8

　第三节　合法避税思想与平台　25

　第四节　避税合理性之辩　29

　第五节　瞒天过海还是八仙过海

　　　　　——威士忌酒奇葩绽放　38

第二章 投资活动的税收筹划 42

　第一节　三百六十行　行行出状元——投资行业选择　43

　第二节　孔雀东南飞——投资地点选择　53

第三节　看我七十二变——出资形式选择　60

第四节　投资规模选择　76

第五节　公司组织形式选择　80

第六节　固定资产投资方式选择　85

第三章　**融资活动的税收筹划**　90

第一节　孰高孰低——资本结构的选择　91

第二节　固本培元——权益融资　93

第三节　借鸡生蛋——债务融资　96

第四节　外来的和尚会念经——租赁的税收筹划　105

第五节　转让商誉，节税秘籍

　　　　——商誉处理的税收筹划　113

第四章　**采购活动的税收筹划**　115

第一节　都是合同惹的祸　115

第二节　材料来源怎么选　120

第三节　我的运费，我做主　126

第四节　钞票与发票——发票的税收筹划　130

第五节　魔幻的"采购会"　133

第五章　**生产活动的税收筹划**　137

第一节　存货"计价史"——存货购进节税方法　137

第二节　资产"瘦身法"——利用折旧方法节税　140

第三节　小黄人的"加工厂"

　　　　——加工环节的税收筹划　149

第四节 我的研发，你不懂
——不同研发方法的税收筹划 152

第六章 销售活动的税收筹划 158

第一节 开动你的脑筋——收入的多元税收筹划思维 158

第二节 转让定价的魅力 171

第三节 捆绑销售的力量 174

第四节 "加量不加价"——你觉得上当了吗 180

第五节 折扣销售的节税招法 182

第六节 销售方式与结算方式的变换：
税收筹划的花样 191

第七节 爱信不信——返利和佣金也能玩节税 200

第八节 捐赠——掀开蒙娜丽莎的微笑面纱 211

第九节 大开眼界——销售活动的其他税收筹划方法 218

第七章 利润分配的税收筹划 228

第一节 企业利润形成的税收筹划 228

第二节 企业利润分配的税收筹划 235

第三节 利润分配的筹划秘密 242

第八章 资产重组的税收筹划 250

第一节 明修栈道，暗度陈仓——资产转移 250

第二节 条条大路通罗马——资产转让的秘密 255

第三节 股权交易也纳税——股权收购与股权转让 261

第四节 你拍我拍——股权置换 267

第五节 玩转七巧板——企业重组筹划 269

个人篇

第九章 个人收入的税收筹划 285
第一节 工资薪金的税收筹划 286

第二节 劳务报酬及稿酬的税收筹划 311

第三节 综合所得的税收筹划 315

第四节 财产所得的税收筹划 323

第五节 股权转让的税收筹划 334

第六节 个体工商户、合伙企业、个人独资企业的税收筹划 337

第十章 家庭理财的税收筹划 352
第一节 房产买卖与租赁的税收筹划 352

第二节 购买私家车的学问 365

第三节 家有存款如何节税 374

第四节 资产管理产品的税收筹划 378

第五节 老板，来份保险 388

第六节 捐赠筹划的巧方法 396

第七节 财产继承的税收筹划 398

第十一章　外籍个人与涉外税收筹划　402
　　第一节　外籍身份，撬动地球还是腿脚受限　402
　　第二节　海外派遣人员，必须分清前厅后院　413
　　第三节　个人境外投资，放长线钓大鱼　429

案例篇

第十二章　税收筹划实战案例精选　439
　　案例一　阿里巴巴 VIE 架构案例　439
　　案例二　CRS 新政下龙湖地产家族信托税案　463
　　案例三　蚂蚁集团如何开展税务规划　482
　　案例四　腾讯"组团作战"并购 Supercell 税案　501
　　案例五　宇洪大建安财税筹划平台案例　533

附录一　税收筹划前沿思想及其方法论　557

附录二　业财法税融合：理论框架与行动指南　574

参考文献　595

法人篇

詩人篇

第一章/*Chapter One*

税从哪里来，又到哪里去

第一节 避税："税收绿洲"孕育的"沙漠之狐"

据说，小到年薪 20 万元的白领，大到身家亿万美元的脸书（Facebook）创始人扎克伯格，其实都在想着同一件事——避税（如何规避个人所得税）。想来也是，自己辛苦一年，赚到的钱少了一些，搁谁那儿都不会乐意！于是，"避税"就成了近年风靡全球的热词。

作为一家大型跨国公司，谷歌公司（Google）的避税招法已经跨越国界，将其大量收入转移至"避税天堂"百慕大群岛。谷歌公司的避税操作可以用图 1-1 描绘。

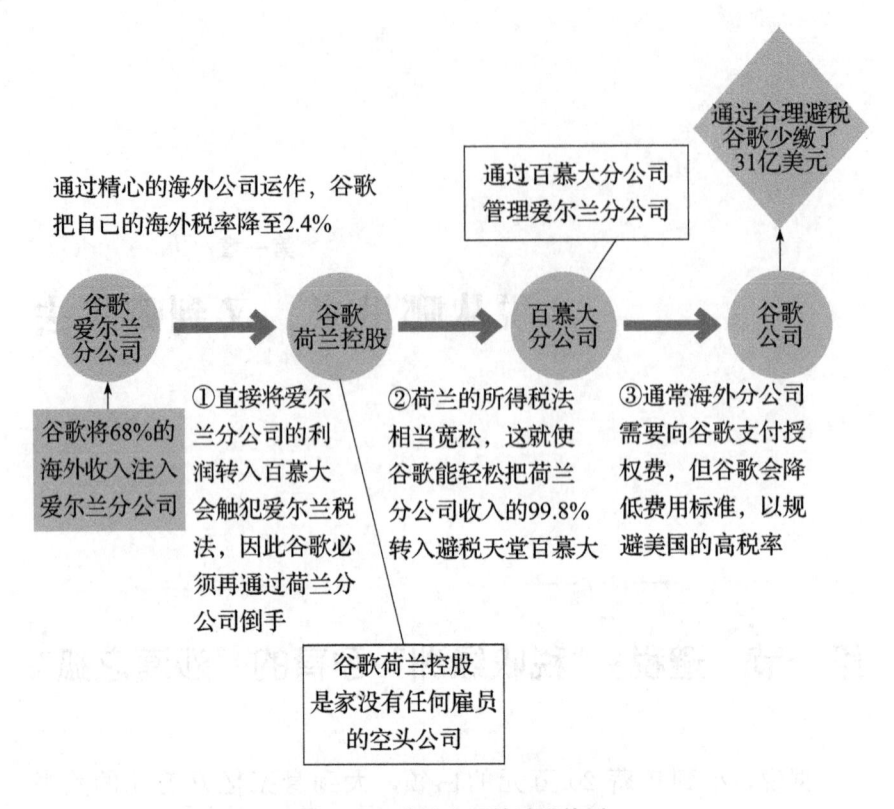

通过精心的海外公司运作，谷歌把自己的海外税率降至2.4%

通过百慕大分公司管理爱尔兰分公司

通过合理避税谷歌少缴了31亿美元

谷歌爱尔兰分公司 → 谷歌荷兰控股 → 百慕大分公司 → 谷歌公司

谷歌将68%的海外收入注入爱尔兰分公司

①直接将爱尔兰分公司的利润转入百慕大会触犯爱尔兰税法，因此谷歌必须再通过荷兰分公司倒手

②荷兰的所得税法相当宽松，这就使谷歌能轻松把荷兰分公司收入的99.8%转入避税天堂百慕大

③通常海外分公司需要向谷歌支付授权费，但谷歌会降低费用标准，以规避美国的高税率

谷歌荷兰控股是家没有任何雇员的空头公司

图1-1　谷歌公司的避税筹划

撒哈拉地区曾是一片雨量充沛、河川涌流、溪涧潺潺、草木繁茂的千里沃野，非洲人的祖先在这片原先适合农牧的土地上繁衍生息。传说远古时代的撒哈拉沙漠的地下有着丰富的水源，流淌着一条条地下河。这些地下河的水来自绿洲附近的高山。高山上积有厚厚的冰雪，夏季冰雪消融，雪水穿过山谷的缝隙流到沙漠的低谷地段，隐匿在地下的沙子和黏土层之间，形成地下河。这些地下水不

仅滋润了沙漠里的植物，也可供人畜饮用，给沙漠带来生机，形成了一个个绿洲。绿洲是浩瀚沙漠中的片片沃土，它就像是沙漠瀚海上美丽的珍珠，镶嵌在沙漠里，闪烁着神奇的色彩。

撒哈拉地区生存着一种阔耳大眼、体态轻盈灵巧、听力十分敏锐的动物——沙漠狐。沙漠狐非常耐干旱。有水的时候，它就猛喝一通；没有水时，它就靠猎物的血液来补充水分，维持生命。沙漠狐还会用前爪在沙地上刨一个坑，用鼻子把剩下的食物推进坑中埋好，等到缺少食物时再来食用。沙漠狐的洞穴一般都有几个出口，而且出口的地方都有伪装，有时连猎人也难以辨别，沙漠狐为了自身的生存在不懈地奋斗。

沙漠绿洲就好似市场经济背景下的中国"税收绿洲"，它给我们带来幸福安居的生活，带来社会进步、国防安全和经济发展。"税收绿洲"在不断地发展壮大，中国的市场经济蛋糕也越做越大，"税收绿洲"改善着市场经济的"生态环境"，保障了国家的可持续发展之源，滋养着我们的国家和人民。

纳税人则好似"沙漠之狐"，也会对"税收绿洲"产生一定的影响。有的"沙漠狐"坚持可持续发展战略，有的则是"今朝有酒今朝醉"，侵蚀着"沙漠绿洲"和"生态环境"。牧养的家畜越来越多，大片林地被烧毁，草原因过度放牧而日益退化，沙漠像死神一般在吞食沃土，"沙漠狐"还在沿用自有的生产和生活方式，破坏环境中水的平衡，无限制地消耗森林，过度猎杀牲畜，自毁家园。而逃税、偷税打破了"税收绿洲"的生态平衡关系，使得"绿洲"不断演变成茫茫沙漠。为了实现可持续发展，国家必须进行科学的税收规划，涵养税源，保护"税收绿洲"。在这样的大环境下，纳税人不应该去偷税、逃税，而应该进行科学的税收筹划。这样，既可以实现自己的生存发展，又能保护"税收绿洲"。只有坚持科学的税收筹划，"税收绿洲"和"沙漠之狐"才能和谐共处，实现可持续发展。

纳税人的避税关键在"避"字，它不同于"偷"或"逃"，具有一定的合理性与合法性。合法避税并不被认为是什么大的过错，法律上也无从追究。但"避"也是一个微妙的字眼，如果不能把握好尺度，和"偷""逃"扯上关系，势必会引来牢狱之灾。

合法避税也称为节税或税收筹划，是指纳税人根据政府的税收政策导向，通过经营模式和交易结构的安排，对纳税方案进行优化设计和选择，以减轻税收负担、取得正当税收利益的理财活动。

案例 1.1

跨国公司 A 的总部设在美国，并在英国、法国、中国分设 A_1，A_2，A_3 三家子公司。A_1 为在法国的 A_2 提供布料，假设有 1 000 匹布料，按 A_1 所在国的正常市场价格，成本为每匹 2 600 元。这批布料应以每匹 3 000 元出售给 A_2，再由 A_2 加工成服装后转售给中国的 A_3，A_2 利润率为 20%。各国税率水平分别为：英国 50%，法国 60%，中国 30%。A 跨国公司为规避一定税收，由 A_1 以每匹布 2 800 元的价格卖给中国的 A_3，再由 A_3 以每匹 3 400 元的价格转售给法国的 A_2，最后由法国的 A_2 按价格 3 600 元在该国市场出售。下面我们来分析这样做对各国税负的影响。

（1）在正常交易情况下的税负：

A_1 应纳所得税 $=(3\,000-2\,600)\times1\,000\times50\%=200\,000$（元）

A_2 应纳所得税 $=3\,000\times20\%\times1\,000\times60\%=360\,000$（元）

A 跨国公司应纳所得税额合计 $=200\,000+360\,000=560\,000$（元）

（2）在非正常交易情况下的税负：

A_1 应纳所得税 $=(2\,800-2\,600)\times1\,000\times50\%=100\,000$（元）

A_2 应纳所得税 $=(3\,600-3\,400)\times1\,000\times60\%=120\,000$（元）

A_3 应纳所得税 $=(3\,400-2\,800)\times1\,000\times30\%=180\,000$（元）

A 跨国公司应纳所得税额合计 $=100\,000+120\,000+180\,000$
$=400\,000$（元）

比正常交易节约税收额 $=560\,000-400\,000=160\,000$（元）

这种避税行为的发生主要是由于中、英、法三国税率差异的存在，这就给纳税人利用转让定价降低税负提供了条件。

可以说，只要各国之间，不同区域、不同时点的税收差异存在，纳税人就不可避免地会利用各国税法规定和税率水平的差异或税制的不完善之处，采用变更住所、转移资金、调节成本费用等各种公开、合法的手段，谋求最大限度地减轻国内或国际的纳税义务。合法避税的前提是在法律允许的范围内开展，因此国家不应反对，只能予以引导和保护。

第二节　什么是真正意义上的避税

美国参议院常设调查委员会（Senate Permanent Subcommittee on Investigations）在其于2013年5月发布的一份报告中称，总部位于加利福尼亚州库比蒂诺的科技巨头苹果公司（Apple）在过去4年里，利用一个"复杂的离岸实体网络"，为"原本属于应税离岸收益的440亿美元"避开了美国的税收。这份报告指出，为了避税，苹果公司设立了至少3个海外子公司，这些子公司并不是任何国家的"应税实体"。

2012年4月29日《纽约时报》刊登评论文章称，苹果公司作为一个窗口，让外界了解高科技公司是如何利用现有税收漏洞进行合理避税的。

苹果公司的支持者在回应这一观点时坚称，该公司采用的避税策略没有不合法的，也没什么不恰当，它只是在遵循与谷歌和微软等其他全球性高科技巨头遵循的游戏规则相同的规则而已。

2016年，欧盟委员会因苹果公司向爱尔兰政府支付的税款远低于其他企业，涉嫌非法逃税，起诉了苹果公司，并索赔130亿欧元。2020年7月15日，欧盟法院对苹果公司和爱尔兰政府的税案作出裁决：欧盟委员会没有提供足够的证据来证明爱尔兰政府违反了欧盟竞争法中的"禁止国家援助"条款，并将税收作为国家资源向苹果公司提供不正当的优惠待遇。因此，撤销2016年的相关裁定，苹果无须补缴爱尔兰 130 亿欧元的税款。至此，苹果公司与欧盟之间持续 4 年的税务纠纷以苹果公司胜诉而告终。

苹果公司全球财务策略的成功颇为鼓舞人心，并吸引了众多美国大型跨国公司的眼球。时至今日，逾百家美国著名跨国公司通过改头换面的方式或直接沿袭苹果公司的"爱尔兰面包片"财务战略，每年在全球成功节约超过百亿美元的巨额税款，包括谷歌、亚马逊、脸书、惠普和微软等全球知名跨国企业。

一、避税渊源追踪

（一）税收

古埃及是四大文明古国之一，古埃及人创造了灿烂无比的文化。古埃及人是因为税收才发明了文字。位于开罗南面 250 英里的阿比多斯曾是古埃及的皇家陵园。1985 年，著名考古学家德莱雅率领德国考古学会的一支探险队，在这里挖出了约 300 件仅比邮票大一点的陶瓷碎片、罐子和花瓶等文物。尤其令考古学家兴奋的是，通过对陶罐和花瓶上象形文字的破译，人们首次得出结论：文字的发明并非出于人类表达感情的需要，而是因为税收。这些碑铭记载了将亚麻布和油上缴给"蝎子一世"大帝作为税收的情况。德莱雅说："当'蝎子一世'大帝的版图不断扩张时，他就需要保留税收的记录。于是，就诞生了这些留在陶罐和花瓶上的象形文字。所以今天我们可以肯定地说，不是古人的创作诞生了文字，而是税收的产生导致了世界上最早文字的诞生。"

税收就是国家凭借其政治权力，按照法定的标准，向居民和经济组织强制地、无偿地征收用以向社会提供公共产品、公共服务的财政收入。政府代表社会履行了社会公共事务职能，向广大社会成员提供了生产资料、生活条件和设施，并产生了一定的社会费用，那么，政府就有权要求纳税人将一部分剩余产品补偿社会费用，即纳税人在平等地享受或消费了国家提供的公共产品、公共服务后，也有义务分担一部分社会费用。

（二）避税的历史

避税是随着税收的产生而产生的。有了国家的征税活动，才有纳税人的避税，当然也产生了政府部门的反避税。避税在人类历史上已经存在了几千年。人类社会经济发展到一定阶段出现了国家，国家为维持其自身的存在而需要公民缴纳费用，这就产生了最早的税收。随着经济社会的不断发展，税收在制度结构、征收形式、征收范围、法制程度等诸多方面均得到了很大的发展。

西汉元光六年（公元前129年），汉武帝下令"初算商车"，对商人所拥有的交通工具征税。元狩四年（公元前119年），又下诏"初算缗钱"，对商人的财产进行征税。对于这一重税，商人们大多采取不合作态度，设法瞒报财产进行避税。于是在元鼎三年（公元前114年），汉武帝下令"告缗"，发动天下平民告发偷税者，奖励额甚至达到偷逃税额的一半。史载该次行动遍及天下，历时5年，"得民财物以亿计，奴婢以千万数"。西汉政府同时没收了大量的私有土地，"大县数百顷，小县百余顷"，中等以上的商人大多因此破产。元封元年（公元前110年）之后，汉武帝逐渐停止了"告缗行动"。"告缗行动"暂时为西汉政府增加了大量的收入，巩固了中央政府的集权地位，但是该行动也严重地打击了商人势力，阻碍了汉朝商品经济的发展。

1932年，国民政府财政部为缉私征税，成立了武装税警总团，装备现代化武器，进行税收征缴与打击税务犯罪，后改为新38师，1941年该武装编入缅甸中国远征军，后改编为新一军。

1951年，中国共产党开展了"三反五反运动"，其中"一反"即"反偷税漏税"。

可见，避税与反避税是在相互博弈中不断发展的。事实上，在中世纪的欧洲和春秋时期的中国都出现了较为原始的避税行为，但具有划时代意义的避税行为是在资本主义商品经济出现和资本主义制度确立之后才有的。首先，资本主义的生产力建立在机器大工业、生产社会化、科学技术发达的基础上。在商品经济条件下，由于社会分工越来越细、各个商品生产者彼此既密切联系又展开竞争，因而各个商品生产者都不断加强生产经营管理，提高劳动生产率和降低成本，追求利润最大化，并使生产规模越来越大、社会经济活动的范围越来越广，乃至社会生产国际协作建立和加强，促进了社会经济的迅速发展与社会财富的快速增长。而国家职能的扩大又使国家通过税收占有社会财富的份额越来越多，税收制度及其征管的形式与内容也越来越丰富。其次，资本主义制度的确立废除了封建专制制度、等级制度和教会的神权统治，实行了资产阶级的民主制。

在此制度下，国家任何税种的征收都必须经过严格的立法程序，完成立法手续，各种税法只能由议会制定，君主或国家元首都不能擅自决定征税。税法一经颁布，上至总统下至平民，都必须按税法规定，依法纳税。相比以分散孤立、闭关自守的小农经济为基础的封建社会的专制征税，这是巨大的进步。也就是说，现代意义的避税与反避税必须建立在法制健全的市场经济基础之上。如果说市场经济是现代避税与反避税产生的经济基石，那么民主平等的原则和公民法律地位的确立就是现代避税与反避税存在的法律基石。

二、避税的概念

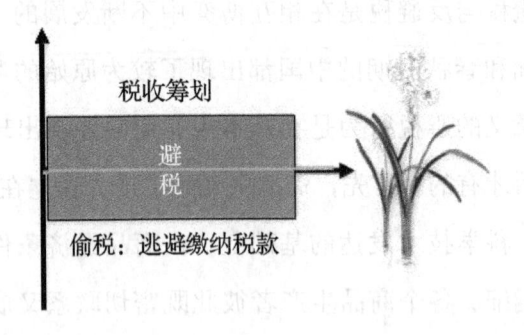

税收筹划
避税
偷税：逃避缴纳税款

（一）避税的定义

避税（tax avoidance）是指纳税人利用税法漏洞或税法允许的办法，在不违反税法规定的前提下，作出适当的财务安排或税收策划，以期达到减轻或解除税负的目的。

税务当局往往要根据避税情况所显示出的税法缺陷采取相应措施，对现有税法进行修改和纠正。所以，对避税问题的研究可以进一步完善国家税收制度，也有助于社会经济的进步和发展。

（二）避税的分类

1. 中性避税

这是一种利用现行税制中的税法漏洞或缺陷，或者利用税收政策在不同地区、不同时间的差异性，对经济活动进行周密策划和安排，从而将应税行为转变为非税行为，将高税负业务转变为低税负业务的税收规避方式。例如，企业合理挂靠科研机构，享受进口设备、技术免征进口环节关税、增值税的行为，就属于中性避税。

2. 灰色避税

这是一种通过改变经济活动的本来面目来达到少缴税款的目的，或者企业会计核算和纳税处理中所反映的信息不符合经济事实的避税行为。例如，业务招待费转化为工资薪金，工资薪金的隐瞒、分拆等故意规避税收行为即为此类。

（三）避税产生原因

（1）利益的驱动。在利益的驱动下，纳税人除了在成本费用上做文章外，也会打税收的主意，以期达到利益最大化目标。

（2）税收管辖权的选择和运用、税制要素、征税方法等方面存在差别，造成了税收的不公平性，这给避税行为提供了便利的外在条件。

（3）税收法律法规本身存在漏洞。由于纳税人定义的可变通性、课税对象的差别性、起征点与各国家（地区、区域）在税收上的优惠政策等，纳税人的主观避税愿望能够通过对现有政策的不足之处的利用得以实现。

（4）各国各地之间为了吸引外来投资，加快经济发展，以改善投资环境为由，出台优惠政策，牺牲税收利益，也在一定程度上为企业避税提供了便利条件。

由于这些因素的存在，我们建议纳税人坚持合法避税，进行科学的税收筹划。唯有如此，才既可以减轻纳税人的税收负担，增加纳税人的利益，又可以保障国家的税收利益。同时，合理避税更有助于政府和执法部门及时发现税法中存在的问题，进一步根据社会经济发展要求和税收征管实践健全税收立法、完善税制，建立健全的法制社会，推进我国的经济发展和社会进步。

三、合法避税

（一）合法避税的定义

纳税人根据国家税收政策的导向，通过对纳税方案的优化选择，精心安排自己的经济事务，获得正当税收效应，也称为税收筹划，其实质是纳税人合法的节税行为。

合法避税是纳税人在税法许可的范围内，通过不违法的手段对经营活动和财务活动精心安排，尽量满足税法条文所规定的条件，以达到减轻税收负担的目的，这也是纳税人进行的正常的税收筹划。当然，避税也不排除利用税法的某些漏洞或含糊之处来安排自己的经济活动，以减少自己所承担的纳税额。

合法避税是企业合理组织经营活动的一项重要内容。恰当履行纳税人义务，使纳税成本最低，通过合法避税提高企业财务管理水平和经营能力，这已经成为我国企业需要解决的问题。

企业进行合法避税的目标是降低成本，提高经济效益，使企业经济利润最大化。企业合法避税的前提条件是依法纳税，按照《中华人民共和国税收征收管理法》（简称《税收征收管理法》）及其细则和具体税种的法规条例，按时足额缴纳税款。只有在此基础上，才能进行合法避税，将合法避税作为企业的权利，受到法律和社会的认可。

（二）合法避税的特征

随着时代的进步、国家税法的不断完善，纳税人合法避税的方式越来越多，合法避税的特征也越来越明显。概括而言，合法避税主要具有以下四个鲜明的特征。

1. 合法性

避税只能在法律许可的范围内进行，那些违反法律法规规定、逃避税收义务的行为，属于违法的逃税行为。征纳关系是税收的基本关系，税收法律是处理征纳关系的基本准绳。纳税义务人要依法纳税，税务机关也要依法征税，这是毋庸置疑的。但是，在现实中，企业在遵守法律的情况下，常常也会存在多种纳税方案可以选择，企业可以通过决策选择税负较低的纳税方案，增加税后利润。

2. 筹划性

合法避税必须进行事先规划和安排。在现实的经济生活中，纳税义务通常具有滞后性：在企业交易行为发生后，才产生流转税纳税义务；在纳税人收益确认或实现分配后，才缴纳所得税；财产取得之后，才缴纳财产税。纳税义务的滞后性在客观上要求纳税人在纳税前进行合法筹划。另外，经营、投资和理财活动是多种多样的，税收政策则是有针对性的，纳税人和征税对象不同，税收待遇也往往不同，这就意味着纳税人可以选择较低的纳税方案。如果经营活动已经发生，应纳税额已经确定，此时再去谋划如何少缴税，那就不是税收筹划，而是偷税、逃税了。

3. 目的性

避税的目的是要取得"节税"的税收利益。这里有两层含义：一层含义是选择低税负，低税负就意味着低税收成本，意味着高资本回收率；另一层含义是滞延纳税时间（有别于违反税法规定的欠税行为），纳税期限的推后可能会减轻税收负担（如避免高边际税率），也可能降低资本成本（如减少利息支出）。不管属于哪一种，其结果都是税收支付额的节约，即实现节税效应。

4. 综合性

由于多种税基具有相互关联性，某税种税基缩减的同时会引起其他税种税基增大，或在某一个纳税期限内不缴、少缴，而可能会在另一个或几个纳税期内多缴。因此，合法避税还要综合考虑多个税种的关联性，不能只注重个别税种税负的降低，而要着眼于纳税人整体税负的减轻。

（三）合法避税要坚持的原则

1. 合法或不违法原则

纳税人进行合法避税，应该以现行税法及相关法律、国际惯例等为法律依据，在熟知税法的前提下利用税制构成要素的税负弹性进行合法避税，选择最优的纳税方案。合法避税的最基本原则或最基本特征是符合税法或者不违反税法，这是合法避税区别于偷税、逃税、欠税、抗税、骗税的关键。

2. 保护性原则

由于我国大部分税种的税率以及征收率是不统一的，有的税种还有不同的扣除率、退税率等，因此纳税人要避免多缴税，就需要综合考虑保护措施。比如，纳税人兼营不同税率的货物、劳务，在出口货物时，在同时经营应税与免税货物时，就需要按不同税率（退税率）分别设置账户、分开核算；在有混合销售行为时，要注意掌握计税原则。另外，由于增值税实行专用发票抵扣制，依法取得并认真审核、妥善保管专用发票至关重要。对纳税人来说，这些都是保护性措施。否则，不但不能减轻税负，还可能会加重税负。

3. 时效性原则

时效性原则体现在充分利用资金的时间价值上，如销售（营业）收入的确认、准予扣除项目的确认、增值税进项税额的确认与抵扣、销售与销项税额的确认、出口退税申报、减免税期限等，这些都有时效性的问题；再比如，程序性税法与实体性税法如有变动，遵循的"程序从新、实体从旧"原则也是时效性问题。

4. 综合性原则

在进行某一税种的合法避税时，还要考虑与之有关的其他税种的税负效应，进行整体筹划，综合衡量，以寻求整体税负最轻、长期税负最轻，防止顾此失彼、前轻后重，着眼于纳税人整体税负的轻重。

5. 成本效益原则

合法避税的初衷是降低财务成本，实现利润最大化。在税收筹划过程中，如果一项纳税方案的取得成本及实施成本超过其所带来的经济效益，则违背了合法避税的初衷，这样的方案应不予采纳。

（四）合法避税的方法

1. 利用"预提费用"账户进行避税

按照现行会计制度的规定，"预提费用"账户核算企业预先提取、计入当期成本费用中，而在以后可能发生的大额费用，如预提的修理费等。费用预提时，直接增加制造费用、管理费用、财务费用等，但不需要以正式支付凭证为依据入账，待实际发生费用时再从预提费用中列支。企业正是看中了这一点。为减少本期应纳所得税税额，在使用"预提费用"账户时，一些企业会人为地扩大预提费用的计提范围，提高计提标准。然而需要提醒读者注意的是，预提费用虽然预先提取出来，预留未来使用，但并未实际支付，若要在企业所得税税前列支，则必须在未来期间取得相应的费用发票。

2. 利用租赁进行避税

一般情况下，某些企业的自有设备在一定时期内可能会处于闲置状态，而另一些企业短期内又急需这些设备。在这种情况下，双方可以融通一下，以临时性的方式满足后者的需求，即经营性租赁。无论对承租人还是出租人来说，通过租赁都可获得益处，少缴所得税。对承租人而言，因其在经营活动中要支付租金，可冲减其利润；对出租人而言，租金收入要比一般经营收入享受更为优惠的税收待遇，有利于税负的减轻。

国际上惯用的避税手段是，高税国的公司购置一项资产，并将其以可能达到的最低价格租赁给低税国或无税国的一家联营公司，后者再以尽可能高的价格租给另一家联营公司，这样将收入转移到低税国或无税国，从而获得少缴所得税的好处。在一国之内表现为出租人和承租人属同一利益集团或事先达成协议的不同利益集团，租赁可使它们之间直接且公开地将资产从一个企业转向另一个企业，最终使利益集团所享受的待遇最为优惠，税负最低。

3. 利用固定资产避税

固定资产的安装费用属于固定资产原值的组成部分，当企业购入需要安装的固定资产时，应将安装费计入固定资产原值，然后按规定的折旧计提方法，逐步收回原值。但企业为了加速折扣，使固定资产的折旧额早日计入成本，早日收回固定资产投资，降低本期利润，少缴所得税，便将固定资产的安装费用以维修费用的名义直接记入"制造费用"账户，通过制造费用的分配增加生产成本，从而减少本期应缴纳的所得税。

4. 利用转移定价避税

转移定价法是企业避税的基本方法之一，它是指在经济活动中有关联的企业双方为了分摊利润或转移利润而在产品交换或买卖过程中，不是按照市场公平价格，而是根据企业间的共同利益进行产品定价的方法。采用这种定价方法，产品的转让价格可以高于或低于市场公平价格，以达到少纳税甚至不纳税的目的。

转移定价避税方式一般适用于税率有差异的关联企业。通过转移定价，税率高的企业的部分利润转移到税率低的企业，最终两家企业的纳税总额减少。

案例 1.2

某公司 A 将总部设在沿海经济特区，享受 15% 的所得税税率优惠。其产品生产由 A 公司设在内地的 B 公司完成，B 公司适用 25% 的所得税税率。A 公司每年从 B 公司购进产品 100 万件对国外销售，进价每件 6.8 元，售价每件 8.3 元。这种产品的生产成本为 5.2 元/

件，那么这两家公司的利润与应缴税款就十分明显了：

A公司年利润额＝(8.3－6.8)×100＝150(万元)

A公司应纳所得税＝150×15％＝22.5(万元)

B公司年利润额＝(6.8－5.2)×100＝160(万元)

B公司应纳所得税＝160×25％＝40(万元)

A,B两公司总共缴纳企业所得税＝22.5＋40＝62.5(万元)

出于避税的目的，可以将税率高的B公司的部分利润转移到A公司。假设A公司从B公司购进产品的单价为6元，仍以8.3元售出，则

A公司年利润额＝(8.3－6)×100＝230(万元)

A公司应纳所得税＝230×15％＝34.5(万元)

B公司年利润额＝(6－5.2)×100＝80(万元)

B公司应纳所得税＝80×25％＝20(万元)

A,B两公司共需缴纳企业所得税＝34.5＋20＝54.5(万元)

这里分析一下A，B两家公司在利润发生转移前后的变化情况。利润转移前两公司年利润总和为：150＋160＝310（万元）；而利润转移后的总利润为：230＋80＝310（万元）。在利润转移前后，两家公司的总利润是相等的，只是在采用转移定价后，两家公司应该缴纳的所得税减少了62.5－54.5＝8（万元）。可以说，只要企业能找到两个税率相差较大的地区，那么在这两家企业间进行贸易和合作，贸易的额度越大，所能节省的税收也就越多。

5. 利用费用分摊避税

企业生产经营过程中发生的各项费用要按一定的方法摊入成本。费用分摊就是指企业在保证费用必要支出的前提下，想方设法从账目中找到平衡，使费用尽可能多地摊入成本，从而最大限度地避税。

企业常用的费用分摊方式一般包括实际费用分摊、平均摊销和不规则摊销等。无论采用哪一种分摊方式，只要让费用尽早地摊入成本，并且早期摊入成本的费用越多，就越能最大限度地达到避税的目的。至于哪一种分摊方法最有助于企业实现最大限度地避税的目的，需要根据预期费用发生的时间及数额进行计算、分析和比较之后才能确定。

6. 利用筹资手段避税

所谓利用筹资手段避税，就是利用一定的筹资手段，实现资金费用的税前扣除，从而控制企业税负水平，提高利润率的筹划方法。一般说来，企业生产经营所需资金主要有四个渠道：（1）自我积累；（2）借贷（从金融机构贷款或发行债券）；（3）公司员工集资或民间借贷；（4）发行股票或进行股权融资。这里，自我积累的资金是企业税后分配的利润，而股票发行应该支付的股利也是税后利润分配的一种方式，二者都不能抵减当期应缴纳的所得税，因而达不到避税的目的。而从金融机构贷款以及符合条件的公司员工集资或民间借贷能够提供合规利息发票的利息支出允许从税前利润中扣减，从而实现避税的目的。

7. 用足税收优惠政策

税法以法律的形式规定了各种税收优惠政策，比如，高新技术开发区里经过认定的高新技术企业减按15%的税率征收所得税；新办的高新技术企业从投产年度起免征所得税2年；利用"三废"作为主要原料的企业可在5年内减征或免征所得税；等等。企业应该加强对税收优惠政策的研究，力争经过收入调整享受各种税收优惠政策，最大限度地避税，壮大企业实力。

8. 利用避税绿洲

凡是在经济特区、沿海经济开发区和经济技术开发区认定的高新技术产业区、保税区设立的生产、经营、服务型企业和从事高新技术开发的企业，都可享受较大幅度的税收优惠。中小企业在选择投资地点时，可以有目的地选择以上特定区域从事投资和生产经营，从而享有更多的税收优惠。

9. 利用税收政策的差异性避税

利用国与国之间、地区与地区之间的税负差异避税，如经济特区、经济技术开发区等；利用行业税负差异避税，如生产性企业、商贸企业、外贸出口企业等；利用不同纳税主体的税负差异避税，如内外资企业、民政福利企业等；利用不同投资方向进行避税，如高新技术企业等；利用组织形式的改变避税，如分设、合并、新办企业等；通过改变自身现有条件享受低税收政策，如改变企业性质、改变产品构成、改变从业人员身份构成等。

案例1.3

赵先生是一名装潢设计师，202×年利用业余时间为一家公司提供装潢设计服务,每月获得劳务报酬 8 000 元,为了获得该 8 000 元的劳务报酬,赵先生每月需要支付往返车费 200 元、材料费 1 000 元。

筹划前,赵先生 202×年度应缴纳的个人所得税为:

应纳个人所得税=8 000×(1−20%)×20%×12=15 360(元)

税收筹划后,赵先生成立了一家个人独资企业,该企业专门为这家公司提供装潢服务,其他条件不变。根据个人独资企业投资者个人所得税的计算原则,个人独资企业投资者的全年应纳税所得额是以每一纳税年度的收入总额减除成本、费用以及损失后的余额。所以赵先生 202×年度的总收入为 96 000 元（8 000×12）,总成本为 14 400 元［(200＋1 000)×12］,赵先生作为投资者,其个人费用可以扣除 60 000 元,则 202×年度赵先生应缴纳的个人所得税为:

应纳税所得额=96 000−14 400−60 000=21 600(元)

应纳个人所得税=21 600×5%=1 080(元)

通过税收筹划,赵先生可以少缴纳个人所得税 14 280 元（15 360−1 080）。

---

10. 运用电子商务避税

电子商务是指交易双方利用国际互联网、局域网等进行商品和劳务交易。电子商务活动具有交易无国籍无地域性、交易人员隐蔽性、交易场所虚拟化、交易信息载体数字化、交易商品来源模糊性等特征。电子商务给避税提供了更安全隐蔽的环境。企业可以利用电子商务的隐蔽性，避免成为常设机构和居民企业；企业也可以利用电子商务的快速流动性，虚拟避税地营业，避免缴纳所得税、增值税和消费税；企业还可以利用电子商务对税基的侵蚀性，通过隐蔽进出口货物交易和劳务数量，避免缴纳关税。但这些避税操作在全球反避税趋势下存在一定的税务风险。

合法避税不同于偷税、逃税，它不是对法律的违背和践踏，而是以尊重税法、遵守税法为前提，以对法律和税收的详尽理解、分析和研究为基础，是对现有税法不完善及其特有缺陷的发现和利用。对纳税人来说，理解、分析和研究合法避税并不断实践，不仅可以直接给纳税人带来经济利益和货币收入，使他们创造的商品价值和商业利润有更多的部分合法留归纳税人自己，而且能够帮助纳税人正确树立法制观念和依法纳税意识，从而提高纳税人素质。

第三节　合法避税思想与平台

要实现合法避税，纳税人必须进行精细的税收筹划，这也是国家所鼓励的。同时，合法避税对企业自身的发展、对社会的影响也是积极正面的。而合法避税大多需要税前筹划，通过利用我国税法的一些优惠政策、漏洞及不足来进行会计处理，从而达到避税目的。

一、合法避税的原理

企业合法避税有很多具体操作方法，但这些方法大多是在以下五大原理的指导下实施的。

（一）价格平台原理

价格平台原理是指纳税人利用市场经济中经济主体的自由定价权，以价格的上下浮动作为税收筹划的操作空间，其核心内容是转让定价。转让定价是指在经济活动中，有经济联系的企业各方为均摊利润或转移利润而在产品交换或买卖过程中，不是依照市场买卖规则和市场价格进行交易，而是根据它们之间的共同利益，或为了最大限度地维护它们之间的收入进行的产品或非产品转让。在这种转让中，凡是发生由业务关系决定价格的行为，多半是以少纳税为目的的交易。

（二）优惠平台原理

优惠平台原理是指纳税人进行的税收筹划是凭借国家税法规定的相关优惠政策形成的一种操作空间。它在日常经济生活中广泛地被纳税人运用，也是税收筹划平台原理中重要的一种。利用税收优惠政策进行的税收筹划是伴随着国家税收优惠政策的出台而产生的。

（三）规避平台原理

规避平台原理是建立在临界点基础上的，其税收筹划目标也集中指向这些临界点。在我国税制中，税率分级有临界点，优惠分级等也有临界点。所以，规避平台的对象较多，应用也比较普遍。规避平台具有其存在的合理性，也更具公开性。规避平台中的临界点是立法者意图的体现。要平衡税负，提高效率，促进国民经济发展，没有差别待遇不行，没有临界点的界定将使经济秩序紊乱不堪。

（四）弹性平台原理

弹性平台原理是指利用税法中税率的幅度来达到减轻税负效果的策划行为。税收讲究公平与效率两大原则，不同的客观情况要求不同的税收政策，税率正是体现税收调节政策的核心。正是税率幅度的存在，为弹性平台提供了法律许可的依据。实务中，弹性平台筹划还可以分为两种幅度：一是优惠鼓励方面的幅度，如优惠税率的幅度、减税额的幅度和扣除额的幅度等，这些在我国税制中普遍存在；二是惩罚限制方面的幅度，如加成比例、处罚款项等，此种幅度对于将损失减到最少的税收筹划具有重大意义。

（五）空白平台原理

空白平台原理是税收筹划中新兴的研究领域，是指利用税法空白进行的一种税收筹划操作。税法空白是指税法中对一些涉税业务没有明确规定，或存在根本没有规定的情形。通过空白平台原理筹划节税，是纳税人合法避税的重要方式。

二、合法避税与木桶原理

木桶原理是由美国管理学家彼得提出的。由多块木板构成的水桶，其价值在于其盛水量的多少，但决定水桶盛水量多少的关键因素不是其最长的板块，而是其最短的板块。这就是说，任何组织可能都面临着一个共同问题，即构成组织的各个部分往往是优劣不齐的，而劣势部分往往决定整个组织的水平。

木桶原理启发我们对构成一个系统的各个要素统一思考。企业的合法避税筹划也是一项系统工程，必须从整体上考虑和设计，而不能单独围绕一个税种进行，比如流转税和所得税在计算时存在一定程度的交叉，企业所得税和个人所得税也存在交叉。此外，合法避税不仅是财务部门的工作，还涉及许多职能部门，企业必须从整体角度看待合法避税。

木桶原理认为，只有当组成木桶的木板都一样长时，这些木板才能发挥最大效能，这只木桶才会达到最大容量。如何才能处理好"长板"与"短板"的关系，使税收筹划在决策、实施、检验等各个环节都有序运转呢？税收筹划是一项系统性的活动，纳税人要注意筹划方式，合理选择筹划技巧，扬长避短。在当前形势下，企业的关键是保持"长板"的优势，不断加强对税收筹划操作的研究、实践；税收筹划还要从整体出发，注重薄弱环节，克服缺陷，突破瓶颈。与此同时，纳税人还要尽量避开"短板"劣势，取长补短，发挥自身优势，降低税收筹划风险。

第四节 避税合理性之辩

一般来说，避税可以认为是纳税人采取某种利用法律的漏洞或含糊之处的方式来安排自己的事务，以减少其本应承担的纳税数额，而这种做法实际上并没有违法。虽然避税行为可能被认为是不道德的，但避税所使用的方式是合法的，而且纳税人的行为不具有欺诈的性质。[1]

案例1.4

世界上最赚钱的体育联盟——美国职业篮球联盟（NBA）的球员工资足以笑傲整个体育界。但是美国个人所得税比较高，球星们会想尽一切方法来合理避税：无论是更换国籍，还是更换申办纳税的地点。其中，最有效和最普遍的是采用不在美国本土定居的方式以求少缴税款，而更为精明的是以与政府签订协议的方式来换取少缴税的条件。

马刺队的当家球星蒂姆·邓肯为了少缴纳个人所得税，与他的故乡——美属维尔京群岛政府签订了一份协议。根据协议要求，邓肯每年将参加3项该地区的官方广告活动，连续15年。美属维尔京群岛可以借助邓肯的个人影响力来提高加勒比海地区的知名度，通

---

[1] 联合国秘书处国际经济社会事务部. 发达国家与发展中国家之间谈判双边税收条约手册. 1979：22.

过发展当地旅游业偿还近 10 亿美元的债务。作为回报，邓肯可以少缴税。与在美国本土需要缴纳的巨额税负相比，在美属维尔京群岛的税负可以低至忽略不计。除了收入得到保障，邓肯的公司——T.D 有限公司在体育酒吧业务和出口贸易上同样享受到了低额税负的待遇。

一、合法避税是纳税人应有的权益

在法治社会中，纳税人的权利应是具体的设立权、发展权、人权、财权、物权、借贷权、经营决策权、产品开发权以及税收筹划权等。这些权利以及相应的利益是企业权益中实实在在的内容，也是企业权益得以体现的本质规定。

合法避税是企业对社会赋予其权利的具体运用。纳税人在法律允许或不违反税法的前提下，有从事经济活动、获取收益的权利，有选择生存与发展、兼并与破产的权利。税收筹划所取得的收益当属企业的合法收益，它不应因企业的所有制性质、组织形式、经营状况、贡献大小不同而有所区别。反对企业正当的避税活动，恰恰助长了偷税、逃税及抗税等违法行为。因此，鼓励企业依法纳税、遵守税法的最明智的办法是让企业（纳税人）充分享受其应有的权利，其中包括合法避税，而不是剥夺其权利，促使其走向违法之路。可以说，合法避税对完善税法，最大限度地避免和减少涉税犯罪，提高纳税人乃至全民的税收法律意识都有重要的意义。

合法避税是纳税人在履行纳税义务的前提下从事的经济活动，它没有也不会减除法律规定的各项义务。合法避税活动都不是对法定义务的抵制和对抗，因此它理应受到法律的保护。同时，避税也是纳税者应当享有的权利，即纳税者有权依据法律上"非不允许"及未规定的内容进行选择和采取行动，并且这种选择和所采取的行动也应该受到法律的保护。

从世界各国的情况来看，避税都享有合法地位，各国政府对待避税的态度从来不是借助行政命令、政策及道德的力量予以消除和减少，而是通过调整、修正、改进税法等方式实施一系列反避税的法律措施，从而加速和促进税法的建设和完善。没有哪个国家靠非法律措施来应对避税行为，也没有哪个国家仅仅因为舆论的不满而制裁避税者。

二、反对恶性避税和保护合法避税是政府的重要权力

反对恶性避税是全世界都拥护的正义行为，不论实施恶性避税

的相关机构或当事人是谁，都会受到舆论的谴责和法律的惩戒。2005年8月26日，四大会计师事务所之一的毕马威（KPMG）在位于纽约的地方初审法庭公开承认向客户兜售"恶性避税"服务，并同意支付4.56亿美元和解。按2004年毕马威1524名美国在册合伙人计算，人均需支付约30万美元。该案所涉及的8名前税务合伙人和1名律师将另案受到起诉。由此，一度沸沸扬扬的毕马威遭刑事起诉事件终于尘埃落定。

案例分析

一、瑞幸咖啡自曝家丑是无奈之举

从图1-2来看，瑞幸咖啡自曝22亿元财务造假并非空穴来风，而是由于公司经营业务和财务数据出现严重不匹配的情况被迫采取的手段，以期减少或控制公司进一步的损失。另一个关键的时间点在于近期多家企业接连公布2019年度的财务报告，瑞幸咖啡处于十分尴尬的节点，为顺利披露年度财务报告，只能选择自曝家丑。

二、从商业模式分析瑞幸咖啡财务造假

瑞幸咖啡创立之初要引领国产咖啡走不同的道路，以低价且高端的品质获得消费者青睐，并不断快速拓展全国门店，目前已在全国设立5000余家门店，门店数迅速超过星巴克。瑞幸咖啡的经营理念是培养中国人喝咖啡的习惯，让喝咖啡成为日常的生活行为。正是这一经营理念让投资人、消费者眼前一亮，吸引了众多的资本投

第一章 税从哪里来，又到哪里去

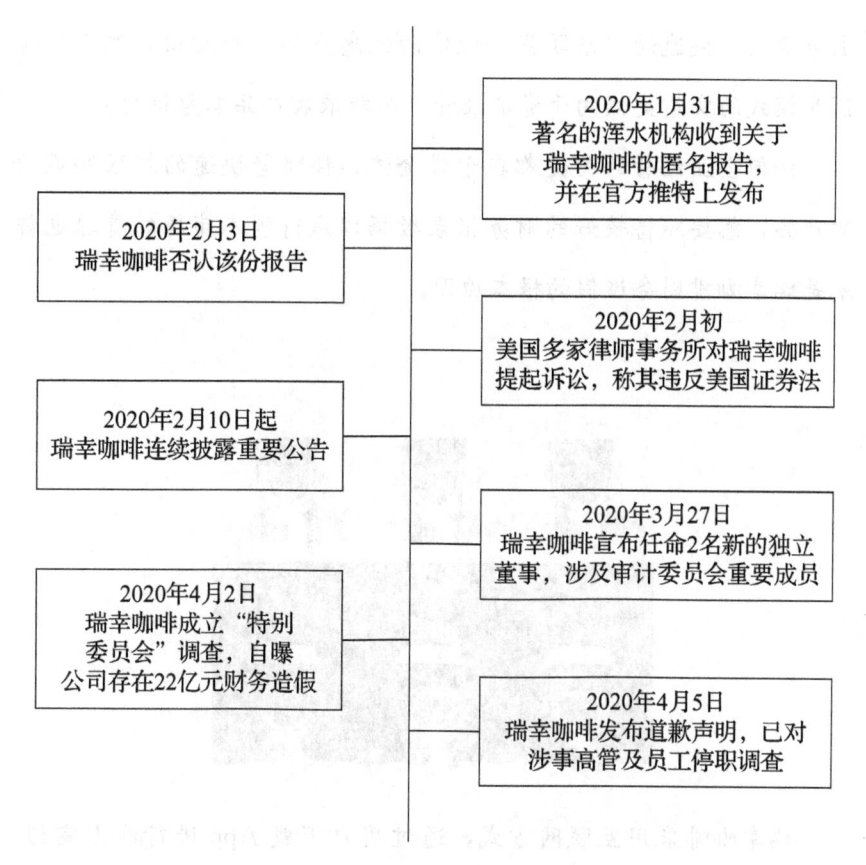

```
                                      2020年1月31日
                                      著名的浑水机构收到关于
                                      瑞幸咖啡的匿名报告，
                                      并在官方推特上发布

2020年2月3日
瑞幸咖啡否认该份报告

                                      2020年2月初
                                      美国多家律师事务所对瑞幸咖啡
                                      提起诉讼，称其违反美国证券法

2020年2月10日起
瑞幸咖啡连续披露重要公告

                                      2020年3月27日
                                      瑞幸咖啡宣布任命2名新的独立
                                      董事，涉及审计委员会重要成员

2020年4月2日
瑞幸咖啡成立"特别
委员会"调查，自曝
公司存在22亿元财务造假

                                      2020年4月5日
                                      瑞幸咖啡发布道歉声明，已对
                                      涉事高管及员工停职调查
```

图 1-2 瑞幸财务造假事件时间线

资，瑞幸咖啡快速完成美股上市，并且迅速拓展国内门店，获得了大批消费者的支持。瑞幸咖啡在前期确实幸运，但为何走到自曝家丑这一步，这与其商业模式密不可分。

瑞幸咖啡上市只用了短短17个月的时间，创下美股上市最短时间纪录。"打折"是瑞幸咖啡的标签，经营门店数量多、增长快、面积小是其特色，由此营造的咖啡文化是瑞幸咖啡的卖点。从急切的上市步伐、快速的门店扩张、低价的优惠产品不难看出，瑞幸咖啡商业模式的实质更倾向于资本经营，而非依靠产品本身获利。

任何企业经营的关键都在于资金流，伴随着快速的扩张和低价的产品，想要维持较好的财务报表数据以赢得资本市场的青睐也许就是瑞幸咖啡财务造假的根本原因。

瑞幸咖啡采用互联网方式，通过用户下载 App 进行线上宣传、线上点单、优惠券发放完成对用户的宣传和服务，并且扩大品牌营销，提升产品知名度，由此形成了一种新兴的零售模式，即借助互联网平台，分析用户消费形成的大数据，针对不同的用户提供相应的服务。"线上下单+线下自提"的方式逐渐被广大消费者认可，定期赠送的优惠券不断加大用户对品牌的黏性，前期的价格优惠不断提升品牌的增值效应。

值得我们思考的是，为什么滴滴打车、拼多多等商业模式的前期价格优惠可以顺利支持企业完成品牌宣传和市场占领，而瑞幸咖啡却到了自曝家丑的境地呢？这多半还是由于瑞幸咖啡上市速度过快，拓展门店的速度惊人，过快过急使瑞幸咖啡的客户黏性和相关产品拓展远未达到支持快速扩张的要求。互联网平台只是经营的方式，品牌影响力和产品认可度是瑞幸咖啡商业模式的基础，在此基础之上的资本经营和商业模式才能正常运转。瑞幸咖啡于2019年5月上市，在上市后几个月内就开始财务数据造假，这反映出瑞幸咖啡的商业模式在短期内并不能顺利实现。为了营造资本市场良好表现的假象，瑞幸咖啡进行了财务数据造假，给自身的长远发展带来了巨大的影响。

三、瑞幸咖啡采用的营销方式

1. 裂变营销

裂变营销的核心是应用App客户端吸引首批消费者，给予消费者优惠，再借助产品分享不断引流。瑞幸咖啡在写字楼、电梯间投放广告，利用其品牌理念和产品形象吸引首批用户。

2. 首单免费

瑞幸咖啡的用户只要下载手机App并注册，就可以享受首单免费的优惠，这是裂变营销的关键环节，同时用户会获得多张优惠券。

3. 拉新奖励

注册成功后，用户可以通过赠送好友一杯咖啡的方式再得一杯咖啡，这样会产生连锁反应，通过用户的社交圈使瑞幸咖啡的知名度得以提升。

4. 优惠券

用户会不定期地收到瑞幸咖啡的优惠券，消费之后优惠券会继续填补，同时优惠券有时间限制，以激励用户高频次消费。

通过上述营销方式，瑞幸咖啡获得了快速的扩张，也付出了巨额的价格补贴支出，在一定程度上培养了用户的咖啡消费习惯。此次造假事件之后，出现了瑞幸咖啡优惠券挤兑潮，用户普遍担心优惠券是否能继续使用，这在一定程度上反映出消费者对品牌的不信任，消费者担心瑞幸咖啡会重蹈小黄车的覆辙。此次造假丑闻之后，瑞幸咖啡该何去何从？值得大家继续关注！

四、瑞幸咖啡潜在的税务风险

1. 增值税缴纳不实

由于瑞幸咖啡虚列收入，其增值税存在虚报、多报、多缴的情况。

2. 多抵扣进项税

由于虚列成本费用，瑞幸咖啡存在多抵扣进项税的可能。

3. 收入确认问题

瑞幸咖啡采用裂变营销、首单免费、拉新奖励等方式增加销售量，这种情况下咖啡的免费赠送是否应作为视同销售处理，计入企业的销售额和所得额？

在促销活动中，商场"买一送一"的行为往往是出于利润动机的正常交易，即通过赠送达到提高销售额和市场占有率的目的。《国家税务总局关于确认企业所得税收入若干问题的通知》（国税函

〔2008〕875号）明确了企业所得税的处理：企业以买一赠一等方式组合销售本企业商品的，不属于捐赠，应将总的销售金额按各项商品的公允价值的比例来分摊确认各项的销售收入。同理，商场"买一送一"销售商品的行为也不涉及增值税缴纳。

而瑞幸咖啡销售咖啡与商场促销"买一送一"不同，应属于无偿提供餐饮服务，视作销售行为征收增值税，且所得应计入应纳税所得额计征企业所得税。

企业在经营中要进行合法的税收筹划（tax planning）。而偏激的、非法的恶性避税即以恶性避税（tax avoidance）或逃税（tax evasion）为目的的行为，被称为纳税计谋（tax schemes），属于非法行为。税法和实施条例提供了判别的原则和标准。根据美国联邦税务局（Inland Revenue Service，IRS）的定义，避税手段（tax shelters）是指旨在规避联邦所得税而建立的合伙或其他实体；旨在规避联邦所得税而进行的投资或财务安排以及其他计划或安排。实践中，避税合法性的判断存在一定的主观性。如果说避税手段在一定条件下尚属合法，那么恶性避税手段（abusive tax shelters）则属于非法，它的一个显著特征是有违立法宗旨。

因此，纳税人要坚持合法避税——税收筹划。首先，税收筹划有利于实现企业经营管理的目标。税收筹划是合理地利用各种税收筹划工具，减轻企业经营过程中的税负，从而提高企业的税后利润，最终有利于更好地实现企业的经营管理目标。

其次，税收筹划有利于提高企业财务管理水平。税收筹划实质上是一种高层次、高水平的税收规划，能够使企业管理层的工作更加完善，使企业的长远战略规划更为合理有效。管理层在进行各项财务决策之前，需要利用已有制度进行合理的税收筹划，制定正确有效的财务决策，使经营活动实现良性循环，这有利于规范财务管理行为。管理层必须提高自身的经营管理和财务管理水平，才能达到合法节税的目的，使税收筹划方案得到更好的实现。所以，开展税收筹划有利于规范企业财务核算，尤其是成本核算和财务管理，促使企业加强经营管理。

第五节 瞒天过海还是八仙过海
——威士忌酒奇葩绽放

苏格兰威士忌酒驰誉世界，被西方人奉为"生命之水"。而由于早期的苏格兰威士忌酒酿制粗糙、酒精度高且口味不佳，这种只有中下阶层人士饮用的"土酒"被视为劣等货。那么，威士忌酒又是怎么登上大雅之堂，成为世界名酒的呢？这竟然和"逃税"有关。

最早关于苏格兰蒸馏酒的记载大约出现在 1494 年。18 世纪末，英国政府加重了酒税。由于 18 世纪 80 年代英国政府对酿酒（包括威士忌与琴酒）的重税，苏格兰人索性南迁，跨过斯佩赛河逃到格兰利威，做起私酿生意。部分从事威士忌酒生产的人为了逃税，便带上蒸馏工具，躲到人烟稀少的山区或森林里秘密酿制私酒。由于燃料不够，他们就利用草炭来代替；盛酒容器不够，他们就用装过葡萄酒的旧木桶来装；酿成的酒不敢大量销售，他们只好把私酒密封后常年收藏在山洞中。岂料"无心插柳柳成荫"，木桶盛装、多年窖藏，这正是成就佳酿的必要条件，再加上蒸熏过程中草炭的烟味进入酒内，更是形成了极佳的特殊风味。

发现这一秘密后，酿酒人干脆都模仿这种办法来酿酒。很快，威士忌酒就以其特殊的风味打进伦敦。到19世纪，苏格兰威士忌被贵族和上层社会广泛接受，逐步成为世界知名的佳酿。

威士忌暴乱（Whiskey Rebellion）又叫威士忌起义（Whiskey Insurrection），是一场在1791—1794年间发生于美国宾夕法尼亚州西部的抗税运动。美国联邦政府的首任财政部长亚历山大·汉密尔顿为了增加财政收入，尤其是为了清偿独立战争中欠下的债务和增加预算收入，提请国会于1791年3月通过了《国产酒税法案》（有时也称为《威士忌法案》），规定对用小麦酿造的酒类征收消费税。

美国西部农民成为这项税法的最大受害者。他们通过将谷物酿成威士忌酒解决谷物运输和储存问题，并将其作为家庭收入的一部分。同时由于西部地区缺乏现金，威士忌酒通常还被用作交换媒介。对于西部贫农来说，威士忌酒的消费税本质上是一种东部富人无须缴纳的所得税，对威士忌酒征收消费税引起了西部农民的不满。他们开始抵制纳税，采取了一些抗议措施。

税收引起的威士忌起义

抗议运动在1794年达到了高潮。这一年，汉密尔顿派遣执法官戴维·伦诺克斯到宾夕法尼亚州西部给拒绝纳税的酿酒商发传票，要求他们到法庭候审，大量武装民兵袭击了税官约翰·内维尔将军的住宅。华盛顿总统随后派遣特使前往西部与暴乱者谈判，同时征调军队准备镇压。1794年10月，华盛顿总统亲率大约15 000名士兵前往镇压暴乱，暴乱分子在军队到来前就已四处逃散。最后有20名嫌疑人被捕受审，其中只有2人被判刑，总统随后赦免了他们。

暴乱被镇压以后，威士忌酒消费税依旧征收得不顺利。托马斯·杰斐逊在 1801 年就任总统后，国会迅速取消该税。

威士忌酒可谓是"成也税收，乱也税收"。因为避税威士忌酒从乡野村糟荣登皇家大雅之堂，因为征税美国人民揭竿而起；源避税而美名天下，因抗税而桀骜生存。威士忌酒因税收皇冠加身、蜚声海外，同时也战火连连，抗争不断。

纳税人要学会如何运用税收政策，进行合法有效的避税——税收筹划。税收既是"达摩克利斯之剑"，也是"自由女神"。税收可以给纳税人带来幸福美好的未来——如同威士忌酒的光荣绽放，也可以让纳税人丧失家园——威士忌起义。因此我们要学会合法避税，正确运用国际和国内税收政策，进行合理的税收筹划，这样不仅减轻纳税人的负担，同时也保障国家税收，使纳税人与政府和谐相处，实现可持续发展。

纳税人进行合法避税利国利民，这是国家所鼓励的，它对纳税人自身的发展、对社会的影响也是积极的。要通过税收筹划，达到合法避税的目的，企业就要具有超前意识、法律意识和自我保护意识。可以说，合法避税已经成为当今社会的大势所趋，也是我国税收民主、私法自治与社会进步的表现。

第二章/*Chapter Two*
投资活动的税收筹划

投资是企业诞生的唯一方式,当企业发展到一定规模,为扩大生产、充分利用闲置资金,投资也是企业进一步发展的客观需要。企业投资活动的目的最终在于获取未来的收益,而政府对企业投资收益征收一定比例的税收,客观上减少了企业收益。因此,税收成为影响企业投资选择的一个重要因素。同时,根据投资活动性质的不同，税法做了不同的规定。此外，为鼓励投资，国家还制定了大量税收优惠政策，这为投资活动提供了税收筹划的空间。

第一节 三百六十行 行行出状元
——投资行业选择

案例 2.1

某公司准备以自有资金进行一项长期投资。经考察，现有以下 4 个备选方案。

方案一：投资兴办一家食品加工厂，年销售额为 8 000 万元（不含税），原材料成本为 6 000 万元（不含税，且假设原材料购入增值税进项税额平均税率为 10%），人工及各项费用为 700 万元。

方案二：投资兴办一家连锁餐饮公司，年销售额为 8 000 万元（不含税），原材料成本为 6 000 万元（不含税，且假设原材料购入增值税进项税额平均税率为 10%），人工及各项费用为 900 万元。

方案三：投资兴办一家化妆品生产企业，年销售额为 8 000 万元（不含税），原材料成本为 6 000 万元（不含税，且假设原材料购入增值税进项税额平均税率为 10%），人工及各项费用为 900 万元。生产的化妆品的消费税税率为 15%。

方案四：投资兴办一家节能服务公司，年销售额为 8 000 万元（不含税），原材料成本为 6 000 万元（不含税，且假设原材料购入增值税进项税额平均税率为 10%），人工及各项费用为 700 万元。

解析： 由于投资的行业不同，这 4 个方案涉及的税种及行业性税收待遇也不同。在方案一中，食品加工厂需要缴纳税率为 13% 的增值税、城市维护建设税及教育费附加、企业所得税；在方案二中，连锁餐饮公司需要缴纳税率为 6% 的增值税、城市维护建设税及教育费附加、企业所得税；在方案三中，化妆品生产企业在缴纳税率为 13% 的增值税、城市维护建设税及教育费附加、企业所得税的同时，还应该缴纳消费税；在方案四中，节能服务公司设立之初免缴增值税、城市维护建设税及教育费附加、企业所得税。税法规定，从 2011 年 1 月 1 日起，对符合条件的节能服务公司实施合同能源管理项目，将项目中的增值税应税货物转让给用能企业，暂免征收增值税，而企业所得税自取得第一笔生产经营收入所属纳税年度起，第 1 年至第 3 年免征企业所得税，第 4 年至第 6 年按照 25% 的法定税率减半征收企业所得税。

这 4 个投资方案下企业应缴纳的税费及税后利润计算对比如表 2-1 所示。

表 2-1　4 个投资方案下应缴纳的税费及税后利润　　　　单位：万元

项目	方案一	方案二	方案三	方案四
销售收入（不含税）	8 000	8 000	8 000	8 000
原材料（不含税）	6 000	6 000	6 000	6 000
人工及费用	700	900	900	700
增值税	440	0（留抵税额：-120）	440	
消费税			1 200	
城市维护建设税及教育费附加	44	0	164	0
税前利润	1 256	1 100	(264)	1 300
企业所得税	314	275	0	325
税后利润	942	825	(264)	975

对比上述 4 种方案的税后利润，该公司应选择方案四，该方案税后利润最大，且纳税额为 0。

一、流转税的行业税负差异

流转税主要是通过对企业现金流量的影响来约束企业的投资决策，在一定时期内，企业缴纳的流转税越多，企业在该时期的现金流量就越少，企业的投资从而被抑制；反之，企业现金流量的增加将会刺激企业的投资。

我国现行税法在流转税方面是根据企业所属行业及从事的经营业务内容分别规定，按不同税种征收，即销售、进口货物，提供加工、修理修配劳务、销售服务获得的收入应缴纳增值税，其中，特定产品（如烟、酒、化妆品等共十四大类）在缴纳增值税的同时需缴纳消费税；此外，对于进出口的货物，企业还需要缴纳关税。

2017年10月30日，国务院常务会议通过《国务院关于废止〈中华人民共和国营业税暂行条例〉和修改〈中华人民共和国增值税暂行条例〉的决定（草案）》，曾经作为我国一大重要流转税税种实施60多年的营业税正式退出了历史舞台。

为此，企业选择投资行业时，应首先考虑未来经营收入应缴流转税的差异。尽管从经济学原理的角度讲，流转税可以转嫁他人负担，但实际能否转嫁、转嫁的程度如何，都会对企业的税收负担及税后利润造成不同影响。具体可从以下几个方面分析。

（一）适用税种差异

不同行业业务收入适用的税种不同，实际税负大不相同。工商企业销售收入缴纳增值税，名义税率较高，为13%或9%，但以增值额为计税依据，购进项目可作进项抵扣，税基较小。提供现代服务业劳务的服务性企业的营业收入缴纳增值税，税率为6%。

（二）适用税种数量差异

生产销售产品的工业企业的大部分商品销售收入只缴一道增值税；而生产消费税应税产品的企业需缴纳增值税、消费税两道流转税。而且由于消费税是价内税，增值税与消费税计税依据相同，消费税税率的高低既影响消费税应缴税款的多少，又影响增值税应缴税款的多少。

（三）适用税目差异

同样缴纳增值税、消费税或者关税，由于税目不同，适用税率不尽相同，税负轻重自然不同。不同类商品或劳务的税率不同，如增值税;同类商品也会有税率高低的差别,如消费税。另外,还需考虑免税项目、出口退税率的差别,进口征税时关税对增值税及消费税的影响等问题。

（四）其他差异

在混合销售、兼营（包括兼营不同税率、不同税目的产品或劳务）时,实际适用税率、税种差异也会造成应缴税款的差别。

二、所得税的行业税负差异

所得税对企业投资决策的影响主要体现在其通过直接影响企业的税后利润水平,影响企业的投资收益和投资决策。虽然我国企业所得税对各行业采用统一比例税率,但各种优惠政策仍然为企业投资的行业选择提供了空间。

（一）利用从事农、林、牧、渔业项目企业税收优惠政策

企业从事农、林、牧、渔业项目的所得可以免征、减征企业所得税。

企业从事蔬菜、谷物、薯类、油料、豆类、棉花、麻类、糖料、水果、坚果的种植,农作物新品种的选育,中药材的种植,林木的培育和种植,牲畜、家禽的饲养,林产品的采集,灌溉、农产品初加工、兽医、农技推广、农机作业和维修等农、林、牧、渔服务业项目,远洋捕捞项目的所得,对"公司＋农户"经营模式从事农、林、牧、渔业项目生产的企业,免征企业所得税。

企业从事花卉、茶以及其他饮料作物和香料作物的种植,海水

养殖、内陆养殖的所得，减半征收企业所得税。

（二）利用国家重点扶持的公共基础设施项目、节能服务产业和环境保护、节能节水项目企业税收优惠政策

企业从事国家重点扶持的公共基础设施项目、节能服务产业和环境保护、节能节水项目的所得，自项目取得第一笔生产经营收入所属纳税年度起，第1年至第3年免征企业所得税，第4年至第6年减半征收企业所得税。

（三）利用高新技术企业税收优惠政策

符合条件的国家重点扶持的高新技术企业减按15%征收企业所得税。

（四）利用创业投资企业税收优惠政策

创业投资企业采取股权投资方式投资于未上市的中小高新技术企业2年以上的，可以按照其投资额的70%在股权持有满2年的当年抵扣该创业投资企业的应纳税所得额；当年不足抵扣的，可以在以后纳税年度结转抵扣。

（五）利用资源综合利用企业税收优惠政策

企业综合利用资源，以《资源综合利用企业所得税优惠目录》规定的资源作为主要原材料，生产国家非限制和禁止并符合国家和行业相关标准的产品取得的收入，减按90%计入收入总额。

（六）利用鼓励软件产业税收优惠政策

（1）软件生产企业实行增值税即征即退政策所退还的税款由企业用于研究开发软件产品和扩大再生产，不作为企业所得税应税收

入,不予征收企业所得税。

(2) 我国境内新办软件生产企业经认定后,自获利年度起,第1年和第2年免征企业所得税,第3年至第5年减半征收企业所得税。

(3) 国家规划布局内的重点软件生产企业如当年未享受免税优惠的,减按10%的税率征收企业所得税。

(4) 软件生产企业的职工培训费用可按实际发生额在计算应纳税所得额时扣除。

(七) 利用鼓励集成电路产业发展的税收优惠政策

(1) 集成电路设计企业视同软件企业,享受上述软件企业的有关企业所得税政策。

(2) 集成电路生产企业的生产性设备经主管税务机关核准,其折旧年限可以适当缩短,最短可为3年。

(3) 投资额超过80亿元人民币或集成电路线宽小于0.25微米的集成电路生产企业,可以减按15%的税率缴纳企业所得税,其中,经营期在15年以上的,从开始获利的年度起,第1年至第5年免征企业所得税,第6年至第10年减半征收企业所得税。

(4) 对生产线宽小于0.8微米(含)集成电路产品的生产企业,经认定后,自获利年度起,第1年和第2年免征企业所得税,第3年至第5年减半征收企业所得税。

(八) 利用证券投资基金税收优惠政策

对证券投资基金从证券市场中取得的收入,包括买卖股票、债券的差价收入,股权的股息、红利收入,债券的利息收入及其他收入，暂不征收企业所得税；对投资者从证券投资基金分配中取得的收入，暂不征收企业所得税；对证券投资基金管理人运用基金买卖股票、债券的差价收入，暂不征收企业所得税。

企业在选择投资行业时，需要充分考虑税收因素，考察不同行业涉及的流转税的税种差异、税种数目差异、税率差异。在其他条件相近的情况下，尽量选择涉及流转税税种少、税率低的项目和有企业所得税税收优惠的项目。

案例2.2

M公司现有3 000万元，准备寻找一个投资项目长期投资。经多方考察，现有3个备选方案。

方案一，投资兴办一家中型机械加工厂，年销售额为3 200万元，购进原料为2 400万元，均为含税价。人工及各项管理费用为260万元。

方案二，投资兴办一座酒楼，年销售额为3 100万元，原料成本为2 100万元，人工及各项管理费用为230万元。

方案三，投资兴建一家花卉种植农场（以种植为主，经过繁育种子、幼苗等过程，培育出成品花卉销售），年花卉销售收入为2 600万元，种子、农药、化肥等购进金额为1 000万元，人工及各项管理费用为200万元。

解析：由于3个方案的投资行业不同，相关税种及行业性税收待遇不尽相同，税后收益的差别十分明显。

方案一：

$$应缴增值税 = 3\,200/(1+13\%) \times 13\% - 2\,400/(1+13\%) \times 13\%$$
$$= 92.04(万元)$$

$$应缴城市维护建设税、教育费附加及地方教育费附加 = 92.04 \times (7\% + 3\% + 2\%)$$
$$= 11.04(万元)$$

$$企业利润 = 3\,200/(1+13\%) - 2\,400/(1+13\%) - 11.04 - 260$$
$$= 436.92(万元)$$

应缴企业所得税 $= 436.92 \times 25\% = 109.23$(万元)

企业税后利润 $= 436.92 - 109.23 = 327.69$(万元)

年投资利润率 $= 327.69 \div 3\,000 \times 100\% = 10.92\%$

方案二：

$$应缴增值税 = 3\,100/(1+6\%) \times 6\% - 2\,100/(1+13\%) \times 13\%$$
$$= -66.12(万元)$$

因此本期不需要缴纳增值税。

应缴城市维护建设税、教育费附加及地方教育费附加为0。

$$企业利润 = 3\,100/(1+6\%) - 2\,100/(1+13\%) - 230$$
$$= 836.12(万元)$$

应缴企业所得税 $= 836.12 \times 25\% = 209.03$(万元)

企业税后利润 $= 836.12 - 209.03 = 627.09$(万元)

年投资利润率 $= 627.09 \div 3\,000 \times 100\% = 20.90\%$

方案三：

其生产经营内容属于《中华人民共和国增值税暂行条例》（简称《增值税暂行条例》）第十五条所列免税项目的第一项所称的农业生产者销售的自产农业产品，投资后经申请享受免征增值税待遇。《中华人民共和国企业所得税法》（简称《企业所得税法》）及其实施条例规定，企业从事花卉、茶以及其他饮料作物和香料作物的种植取得的所得，减半征收企业所得税。

$$应缴企业所得税 = (2\,600 - 1\,000 - 200) \times 25\% \times 50\%$$
$$= 175(万元)$$

$$企业税后利润 = (2\,600 - 1\,000 - 200) - 175 = 1\,225(万元)$$

$$年投资利润率 = 1\,225 \div 3\,000 \times 100\% = 40.83\%$$

对这3个方案进行比较分析发现，税收政策对不同行业投资税后利润的影响十分明显。在流转环节要考虑不同行业收入适用增值税税率不同导致的税负差异，比如方案一中，加工制造业适用的增值税税率为13%，而方案二中，酒楼餐饮业适用的增值税税率为6%。此外，具有税收优惠的行业享受免税待遇也会带来较大的税负差异，如方案一中，一般加工制造业需全面缴纳增值税，而方案三中，花卉种植收入不仅可以享受增值税免税待遇，还可以减半征收企业所得税。

第二节　孔雀东南飞——投资地点选择

由于世界各国和国内各地社会经济发展的不平衡，与之适应的税法必然也存在差异。这种税收待遇的地域性差异使企业设立时注册地点的税收筹划成为可能。

就税种而言，增值税、消费税等税种在全国适用统一税率，而城镇土地使用税、城市维护建设税等部分税种根据各地情况的不同，适用的税率存在差异。但城镇土地使用税、城市维护建设税等税种往往税额较小，在企业税收总额中占比不高，不具有重要意义。因此，本节仅论述企业所得税涉及的投资地点选择的税收筹划问题。

一言以蔽之，从全球范围来讲，跨国企业可以选择在国际避税地、避税国设立公司；就国内投资来讲，企业可以选择税率相对较低的地区设立公司。

一、境内投资地点选择

为扶持贫困落后地区发展,我国政府制定了不同地区税负差别化的税收政策与税收优惠待遇。

在其他投资条件相同的情况下,一般考虑在税负低的地区设立企业。

(一)利用西部大开发的税收优惠政策

根据《财政部 税务总局 国家发展改革委关于延续西部大开发企业所得税政策的公告》(财政部公告2020年第23号)的规定,内蒙古自治区、广西壮族自治区、重庆市、四川省、贵州省、云南省、西藏自治区、陕西省、甘肃省、青海省、宁夏回族自治区、新疆维吾尔自治区和新疆生产建设兵团,以及湖南省湘西土家族苗族自治州、湖北省恩施土家族苗族自治州、吉林省延边朝鲜族自治州和江西省赣州市,自2021年1月1日至2030年12月31日,对设在上述地区的鼓励类产业企业减按15%的税率征收企业所得税。鼓励类产业企业是指以《西部地区鼓励类产业目录》中规定的产业项目为主营业务,且其主营业务收入占企业收入总额60%以上的企业。

(二)利用新疆困难地区新办企业所得税优惠政策

财政部、国家税务总局、国家发展改革委、工业和信息化部四部门联合发布的《关于完善新疆困难地区重点鼓励发展产业企业所得税优惠目录的通知》(财税〔2016〕85号)规定,自2016年1月1日起,对新疆困难地区及新疆喀什、霍尔果斯两个特殊经济开发区新办企业所得税优惠政策的适用目录进行适当调整,统一按照《新疆困难地区重点鼓励发展产业企业所得税优惠目录(试行 2016 版本)》执行。

(三)利用经济特区和上海浦东新区高新技术企业的税收优惠政策

为促进经济特区和上海浦东新区新设立的国家需要重点扶持的高新技术企业的发展,对经济特区和上海浦东新区内在 2008 年 1 月 1 日(含)之后完成登记注册的国家需要重点扶持的高新技术企业,在经济特区和上海浦东新区内取得的所得,自取得第一笔生产经营收入所属纳税年度起,第 1 年至第 2 年免征企业所得税,第 3 年至第 5 年按照 25% 的法定税率减半征收企业所得税。

(四)利用民族自治地方的税收优惠政策

税法规定民族自治地方的自治机关对民族自治地方的企业应缴纳的企业所得税中属于地方分享的部分,可以决定减征或者免征。

(五)利用地方政府税收优惠政策

在实践中,部分地方政府为招商引资、争夺税源,采用先征后返的方式,用财政支出的手段变相减、免税,实际上这也成为企业享受的优惠,降低了企业税负。

但要注意的是,企业投资地点的选择需要充分考虑基础设施、金融环境等非税因素,这些因素才真正起决定性作用。在其他条件相同的情况下,企业一般的做法是在低税区创办企业,即利用低税地区的各种优惠政策,其业务活动自然也可以扩大到非低税区;或在低税区设置关联机构,将更多利润留在低税区,以降低总体税负。

二、境外投资地点选择

如果进行跨国投资，仅从税收角度出发，一要考虑宏观税负的高低；二要考虑所涉及的主要税种及其税负的高低；三要考虑税收结构；四要考虑居住国与投资地所在国关于避免双重征税的政策规定。

从国外的情况看，有些国家或地区不征收所得税，有些国家的所得税率高于或者低于我国。因此，投资地点不同，税收负担会有所差别，最终影响到投资收益。跨国投资者还应考虑有关国家同时实行居民管辖权和收入来源地管辖权导致对同一项所得的双重征税，以及为避免国际双重征税的双边税收协定有关税收抵免的具体规定来选择投资的国别或地区。

根据对220个国家和地区的最新跟踪检索，公司所得税（即企业所得税）是世界上开征相当普遍的一个税种。世界各国公司所得税的基本状况是，普遍征收公司所得税的国家和地区有220个。根据经济合作与发展组织（OECD）2019年公布的《公司所得税统计报告》对全球76个国家的法定公司所得税税率的统计，共有12个国家或地区的法定公司所得税税率为0，这12个国家或地区为英属维尔京群岛、特克斯和凯科斯群岛、沙特阿拉伯王国、美国新泽西州、英国马恩岛、英国根西岛、开曼群岛、百慕大、巴哈马、巴林、安圭拉、阿拉伯联合酋长国。部分国家或地区的公司所得税采取累进税制。

公司所得税综合税率存在持续下降的趋势。2010年，降低公司所得税税率的国家和地区至少有21个。自美国1986年实行以降低税率、拓宽税基为基调的税制改革以来，各国公司所得税税率普遍呈下降趋势。2017年底，特朗普税改方案在美国通过，这是多年来美国税法最大的一次调整，美国的大规模减税政策可能引起新一轮的全球减税浪潮。

此外，不少国家的地方所得税各地税率不一，如美国、日本、德国、瑞士、意大利等，有的差别还比较大。统计表明，达到20%但不超过30%这一税率段的国家和地区最多，有46个。其中，税率低于25%的国家和地区有11个；达到25%但不超过30%这一税率段的国家和地区有23个；税率为25%的国家和地区有12个。

企业进行投资时，应充分利用不同地区的税制差别或区域性税收倾斜政策，选择整体税负较轻的地区进行投资，以提高投资收益率。表2-2列出了亚太地区主要国家公司所得税税率。

表2-2 亚太地区主要国家公司所得税税率一览表

国家	税率	备注
日本	法人税税率为30%，居民税税率为6.21%，企业地方税税率为7.56%，其法定税率达到43.77%	有效税率降至40.69%
印度	国内公司：33.66%（包括附加税）；外国公司：41.82%	另有最低替代税率：国内公司为11.22%；外国公司为10.455%

续表

国家	税率	备注
韩国	14.3%（对第一个1亿韩元应税所得），27.5%（超过1亿韩元，包括10%的居民附加费）	
菲律宾	35%（主营业务净所得），从经营的第4年起，毛所得适用2%的最低公司所得税	
新加坡	20%	2008年降至18%
泰国	30%（符合特定条件可以降低税率）	
印度尼西亚	10%~30%	
斯里兰卡	当地注册的企业适用15%的公司所得税税率，未在当地注册的企业适用35%的公司所得税税率	15%的低税率，适用于非传统出口、农业、旅游推广、建筑业等
澳大利亚	30%	
越南	28%	
马来西亚	28%	
新西兰	33%	

注：我国《企业所得税法》规定的25%的税率在亚太地区是有较强竞争力的，但是，国际上出现的减税趋势对我国也可能造成较大的影响和冲击。例如，新加坡从2008年起，税率从20%降为18%。

三、居民企业与非居民企业身份的选择

在我国，根据投资地点的不同，缴纳企业所得税的企业分为居民企业和非居民企业两类。相比居民企业，非居民企业适用更低的企业所得税税率。《企业所得税法》第二条规定，居民企业是指依法在中国境内成立，或者依照外国（地区）法律成立但实际管理机构

在中国境内的企业；非居民企业是指依照外国（地区）法律成立且实际管理机构不在中国境内，但在中国境内设立机构、场所的，或者在中国境内未设立机构、场所，但有来源于中国境内所得的企业。企业所得税基本税率为25%，适用于居民企业和在中国境内设有机构、场所且取得的所得与机构、场所有关联的非居民企业；低税率为20%，适用于在中国境内未设立机构、场所或虽设立机构、场所但取得的所得与其所设机构、场所没有实际联系的非居民企业（但实际征税时适用10%的税率）。通过以上分析可见，居民企业与非居民企业适用的企业所得税税率是不同的。企业可以通过选择不同的纳税人身份来适用低税率，从而降低企业所得税税负。

案例分析

M国际有限公司目前有两种运营方式：一是依照外国法律成立但使其实际管理机构在中国境内；二是依照外国法律成立并使其实际管理机构不在中国境内，而且在中国境内不设立机构、场所。假设两种方式下每年来源于中国境内的应纳税所得额均为2 000万元，且没有来源于中国境外的所得，请对其进行税收筹划。

方案一：依照外国法律成立但使其实际管理机构在中国境内，即成为居民企业，则

$$应纳企业所得税 = 2\,000 \times 25\% = 500(万元)$$

方案二：依照外国法律成立并使其实际管理机构不在中国境内，而且在中国境内不设立机构、场所，即成为非居民企业，则

应纳企业所得税＝2 000×10％＝200(万元)

对比可见，方案二比方案一少缴纳企业所得税 300 万元（500－200）。因此，M 国际有限公司应当选择成为非居民企业。

第三节　看我七十二变——出资形式选择

一、投资方式分类

在我国多税种复合型税制下，企业投资类型不同，需要缴纳的税收也不同，因此可按不同投资类型分析企业投资的税收效应。按投资者能否直接控制其投资资金的运用，可将企业投资分为直接投资与间接投资。

直接投资主要是指投资者用于开办企业、购置设备、收购和兼并其他企业等的投资行为，其主要特征是投资者能有效地控制各类投资资金的使用，并能实施全过程的管理。直接投资的形式多种多样，如投资开办一家新公司；以较高比例股份参与其他企业经营；对外扩张设立子公司或分公司；收购或兼并外部企业；开办中外合资公司等。

间接投资主要是指投资者购买金融资产的投资行为，依据具体投资对象的不同，间接投资又可分为股票投资、债券投资及其他金融资产投资，并可依据其投资证券的具体种类进一步划分。例如，债券投资又可细分为国库券投资、金融债券投资、公司债券投资等。间接投资的特点是投资者在资本市场上可以灵活地购入各种有价证券和期货、期权等，并能随时调整和转移，有利于避免各类风险，但投资者一般不能直接干预和有效控制其投资资金的使用情况。

二、直接投资方式的税收筹划

直接投资涉税选择需考虑的因素有哪些？企业直接投资是一个长期的、极其复杂的事项，在投资过程中的涉税问题同样错综复杂。但无论怎样复杂，涉税事项无非是税收成本的增减。企业选择投资项目，主要判断标准就是以最低的投入获得最高的收益。而税收成本的增加是一种现金净流出，税收成本的节减与现金流入具有同样的意义。

（一）项目之间的不同税收处理

国家税法有多种差异性条款，企业投资于不同项目常常会由于适用的条款不同，税前收益与税后收益有很大差别。

案例 2.3

A 公司现有一笔资金准备投资兴建一个项目，有甲、乙两个备选项目。其中甲项目预计年收入为 1 000 万元，成本费用为 620 万元，A 公司计算企业所得税时，由于部分费用超过税法规定准予税前扣除的标准，税前可扣除项目金额仅为 500 万元。乙项目预计年收入为 960 万元，收入中有 200 万元可以按 90% 的比例减计收入，成本费用为 600 万元，均符合税法规定准予税前扣除的标准，可在税前全额扣除。两项目所得税税率为 20%，税收成本计算分析过程如表 2-3 所示。

表 2-3 甲、乙两项目的税收成本比较　　　　单位：万元

项目	甲项目	乙项目
应纳税收入	1 000	760+200×90%=940
成本费用	620	600
税前现金流	380	360
可扣除项目金额	500	600
所得税成本	(1 000-500)×20%=100	(940-600)×20%=68
税后现金流	380-100=280	360-68=292

如果不考虑税收对不同项目的影响，甲项目（税前现金流为 380 万元）优于乙项目（税前现金流为 360 万元）；如果考虑税收对不同项目的影响，则乙项目（税后现金流为 292 万元）优于甲项目（税后现金流为 280 万元）。

（二）税率的影响

企业投资项目在不同年度适用的边际税率不一定相等。边际税率是指当纳税人再增加一单位应纳税所得额时适用的税率。有些国家采用的所得税税率是累进税率，在这种情况下，当纳税人某年收入较少时，其适用的边际税率就比较低，但当纳税人某年收入较多时，其适用的边际税率就比较高。再如，虽然有些国家所得税规定

的是比例税率，但对于那些可以享受定期税收优惠的企业来说，实际上不同年度所适用的边际税率是不同的。

《中华人民共和国企业所得税法实施条例》（简称《企业所得税法实施条例》）规定，企业从事国家重点扶持的公共基础设施项目的投资经营所得，从项目取得第一笔生产经营收入所属纳税年度起，第1年至第3年免征企业所得税，第4年至第6年减半征收企业所得税。不难看出，适用这项优惠政策的企业第1年至第3年适用的边际税率为0，第4年至第6年适用的边际税率为12.5%，第7年及以后年度适用税率为25%，这实际上是一种不同年度间的累进税率。或者说，当企业获得同样数额的应税所得（如100万元），如在第1年获得，则不需缴纳企业所得税；如在第4年获得，则需要缴纳企业所得税12.5万元；如在第7年获得，则需缴纳企业所得税25万元。

案例 2.4

B公司所在国实行超额累进税率的企业所得税税制，相关税收政策规定，年应纳税所得额在60万元以下的适用税率20%；年应纳税所得额超过60万元的部分适用税率30%。2019年B公司原应纳税所得额为40万元；2020年预计年应纳税所得额为80万元。2019年拟追加投资一个项目，有甲、乙两个方案可供选择，两方案均可获得30万元应纳税所得额。甲项目收益可在2019年实现，而乙项目收益可在2020年实现。两个项目的投资比较分析如表2-4所示。

表 2-4　甲、乙两项目的投资比较分析　　　　　　单位：万元

如追加投资选择甲项目	2019 年	2020 年	两年合计
应纳税所得额	40＋30＝70	80	150
应缴所得税	60×20％＋10×30％＝15	60×20％＋20×30％＝18	33
税后利润	70－15＝55	80－18＝62	117
如追加投资选择乙项目	2019 年	2020 年	两年合计
应纳税所得额	40	80＋30＝110	150
应缴所得税	40×20％＝8	60×20％＋50×30％＝27	35
税后利润	40－8＝32	110－27＝83	115

从甲、乙两个方案的比较可以看出，同样数额的应税所得由于适用的边际税率不同，缴税数额和最终投资项目的税后收益都是不同的。投资于甲项目获得的 30 万元应税所得由于是在原收入较低年度实现的，其中的 20 万元实际适用税率 20％，只有 10 万元适用较高边际税率 30％。而投资于乙项目获得的 30 万元应税所得是在原收入较高年度实现的，全部适用 30％的较高边际税率，比甲项目收益多缴 2 万元企业所得税，导致整体税后收益降低。

（三）现值的考虑

企业投资是一项长期行为，故在投资决策中需考虑投资收益的货币时间价值，应用净现值法比较不同时期的投资收益折现值。显然，运用净现值法分析，税款缴纳时间的早晚也会导致分析结果的变化。

案例 2.5

C公司有甲、乙两个可选择的投资方案,两年中各年的收入均为 100 万元。而甲项目第一年成本费用为 55 万元,第二年成本费用为 65 万元;乙项目第一年成本费用为 70 万元,第二年成本费用为 50 万元。每年年终计算缴纳企业所得税。(假设税率为 30%,当期利率为 10%,第一年复利现值系数为 0.909,第二年复利现值系数为 0.826。)确定两个方案的应纳税额现值如表 2-5 所示。

表 2-5 应纳税额现值比较分析   单位:万元

项目		甲项目	乙项目
第1年	应纳税所得额	100−55=45	100−70=30
	应纳所得税	45×30%=13.5	30×30%=9
	折现值	13.5×0.909=12.271 5	9×0.909=8.181
第2年	应纳税所得额	100−65=35	100−50=50
	应纳所得税	35×30%=10.5	50×30%=15
	折现值	10.5×0.826=8.673	15×0.826=12.39
两年应纳税合计		13.5+10.5=24	9+15=24
两年应纳税现值合计		12.271 5+8.673=20.944 5	8.181+12.39=20.571

如果单纯从账面价值看,甲、乙两项目两年缴纳的企业所得税总额相同,都是 24 万元。但考虑折现因素后,乙项目第一年成本费用比甲项目数额大,应纳税所得额较小,缴纳所得税额较小;第二年成本费用比甲项目数额小,应纳税所得额较大,缴纳所得税额较大。实际上,一部分税款递延了缴纳时间,从而降低了所缴纳税款的折现值。

（四）利用关联交易创造节税机会

当企业的一些业务可能适用国家税收优惠政策时，企业可以投资单独成立一家子公司专门经营该类业务，以便享受税收优惠。这种投资实际上也会为未来通过集团内部企业间交易降低税负提供便利。

案例 2.6

某医疗器械生产企业既生产普通医疗器械，又生产 A 类新型医疗器械（该产品属于《国家重点扶持的高新技术领域》规定的范围）。按现时情况，由于某些指标不能达到《企业所得税法》规定的高新技术企业要求（如 A 类新型医疗器械销售收入未占到全部销售收入所得税优惠条款要求比例），故全部所得只能按照 25% 的一般企业所得税税率计算缴税。经过筹划，企业决策层决定投资成立一家具有独立法人资格的子公司，专门生产经销 A 类新型医疗器械。独立后的子公司拥有核心自主知识产权，研究开发费用占销售收入的比例、高新技术产品销售收入占企业全部销售收入的比例、科技人员占企业职工总数的比例以及其他条件均符合《高新技术企业认定管理办法》的规定，经批准该子公司成为享受 15% 优惠税率的高新技术企业。假设称原来的子公司为 X 公司，称新建子公司为 Y 公司。这种投资实际上为以后集团通过内部交易降低税负提供了便利。

当 X 公司向 Y 公司销售一批成本价为 450 万元的零部件，市场交易价格在 800 万～1 000 万元，或者说，只要在这一价格区间都可以被认定为合理的市场定价。Y 公司用这批零部件加工成成品销售，销售价格为 1 600 万元。此时,X 公司就可以主动按照市场交易的最低价格将这批零部件销售给 Y 公司。不同交易定价模式下的纳税分析如表 2-6 所示。

表 2-6 不同交易定价模式下的纳税分析　　　　　　单位:万元

项目		X 公司	Y 公司	合计
按市场交易平均价	税前利润	900-450=450	1 600-900=700	1 150
	适用税率	25%	15%	
	应缴所得税	450×25%=112.5	700×15%=105	217.5
	税后利润	450-112.5=337.5	700-105=595	932.5
按市场最低价	税前利润	800-450=350	1 600-800=800	1 150
	适用税率	25%	15%	
	应缴所得税	350×25%=87.5	800×15%=120	207.5
	税后利润	350-87.5=262.5	800-120=680	942.5

投资成立 Y 公司使企业有可能通过集团内部定价降低税负,仅这一笔交易就为企业节税 10 万元。

在现代社会,税制体系是一个由多税种构成的复合型税制体系,每一税种都由极为复杂的条款构成,各税种之间又有错综复杂的关联关系。这样一来,企业进行直接投资时,对不同项目的选择通常是统筹考虑的决策过程,或者说,各个备选方案都可能存在某一方面或多方面的税收优势,但与此同时,又可能存在某些方面的税收劣势。因此,企业在做投资决策时,只能选择最适合预期投资目标要求的项目。

三、间接投资方式的税收筹划

(一) 债券投资的税收筹划

《企业所得税法》规定,企业取得的国债利息收入免征企业所得税,而购买其他债券所取得的利息收入需要缴纳企业所得税。所以,企业在进行间接投资时,除要考虑投资风险和投资收益等因素外,还必须考虑相关税收规定的差别,以便全面权衡和合理决策。

国库券投资收益少,但无风险,且国家对国库券利息收入免征所得税。对个人而言,在没有时间和精力经营股票的情况下,购买国库券可以取得稳定的投资收益。

案例 2.7

有两种长期债券,一种是企业债券,年利率为 5%;另一种是国债,年利率为 4.2%。请分析企业应该投资哪种债券。

解析:表面上看,企业债券的利率高于国债利率,但是由于前者要被征收 25% 的企业所得税,而后者无须缴纳企业所得税,实际的税后收益应该通过计算来评价和比较:

$$5\% \times (1-25\%) = 3.75\% < 4.2\%$$

也就是说,企业债券的税后收益低于国债的税后收益,所以投资国债更为合算。事实上,只有当其他债券利率大于 5.6% (即 4.2%/(1-25%))时,其税后收益才高于利率为 4.2% 的国债收益。

案例 2.8

某企业有 1 000 万元的闲置资金,打算近期进行投资。其面临两种选择:一种选择是投资国债,已知国债年利率为 4%;另一种选择是投资金融债券,已知金融债券年利率为 5%。企业所得税税率为 25%。请从税务角度分析哪种方式更合适。

解析:

方案 1:若企业投资国债,则

   投资收益 = 1 000 × 4% = 40(万元)

根据税法规定,国债的利息收入免缴所得税,则税后收益为 40 万元。

方案 2:若企业投资金融债券,则

   投资收益 = 1 000 × 5% = 50(万元)

   税后收益 = 50 × (1 − 25%) = 37.5(万元)

所以从税务角度分析,选择国债投资对企业更有利。

(二)股票投资的税收筹划

《企业所得税法》第六条规定,股息、红利等权益性投资收益应当组成企业所得税收入总额;第二十六条规定,符合条件的居民企业之间的股息、红利等权益性投资收益以及在中国境内设立机构、场所的非居民企业从居民企业取得与该机构、场所有实际联系的股息、红利等权益性投资收益属于免税收入。

《企业所得税法实施条例》第十六条规定,企业所得税法第六条所称转让财产收入，是指企业转让固定资产、生物资产、无形资产、股权、债权等财产取得的收入。财产转让收入以收入总额为应税收入额。第八十三条规定，符合条件的居民企业之间的股息、红利等权益性投资收益，是指居民企业直接投资于其他居民企业取得的投资收益；股息、红利等权益性投资收益，不包括连续持有居民企业公开发行并上市流通的股票不足12个月取得的投资收益。

对企业所得税纳税人投资股票取得的投资收益应区别不同情况处理。首先，对于企业在股票市场上低价买入、高价卖出股票获得的价差收益要并入企业收入总额计算缴纳企业所得税。其次，对于企业购买并持有上市公司股票获得的股息、红利需根据情况确定：(1) 居民企业或非居民企业连续持有居民企业公开发行并上市流通的股票超过12个月取得的投资收益免征企业所得税；(2) 居民企业或非居民企业连续持有居民企业公开发行并上市流通的股票不超过12个月取得的投资收益，应并入企业所得税应税收入，即应当依法征收企业所得税；(3) 居民企业或非居民企业持有非居民企业公开发行并上市流通的股票取得的投资收益，一律并入企业所得税应税收入计算缴纳企业所得税。

需要注意的是，《企业所得税法》相关规定还进一步明确，在中国境内未设立机构、场所的非居民企业应就其来源于中国境内的所得，包括股息、红利所得等，按照10%的税率缴纳企业所得税。这改变了此前对我国境内外商投资企业向其外方投资者派发的股利免征预提所得税，以及对持有H股的外国企业从发行该H股的中国境内企业所取得的股息所得暂免征收企业所得税的政策规定。

企业在进行股票投资时可通过适当延长股票的持有时间，或选择居民企业公开发行的股票等方式，获得股息、红利的免税利益。

各国对买卖股票一般征收交易税（印花税）、资本利得税，对股票投资收益征收所得税。多数国家对企业的股息收益在征收公司所得税时都有税前扣除等避免经济性双重征税的规定。如美国对企业的股息所得，通常在税前扣除其所得的70%；在应税公司股份比例达到20%～80%的，税前扣除股息所得的80%；超过80%的，税前扣除股息所得的100%。多数国家或地区对个人投资所得实行不同形式的避免经济性双重征税的政策。

股票投资风险大，但收益高。一般情况下，企业通过股票投资，可以利用较少的投资实现较大规模的扩张经营，但税负一般不会有明显变化；对于个人而言，在有时间和精力经营股票的情况下，可选择股票方式进行投资以取得较高的税后利润。

（三）基金投资的税收筹划

《财政部、国家税务总局关于企业所得税若干优惠政策的通知》（财税〔2008〕1号）规定，对投资者从证券投资基金分配中取得的收入，暂不征收企业所得税。因此企业在证券基金现金分红中获得的收益是免税的。但应注意的是，有些证券投资基金会采用拆分基金份额的方式向投资者分红。在这种分红方式中，投资者获得了更多基金份额，降低了单位基金成本，待赎回时获得的价差收益需要缴纳企业所得税。

显然，证券投资基金采用不同的分红方式，投资者的税后利益是不同的。采用何种方式分红是由基金公司决定的，投资企业并没有决策权，但企业可以选择有较大税收分红利益的基金进行投资。

案例 2.9

2015年1月，A企业以500万元投资购买单位净值为1元的证券投资基金份额500万份。2020年末，基金净值升为1.6元。基金公司决定将升值部分全部向投资者分配。在2023年5月基金净值又升为1.3元时，A企业将基金赎回。

如果基金公司采用现金分红，则A企业全部税后收益为：

$$(1.6-1)\times500+(1.3-1)\times500\times(1-25\%)=412.5(万元)$$

如果基金公司采用拆分方式，则原来的500万份拆分后变为800万份，单位净值将为0.625元。赎回时，A企业对价差收益应缴纳的所得税为：

$$(1.3-0.625)\times800\times25\%=135(万元)$$

A企业的税收净收益为：

$$[(1.3-0.625)\times800]-135=405(万元)$$

可以看出，现金分红方式为A企业节税7.5万元，增加了基金投资的收益。企业在进行基金投资决策，预计分红水平相等时，应更倾向于选择采用现金分红方式的基金进行投资。

另外，由于现金分红与基金赎回收益税收待遇的差异，投资企业在确定基金赎回时间时也应考虑税收因素。

案例2.10

2019年2月，B企业投资800万元申购面值为1元的Y基金800万份。到2020年2月，Y基金净值为1.5元，Y基金公司决定采取大比例分红方案，每基金份额现金分红0.45元。B企业对这笔基金投资赎回的时间有两种选择：一是在Y基金分红之前赎回；二是在Y基金实施分红方案（除权日）后再赎回。

确定两种方案下B企业的投资收益。

方案一：

$$B企业的投资收益=(1.5-1)\times800\times(1-25\%)$$
$$=300(万元)$$

方案二：

$$\begin{aligned}\text{B企业的投资收益} &= 0.45 \times 800 + (1.5 - 1.45) \times 800 \times (1 - 25\%) \\ &= 390(万元)\end{aligned}$$

显然，在方案二中，投资者在基金分红时先获得分红现金收益，享受了免税待遇；分红后，基金净值大幅下降，赎回时，赎回收益很少，应缴税款明显减少，投资收益也相应增加。

当然，企业投资者还必须考虑到基金投资中的税收风险问题。根据《企业所得税法》第四十七条的规定，企业实施不具有合理商业目的的安排而减少其应纳税收入或所得额的，税务机关有权按合理方法调整。当企业购买基金数额较大，超过合理投资比例，有可能被税务机关认定为是以减少、免除或推迟税款缴纳为目的的不合理安排，从而对其进行调整。

四、投资出资方式的选择

企业投资可以有多种出资形式，常见的有以货币资金出资，以机器设备、房屋建筑等固定资产出资，以土地使用权、知识产权和专有技术等无形资产出资等。不同的出资形式在税收负担上存在很大不同。企业可以利用税法的相关规定，选择适当的出资形式，适用不同的税法规定，从而达到减轻企业税负的目的。

案例 2.11

甲企业准备与乙企业合资设立一家中型机器设备生产企业，注册资本为3 000万元,投资总额为6 000万元。甲、乙企业各出资1 500万元,占股50%。甲企业准备以1 500万元现金和价值1 500万元的房屋投入。有以下两种出资形式可供选择:一是以1 500万元现金作为资本投入,房屋以租赁形式投入新设企业(租期10年,总租金为1 500万元);二是以房屋作价1 500万元作为资本投入,而将1 500万元现金借给新设企业(假设利息为0)。

方案一:以现金入股,将房屋租给新设企业,需缴纳增值税、城市维护建设税、教育费附加。

增值税=1 500×9%=135(万元)

城市维护建设税及教育费附加=135×(7%+3%)=13.5(万元)

共需缴纳税费148.5万元。

方案二:以房屋入股,将现金借给新设企业。根据税法规定,以房屋、建筑物投资入股,征收增值税。投资方的增值税及房屋受让方缴纳的契税计算如下(假定当地契税税率为3%)。

增值税=1 500×9%=135(万元)

城市维护建设税及教育费附加=135×(7%+3%)=13.5(万元)

契税=1 500×3%=45(万元)

通过比较,明显甲企业应该选择方案一。

企业在选择出资形式时,应该尽量选择使用货币资金投资,避免选择固定资产或无形资产投资。一是以房屋、建筑物和无形资产投资入股，视同转让征收增值税；二是固定资产和无形资产的折旧摊销费用可以在税前扣除，缩小了企业所得税税基；三是用固定资产和无形资产投资，可以通过资产评估提高设备、无形资产价值，既可以节省投资资本，减轻现金压力，也可以进一步提高折旧摊销金额，降低企业所得税税负。

第四节　投资规模选择

对于企业而言，投资规模并非越大越好，也并非越小越好。投资规模扩大是企业发展壮大的标志，可以带来规模经济，但是如果投资规模是不顾具体情况的过度膨胀，也往往会带来资源的浪费。投资规模小，"船小好掉头"，企业经营轻便灵活，但规模太小，不具备规模效益和雄厚的经济实力，在残酷的市场竞争中处于不利的位置。投资规模选择的税收筹划空间主要存在两处：一是选择小规模纳税人还是一般纳税人的身份缴纳增值税；二是利用小型微利企业的税收优惠政策筹划企业所得税。

一、增值税投资规模选择：小规模纳税人与一般纳税人的选择

根据会计核算水平和经营规模，增值税纳税人分为一般纳税人和小规模纳税人，分别适用不同的增值税计税方法。一般纳税人适用购进扣税法，以销项税额减除进项税额为最终应纳税额，这种方法的优点在于进项税额可以抵扣，能够降低税负，缺点在于适用税率往往较高；小规模纳税人则适用简易征收办法，这种方法的优点在于税率低，缺点是不能抵扣进项税额。

正是税法对增值税纳税人的不同规定，给了纳税人进行税收筹划的空间。纳税人可以根据自身的情况，通过在小规模纳税人和一般纳税人之间的合理选择，达到节约税收的目的。一般纳税人与小规模纳税人孰优孰劣的决定因素在于增值率。增值率高的纳税人可抵扣进项少，应选择小规模纳税人，尽量利用税率低的优势；增值率低的纳税人拥有较多的进项可供抵扣，则应选择一般纳税人，最大限度地利用进项抵扣的优势。此外，增值税还有起征点的规定。对于按小规模纳税人纳税的企业或非企业性单位，月销售额不超过10万元，暂免征收增值税；对于按小规模纳税人纳税的个人发生的应税行为的销售额未达到增值税起征点的，免征增值税。

案例 2.12

甲服装公司是一家从事专业设计、生产和销售国内驰名品牌服装的股份制企业。该公司在我国东部和南部分别拥有服装生产基地，在全国建立了超过 1 000 个市场销售网点，在全国各大中城市均设有销售网点或专卖店，通过这些销售网点将服装直接销售给消费者或供应给批发商、零售商。

该公司的众多销售网点应如何选择纳税主体，以达到整体利益最大化？

解析：当销售网点毛利率等于 23.08% 时，一般纳税人与小规模纳税人税负相等；当毛利率大于 23.08% 时，小规模纳税人税负轻于一般纳税人；当毛利率小于 23.08% 时，一般纳税人税负轻于小规模纳税人。

该公司销售的品牌服装全国驰名，毛利率较高，约为 48%，销售网点的增值率为 28%。根据这一情况，该公司改造其组织结构和业务流程，将原公司定位为服装生产商，将原隶属于公司的内部销售部门分离出来单独成立一家服装销售总公司，再把销售网点全部改造为小规模纳税人。

组织结构及业务的改造将作为服装生产商的甲公司的增值率降至 16%，将服装销售总公司的增值率控制在 10% 以内，同时大幅提高作为小规模纳税人的销售网点的增值率至 38%。即甲公司以较低价格将服装销售给服装销售总公司，再由服装销售总公司将这些产品销售给销售网点，销售网点以高价将服装卖出。

税收筹划后，服装销售的高附加值由甲公司和服装销售总公司转移到终端的各销售网点，利用一般纳税人与小规模纳税人的不同计税方法，在税法许可的范围内，合理降低了产品的增值税税负。

二、企业所得税投资规模选择：小型微利企业

《企业所得税法》第二十八条规定，符合条件的小型微利企业，减按20%的税率征收企业所得税。企业在选择投资规模时可以充分利用此项优惠政策降低税负。

但小型微利企业不是终身制的，是否享受小型微利企业的优惠政策，要根据企业当年的实际情况而定。小型微利企业要同时符合6个条件：一是从事国家非限制和禁止行业；二是年度应纳税所得额不超过500万元；三是从业人数在一定范围内，工业企业不超过100人，其他企业不超过80人；四是资产总额在一定范围内，工业企业不超过3 000万元，其他企业不超过1 000万元；五是建账核算自身应纳税所得额；六是必须为国内的居民企业。

如果一家企业远远超过小型微利企业的标准，完全可以把该企业进行分立，组成几家小型微利企业。每家小型微利企业经营某一方面的专业业务，可以减轻企业所得税的纳税负担，但要权衡公司分立所花费的各种成本，如注册费、各种管理费用与节税效益及公司未来的业务发展规划战略，慎重决策。

案例 2.13

某建筑安装公司主要经营工程承包建筑、安装和各种建筑装饰劳务,2019年度共实现应纳税所得额2 000万元,其中建筑、安装和装饰劳务的年度应纳税所得额分别为1 450万元、300万元、250万元。企业有职工100人,资产总额为3 000万元。该建筑安装公司2019年度的企业所得税为2 000×25%=500(万元)。

如把建筑安装公司进行分立,设立甲、乙和丙3家独立的公司,其中甲对乙和丙实行100%控股,三者分别经营建筑、安装和装饰业务。甲、乙和丙3家子公司的年职工人数分别为50人、30人、20人。资产总额均为1 000万元。

如果按照此方案执行,乙和丙符合小型微利企业的标准,可以享受20%的优惠企业所得税税率。基于此,甲、乙和丙2019年度的企业所得税分别为1 450×25%=362.5(万元),300×20%=60(万元),250×20%=50(万元),总的税负为362.5+60+50=472.5(万元),比筹划前节省500−472.5=27.5(万元)。

第五节 公司组织形式选择

一、公司制企业、合伙制企业与个人独资企业的选择

企业投资首先需要考虑建立何种形式的主体,选择何种组织形

式。根据财产的组织形式和其承担的法律责任，企业可以划分为三类：公司制企业、合伙制企业和个人独资企业。公司制企业的出资者以出资额为限承担有限责任；合伙制企业的合伙人对企业债务承担无限连带责任；个人独资企业的投资人以个人财产对企业债务承担无限责任。这是这三类企业在法律责任上最显著的区别。

此外，在税收上这三类企业也存在明显的差异。这三类企业适用的税种、税率存在明显不同。公司制企业缴纳企业所得税，适用25%的税率，同时向自然人投资者分配的股利或红利需要缴纳个人所得税，适用20%的税率；合伙制企业和个人独资企业比照个体工商户生产经营所得缴纳个人所得税，适用五级超额累进税率。

公司制企业既需要缴纳企业所得税，对自然人投资者分配的股利或红利又需要缴纳个人所得税，因此税负一般高于合伙制企业和个人独资企业。但是合伙制企业和个人独资企业适用累进税率，税率随应纳税所得额的增加而提高，最高可适用35%的边际税率，所以合伙制企业和个人独资企业的税负也可能超过公司制企业。

简而言之，选择公司制还是选择合伙制或个人独资，应根据投资企业的规模而定。规模小，合伙制企业和个人独资企业税负更轻；规模大，公司制企业则优势明显。

案例 2.14

李先生投资兴办了一家企业，年应纳税所得额为100万元。那么该企业的类型在个人独资企业、合伙制企业、有限责任公司之间应如何选择?

解析:该企业如果注册登记为个人独资企业,应按照经营所得缴纳个人所得税,经营所得适用5%~35%的五级超额累进税率(见表2-7)。

表2-7 经营所得适用5%~35%的五级超额累进税率

级数	全年应纳税所得额	税率(%)	速算扣除数
1	不超过30 000元的	5	
2	超过30 000元至90 000元的部分	10	1 500
3	超过90 000元至300 000元的部分	20	10 500
4	超过300 000元至500 000元的部分	30	40 500
5	超过500 000元的部分	35	65 500

注:本表所称全年应纳税所得额是指以每一纳税年度的收入总额减除成本、费用以及损失后的余额。

个人所得税负担为:

1 000 000×35%−65 500=284 500(元)

企业税后净收益为:

1 000 000−284 500=715 500(元)

但如果该企业注册为有限责任公司,则其应先以法人身份计算缴纳企业所得税,分配给投资者的税后利润还应按照股息、红利所得计缴个人所得税,总税收负担为:

1 000 000×25%+1 000 000×(1−25%)×20%=400 000(元)

企业税后净收益为：

1 000 000－400 000＝600 000（元）

可见，该企业作为有限责任公司比个体工商户多纳税 115 500 元。

另外，如果该企业投资成立的是合伙制企业，虽然仅需要缴纳个人所得税，但由于现行税制规定每一个合伙人单独按照其所获得的收益计缴个人所得税，因此，投资者有更多机会按照相对较低的税率计税，其总体税负会比个人独资企业更低。

如果李先生与 3 位朋友共同注册成立一家合伙制企业，投资总额为 200 万元，每人投资比例均为 25％，假定年应纳税所得额为 100 万元，则其个人所得税负担为：

[(1 000 000÷4)×20％－10 500]×4＝158 000（元）

合伙制企业比个人独资企业少缴所得税金额为：

284 500－158 000＝126 500（元）

二、分公司与子公司的选择

企业发展到一定规模，通常会考虑在不同地区设立分支机构，可以设立分公司，也可以设立子公司。分公司是指公司在其住所以外设立的从事经营活动的机构，不具有独立的法人资格，不能独立承担民事责任。子公司则是指其一定数额的股份被其他公司持有，而被其控制的公司具有独立法人资格,能够独立地对外承担民事责任。这是分公司与子公司在经济上和法律上的不同。

税收上,子公司以独立法人身份在新的注册地投资,可以享受当地政府提供的各种税收优惠政策,而分公司不具有法人身份,只是作为总公司的组成部分派往外地,因而不能获得当地政府给予的税收优惠。但是,分公司的收入、成本费用等财务数据都汇入总公司账目,与总公司实行汇总纳税申报,可以实现盈亏互抵,减少整体应纳税额。

一言以蔽之,如果预计分支机构亏损,则应将该分支机构设立为分公司,以发挥亏损的抵税效应;如果预计分支机构盈利,则应将其设立为子公司,充分享受当地的税收优惠政策。

案例 2.15

假设北京地区 A 公司拥有 B 和 C 两家分公司。其中 A 公司为普通企业,适用的企业所得税税率为 25%;B 公司是生物制药企业(如果是独立法人,则具备成为高新技术企业的条件);C 公司为工业企业,经营规模较小(从业人数为 80 人,资产总额为 1 800 万元)。某年,A 公司应纳税所得额为 300 万元;B 公司应纳税所得额为 260 万元;C 公司应纳税所得额为 28 万元。

$$公司当年共应缴纳企业所得税 = (300+260+28) \times 25\% = 147(万元)$$

如果将 B,C 分公司设立为子公司,并分别向税务机关申请,则

B公司可按高新技术企业享受15%的低税率优惠，C公司可按小型微利企业20%的低税率纳税。而且母公司规定，子公司盈利的20%汇回母公司，80%留子公司自用。

则当年共应缴纳的企业所得税计算如下：

A公司应缴纳企业所得税＝300×25%＝75(万元)

B公司应缴纳企业所得税＝260×15%＝39(万元)

C公司应缴纳企业所得税＝28×20%×25%＝1.4(万元)

B,C公司汇回A公司利润应补缴企业所得税＝260×(25%－15%)×20%
　　＋28×(25%－20%)×20%
＝5.48(万元)

当年共缴企业所得税＝75＋39＋1.4＋5.48＝120.88(万元)

两种企业组织形式的所得税相差26.12万元。

第六节　固定资产投资方式选择

根据《企业所得税法实施条例》，固定资产是指企业为生产产品、提供劳务、出租或者经营管理而持有的、使用时间超过12个月的非货币性资产，包括房屋、建筑物、机器、机械、运输工具以及其他与生产经营活动有关的设备、器具、工具等。该项资产一般使用周期长，购买成本较高，占据企业总资产的半壁江山，在大多数企业的运营过程中扮演着重要的角色，因而对固定资产投资进行税收筹划会对企业产生重要影响。

一、自建固定资产的税收筹划

企业根据自身情况确认固定资产入账，不再要求金额限制。企业可以利用这一点进行税收筹划。在需要较多的折旧费用作为应纳税所得额的减项时，如通货膨胀期间、利润充足或者税率上升的情况，较高的固定资产价值对企业有利。如果企业连年亏损，预计在未来5年没有足够的税前利润抵扣的情况下，可以适当降低固定资产的定价，减少固定资产当期的折旧抵扣额。

根据《企业会计准则》的规定，自建固定资产的成本是指该项固定资产达到预定可使用状态前发生的必要支出，而根据《企业所得税法》的相关规定，自建固定资产的计税基础是该项固定资产竣工结算前发生的必要支出。《企业会计准则》和《企业所得税法》相关规定对自建固定资产成本构成的不同定义导致自建固定资产会计处理和税务处理存在差异。按照《企业会计准则》，对企业自建的尚未竣工结算但已经达到预定可使用状态的固定资产，企业应当预先估计该项资产的成本并计提折旧,办理结算后不需调整已计提的折旧,只需按照实际发生的成本调整原预计的资产价值。但是,按照企业所得税的相关规定,对已达到预定可使用状态但未竣工结算的固定资产按暂估价值确定的折旧不得在税前抵扣,企业只能在办理竣工结算后按照实际成本计提折旧并抵扣。因此,企业可以利用《企业会计准则》和《企业所得税法》相关规定对自建固定资产成本认定的差异,根据企业实际情况,合理调整自建固定资产的竣工结算时点,达到延迟纳税的目的。

案例 2.16

某企业自行建造一项固定资产,2019 年 12 月 25 日交付使用,企业对该项固定资产暂估价值为 1 200 万元。该企业 2020 年实现税前利润 700 万元,其中该项资产的折旧费用为 300 万元,2020 年 12 月 25 日办理竣工结算,实际成本为 1 000 万元,税法规定该项固定资产按直线法计提折旧,折旧年限为 5 年,该企业适用 25% 的所得税税率,不考虑其他调整事项。

根据税法规定,在暂估资产价值基础上计提的折旧不得抵扣,该企业 2020 年在计算应纳税所得额时应在税前利润的基础上对按预计价值计提的折旧进行调整,则 2020 年该企业税费计算如下:

应纳税所得额=700+300=1 000(万元)

应缴所得税=1 000×25%=250(万元)

若该企业提前做好竣工结算准备,2019 年 12 月 25 日办理完竣工结算手续，则2020年该企业税费计算如下：

应纳税所得额＝700＋(1 200－1 000)÷5＝740(万元)

应缴所得税＝740×25％＝185(万元)

两种情况下企业所得税差额＝250－185＝65(万元)

二、外购固定资产的税收筹划

固定资产的折旧可以抵减企业的应税利润，如果企业没有足够的利润进行抵扣或者企业处于税收优惠期间，那么企业就应该选择固定资产外购的时机。

例如，某企业可享受自获利年度起企业所得税"三免三减半"优惠政策，该企业未来3年的预计利润分别为－30万元、－35万元、70万元，如果该企业第2年年末购入一项使用年限为9年、价值为180万元的固定资产，采用直线法计提折旧，为简便计算不再考虑其他因素。那么第3年可抵扣的折旧额为20万元（180÷9），可以冲减企业第3年获利收入20万元，又因为企业前两年的亏损为65万元（30＋35），第3年该企业由盈利70万元转为亏损15万元（65＋20－70），于是企业将纳税年度向后推迟了一年。又由于企业处于税收优惠年度，比其他年度的税率低，选择在其他年度税率高时购入固定资产可以获得更多的折扣抵税，在高税率期间降低企业的纳税负担，因此，企业应充分发挥折旧抵税的作用，尽量避免将折旧抵税与税收优惠减税在同一期间使用。

企业购进的固定资产可能包含无形资产，税法规定，对于企业购入的计算机附带的无形资产，如果没有分开核算，则视同固定资产处理，分开核算的分别处理。企业在购买计算机时，对于附带软件的计价方法应事先筹划，固定资产的折旧费用可以用来抵扣，无形资产费用也可以进行摊销，在不考虑残值的情况下，无形资产单独计价还是合并计价取决于固定资产折旧年限和无形资产摊销年限两者孰长孰短，如果折旧年限或摊销年限短，合并计价每期可抵减利润的费用高，反之则低。无形资产一般摊销完为止，如果考虑固定资产的残值，还需进行更详细的测算。企业应当根据实际情况按照具体目标进行税收筹划。

第三章/*Chapter Three*

融资活动的税收筹划

融资是一家企业的资金筹集行为和过程。具体来讲，融资是公司根据自身的生产经营状况、资金状况，以及公司未来经营发展的需要，通过科学的预测和决策，采用一定方式向公司的投资者和债

权人筹借资金，并组织资金供应的一种理财行为。融资是企业进行一系列生产经营活动的首要前提，没有资金作为后盾，各项生产经营活动就成为无源之水、无本之木。按资金来源渠道的不同，融资可以分为权益融资和债务融资两大类。

第一节 孰高孰低——资本结构的选择

资本结构是指企业各种资本的价值构成及其比例关系，是企业一定时期筹资组合的结果。狭义上讲，资本结构是指股权资本与债权资本的比例关系。资本结构不仅在很大程度上决定着企业的偿债和再融资能力，还能反映出企业未来的盈利能力，是企业财务状况的一项重要指标。合理的融资结构可以降低融资成本，发挥财务杠杆的调节作用，使企业获得更高的自有资金收益率。从税收筹划这一角度来看，目前大多数研究结果表明，在筹资总额一定的条件下，债务融资比率越高，为企业带来的节税效益越大。

案例 3.1

M 公司计划通过筹资的方式购买最新的机械设备。根据 M 公司的预计，其需要通过股权筹资与债务筹资的方式筹集 160 万元。为了合理权衡权益资本与债务资本的比重关系，该公司设计了 3 种不同的筹划方案，如表 3-1 所示。假设目前银行借款利率为 10%，企业所得税税率为 15%，该公司的税前利润为 48 430 247.72 元。

表 3-1 不同资本结构下的权益资金利润率

项目	资本结构（债务资本∶权益资本）		
	A（0∶100）	B（20∶80）	C（60∶40）
税前利润（元）	48 430 247.72	48 430 247.72	48 430 247.72
利率（%）	10	10	10
利息（元）	0	32 000	96 000
息后税前利润（元）	48 430 247.72	48 398 247.72	48 334 247.72
企业所得税税率（%）	15	15	15
所得税税额（元）	7 264 537.16	7 259 737.16	7 250 137.16
息税后利润（元）	41 165 710.56	41 138 510.56	41 084 110.56
权益资金利润率（%）	25.73	32.14	64.19

通过表 3-1 可知，当权益资本比例逐渐降低而债务资本比例逐渐上升时，M 公司的应纳所得税额不断减少，这说明负债比例的提高有利于增强节税效果。当 M 公司采用方案 C 时，企业的应纳税额比方案 A 减少了 1.44 万元。此外，随着债务融资比例升高，该企业的权益资金利润率也出现增长趋势。因此，综合来看，M 公司应选择方案 C。

但是，需要注意两点：一是企业在进行筹资时，并不是债务资本的比例越高，为企业带来的效益越大。通常情况下，企业进行筹划时，需要满足投资收益率大于负债的资金成本率这一条件。二是债务资本比例的提高会增加企业风险，例如企业的权益以及筹资风险，债务资本不断提高会使权益资金收益率降低。因此，债务资本的比例要控制在合理的范围内。

第二节　固本培元——权益融资

权益融资是指向其他投资者出售公司的所有权，即用所有者的权益来交换资金。权益融资不是贷款，不需要偿还，实际上，权益投资者成为企业的部分所有者，通过股利支付获得其投资回报。权益融资又可以分为以下三类。

一、吸收直接投资

吸收直接投资是指企业按照"共同投资、共同经营、共担风险、共享利润"的原则吸收国家、法人、个人、外商投入资金的一种融资方式。投资者的出资方式主要有现金投资、实物投资、知识产权投资、土地使用权投资等。吸收直接投资与发行股票、留存收益都属于企业筹集自有资金的重要方式。

吸收直接投资的优点是：有利于增强企业信誉，有利于尽快形成生产能力，有利于降低财务风险。吸收直接投资的缺点是：资本成本高，容易分散控制权。

二、发行股票融资

上市公司的资本金称为股本，是通过发行股票方式筹集的。股票是指股份有限公司发行的、用以证明投资者的股东身份和权益并据以获得股利的一种可转让的书面证明。股票的发行、上市有严格的条件和法定程序，在我国必须遵守《中华人民共和国公司法》（简称《公司法》）和《中华人民共和国证券法》（简称《证券法》）的规定。发行普通股筹集的资本是公司最基本的资金来源，它可以作为其他方式筹资的基础，尤其是为债权人提供保障，增强公司的举债能力。普通股筹资没有固定的到期还本付息压力，筹资风险较小。但是，普通股股利从税后利润中支付，不具备抵税作用，发行费用也较高，所以股票筹资的资金成本较高。

三、自我积累融资

企业通过自我积累方式融资，其资金来源主要是税后利润，采用这种方式筹集的资金主要有盈余公积和未分配利润。作为企业筹集资金的一种重要方式，自我积累不仅可以避免办理各种融资手续和节省融资费用，而且有利于增强财务实力、避免财务风险和提高企业信誉。但由于自我积累是企业长期经营活动的成果，资金积累比较慢，且资金投入后，所有者和使用者合二为一，因而税收负担难以转嫁。

案例 3.2

2016 年 6 月 28 日，北方国际（000065）拟作价 16.5 亿元，以发行股份及支付现金方式，购买北方车辆、北方物流、北方机电、北方新能源和深圳华特 5 家公司股权。这 5 家公司的实际控制人中国北方工业公司也是北方国际的实际控制人。根据优序融资理论,企业通常先考虑留存收益来应对资金需求,然后是债务融资,最后是股权融资。那么北方国际是基于怎样的目的,选择发行股份的方式融资呢?主要原因有以下几点。

(1) 内部留存收益不能满足实际需求。近年来北方国际不断发展壮大,市场产业规模随之扩张,企业实现的利润大部分用于产业扩建以及新的投资,内部留存收益不能满足北方国际并购整合过程所需的13 500万元资金,此外并购成功后深圳华特生产基地土地厂房购置项目仍需要6 000万元的投资,因此综合考虑北方国际实际的财务状况,内部融资方式显然不适宜。

(2) 债务融资加大企业财务风险。北方国际连年盈利,企业运营良好,各大银行均愿向其提供优惠利率的贷款。若采用债务融资的方式,假设2016年银行5年期的基础贷款利率为4.9%,那么企业借款产生的利息支出可抵减应纳税所得额661.5万元。但是,债务融资也要考虑到财务风险。北方国际2012—2015年资产负债率等财务指标与同行业上市公司的对比情况如表3-2所示。

表3-2 北方国际与同行业上市公司的资产负债率、流动比率对比

指标	项目	2015-09-30	2014-12-31	2013-12-31	2012-12-31
资产负债率(%)	同行业上市公司均值	66.94	66.86	68.97	67.30
	北方国际	67.27	75.63	75.79	75.98

续表

指标	项目	2015-09-30	2014-12-31	2013-12-31	2012-12-31
流动比率	同行业上市公司均值	1.81	1.67	1.48	1.55
	北方国际	1.3	1.17	1.24	1.19

无论是从长期还是短期来看，北方国际都面临较大的偿债压力。若采用债务融资的方式，北方国际极有可能会达到财务风险预警值，进一步增大企业的经营风险。

第三节 借鸡生蛋——债务融资

债务融资是另一类重要的融资方式，即通过银行或非银行金融机构贷款或发行债券等方式融入资金。

下面我们看一个利用神奇的证券——可转换公司债券进行税收筹划的经典案例。1993年，美国高盛公司推出一种证券，该证券成为一些公司不可抵挡的诱惑。人们可以根据需要将这种证券认定为债券或股票，即可转换公司债券。对于纳税人来说，这种证券类似于贷款，这样，其利息收入可以从应纳税收入中扣除。而对于那些被怀疑过度举债经营的公司股东和评级机构来说，这种证券又类似于股票。美国财政部多次试图限制这种证券的使用。1994年，美国财政部谴责华尔街的公司并要求证券交易委员会进行干预。翌年，美国财政部向国会递交了立法提案，目的是弥补现有法律中的漏洞，惩治违法者。1998年，美国联邦税务局试图不承认上述公司的减税。但每一次努力都被投资银行、律师事务所和公司借款人组成的联盟击败，该联盟从这个一损俱损的会计操纵中获取经济利益。[①]

一、金融机构贷款

金融机构贷款是企业经营中最常见的融资方式之一，企业可以向银行、非银行金融机构借入资金。金融机构贷款属于直接融资，利息相对较低，融资费用低于发行债券的成本，而且利息支出可以在税前扣除，减轻企业的所得税负担，因此金融机构贷款的综合资金成本在各种融资方式中是比较低的。但是金融机构贷款的手续往往烦琐，且不易获得，手续费、时间成本、公关费用等隐性成本不

---

① 杜斯卡，R.，杜斯卡，B. 会计伦理学. 北京：北京大学出版社，2005：153.

容忽视，同时到期必须还本付息，如果企业不能合理安排还贷资金，就会引起财务状况恶化的后果。

案例 3.3

某厂利用 10 年时间积累起 1 000 万元，用这 1 000 万元购买设备，进行投资，收益期为 10 年，每年平均盈利为 200 万元。该厂每年平均纳税 200×25％＝50（万元），10 年纳税总额为 50×10＝500（万元），利润总额为 1 500 万元。

如果企业不是自己积累资金，而是向银行或其他金融机构贷款，则该厂无须为积累这 1 000 万元花费 10 年时间。假如在这 10 年里，企业从银行贷款投资，贷款投资额为 1 000 万元，贷款年利率为 6％，年平均息税前利润仍为 200 万元，扣除利息后，企业每年盈利为 140 万元。年平均纳税 140×25％＝35（万元），10 年纳税总额为 35×10＝350（万元），利润总额为 1 050 万元。

虽然自我积累方式的税后利润总额高于贷款方式的税后利润总额，但是贷款融资的优势在于节省时间，使企业提前 10 年进行其需要的投资活动，如果考虑货币的时间价值，更是有利可图。

二、非金融机构借款

非金融机构借款是相对于金融机构而言的，二者的区别在于借款对象的不同，金融机构借款是向银行、信托公司等金融机构借入资金,而非金融机构借款是向个人、企业等非金融机构借入资金。根据借款方与贷款方的关系,非金融机构借款又可以分为非关联方借款和关联方借款,二者在借款利息的税前扣除上存在明显不同。

非金融企业向非金融企业借款的利息支出,不超过按照金融企业同期同类贷款利率计算的数额的部分可据实扣除,超过部分不允许扣除;企业从其关联方接受的债权性投资与权益性投资的比例超过规定标准而发生的利息支出,不得在计算应纳税所得额时扣除,金融企业接受关联方债权性投资与其权益性投资的比例为5∶1,其他企业为2∶1;企业向股东或其他与企业有关联关系的自然人借款的利息支出应作为股息、红利,不得在税前扣除;企业投资者在规定期限内未缴足其应缴资本额的,该企业对外借款发生的利息相当于投资者实缴资本额与在规定期限内应缴资本额的差额应计付的利息,不属于企业合理的支出,应由企业投资者负担,不得在计算企业应纳税所得额时扣除。

企业发生的非金融机构借款最高可按照金融企业同期同类贷款利率计算扣除,关联方借款还受到债权性投资与权益性投资比例的限制。

案例3.4

A公司2020年需要借入资金总计5 000万元,其中为购建固定资产需要借入资金2 500万元,日常生产经营也需要2 500万元。但

2020年从银行取得贷款的额度只有3 000万元,年利率为6%,剩余的2 000万元需要从其他企业借入,年利率为12%。固定资产购建从2020年1月1日开始,到2020年12月31日结束。

A公司有两种方案可供选择。

一是将从银行借入的款项用于购建固定资产,而将从其他企业借入的款项用于日常经营。由于购建固定资产只需要2 500万元,因此计入固定资产的借款利息总额为150万元(2 500×6%),允许在当年所得税税前扣除的利息支出也是150万元,不得在税前扣除的利息为120万元[2 000×(12%-6%)]。这120万元无法在税前扣除,而只能用减少税后利润的方式扣除。选择这一方案也就意味着企业将增加应纳税所得额120万元。

二是将从其他企业借入的2 000万元用于固定资产购建,剩余不足的500万元用从银行借入的款项,并将从银行借入的剩余2 500万元用于日常经营。那么企业可以在税前扣除的利息支出为150万元(2 500×6%),计入固定资产的利息支出为270万元(2 000×12%+500×6%)。这270万元的支出通过资本化可以计入固定资产原值,在以后年度通过折旧逐渐在企业所得税税前扣除。选择这一方案,公司减少的税后利润为0。

在利用关联方借款时,企业可以尽量将其用于购建固定资产,将利息支出通过资本化计入固定资产原值,再通过折旧逐渐在税前扣除,以达到节税的目的。

案例 3.5

乙商贸公司注册资本为 500 万元,由其母公司甲全资控股。202×年乙公司向母公司甲借款 1 500 万元,双方协议规定年利率为 10%,同期同类贷款年利率为 6%。

乙公司可以在税前扣除的利息支出为 500×2×6%=60(万元),应调整的应纳税所得额为 1 500×10%−60=90(万元)。同时,母公司甲收取的 150 万元利息还应该缴纳增值税和相应的城市维护建设税、教育费附加,共计 150×6%×(1+7%+3%)=9.90(万元)。对于整个集团公司而言,此项业务多缴纳税费 32.40 万元(90×25%+9.90)。

筹划思路如下:

(1) 如果关联企业之间存在购销关系,可以变借款为采购方的预付账款或贷款为售货方的赊销账款,实现商业信用筹资。采取这种方案,在具体情况下,需要资金的乙方最好能在需要资金前一段时间,向资金提供方提出资金需求数,这样双方才能按照双方的购销业务金额提前做好筹划。对于这种筹划方式,只要关联企业双方按照正常的市场销售价格销售产品,对于应收账款和预付账款是否支付利息,税法并无强制性的规定。

(2) 如果关联企业之间不存在购销关系,则借款方税前扣除需要受到金融机构同期同类贷款利率和债权性投资与权益性投资比例的限制,同时交易需要缴纳流转税及其税费附加,税负往往较高,此时企业可以考虑向金融机构借款。

三、发行债券

发行债券是指企业依照法定程序向投资者发行公司债券，约定在一定期限内按既定利率支付利息并按约定条件偿还本金的融资行为。这一方式与借款有很多共同点，债券利息可以在税前收益列支，企业可以抵减应纳税所得额。同时，企业还可以获得财务杠杆收益，即在债券利率不变的情况下，当资产净利率提高时，企业所有者的收益率会有更大的提高。为了安全筹集资金，企业必须按时偿还本金和固定利息，否则会为企业带来财务风险甚至破产危机。与借款相比，债券融资的来源更广，筹集资金的余地更大。但由于企业发行债券的限制条件比其他债务融资方式多，在一定程度上又约束了企业对债券融资方式的使用。

股份有限公司、国有独资公司、两个以上的国有企业设立的有限责任公司，以及两个以上的国有投资主体投资设立的有限责任公司，为筹集生产经营资金，可以发行公司债券。《证券法》第十五条规定，公开发行公司债券，应当符合下列条件：（1）具备健全且运行良好的组织机构；（2）最近三年平均可分配利润足以支付公司债券一年的利息；（3）国务院规定的其他条件。另外，企业债券发行人应当具有合理的资产负债结构和正常的现金流量，鼓励发行企业债券的募集资金投向符合国家宏观调控政策和产业政策的项目建设。公开发行公司债券筹集的资金，必须按照公司债券募集办法所列资金用途使用；改变资金用途，必须经债券持有人会议作出决议。公开发行公司债券筹集的资金，不得用于弥补亏损和非生产性支出。上市公司发行可转换为股票的公司债券，除应当符合第一款规定的条件外，还应当遵守本法第十二条第二款的规定，即具有持续经营能力。但是，按照公司债券募集办法，上市公司通过收购本公司股份的方式进行公司债券转换的除外。

案例3.6

2020年1月，某股份企业发行债券2 000万元，限期3年，票面利率为5%，利息每年支付1次，企业按照折价1 940万元发行，市场利率为6%。

若该公司采用直线法摊销，结果如表3-3所示。

表3-3 直线法摊销结果　　　　　　　单位：万元

付息日期	实付利息	利息费用	折价摊销	未摊销折价	账面价值
2020-01-01	—	—	—	60	1 940
2020-12-31	100	120	20	40	1 960
2021-12-31	100	120	20	20	1 980
2022-12-31	100	120	20	0	2 000
合计	300	360	60	—	—

若该公司采用实际利率法摊销，结果如表3-4所示。

表 3-4　实际利率法摊销结果　　　　　　　　　　单位：万元

付息日期	实付利息	利息费用	折价摊销	未摊销折价	账面价值
2020-01-01	—	—	—	60	1 940
2020-12-31	100	116.4	16.4	43.6	1 956.4
2021-12-31	100	117.38	17.38	26.22	1 973.78
2022-12-31	100	126.22	26.22	0	2 000
合计	300	360	60	—	

在分析表 3-3、表 3-4 后发现，该企业前期缴纳的税额多于后期，由于货币存在一定的时间价值，所以企业在折价发行时可采用直线摊销法，以获取延期纳税的收益。

四、内部集资

内部集资是企业为满足生产经营的需要，向其职工（包括管理者）募集资金的行为，也是企业一种常见的融资方式。内部集资可以调动企业职工的积极性，手续简便，筹资成本不高，集资利息在国家法定范围内可以税前扣除，起到利息抵税的作用。但内部集资规模有限，只能作为企业融资中一种次要的、辅助性的融资方式。

以上这些融资方式无论采用哪一种，都能满足企业的资金需求。但从税收的角度来考虑，这些融资方式又存在很大差异，合理安排融资方式可以帮助企业有效减轻税负。通常情况下，企业自我积累的税收负担最重，向金融机构贷款次之，企业间拆借融资再次之，内部集资的税收负担最轻。

第四节　外来的和尚会念经——租赁的税收筹划

租赁是指在约定的期间内，出租人将资产的使用权让与承租人，以获取租金的协议。租赁是资产所有权与使用权的分离，合理利用租赁可以实现表外融资，减少自有资金占用，提高资金流动性，减轻资金压力，更好地开展经营活动。

以租赁的目的为标准，可将其分为两类：经营租赁与融资租赁。

经营租赁以获得租赁物的使用权为目的，是一种短期的租赁形式。经营租赁一般具有以下特点：（1）可撤销性，经营租赁是一种可解约的租赁，在合理的条件下，承租人预先通知出租人即可解除租赁合同，或要求更换租赁物；（2）经营租赁的期限一般比较短，远低于租赁物的经济寿命；(3) 不完全付清性，经营租赁的租金总额一般不足以弥补出租人的租赁物成本并使其获得正常收益，出租人在租赁期满时将其再出租或在市场上出售才能收回成本，因此，经营租赁不是全额清偿的租赁；(4) 出租人不仅负责提供租金信贷，而且要提供各种专门的技术设备。经营租赁中租赁物所有权引起的成本和风险全部由出租人承担，其租金一般比融资租赁高。

融资租赁以融通资金为主要目的。其特点是：(1) 不可撤销，这是一种不可解约的租赁，在基本租期内双方均无权撤销合同；(2) 完全付清，在基本租期内，设备只租给一个用户使用，承租人支付租金的累计总额为设备价款、利息及租赁公司的手续费之和，承租人付清全部租金后，设备的所有权即归于承租人；(3) 租期较长，基本租期一般相当于设备的有效寿命；(4) 承租人负责设备的选择、保险、保养和维护等。在融资租赁中，出租人实际上已将租赁所有权引起的成本和风险全部转让给承租人。

无论是经营租赁还是融资租赁，首先都应该缴纳流转税，视租赁物的差异而缴纳不同税目税率的税收，有形动产租赁缴纳13%的增值税，而不动产租赁则缴纳9%的增值税。在企业所得税税前扣除上，经营租赁和融资租赁也存在明显差别。经营租赁方式租入固定资产发生的租赁费支出，按照租赁期限均匀扣除；而融资租赁方式租入的固定资产发生的租赁费支出，按照规定构成融资租入固定资产价值的部分应当提取折旧费用，分期扣除。

企业欲获得所需设备，一般有三种方式：银行贷款直接购买、经营租赁或融资租赁，这三种方式在税收利益上是有差异的，比较如下。

（1）银行贷款购买设备，企业可获得贷款利息和资产折旧税前扣除的好处，购买时还可能获得一些减免税的优惠政策；

（2）经营租赁只有支付的租赁费才能直接税前扣除，企业不得对租入设备计提折旧，租入设备的损耗也不能抵税；

（3）融资租赁发生的租赁费不得直接扣除，承租方支付的手续费，以及安装使用后支付的利息可在支付时直接扣除，企业对融资租赁设备计提的折旧也可税前扣除。

因此，企业应比较获得设备的不同方式所要承担的税收，并考虑其他非税成本的影响，合理选择对企业最有利的融资方式。

案例 3.7

某公司制造水泥机械破碎反击机，需直径 1.5 米的大齿轮。该齿轮委托南京加工，因期限、成本、质量和运输问题经常影响生产经营。公司决定添置滚齿机自己制造大齿轮。滚齿机价格为 104 万元，估计使用年限为 10 年。现有两个方案：一是向固定资产租赁公司融资租赁，预计租赁期 8 年内每年末支付 204 000 元；二是向银行申请借款购置，估计需借 104 万元，平均年利率为 12%，8 年内付息。假设折现率为 8%。

融资租赁可以及时取得资产使用权，而且能避免资产所有权带来的风险，节约维修费用，租金抵减应纳税所得额还可以取得税收收益。举债购置取得资产使用权与所有权，固定资产超役使用或超负荷运转可带来额外收益，同时举债购置还可以取得利息和折旧的税后收益，甚至能够享受政府投资减税优惠。二者各有利弊。该公司添置滚齿机是为了自行加工原来委托外单位加工的大齿轮。若滚齿轮使用效率不高，资金筹措困难，该公司应优先考虑融资租赁。一方面，融资租赁能以较少的资金及时取得资产使用权，不失为一种较现实的筹资方式。况且，融资租赁在自有资金不足、调整生产经营方向、贯彻产业政策、提高设备利用率等方面有特殊的作用。另一方面，从现金流量、货币时间价值或资金成本等方面具体分析，也可能说明融资租赁支出少、收益多，应被选择。

我们再从税收的角度比较两个方案的现金流出量。

方案一：企业每年末需要支付租赁公司 204 000 元，共计 8 年。资产入账价值为 204 000×8＝1 632 000（元），年折旧为 163 200 元，可节约企业所得税 163 200×25％＝40 800（元）。

方案二：企业每年支付利息 124 800 元，共计 8 年，并最终偿还本金。资产入账价值为 124 800×8＋1 040 000＝2 038 400（元），年折旧为 203 840 元，可节约企业所得税 203 840×25％＝50 960（元）。

两方案 10 年现金流量如表 3-5 所示。

表 3－5 两方案 10 年现金流量

单位：元

项目		第1年	第2年	第3年	第4年	第5年	第6年	第7年	第8年	第9年	第10年	合计
方案一	租金	204 000	204 000	204 000	204 000	204 000	204 000	204 000	204 000	—	—	
	折旧	163 200	163 200	163 200	163 200	163 200	163 200	163 200	163 200	163 200	163 200	
	节约企业所得税	40 800	40 800	40 800	40 800	40 800	40 800	40 800	40 800	40 800	40 800	
	现金流出合计	163 200	163 200	163 200	163 200	163 200	163 200	163 200	163 200	−40 800	−40 800	
	现金流出现值	163 200	151 111	139 918	129 553	119 957	111 071	102 844	95 226	−22 043	−20 410	970 426
方案二	利息	124 800	124 800	124 800	124 800	124 800	124 800	124 800	1 164 800	—	—	
	折旧	203 840	203 840	203 840	203 840	203 840	203 840	203 840	203 840	203 840	203 840	
	节约企业所得税	50 960	50 960	50 960	50 960	50 960	50 960	50 960	50 960	50 960	50 960	
	现金流出合计	73 840	73 840	73 840	73 840	73 840	73 840	73 840	1 113 840	−50 960	−50 960	
	现金流出现值	73 840	68 370	63 306	58 617	54 275	50 254	46 532	649 915	−27 532	−25 493	1 012 084

经计算，方案一现金流出总额现值为 970 426 元，方案二则为 1 012 084 元，因此企业应该选择方案一，即融资租赁方式。

案例 3.8

某上市公司 A 计划 2020 年筹资 5 000 万元用于购买固定资产，使用寿命为 5 年，净残值为 250 万元。已知公司每年的息税前利润为 1 000 万元，所得税税率为 25%，资金报酬率为 10%。

目前有以下可选方案。

方案一：向银行借款 5 000 万元，年利率为 6%，每年付息 1 次，到期还本。

方案二：按面值发行 5 年期长期债券 5 000 万元，票面年利率为 5%，筹资费用率为 2%，每年付息 1 次，到期还本。

方案三：拟增发普通股股票 5 000 万股，每股 1 元，股票筹资费用率为股票市价的 3%，股票市价为 1 元，股利支付率为 4%。

方案四：通过融资租赁筹集，5 年后取得所有权，每年租金为 1 000 万元，筹资费率为 1%，融资利率为 9%。

各方案的节税效果和税后现金流量的净现值计算分别如表 3-6、表 3-7、表 3-8 和表 3-9 所示。

表 3-6　方案一　　　　　　　　　　　　　　　单位：万元

年份	2020	2021	2022	2023	2024	合计
还本					5 000	5 000
付息	300	300	300	300	300	1 500

续表

年份	2020	2021	2022	2023	2024	合计
折旧	950	950	950	950	950	4 750
节税额	312.5	312.5	312.5	312.5	312.5	1 562.5
税后现金流入量	12.5	12.5	12.5	12.5	-4 987.5	-4 937.5
现值	11.4	10.3	9.4	8.5	-3 096.8	-3 057.2

表3-7　方案二（发行债券）　　　　　　　　　　单位：万元

年份	2020	2021	2022	2023	2024	合计
还本					5 000	5 000
手续费	20	20	20	20	20	100
付息	250	250	250	250	250	1 250
折旧	950	950	950	950	950	4 750
节税额	305	305	305	305	305	1 525
税后现金流入量	35	35	35	35	-4 965	-4 825
现值	31.8	28.9	26.3	23.9	-3 082.9	-2 971.9

表3-8　方案三（增发普通股）　　　　　　　　　单位：万元

年份	2020	2021	2022	2023	2024	合计
还本						5 000
手续费	30	30	30	30	30	150
折旧	950	950	950	950	950	4 750
节税额	245	245	245	245	245	1 225
股利	59.1	59.1	59.1	59.1	59.1	295.5
税后现金流入量	155.9	155.9	155.9	155.9	155.9	779.5
现值	141.7	128.8	117.1	106.5	96.8	580.9

表3-9 方案四（融资租赁） 单位：万元

年份	2020	2021	2022	2023	2024	合计
租金	1 000	1 000	1 000	1 000	1 000	5 000
手续费	10	10	10	10	10	50
付息	450	360	270	180	90	1 350
折旧	950	950	950	950	950	4 750
节税额	352.5	330	307.5	285	262.5	1 537.5
税后现金流入量	−1 107.5	−1 040	−972.5	−905	−837.5	−4 862.5
现值	−1 006.8	−859.5	−730.7	−618.1	−520.0	−3 735.1

通过各筹资方式的比较可以得知，从节税效果来看，银行借款的节税效果最佳，可节税1 562.5万元，融资租赁次之，再次为发行债券，而发行股票的节税效果最差，仅为1 225万元。这是由于银行借款具有利息抵税的优势，而发行股票仅能依靠少量筹资费用抵扣应纳税所得额，节税效果较差。从企业税后现金流入量的现值（表中负数表示现金流出）来看，发行债券的现金流出现值最少，为2 971.9万元，其次为银行借款，再次为融资租赁，发行股票的现金流入现值最多，为580.9万元。一方面，在公司前景被投资者看好的情况下，发行债券往往以低于银行借款利率的实际利率筹得资金，且发行的手续费可以分期摊销抵减应纳税所得额；另一方面，由于增发普通股的权益融资不需要还本付息，仅支付股息，因此发行股票筹资导致的现金流入现值为正数。

第五节 转让商誉，节税秘籍
——商誉处理的税收筹划

商誉是企业一项特殊的无形资产，在我国税收实务中存在征管盲区。

商誉通常是指企业由于所处的地理位置优越，或由于信誉好而获得客户信任，或由于组织得当、生产经营效益好，或由于技术先进、掌握生产诀窍等而形成的无形价值，这种无形价值具体体现为企业的获利能力超过一般企业的获利能力。商誉是企业获得超额利润的综合能力，只有在产权转让时才予以确认。商誉与整个企业密切相关，因而它不能单独存在，也不能与企业可辨认的各种资产分开出售。

销售无形资产，是指转让无形资产所有权或者使用权的业务活动。无形资产是指不具实物形态，但能带来经济利益的资产，包括技术、商标、著作权、商誉、自然资源使用权和其他权益性无形资产。根据税法规定，转让商誉按照销售无形资产税目征收6%的增值税。

对于转让商誉行为，下面分两种情况进行讨论：

第一，自创商誉。《企业会计准则》规定，自创商誉不能确认为无形资产，不入账不核算。原因是商誉不能单独辨认，且自创商誉的相关代价已经计入企业相关费用，如由于广告投入而形成的自创商誉，广告费已在支付时计入销售费用。当转让自创商誉且获取实际收入时，应按转让所得缴纳增值税。

第二，外购商誉。外购商誉一般在整体收购一家企业或企业整体资产时形成，在会计核算时，通常以实际支付的价款计入长期股权投资。如果将外购商誉再转让并取得实际收入，则应当按"转让无形资产"项目缴纳增值税。

同时需要注意的是，商誉转让时如果实现转让所得，则要计算缴纳企业所得税。而企业外购商誉的支出，在企业整体转让或者清算时，准予扣除（详见《企业所得税法实施条例》第六十七条的规定）。

案例 3.9

中华科技公司有一笔营业外收入，是该公司总部将其全球的彩印机研发部转让给另一企业而获得的。经进一步调查发现，中华科技公司总部因研发部转让而获得的总收入为 2 000 万元，而总成本仅占总收入的 40%。对于这笔收入，中华科技公司缴纳企业所得税无可非议，但这笔收入是否应该缴纳增值税引起了争议。

解析：本例中，中华科技公司总部将其全球的彩印机研发部以 2 000 万元转让，如果对这一交易行为进行筹划，有以下两种操作思路：一是把彩印机研发部包装成一家新企业，通过股权转让形式转让新企业的全部股权，可以规避增值税；二是把彩印机研发部的资产分解为固定资产和技术两部分，分开实施转让交易，已使用过的固定资产转让可以享受减征或免征增值税的优惠政策，仅需负担技术转让所应缴纳的增值税。

第四章/Chapter Four
采购活动的税收筹划

第一节　都是合同惹的祸

市场经济是一种契约经济，各种交换行为都是通过符合法律条款的经济合同加以约束和实现的。在经济交易过程中，合同是承载经济业务最主要的表现形式。合同决定业务过程，业务过程产生税收。只有加强业务过程的纳税管理，才能真正规避纳税风险，既不偷税漏税，也可减少不必要地多纳税。

多数企业都十分重视合同中相关风险的防范，特别是在经济不景气的情况下，企业在订立合同时，销售方往往比较注意合同的条款内容，从法律角度设置合同条款，以防止在合同中出现一些不必要的风险和损失。但是，很少有企业注意到合同与税收的关系，大多数企业没有结合税务角度进行成本分析，由于合同的原因垫付或多缴税款的事情常有发生，有时数额不菲，给企业带来了资金占用和损失增加的问题，对于中小企业而言，这些问题有时可能是致命的。企业要想使税收筹划有效，就一定要关注承载经济业务的合同所具有的节税价值，事前筹划，综合考虑法律风险及税收筹划，而非总是在缴税时才想起让财务人员想办法少缴税甚至偷漏税。

一、采购合同

在采购合同税收筹划的问题上，一般要把握的原则是：尽可能延迟付款，善于利用"借鸡生蛋再还鸡"的技巧。具体来说，企业应从以下几个方面着手：未付出货款，先取得对方开具的发票；使销货方接受托收承付与委托收款的结算方式，尽量让对方先垫付税款；采取赊销和分期付款方式，使供货方垫付税款，而自身获得足够的资金调度时间；尽可能少用现金支付货款等。

二、销售合同

企业产品的销售收入实现时间在很大程度上决定了企业纳税人销售货物或者应税劳务的纳税义务发生时间，纳税义务发生时间的早晚又为利用税收屏蔽、减轻税负提供了筹划机会。而对不同的销售结算方式，产品销售收入的实现时间不同，其纳税义务的发生时间也不同，适用的税收政策往往也不同。在销售方式的筹划过程中，企业必须遵循以下一些基本原则：（1）未收到货款不开发票。（2）尽量避免采用托收承付与委托收款的结算方式,防止垫付税款,因为采取这两种结算方式销售货物的纳税义务发生时间为发出货物并办妥托收手续的当天。(3) 在赊销方式或分期收款结算方式中,避免垫付税款。(4) 尽可能地采用支票、银行本票和汇兑结算方式销售产品。(5) 多用折扣销售刺激市场,少用销售折扣刺激市场。根据税法规定,采取折扣销售方式,如果销售额和折扣额在同一张发票上体现,那么可以以销售额扣除折扣额后的余额为计税金额。税法为纳税人采取折扣销售提供了节税空间。而销售折扣不得从销售额中扣除。因此,企业在确定销售额时,应严格区分折扣销售和销售折扣。(6) 把握好销售折让的税务处理方法。(7) 采用预收货款方式为企业创造税收屏蔽效应。

三、筹资合同

企业的发展离不开筹资活动,而选择不同的筹资方式会对企业纳税产生影响。从税收筹划的角度来看,企业内部集资和企业之间拆借资金方式产生的节税效果最好,金融机构借款次之,自我积累方式效果最差。这是因为企业内部集资和企业之间拆借资金涉及的人员和机构较多,容易寻求降低融资成本、抵消纳税利润规模、提高投资规模效益的途径。金融机构贷款次之的原因是,贷款利息一般可以在税前冲减企业利润,从而减少企业所得税。由于自我积累方式使资金的占有和使用融为一体,税收难以分割或抵消,因而企业难以进行税收筹划。而且从税负和经济效益的关系来看,自我积累资金要经过很长时间才能完成，同时，企业投入生产和经营后，产生的全部税负由企业自负。负债筹资则不同，资金不需要很长时间就可以筹足，投资产生效益后，出资机构实际上也要承担一定的税收，所以，债务筹资的财务杠杆效应主要体现在节税及提高效益和资本收益率等方面。其中，节税功能反映为负债利息计入财务费用抵减应纳税所得额，从而相对减少应纳税额。

筹资合同的税收筹划主要在筹资利息的税收筹划方面下功夫。具体操作方法是：借款方尽量提高利息支付，冲减企业利润，减少企业所得税税基；出款方再用某种隐蔽形式将获得的高额利息返还给借款企业，出款方也可以用更加方便的形式为企业提供担保、租赁等服务，达到减轻税负的目的。

租赁是一种特殊的筹资方式。对承租人来说，经营租赁既可避免因长期拥有机器设备而承担资金和经营风险，又可通过支付租金的方式，冲减企业的应纳税所得额，减轻所得税税负。对出租人来说，出租机器设备可获得租金收入，当出租人与承租人同属一个利益集团时，租赁可以使这两个分主体将利润以不正常租金的形式进行转移。同一利益集团的企业出于某种税收目的，将盈利性非常强的项目或设备租给另一家企业，但只收取少量租金，最终使该利益集团享受的税收优惠最多，税负最低。此外，租赁产生的节税效应也可在专门租赁公司提供租赁设备的情况下实现，承租人仍可获得减轻税负的好处。另外，融资租赁的税收筹划也大有文章可做。

四、印花税涉税合同

在实际操作中，签约当事人在能够明确计税金额的条件下不最终确立，这样不仅可以延缓纳税，也可以减少因实际金额与预定金额不符而引起的税款多缴。一些合同在签约时必须确定计税金额，无论合同是否兑现或是否按期兑现，企业均应计算纳税额并贴花。对于已履行并贴花的合同，所载金额与合同履行实际结算金额不一致的，一般按合同所载金额作为应税金额，当事人会无益地多负担一笔印花税税款。因而在设计合同时，企业应充分地考虑到这种情况，确定比较合理、保守的金额，避免缴纳税款。此外，当事人还可以采取其他办法弥补多贴印花税票的损失，如在合同中约定："如果一方有过错导致合同不能履行或不能完全履行，有过错方负责赔偿对方多缴的税款。"这样，税收负担问题就很好地解决了。

根据印花税的规定，建筑安装施工单位将自己承包的建设项目分包或者转包给其他施工单位所签订的分包合同或者转包合同，应按照新的分包合同或者转包合同所记载的金额再次计算应纳税额。为此，企业应尽量减少签订承包合同的环节，以最少的可能书立应税凭证，以达到节约部分应缴税款的目的。同样，对于应税凭证，凡是由两方或两方以上当事人共同书立的，其当事人各方均为印花税的纳税人，筹划方法是尽量减少书立使用各种凭证的人数，使更少的人缴纳印花税，使当事人总体税负下降，从而达到少缴税款的目的。

第二节 材料来源怎么选

一、货源不同，税收不同

企业采购材料可以选择的来源渠道有两种：一是增值税一般纳税人；二是增值税小规模纳税人。增值税一般纳税人与小规模纳税人在开具发票、税率以及计税方式上不同，所得到的进项税抵扣不同，企业的税负也不同，这将影响企业的税后净利润和现金净流量。因此，企业在生产活动中，应当充分考虑货源的选择，合理筹划进货环节的税收。

二、如何选择货物来源

案例 4.1

某市的一家商贸公司为增值税一般纳税人，在购货时可以选择以下三个渠道：一是从小规模纳税人 A 处购进，A 只能提供普通发票；二是从小规模纳税人 B 处购进，B 可以提供 3% 的增值税专用发票；三是从增值税一般纳税人 C 处购进，C 能提供 13% 的增值税专用发票。假定不含税购进价格均为 1 000 元/吨，商贸公司购进后以不含税 1 200 元/吨的价格出售。商贸公司需购进 1 吨货物，并且其他相关费用为 30 元，企业所得税税率为 25%。

第四章 采购活动的税收筹划

解析： 方案一：从小规模纳税人 A 处购进（取得普通发票）。

应纳增值税额 $= 1\,200 \times 13\% = 156$(元)

应纳城市维护建设税及教育费附加和地方教育附加 $= 156 \times (7\% + 3\% + 2\%) = 18.72$(元)

应纳企业所得税 $= (1\,200 - 1\,000 - 18.72 - 30) \times 25\% = 37.82$(元)

税负总额 $= 156 + 18.72 + 37.82 = 212.54$(元)

税后净利润 $= 1\,200 - 1\,000 - 18.72 - 37.82 - 30 = 113.46$(元)

现金净流量 $= 1\,200 \times (1 + 13\%) - 1\,000 - 156 - 18.72 - 37.82 - 30$
$= 113.46$(元)

方案二：从小规模纳税人 B 处购进（取得 3% 的增值税发票）。

应纳增值税额 $= 1\,200 \times 13\% - 1\,000 \times 3\% = 126$(元)

应纳城市维护建设税及教育费附加和地方教育附加 $= 126 \times (7\% + 3\% + 2\%) = 15.12$(元)

应纳企业所得税 $= (1\,200 - 1\,000 - 15.12 - 30) \times 25\% = 38.72$(元)

税负总额 $= 126 + 15.12 + 38.72 = 179.84$(元)

税后净利润 $= 1\,200 - 1\,000 - 15.12 - 38.72 - 30 = 116.16$(元)

$$现金净流量 = 1\,200 \times (1+13\%) - 1\,000 \times (1+3\%) - 126 - 15.12$$

$$-38.72 - 30$$

$$= 116.16(元)$$

方案三：从一般纳税人 C 处购进（取得13%的增值税发票）。

$$应纳增值税额 = 1\,200 \times 13\% - 1\,000 \times 13\% = 26(元)$$

$$应纳城市维护建设税及教育费附加和地方教育附加 = 26 \times (7\% + 3\% + 2\%)$$

$$= 3.12(元)$$

$$应纳企业所得税 = (1\,200 - 1\,000 - 3.12 - 30) \times 25\% = 41.72(元)$$

$$税负总额 = 26 + 3.12 + 41.72 = 70.84(元)$$

$$税后净利润 = 1\,200 - 1\,000 - 3.12 - 41.72 - 30 = 125.16(元)$$

$$现金净流量 = 1\,200 \times (1+13\%) - 1\,000 \times (1+13\%) - 26$$

$$-3.12 - 41.72 - 30$$

$$= 125.16(元)$$

由以上分析可知，在进价相同的情况下，无论是赊购还是一次性付清货款，一般纳税人企业向一般纳税人企业购进货物的税负最轻，所产生的税后净利润最高，现金净流量最大，因此，企业应当选择一般纳税人进货。

现将条件作出改变，分析在进价不相同的情况下纳税人的税负、

第四章 采购活动的税收筹划

税收净利润以及现金净流量的情况。

案例 4.2

某市的一家商贸公司为增值税一般纳税人，在购货时可以选择以下三个渠道：一是从小规模纳税人 A 处购进，每吨含税价为 900 元，A 只能提供普通发票；二是从小规模纳税人 B 处购进，每吨含税价为 1 000 元，B 可提供税务机关代开的 3% 的增值税专用发票；三是从增值税一般纳税人 C 处购进，每吨含税价为 1 200 元，C 能提供 13% 的增值税专用发票。商贸公司购进货物后将以不含税 1 500 元/吨的价格出售，假设商贸公司需购进 1 吨货物，并且进货时均为一次性付款结清。购货发生的其他相关费用为 30 元，企业所得税税率为 25%。

解析： 方案一：从小规模纳税人 A 处购进（取得普通发票）。

应纳增值税额 = 1 500 × 13% = 195(元)

应纳城市维护建设税及教育费附加和地方教育附加 = 195 × (7% + 3% + 2%)

= 23.4(元)

应纳企业所得税 = (1 500 − 900 − 23.4 − 30) × 25% = 136.65(元)

税负总额 = 195 + 23.4 + 136.65 = 355.05(元)

税后净利润 = 1 500 − 900 − 23.4 − 136.65 − 30 = 409.95(元)

现金净流量 = 1 500 × (1 + 13%) − 900 − 195 − 23.40 − 136.65 − 30

= 409.95(元)

方案二：从小规模纳税人 B 处购进（取得3%的增值税发票）。

$$应纳增值税额 = 1\,500 \times 13\% - 1\,000 \div (1+3\%) \times 3\%$$
$$= 165.87(元)$$

$$\begin{matrix}应纳城市维护建设税及\\教育费附加和地方教育附加\end{matrix} = 165.87 \times (7\% + 3\% + 2\%)$$
$$= 19.9(元)$$

$$\begin{matrix}应纳企业\\所得税\end{matrix} = [1\,500 - 1\,000 \div (1+3\%) - 19.9 - 30] \times 25\%$$
$$= 119.81(元)$$

税负总额 = 165.87 + 19.9 + 119.81 = 305.58(元)

$$税后净利润 = 1\,500 - 1\,000 \div (1+3\%) - 19.9 - 119.81 - 30$$
$$= 359.42(元)$$

$$现金净流量 = 1\,500 \times (1+13\%) - 1\,000 - 165.87 - 19.9$$
$$- 119.81 - 30$$
$$= 359.42(元)$$

方案三：从一般纳税人 C 处购进（取得13%的增值税发票）。

$$应纳增值税额 = 1\,500 \times 13\% - 1\,200 \div (1+13\%) \times 13\%$$
$$= 56.95(元)$$

$$\begin{matrix}应纳城市维护建设税及\\教育费附加和地方教育附加\end{matrix} = 56.95 \times (7\% + 3\% + 2\%)$$
$$= 6.83(元)$$

$$\begin{matrix}应纳企业\\所得税\end{matrix} = [1\,500 - 1\,200 \div (1+13\%) - 6.83 - 30] \times 25\%$$

=100.31(元)

税负总额=56.95+6.83+100.31=164.09(元)

税后净利润=1 500-1 200÷(1+13%)-6.83-100.31-30

=300.91(元)

现金净流量=1 500×(1+13%)-1 200-164.09-30

=300.91(元)

通过上述分析可知，在进价不相同的情况下，企业依然是向高进价的一般纳税人C进货承担的税负最低。但考虑到付款方式为一次性付清货款，因此企业不宜以税负最低为选择标准，应当选择税后净利润最高和现金净流量最大的方案。在本案例中，企业从小规模纳税人A（取得普通发票）处购进货物得到的税后净利润最高，现金净流量最大，其支付的购货资金最少，所以企业应选择从小规模纳税人A处购进货物。

需要指出的是，上述进货渠道方案的选择是在货款一次性付清的情况下筹划的，如果企业可以采取赊账的形式进货，即采用商业信用方式结算，则本案例企业应当选择税负最低的方案即选择向高进价的一般纳税人C进货。商业信用方式结算不仅推迟了付款时间，获得了货币的时间价值，而且一般情况下无须支付额外的利息，但税款必须在规定的时间内缴纳，否则将产生承担滞纳金和罚款等违法风险。因此，企业在实际活动中应当将所有的因素均考虑到，合理规避纳税风险以及合理节税。

第三节　我的运费，我做主

企业采购材料要发生运费，而运费的收支又与税收有着密切的联系，增值税一般纳税人支付运费可以抵扣进项税额，收取运费应缴纳增值税。运费收支状况变化时，企业纳税情况也会受到一定影响。当企业调控运费时，就可以合理合法地筹划运费中的税收。

营改增之后，交通运输业实行增值税制度，这对运费的筹划产生重大影响。交通运输业的税率由原先的营业税3%提高到增值税9%，但允许抵扣增值税进项税额。对于小规模的交通运输企业（年应纳税营业额不超过500万元），按照3%的征收率实行简易办法征收。

案例 4.3

地处某省中部某县的金山煤炭商贸公司（简称金山公司）是增

值税一般纳税人，主营煤炭销售，兼有汽车运输。煤炭全部从陕西、山西等地购进，全部销售给本地享受优惠政策的水泥企业。公司一年购销煤炭10万吨，煤炭的单位采购成本为450元/吨，煤炭总成本为4 500万元（不含税，下同）。煤炭的销售单价为540元/吨，销售额为5 400万元。煤炭的单位运价为400元/吨，运输总成本为4 000万元。由于陕西省禁止公路运输超载，公司运输煤炭分为两段，第一段陕西至河南省西峡县境内（毗邻鄂、陕两省）；第二段西峡县至湖北省境内。第一段是用小吨位的汽车运煤至西峡县境内卸货，用大吨位的重载车在西峡县境内装货再进行第二段的运输。第一段因是小吨位车运输，运费相应较高，距离较远，单位运价为360元/吨，运费为3 600万元；第二段因是重载车运输，运费相应较低，距离较短，单位运价为40元/吨，运费为400万元，两段运费合计4 000万元。运输煤炭需要支出的汽车的油料、零配件等共计1 000万元，进项税额为130万元，需要支付高速公路过路费20.6万元，取得高速公路通行费增值税电子普通发票，其注明的增值税税额为0.6万元。

解析： 方案一：销售货物并负责运输。

金山公司销售煤炭并负责运输，称为"混合销售"，营改增后，《财政部 国家税务总局关于全面推开营业税改征增值税试点的通知》（财税〔2016〕36号）附件1《营业税改征增值税试点实施办法》第三十九条规定，纳税人兼营销售货物、劳务、服务、无形资产或者不动产，适用不同税率或者征收率的，应当分别核算适用不同税率或者征收率的销售额；未分别核算的，从高适用税率。因此，公司销售煤炭并负责运输，只需分别核算，分别缴纳增值税。销售煤炭的销项税额为 702 万元（5 400×13%），煤炭的进项税额为 585 万元（4 500×13%），煤炭应纳增值税 117 万元（702－585，下同）；兼有交通运输业的销项税额为 360 万元（4 000×9%），汽车耗用的油料及零配件的进项税额为 130 万元，运输业应纳增值税 230 万元（360－130），该业务应纳增值税合计 346.4 万元（煤炭应纳增值税 117 万元＋运输业应纳增值税 230 万元－高速公路过路费进项税额 0.6 万元），公司的增值税税负率为 6.41%（346.4÷5 400×100%）。如汽车为新购的，购入的进项税额可以抵扣，过路费也可以抵扣进项税额。

方案二：销售货物并负责运输，将独自运输改为与运输业一般纳税人联运。

企业将独自运输改为与运输企业一般纳税人联运，陕西境内至河南西峡县境内的运输由运输部门联运，联运价为 3 600 万元（360×10），河南西峡至湖北中部地区由金山公司运输，运价为 400 万元（40×10）。煤炭销售应纳增值税 117 万元，运输业的销项税额为 360 万元（4 000×9%），金山公司的汽车耗用的油料及零配件的进项税额为 13 万元（金山公司完成联运的 10%，进项税额折算＝130×10%，下同）。联运方为一般纳税人，因此可以开具增值税专用发票，并按联运方开具的发票上的税额作为进项税额，即 324 万元（3 600×9%），运输业应纳增值税 23 万元（360－13－324），该业务应纳增值税140万元（117＋23），企业的增值税税负率为2.59%（140÷5 400×100%）。联运后金山公司运力增多，车辆可从事其他工作，企业也可出售车辆。

方案三：销售货物并负责运输，与运输业的小规模纳税人联运。

如联运方为小规模纳税人，联运方开具的3 600万元货运业增值税专用发票按照3%计算的进项税额为108万元，金山公司进项税额为13万元，运输业的销项税额为360万元（4 000×9%），运输业应纳增值税239万元（360－13－108）；煤炭应纳税117万元，该业务应纳增值税356万元（煤炭117万元＋运输239万元），增值税税负率为6.59%（356÷5 400×100%）。

从上述计算分析来看，如按税负比较，方案二最好，税负率只有2.59%，方案三税负率最高，为6.59%，最高与最低相差4个百分点。

总之，纳税人销售货物收取运费，要根据实际情况进行税收筹划，如购买方享受优惠政策，就一定要协商购买方承担运费；如果没有运力，可以购买少量运输工具，大量的运输由联运方完成，从而降低税负。总之，根据业务的实际情况具体问题具体分析。

第四节　钞票与发票——发票的税收筹划

一、发票的概念

发票是指在购销商品、提供或者接受服务以及从事其他经营活动中，开具、收取的收付款凭证。

二、发票的内容

发票的基本内容包括发票的名称、字轨号码、联次及用途、客户名称、开户银行及账号、商品名称或经营项目、计量单位、数量、单价、大小写金额、开票人、开票日期、开票单位（个人）名称（章）等。

有代扣、代收、委托代征税款的，其发票内容应当包括代扣、代收、委托代征税种的税率和代扣、代收、委托代征税额。

增值税专用发票还应当包括购货人地址、购货人税务登记号、增值税税率、税额、供货方名称、地址及其税务登记号。

发票的基本联次为三联，第一联为存根联，开票方留存备查；第二联为发票联，收执方作为付款或收款原始凭证；第三联为记账联，开票方作为记账原始凭证。增值税专用发票的基本联次还应包括抵扣联，收执方作为抵扣税款的凭证。

除增值税专用发票外，县（市）以上税务机关根据需要可适当增减联次并确定其用途。

案例4.4

销售对象不同，分开经营可节税。

某厂为增值税一般纳税人，年销售收入为400万元。其中，有一半的购货单位需要开具增值税专用发票，另一半的购货单位仅需开具普通发票。该厂所购原材料适用税率为13%，且都能取得增值税专用发票。但原材料购进比较少，金额仅占销售收入的20%，该厂所销售的是一种附加值高的技术产品，产品毛利率为30%，产品适用税率为13%，年应缴纳增值税约41.6万元，增值税税负率达到10.4%。为此该厂向税务师事务所寻求解决途径，税务师事务所查阅公司有关资料后，提出如下两种方案。

方案一：在保留老厂的基础上，重新注册一家新厂，新厂不申请认定为增值税一般纳税人，按小规模纳税人管理，使用普通发票。这样将原由一家厂承担的业务由两家厂来分担，即老厂生产的产品销售给需要开具增值税专用发票的单位，新厂生产的产品销售给不需要开具增值税专用发票的单位。这样处理有何好处？假定两厂年销售收入均为200万元（不含税），则老厂购进货物取得增值税专用发票抵扣进项税额为5.2万元（200×20%×13%），其他条件不变，则老厂应缴增值税200×13%－5.2＝20.8（万元）；新厂应缴增值税200×3%＝6（万元）；两厂合计应缴增值税26.8万元；企业增值税税收负担率为26.8÷400＝6.7%。两厂合计比原来少缴增值税14.8万元左右。

方案二：老厂不变，在老厂的基础上重新注册成立一家独立核算的经营部，注册为小规模纳税人，使用普通发票。这样将原由一家厂承担的业务划为老厂和经营部共同承担，即凡购货方需要增值税专用发票的由老厂负责销售，开具增值税专用发票，凡购货方只需要普通发票的，就由老厂先按成本价加10%毛利的价格销售给经营部，再由经营部按正常售价开具普通发票销售给购货方。假定该厂产品的单位正常售价为B，销售数量为A（$AB＝400$万元），购进原材料价格为$0.2AB$，购进货物取得专用发票抵扣进项税额为10.4万元（400×20%×13%），假定该厂以成本价加10%的毛利价格即$0.2B×1.1$销售给经营部50%A的数量，再由经营部按正常售价B销售给购货商，其他条件不变。

则老厂应缴增值税＝（200＋0.2B×1.1×50%A）×13%－0.2AB×13%，且$AB＝400$。

所以，老厂应缴增值税＝（200＋0.11×400）×13%－0.2×400×

13%＝21.32（万元）；经营部应缴增值税200×3%＝6（万元）；老厂和经营部合计应缴增值税27.32万元；企业实际税负率为27.32÷400＝6.83%；比原来少缴增值税14.28万元左右。

将两个方案比较可以看出，方案一比方案二税负率低0.13个百分点，方案一比方案二少缴增值税0.52万元，税负较轻。

第五节　魔幻的"采购会"

下面通过两个案例说明采购环节的税收筹划。

案例4.5

浙江某燃气公司A自2019年10月开始向其上游公司B采购燃气，并通过自有燃气管道（该管道同时用于运输业务及销售业务）销售给B指定的客户C。A，B，C三方约定：A在含税采购价为2.5元/立方米的基础上加收管道输送费0.218元/立方米（含税）与C结算，并向C开具增值税专用发票，预计每年结算量为1亿立方米。A，B，C均为增值税一般纳税人，A具备运输资质，可领购运输业发票。除燃气采购成本外，A开展该管道输送业务无须新增其他采购成本，无其他进项税额。

针对以上业务，A公司财务部设计并实施了如下方案：与B，C公司协商并达成如下约定：自2019年10月1日起，B，C按2.5元/

立方米（含税）自行结算气价款；A 与 C 结算管道输送费，管道输送费价格调整为 0.2 元/立方米（含税），A 向 C 开具运输业普通发票，C 凭该普通发票可抵扣 7% 的增值税。

对上述方案的税负测算如下：

（1）对 A 公司的影响。

方案实施前管道输送费净收入为：

$$0.218 \div (1+9\%) = 0.2 (元/立方米)$$

方案实施后管道输送费净收入为：

$$0.2 \div (1+9\%) = 0.1835 (元/立方米)$$

（2）对 B 的影响。由于燃气结算价格不变，对 B 无影响。

（3）对 C 的影响。方案实施前管道输送费采购成本为：

$$0.218 \div (1+9\%) = 0.2 (元/立方米)$$

方案实施后管道输送费采购成本为 0.2 元/立方米。

方案实施前后，采购成本一致。

案例 4.6

某集团公司深圳总部为一家投资性公司，国内有 100 多家全资子公司。总部常年为下属子公司提供财务、工程、审计及采购等咨询服务，每年收取咨询服务费 8 000 万元。营改增试点前，该笔收入按服务业税目缴纳 5% 的营业税，合同每年一签。除了上述服务费收入及来自子公司分配的利润外,总部无其他收入来源,且常年处于亏损状态,每年产生约1 000万元的经营亏损(不含红利收入)。下属子公司均为增值税一般纳税人,适用的企业所得税税率均为25%,且全部盈利。

自2016年5月1日起,总部被纳入营改增试点,咨询服务业适用的增值税税率为6%。结合营改增试点及新合同签署的契机,该集团财务部设计并实施了如下纳税方案。

总部将每年收取的服务价格8 000万元/年调整为不含税价格,即含增值税价格为8 000×(1+6%)=8 480(万元),总部向子公司开具增值税专用发票;子公司支出该咨询服务费产生的增值税进项税额均可得到抵扣。经主管税务机关确认,该关联交易价格调整并不违反价格公允原则,不会引致纳税调整风险(为简化计算,测算不考虑附加税费)。

方案设计思路:

(1)营改增试点后,总部无须就该收入缴纳5%的营业税;缴纳的增值税为价外税,该增值税税额可以在子公司全额得以抵扣,该项内部交易的增值税税负为0,集团整体节约5%的营业税负担。由于支出的服务成本不变,方案对子公司损益无任何影响,利于子公司管理层的配合。

(2)将原含税(营业税)价格调整为不含税(增值税)价格,事实上是将营改增试点红利(即节约的营业税400万元)留在总部。由于总部经营亏损,无须缴纳企业所得税,而子公司均盈利,需缴纳25%的企业所得税，该利润留在总部，有利于降低集团整体所得税税负。

如将400万元安排在子公司（并保持总部的服务净收入不变），由于子公司需要就该增加的利润缴纳25%的企业所得税，则集团整体增加的净利润为400×(1－25%)＝300（万元），比上述实施方案少100万元。

方案税负测算：

（1）对总部的影响。价格调整前，总部净收入＝营业额－营业税税额＝8 000－8 000×5%＝7 600（万元）；价格调整后，总部净收入为8 000万元，比价格调整前增加8 000－7 600＝400（万元），由于总部经营亏损达1 000万元，该增加的收入无须缴纳企业所得税，因此总部净利润增加（亏损减少）400万元。

（2）对子公司的影响。价格调整前后，子公司入账及税前扣除成本均为8 000万元/年，对子公司损益无影响。子公司额外支付的6%的增值税可凭总部开具的增值税专用发票予以抵扣。

（3）对集团整体影响。集团合并报表增加净利润400万元/年。

该实施方案通过适当的价格调整，将营改增试点红利安排在常年处于经营亏损的集团总部，节省了企业所得税支出，增加了集团盈利。

第五章/Chapter Five

生产活动的税收筹划

第一节 存货"计价史"——存货购进节税方法

一、存货"计价史"

存货是指企业在日常生产活动中持有以备出售的产成品或商品、处在生产过程中的在产品、在生产过程或提供劳务过程中耗用的材料和物料等。某一资产项目如果要作为存货确认,首先需要符合存货的定义,其次还需要符合存货的确认条件,即该存货包含的经济利益很可能流入企业,该存货的成本能够可靠地计量。

存货计价方法是指对发出存货和发出后的存货价值的计算确定方法。只有准确计算和确定存货发出的价值,才能准确计算生产成本和销售成本。日常工作中，企业存货计价可以用实际成本，也可用计划成本。对于企业来说，存货的计价方法有先进先出法、后进先出法、个别计价法、月末一次加权平均法、移动加权平均法等。

先进先出法是以先购入的存货先发出，据此确定发出存货和期末存货成本的存货计价方法。它以实地盘存制为基础，计算的结果与永续盘存制相同。在先进先出法下，存货成本按照最近的购货价格确定，期末存货成本比较接近现行的市场价格。当物价上涨时，先购进的存货成本相对较低，导致销售成本偏低，而销售价格按照当前市场价格计算，高估了企业利润，后购进的存货成本偏高，高估了企业库存价值；反之同理，当物价下跌时，先进先出法会低估企业存货价值和当期利润。其优点是使企业不能随意挑选存货计价以调整当期利润；缺点是工作量比较大。

后进先出法是以较后购入的存货先发出，据此确定发出存货和期末存货成本的存货计价方法。它以实地盘存制为基础，计算的结果与永续盘存制不同。其优点是较好地使接近当期的成本与当前的收入相配比，计算的营业收益更加真实，从而谨慎地反映当期利润，避免利润的过度分配。在物价持续上涨时期，本期发出存货按照最近收货的单位成本计算，从而使当期成本升高，利润降低，减少企业所得税的缴纳，可以降低通货膨胀对企业带来的不利影响。缺点是实物流转与收入流转不一致，在通货膨胀的情况下会严重歪曲存货的实际价值，同时计算量比较大。现行会计准则不允许采用后进先出法确定存货成本。

个别计价法又称个别定价法，是假设存货的实物流转和成本流转相一致，按照各种存货，逐一辨认各批发出存货和期末存货所属的购进批次，分别按其购入或生产时确定的单位成本作为计算各批发货和期末存货成本的方法。

加权平均法亦称全月一次加权平均法，是以本月全部收货数量加月初存货数量作为权数，去除本月全部收货成本与月初存货成本之和，计算出存货的加权平均单位成本，从而确定存货的发出和库存成本的方法。

二、计价方法选择

案例 5.1

某公司在 1 月购进 A 货物两批，数量都是 1 000 件，第 1 批价格为 8 元/件，第 2 批价格为 10 元/件。2 月销售 1 000 件，3 月销售 1 000 件，销售价格都是 13.5 元/件。

下面分别用加权平均法、先进先出法的存货计价方法来分析该公司 2 月和 3 月的应纳所得税情况。

在加权平均法的存货计价方法下：

2 月的税前利润＝1 000×13.5－1 000×9＝4 500(元)

2 月应缴所得税＝4 500×25％＝1 125(元)

同样可计算得到 3 月应缴所得税为 1 125 元。

在先进先出法的存货计价方法下：

2月的会计利润＝1 000×13.5－1 000×8＝5 500(元)

2月应缴所得税＝5 500×25％＝1 375(元)

3月的会计税前利润＝1 000×13.5－1 000×10＝3 500(元)

3月应缴所得税＝3 500×25％＝875(元)

第二节 资产"瘦身法"——利用折旧方法节税

一、折旧的"四重奏"

固定资产折旧是指在固定资产使用寿命内，按照确定的方法对应计折旧额进行系统分摊。使用寿命是指固定资产的预计寿命，或者该固定资产所能生产产品或提供劳务的数量。

折旧作为成本的重要部分，具有税收挡板的作用。按我国现行会计制度的规定，企业常用的折旧方法有年限平均法、工作量法、双倍余额递减法以及年数总和法，运用不同的折旧方法计算出的折旧额是不相等的,因而分摊到各期生产成本中的固定资产成本也不同,这会影响到企业的利润和所得税。

常用折旧方法的计算公式如下。

(一) 年限平均法(也称直线法)

$$年折旧率 = \left(1 - \frac{预计}{净残值率}\right) \div \frac{预计使用}{寿命(年)} \times 100\%$$

$$月折旧额 = 固定资产原价 \times 年折旧率 \div 12$$

(二) 工作量法

$$\frac{单位工作量}{折旧额} = \frac{固定资产}{原价} \times \left(1 - \frac{预计}{净残值率}\right) \div \frac{预计}{总工作量}$$

$$\frac{某项固定资产}{月折旧额} = \frac{该项固定资产}{当月工作量} \times \frac{单位工作量}{折旧额}$$

(三) 双倍余额递减法(加速折旧法)

$$年折旧率 = 2 \div 预计使用寿命(年) \times 100\%$$

$$月折旧额 = 固定资产净值 \times 年折旧率 \div 12$$

(最后两年改为年限平均法计算)

(四) 年数总和法(加速折旧法)

$$年折旧率 = \frac{尚可使用寿命}{预计使用寿命的年数总和} \times 100\%$$

$$月折旧额 = (固定资产原价 - 预计净残值) \times 年折旧率 \div 12$$

企业计提固定资产折旧时,一般只能选用年限平均法或工作量法。对于加速折旧法的采用，税法有非常严格的规定。《企业所得税法实施条例》第九十八条规定，企业可以采取缩短折旧年限或者采取加速折旧的方法的固定资产包括：(1) 由于技术进步，产品更新换代较快的固定资产；(2) 常年处于强震动、高腐蚀状态的固定资产。

二、折旧方法的选择与思考

（一）在税收减免期，加速折旧的筹划方式一定比非加速折旧的方式好吗

案例5.2

假设某企业为国家重点扶持企业，预计 2010—2019 年各年应纳税所得额均为 800 万元（已扣除按直线法计提的折旧），企业所得税税率为 25%。其中固定资产原值为 500 万元，残值率为 5%，折旧年限为 10 年。如果企业采用直线法计提折旧，则

2010—2019 年每年计提的折旧额 $= 500 \times (1 - 5\%) \div 10 = 47.5$（万元）

2010—2012 年每年企业应缴企业所得税额 $= 0$（三免）

2013—2015 年每年应缴企业所得税额 $= 800 \times 25\% \times 50\% = 100$（万元）（三减半）

2016—2019 年每年应缴企业所得税额 $= 800 \times 25\% = 200$（万元）

$$2010\text{—}2019\text{ 年累计应缴企业所得税额} = 100\times 3 + 200\times 4 = 1\,100(万元)$$

如果企业采用年数总和法加速计提折旧,那么

2010 年的折旧额 $= 500\times(1-5\%)\times(10/55) = 86.36(万元)$

2011 年的折旧额 $= 500\times(1-5\%)\times(9/55) = 77.73(万元)$

2012 年的折旧额 $= 500\times(1-5\%)\times(8/55) = 69.09(万元)$

2013 年的折旧额 $= 500\times(1-5\%)\times(7/55) = 60.45(万元)$

2014 年的折旧额 $= 500\times(1-5\%)\times(6/55) = 51.82(万元)$

2015 年的折旧额 $= 500\times(1-5\%)\times(5/55) = 43.18(万元)$

2016 年的折旧额 $= 500\times(1-5\%)\times(4/55) = 34.55(万元)$

2017 年的折旧额 $= 500\times(1-5\%)\times(3/55) = 25.91(万元)$

2018 年的折旧额 $= 500\times(1-5\%)\times(2/55) = 17.27(万元)$

2019 年的折旧额 $= 500\times(1-5\%)\times(1/55) = 8.64(万元)$

企业 2010—2012 年每年应缴企业所得税额 $= 0$

2013 年应缴企业所得税额 $= (800+47.5-60.45)\times 25\%\times 50\%$

$= 98.38(万元)$

2014 年应缴企业所得税额 $= (800+47.5-51.82)\times 25\%\times 50\%$

$= 99.46(万元)$

2015 年应缴企业所得税额 $= (800+47.5-43.18)\times 25\%\times 50\%$

$$= 100.54(万元)(三免三减半)$$

2016年应缴企业所得税额 $= (800 + 47.5 - 34.55) \times 25\% = 203.24(万元)$

2017年应缴企业所得税额 $= (800 + 47.5 - 25.91) \times 25\% = 205.40(万元)$

2018年应缴企业所得税额 $= (800 + 47.5 - 17.27) \times 25\% = 207.56(万元)$

2019年应缴企业所得税额 $= (800 + 47.5 - 8.64) \times 25\% = 209.72(万元)$

2010—2019年累计应缴企业所得税额 $= 98.38 + 99.46 + 100.54 + 203.24$
$+ 205.40 + 207.56 + 209.72$
$= 1\ 124.3(万元)$

【结论】 从上述案例中，我们不难看出：采用加速折旧法后企业缴纳的税金比未采用加速折旧法时多1 124.3－1 100＝24.3（万元）。若企业处于税收减免优惠期间，加速折旧对企业所得税的影响是负向的，不仅不能少缴税，反而会多缴税。在企业减免税优惠期内，加速折旧会使企业总体税负提高，增加所得税的支出，使经营者可以自主支配的资金减少，一部分资金以税款的形式流出企业。所以，如果考虑到税收减免等政策的存在（尤其是期间减免政策），减免期间折旧的大小最终对税收负担没有影响，即在减免期间，并不存在折旧抵税效应，那么对企业有利的处理方法是减少减免期间的折旧额，从而在减免期满之后，使折旧抵税作用最大。这种方法的思路是在法律规定的范围内适当延长折旧期，而并非一味缩短折旧期。由于税法一般只规定折旧的最低年限，该筹划方法是可行的。由于税法中大量存在减免税等政策，在特定情况下延长折旧期取得税收筹划收益也是可行的。

（二）在弥补亏损期间采用加速折旧法能减少应纳税所得额和应缴企业所得税额吗

案例 5.3

某企业 20×0 年亏损 40 万元，从 20×1 年开始盈利，预计 20×1 年至 20×6 年年应纳税所得额均为 10 万元（已扣除按直线法计提的折旧），企业所得税税率为 25%。其中固定资产原值为 100 万元，净残值率为 5%，折旧年限为 5 年。如果企业采用直线法计提折旧，则

20×1 年至 20×5 年每年折旧额 $=100×(1-5\%)÷5=19$(万元)

20×1 年至 20×4 年每年应缴企业所得税额为 0（正好累计弥补 20×0 年的亏损 40 万元）。

20×5 年至 20×6 年应缴企业所得税额 $=10×25\%=2.5$(万元)
20×1 年至 20×6 年累计应缴企业所得税额 $=2.5×2=5$(万元)

如果企业采用年数总和法加速计提折旧，则

20×1 年的折旧额 $=100×(1-5\%)×(5/15)=31.67$(万元)

$20×2$ 年的折旧额 $=100×(1-5\%)×(4/15)=25.33$（万元）

$20×3$ 年的折旧额 $=100×(1-5\%)×(3/15)=19$（万元）

$20×4$ 年的折旧额 $=100×(1-5\%)×(2/15)=12.67$（万元）

$20×5$ 年的折旧额 $=100×(1-5\%)×(1/15)=6.33$（万元）

$20×1$ 年弥补 $20×0$ 年亏损 $=10+19-31.67=-2.67$（万元）（无法弥补）

$20×2$ 年弥补 $20×0$ 年亏损 $=10+19-25.33=3.67$（万元）

$20×3$ 年弥补 $20×0$ 年亏损 $=10+19-19=10$（万元）

$20×4$ 年弥补 $20×0$ 年亏损 $=10+19-12.67=16.33$（万元）

$20×5$ 年税前利润 $=10+19-6.33=22.67$（万元）

$20×5$ 年弥补 $20×0$ 年亏损 $=40-3.67-10-16.33=10$（万元）

$20×5$ 年应缴企业所得税额 $=(22.67-10)×25\%=3.17$（万元）

$20×6$ 年应缴企业所得税额 $=10×25\%=2.5$（万元）

$20×1$ 年至 $20×6$ 年累计应缴企业所得税额 $=3.17+2.5=5.67$（万元）

【结论】企业所得税目前实行比例税率。如果固定资产在使用前期多提折旧，后期少提折旧，在正常生产经营的条件下，这种加速折旧的做法可以使企业递延缴纳税款。但上述案例企业在弥补期内，采用加速折旧法比未采用加速折旧法应缴企业所得税多 $5.67-5=$

0.67（万元）。因此亏损企业选择折旧方法应同企业的亏损弥补情况相结合。选择的折旧方法必须使不能得到或不能完全得到税前弥补的亏损年度的折旧额降低，保证折旧费用的抵税效应得到最大限度的发挥。案例明确说明，企业在亏损弥补期间采用加速折旧法不一定会减少应纳税所得额和应缴企业所得税额。

（三）在税率变动（主要指税率上升）的情况下，是否应该采用加速折旧方式进行筹划

案例 5.4

某税收优惠企业预计 2016—2020 年各年应纳税所得额均为 100 万元（已扣除按直线法计提的折旧），在实行新的《企业所得税法》后，该享受优惠税率的企业实行税率逐步过渡的政策，应缴企业所得税逐年递增。其中固定资产原值为 100 万元，净残值率为 5%，折旧年限为 5 年。如果企业采用直线法计提折旧，则

2016—2020 年每年的折旧额 $= 100 \times (1 - 5\%) \div 5 = 19$（万元）

2016 年应缴企业所得税 $= 100 \times 18\% = 18$（万元）

2017 年应缴企业所得税 $= 100 \times 20\% = 20$（万元）

2018 年应缴企业所得税 $= 100 \times 22\% = 22$（万元）

2019 年应缴企业所得税 $= 100 \times 24\% = 24$（万元）

2020 年应缴企业所得税 $= 100 \times 25\% = 25$（万元）

$$2016—2020年累计应缴企业所得税额 = 18+20+22+24+25$$

$$= 109(万元)$$

如果企业采用年数总和法加速计提折旧，则2016—2020年的折旧额分别为31.67万元、25.33万元、19万元、12.67万元、6.33万元（具体计算过程详见案例5.3）。

$$2016年应缴企业所得税 = (100+19-31.67)\times18\%$$

$$= 15.72(万元)$$

$$2017年应缴企业所得税 = (100+19-25.33)\times20\%$$

$$= 18.73(万元)$$

$$2018年应缴企业所得税 = (100+19-19)\times22\%$$

$$= 22(万元)$$

$$2019年应缴企业所得税 = (100+19-12.67)\times24\%$$

$$= 25.52(万元)$$

$$2020年应缴企业所得税 = (100+19-6.33)\times25\%$$

$$= 28.17(万元)$$

$$2016—2020年累计应缴企业所得税额 = 15.72+18.73+22+25.52+28.17$$

$$= 110.14(万元)$$

【结论】后者比前者应缴企业所得税多110.14－109＝1.14（万元），由此可见，在税率呈上升趋势时企业不宜采用加速方式计提折旧。假设企业在此前提下采用加速折旧法，税率低时费用扣除比例高，缴纳的所得税少；而税率高时，费用扣除比例反而低，缴纳的所得税多，无形中增加企业的税负。当然，税率呈下降趋势时，结果正好相反。

第三节 小黄人的"加工厂"
——加工环节的税收筹划

一、小黄人的"加工秘诀"

委托加工是指由委托方提供原料和主要材料，受托方只代垫部分辅助材料，按照委托方的要求加工货物并收取加工费的经营活动。但委托加工应税消费品往往比自行加工税负低。

《中华人民共和国消费税暂行条例》及其实施细则规定，委托加工的应税消费品由受托方代收代缴消费税，委托方收回应税消费品后直接对外销售的不再缴纳消费税。委托加工的应税消费品按照受托方的同类消费品的销售价格计算纳税。同类消费品的销售价格是指受托方（即代收代缴义务人）当月销售的同类消费品的销售价格，如果当月无销售或者当月未完结，应按照同类消费品上月或者最近月份的销售价格计算纳税。没有同类消费品销售价格的，按照组成计税价格计算纳税。组成计税价格的计算公式为：

组成计税价格＝(材料成本＋加工费)÷(1－消费税税率)

可见，委托加工的应税消费品与自行加工的应税消费品的税基是不同的。委托加工时，委托方代收代缴税款，税基为组成计税价格或同类产品销售价格；自行加工时，计税的税基为产品销售价格。通常情况下，委托方收回委托加工的应税消费品后，要以高于成本的价格售出以求盈利。不论委托加工成本大于还是小于自行加工成本，只要收回的应税消费品的组成计税价格低于收回后的产品销售价格，委托加工应税消费品的税负就会低于自行加工的税负。当然，从表面上看，由于受托方追逐利润，委托加工比自行加工成本高，在委托方降低税负的同时成本也增加，相当于委托方将一部分利润让与受托方，这对于委托方的整体效益不一定有好处。不过，专业化分工使委托加工成本不一定比自行加工成本高，另外，如果委托方与受托方属于同一企业集团，那么双方之间的让利并不会影响集团整体利益。

二、小黄人的"出生方式"

案例5.5

A卷烟厂委托加工的消费品面临以下两种税收筹划方案的选择。

方案一：收回委托加工的消费品后，委托方继续将其加工成另一种应税消费品。

A卷烟厂委托B厂将一批价值100万元的烟叶加工成烟丝，协议约定加工费为75万元。加工的烟丝运回A厂后继续加工成甲类卷

第五章 生产活动的税收筹划

烟，加工成本、分摊费用共计 95 万元，该批卷烟售出价格（不含税）为 900 万元，出售数量为 0.4 万大箱。烟丝消费税税率为 30%，卷烟的消费税税率为 56%（增值税不计）。

A 厂支付加工费的同时，向受托方支付其代收代缴的消费税：

$(100+75) \div (1-30\%) \times 30\% = 75 (万元)$

代收代缴城市维护建设税及教育费附加 $= 75 \times (7\%+3\%) = 7.5 (万元)$

A 厂销售卷烟后应缴纳消费税 $= 900 \times 56\% + 150 \times 0.4 - 75 = 489 (万元)$

应缴纳城市维护建设税及教育费附加 $= 489 \times (7\%+3\%) = 48.9 (万元)$

A 厂税后利润 $= (900-100-75-75-95-489-7.5-48.9) \times (1-25\%)$
$= 7.2 (万元)$

方案二：收回委托加工的消费品后，委托方不再继续加工，而是直接对外销售。

A 厂委托 B 厂将烟叶加工成甲类卷烟，烟叶成本不变，支付加工费为 170 万元；A 厂收回后直接对外销售，售价仍为 900 万元。

A 厂支付受托方代收代缴消费税 $= (100+170+0.4 \times 150) \div (1-56\%) \times 56\% + 0.4 \times 150$
$= 480 (万元)$

支付代收代缴城市维护建设税及教育费附加 ＝480×(7%＋3%)＝48(万元)

A厂销售时不再缴纳消费税，税后利润的计算过程如下：

(900－100－170－480－48)×(1－25%)＝76.5(万元)

在被加工材料成本相同、最终售价相同的情况下，方案二显然比方案一对企业有利得多，税后利润高69.3万元（76.5－7.2）。而在一般情况下，方案二支付的加工费要比方案一支付的加工费（向委托方支付的加工费与自己发生的加工费之和）少。对受托方来说，不论哪种情况，代收代缴的消费税都与其盈利无关，只有收取的加工费与其盈利有关。

第四节　我的研发，你不懂
——不同研发方法的税收筹划

一、企业研发费用的"自白书"

企业研发费用(即"技术开发费")指企业在产品、技术、材料、工艺、标准的研究、开发过程中发生的各项费用。企业研发费用包括:(1)研发活动直接消耗的材料、燃料和动力费用;(2)企业在职研发人员的工资、奖金、津贴、补贴、社会保险费、住房公积金等人工费用,以及外聘研发人员的劳务费用;(3)用于研发活动的仪器、设备、房屋等固定资产的折旧费或租赁费,以及相关固定资产的运行维护、维修等费用;(4)用于研发活动的软件、专利权、非专利技术等无形资产的摊销费用;(5)用于中间试验和产品试制的模具、工艺装备开发及制造费,设备调整及检验费,样品、样机及一般测试手段购置费,试制产品的检验费等;(6)研发成果的论证、评审、验收、评估以及知识产权的申请费、注册费、代理费等费用;(7)通过外包、合作研发等方式,委托其他单位、个人或者与之合作进行研发而支付的费用;(8)与研发活动直接相关的其他费用,包括技术图书资料费、资料翻译费、会议费、差旅费、办公费、外事费、研发人员培训费、培养费、专家咨询费、高新科技研发保险费用等。

目前关于研发费用的处理存在三种观点:

(1)全部费用化。即将企业发生的研发费用全部作为期间费用计入当期损益。我国在 2006 年会计准则出台之前采取的是这一观点,将企业研究阶段的研发支出称为"技术开发费",于发生时直接记入"管理费用"账户。

（2）全部资本化。即将企业发生的研发费用在发生期内先归集起来，待其达到预定用途时予以资本化，记入"无形资产"账户。

（3）符合条件的资本化。即符合条件的研发费用资本化，其他则费用化计入当期损益。我国2006年出台的无形资产准则采用此种方法，这与《企业所得税法》及其实施条例对研发费用的税务处理具有一致性。

而税法对研发费用明确规定如下：《企业所得税法》第三十条规定，企业开发新技术、新产品、新工艺发生的研究开发费用，可以在计算应纳税所得额时加计扣除。《企业所得税法实施条例》第九十五条规定，企业所得税法第三十条第（一）项所称研究开发费用的加计扣除，是指企业为开发新技术、新产品、新工艺发生的研究开发费用，未形成无形资产计入当期损益的，在按照规定据实扣除的基础上，按照研究开发费用的50%加计扣除；形成无形资产的，按照无形资产成本的150%摊销。《财政部 税务总局 科技部关于提高研究开发费用税前加计扣除比例的通知》（财税〔2018〕99号）规定，企业开展研发活动中实际发生的研发费用，未形成无形资产计入当期损益的，在按规定据实扣除的基础上，在2018年1月1日至2020年12月31日期间，再按照实际发生额的75%在税前加计扣除；形成无形资产的，在上述期间按照无形资产成本的175%在税前摊销。

企业在进行技术转让时有意识地改变自身性质，也会对税收产生很大影响。例如，企业若以研究机构的身份或者分立形成高新技术企业抑或软件公司再进行技术转让，可以享受有关税收优惠。当然，企业是否必须成立独立的研发公司，需要综合考量新公司的运营费用、母公司的盈利情况以及转让所得的情况，具体情况具体分析。

根据上述规定，所有财务核算制度健全、实行查账征收企业所得税的各种所有制的<u>工业企业</u>，都可以享受技术开发费加计扣除的优惠政策，即对财务核算制度健全、实行查账征收的内外资企业、科研机构、大专院校等在一个纳税年度实际发生的下列技术开发费项目，包括新产品设计费，工艺规程制定费，设备调整费，原材料和半成品的试制费，技术图书资料费，未纳入国家计划的中间实验费，研究机构人员的工资，用于研究开发的仪器、设备的折旧，委托其他单位和个人进行科研试制的费用，与新产品的试制和技术研究直接相关的其他费用，在按规定实行100%扣除基础上，在2018年1月1日至2020年12月31日期间，允许再按当年实际发生额的75%在企业所得税税前加计扣除。

企业委托外部机构或个人进行研发活动所发生的费用，按照费用实际发生额的80%计入委托方研发费用并计算加计扣除，受托方不得再进行加计扣除。委托外部研究开发费用实际发生额应按照独立交易原则确定。委托方与受托方存在关联关系的，受托方应向委托方提供研发项目费用支出明细情况。

根据《财政部 税务总局 科技部关于企业委托境外研究开发费

用税前加计扣除有关政策问题的通知》(财税〔2018〕64号)的规定,自2018年1月1日起,委托境外进行研发活动所发生的费用,按照费用实际发生额的80%计入委托方的委托境外研发费用,委托境外研发费用不超过境内符合条件的研发费用2/3的部分,可以按规定在企业所得税前加计扣除。

企业共同合作开发的项目,由合作各方就自身实际承担的研发费用分别计算加计扣除。

企业集团根据生产经营和科技开发的实际情况,对技术要求高、投资数额大、需要集中研发的项目,其实际发生的研发费用,可以按照权利和义务相一致、费用支出和收益分享相配比的原则,合理确定研发费用的分摊方法,在受益成员企业间进行分摊,由相关成员企业分别计算加计扣除。

企业为获得创新性、创意性、突破性的产品进行创意设计活动而发生的相关费用,可按照本政策规定进行税前加计扣除。创意设计活动是指多媒体软件、动漫游戏软件开发,数字动漫、游戏设计制作。

《财政部 税务总局关于进一步完善研发费用税前加计扣除政策公告》(财政部 税务总局公告2021年第13号)规定,自2021年1月1日起,制造企业开展研发活动中实际发生的研发费用,未形成无形资产计入当期损益的,在按规定据实扣除的基础上,再按照实际发生额的100%在税前加计扣除;形成无形资产的,自2021年1月1日起,按照无形资产成本的200%在税前摊销。

二、研发支出的会计处理

按照企业会计准则的要求,企业可以设置"研发支出"科目核算企业研究与开发无形资产过程中发生的各项支出。企业自行开发无形资产发生的研发支出,不满足资本化条件的,记入"研发支出"科目(费用化支出);满足资本化条件的,记入"研发支出"科目(资本化支出)。研究开发项目达到预定用途形成无形资产的,应按"研发支出"科目(资本化支出)的余额,结转"无形资产"。企业期(月)末将"研发支出"科目归集的费用化支出金额转入"管理费用"科目;期末借方余额反映企业正在进行的无形资产研究开发项目满足资本化条件的支出。

企业应对研发费用和生产经营费用分别核算,准确、合理地归集各项费用支出,对划分不清的,不得实行加计扣除。

第六章/Chapter Six

销售活动的税收筹划

第一节　开动你的脑筋
——收入的多元税收筹划思维

一、混合销售与兼营行为的税收筹划

（一）混合销售的税收筹划

案例 6.1

某企业为增值税一般纳税人，2021年3月，该企业将1 000平方米的办公楼出租给某公司，营改增后房屋出租属于增值税应税行为，同时涉及水电等费用的处理问题，因此在合同的签署上存在如下两种方案。

方案一：双方签署一份房屋租赁合同，租金为每月每平方米160元，含水电费，每月租金共计160 000元（不含税），每月供电7 000度，供水1 500吨，电的购进价为0.45元/度，水的购进价为1.28元/吨，均取得增值税专用发票。

若该办公楼是企业在2016年5月1日前取得的老不动产，采用简易计税方法，则该企业房屋租赁行为应缴纳增值税 $160\,000 \times 5\% = 8\,000$（元）（其他各税忽略不计）。而由于该企业提供给公司的水电费是用于简易计税方法计税项目的购进货物，其进项税额不得从销项税额中抵扣，因此，对该企业购进的水电进项税金应作相应的转出，即相当于缴纳增值税 $7\,000 \times 0.45 \times 13\% + 1\,500 \times 1.28 \times 9\% = 582.3$（元）。该企业最终应负担的增值税合计 $8\,000 + 582.3 = 8\,582.3$（元）。

若该办公楼是企业在2016年5月1日后取得的新不动产，采用一般计税方法，则该企业房屋租赁行为应缴纳增值税 $160\,000 \times 9\% = 14\,400$（元），该企业提供给公司的水电费取得了增值税专用发票，则其进项税额可以从销项税额中抵扣，该企业最终负担的增值税为 $14\,400 - 7\,000 \times 0.45 \times 13\% - 1\,500 \times 1.28 \times 9\% = 13\,817.7$（元）。

方案二：该企业与公司分别签订转售水电合同、房屋租赁合同，分别核算水电收入、房屋租金收入，并分别作单独的账务处理。转售水电的价格参照同期市场价格。转售价格确定为：水每吨1.78元，电每度0.68元。房屋租赁价格折算为每月每平方米152.57元，当月取得租金收入为 152 570 元（不含税），水费收入为 2 670 元（不含税），电费收入为 4 760 元（不含税）。

该企业的房屋租赁与转售水电属相互独立且能分别准确核算的两项经营行为。若该办公楼是企业在营改增前取得的老不动产，采用简易计税方法，则应纳税额为 152 570×5%＋2 670×9%＋4 760×13%＝8 487.6（元）。

该企业最终负担的增值税＝8 487.6－582.3＝7 905.3（元）。此时，两种方案税负差额为 8 582.3－7 905.3＝677（元），故方案二优于方案一。

若该办公楼是企业在营改增后取得的新不动产，采用一般计税方法，则该企业房屋租赁行为应缴纳增值税 152 570×9%＋2 670×9%＋4 760×13%＝14 590.4（元），该企业提供给公司的水电费取得了增值税专用发票，则其进项税额可以从销项税额中抵扣，该企业最终负担的增值税为 14 590.4－582.3＝14 008.1（元）。

此时，两种方案税负差额为 14 008.1－13 817.7＝190.4（元），故方案一优于方案二。

上述案例属于混合销售行为，纳税人既提供不动产租赁服务，又销售货物。两个筹划方案的差异在于对转售水电这一经营行为的处理方式不同。第一个方案中，双方只签订一份房屋租赁合同，将销售水电和房屋租赁的金额合并在一起，征收增值税，若办公楼是企业取得的老不动产，不动产租赁采用简易计税方法计税，相应的水电费进项税额不能扣除；若办公楼是企业取得的新不动产，采用一般计税方法计税，相应的水电费进项税额可以扣除。而第二个方案中，双方分别签订房屋租赁合同、转售水电合同，并分别核算租赁收入、水电费收入，水电费收入就应缴纳增值税，进项税额允许抵扣。对于两个方案出现的税负差异，在办公楼是企业在营改增前取得的老不动产时，方案二更优，因为企业分别核算销售水电和房屋租赁收入，购进水电的进项税额可以抵扣；在办公楼是企业在营改增后取得的新不动产时，方案一更优，因为两种方案购进水电的进项税额都可以抵扣，方案一的租金包含水电费，销项税额更小，所以企业最终负担的增值税额更小。

（二）兼营行为的税收筹划

纳税人的经营范围涉及销售货物、劳务、服务、无形资产或者不动产，适用不同税率或征收率的经营活动，为兼营行为。兼营行为应当分别核算适用不同的税率或者征收率的销售额。未分别核算的，则从高适用税率。

案例 6.2

A公司为增值税一般纳税人，该企业为客户提供货物运输服务和仓储搬运服务。2020年5月，该公司取得的货物运输服务收入为600万元，仓储搬运服务收入为200万元，假设以上收入均为不含税价，城市维护建设税税率为7%，教育费附加征收率为3%，本月可抵扣的进项税额为30万元，无上期留抵税额。

方案一：若该公司未分别核算两项业务收入，则应缴纳的增值税额为：

$$(600+200)\times 9\% - 30 = 42(万元)$$

方案二：若该公司分别核算两项业务收入，则应缴纳的增值税额为：

$$600\times 9\% + 200\times 6\% - 30 = 36(万元)$$

两种方案的城市维护建设税及教育费附加相差 $(42-36)\times(7\%+3\%)=0.6$（万元），则该公司分别核算两项业务收入后少缴增值税、城市维护建设税及教育费附加 $42-36+0.6=6.6$（万元）。

对兼营行为的筹划分析：纳税人应分别核算适用不同税率的经济业务，减少核算造成的税收成本；营改增后，企业可以选择性地将非主要业务外包，增加可抵扣进项税额，减少需缴纳的增值税，在享受专业服务的同时，还可因抵扣链条延长而享受税收优惠。

二、收入的多元税收筹划方法

开动你聪明的大脑，想想有关销售收入筹划的主要方法有哪些。不同行业类型有不同的收入来源；不同的企业类型造就了同样的收入却有相异的纳税结果。既定行业中收入取得形式多种多样，而不同的形式也会影响收入的确认时间、确认金额，进而影响纳税时间、纳税金额。这对企业来说无疑提高了纳税风险，企业必须积极应对，提高财务人员执业能力,熟悉财税政策,做好税收筹划。

(一)收入转化法

1. 从一种形式转化为另一种形式

收入的类型不同,纳税政策不同。例如,交通运输业适用增值税税率为9%,而装卸搬运等物流辅助服务缴纳6%的增值税。因此,不同的收入类型适用不同的税目税率,具有不同的纳税结果。

2. 从一个纳税期间转化为另一个期间

控制业务的发生时间,改变纳税期间。例如,以分期收款方式销售货物的,按照合同约定的收款日期确认收入的实现。按照合同约定的收款日期确认收入的实现,这其实是权责发生制原则的一个例外,接近收付实现制原则,主要是出于纳税必要资金的考虑。企业可根据业务确认收入的不同期间,划分不同的年度纳税。

3. 从一个纳税主体转移到另一个纳税主体

利用纳税主体的税收政策差异进行税收筹划。例如,企业根据规模等情况,分为一般纳税人和小规模纳税人,二者适用的增值税税率不同。合理控制企业条件可以使企业的收入按不同的税率缴税。

(二)收入拆分法

1. 把一份收入拆分为两份或两份以上收入

拆分即化整为零,对于适用累进税率的税种极为重要。如果纳税人合理地将一项收入拆分为多项收入,或者将一次收入分解为多次收入,则能够达到降低适用税率、增加费用扣除次数、减轻税负的目的。例如,企业把劳务报酬收入合理拆分为多次收入,令其适用的税率降低，合理控制个人所得税。

2. 把应税收入和免税收入拆分

免税收入若不能拆分出来，则不能免税。例如，销售护肤品和化妆品的套装，应按套装全额计征消费税。为了降低税负，企业应该把套装拆分包装，分别按不同情况纳税，护肤品不属于应交消费税的商品范围。

3. 把高税率收入和低税率收入拆分

收入拆分后，税率高低不同的收入分别按照适用税率计税，即兼营行为的税收筹划方法。例如，企业销售不同增值税税率的产品或服务，有6%，9%和13%的税率，如不能合理划分，都按13%的税率纳税，就会增加税负，因此应该合理划分不同增值税项目的收入额。

案例6.3

某商场为促销空调，推出为客户免费安装的服务。比如售出一台空调，售价为4 000元，商场为消费者开具4 000元的发票，同时聘请专业安装公司为客户安装空调，安装费为200元。这样，商场的应纳增值税销项税额为：

$$4\,000 \div (1+13\%) \times 13\% = 460.18(元)$$

安装公司的应纳增值税为：

$$200 \div (1+9\%) \times 9\% = 16.51(元)$$

实际上该商场多缴了税，因为空调售价虽然为 4 000 元，但是又支付给安装公司 200 元，该商场实际所得是 3 800 元，理应按 3 800 元纳税。

如果把这个销售过程改成商场开具 3 800 元的发票、安装公司开具 200 元的发票给消费者，那么商场应缴纳的增值税销项税额为 3 800÷(1+13%)×13%＝437.17（元），与原来相比，销售每台空调省下 23.01 元增值税。

三、销售收入的税收筹划

企业的收入包括营业收入和非营业收入。营业收入的筹划主要涉及收入确认时点和收入计算方法选择两方面，这两方面皆影响所得税税负。

（一）销货收入

销货收入的税收筹划重点在于销货时点的认定，一般而言，内部交易以发货时间为确认标准，外销交易以海关放行次日起 10 日内开立发票为确认标准，企业为减少当年度收入，将上述销货时点延缓至次年度，即可达到目的。此外，企业需注意避免销货价格偏低，被稽查机关按时价调整销货价格；有关销货退回及折让均应取得凭证以免虚增收入；计算年度营业收入时，属预收货款的金额均应予以减除。

(二) 分期付款销货

分期付款在会计处理上与一般的销售不同,主要体现在销货毛利的处理上。一般商品一经售出,销货毛利就随之确认。但在分期付款销货方式下,商品售价的大部分是分期支付的,如果其中有货款不能收回,就要影响企业的销货毛利。根据这一特殊性,国内外对分期付款销货毛利的确认有全部毛利法、毛利百分比法、差价摊计法等三种,计算方法的不同使所计算的当期毛利不同,承担的相对税负也就不同。

1. 全部毛利法

把分期付款销售仅仅看作分期结算货款,购货方负有按合同规定如期付款的责任,否则要受到经济处罚。从这个观点出发,当货物交付给购货方时,货物所有权已转归购货方所有,销货方已经获得收取货款的权利。既然销货成立,毛利就可以随之确认。

2. 毛利百分比法

将每期收到的账款一部分归属于成本的收回,一部分归属于毛利的实现,其计算方法是:

$$毛利率 = (销售收入总额 - 销售成本总额)/销售收入总额 \times 100\%$$

$$= 毛利总额/销售收入总额 \times 100\%$$

当期实现毛利 = 毛利率 × 当期实际收款数

递延毛利 = 毛利总额 - 已实现的毛利总额

3. 差价摊计法

差价摊计法把销货毛利分为现销利益和差价利益，其计算方法和确认公式如下：

现销利益＝现销价－成本（全部当期确认）

差价利益＝分期售价－现销价（按收款数分期确认）

差价利益率＝差价利益/分期售价×100%

本年度确认的差价收益＝本年实收账款×差价利益率

案例 6.4

某公司以销售电器为业，2020 年分期付款销货收入为 4 000 万元，成本为 3 000 万元，当年度共收到分期付款 1 600 万元，其毛利率为 1 000÷4 000＝25%。

如以现销价格计算，销售收入为 3 600 万元。

采用全部毛利法，当年度毛利为：

4 000－3 000＝1 000（万元）

采用毛利百分比法，当年度毛利为：

1 600×25%＝400（万元）

采用差价摊计法，当年度毛利为：

（3 600－3 000）＋1 600×（4 000－3 600）/4 000＝760（万元）

上述诸法中，采用毛利百分比法计算的当年度毛利最小，故此法为最佳分期付款销货计算方法。采用此法，分期付款销货的利润可分摊至各收款年度，部分营业利润可延期缴纳所得税。企业采用差价摊计法或普通销货法，可将分期付款销货价格超过现金销货价格部分分摊至以后年度，也可享受税负延期利益，故差价摊计法或普通销货法属于次优。企业采用全部毛利法，因分期付款销货收入全数列入当年度所得税，不能享受延期利益，故最为不利。

（三）长期工程收入

长期工程收入的计算方法包括完工百分比法和全部完工法（工程完工期不满12个月者适用）两种。

就节税角度而言，采用全部完工法较为有利。原因如下：

（1）全部完工法于工程完工年度申报所得税，故可延缓纳税，而完工百分比法无此优点。

（2）全部完工法可反映实际毛利，尤其在物价上涨时，其成本及费用均因此大幅增加，若企业采用完工百分比法则易造成前盈后亏的现象。

（3）企业每年均不发生亏损时，采用全部完工法较为有利，因采用此法可享受延缓缴纳税款及合并计算费用限额的利益，但企业若符合前5年盈亏互抵的条件，且开工前已有亏损，则采用完工百分比法较有利。

（四）包装物收入

实行从价定率办法计算应纳税额的应税消费品连同包装销售的，

无论包装是否单独计价,也不论会计如何处理,均应并入销售额中计算消费税税额。因此,企业如果想在包装物上节约消费税,关键是包装物不能作价随同产品出售,而是以出借包装物方式收取押金,则押金不计入销售额;但当包装物押金超过1年未归还时,此押金应并入销售额计算消费税税额。

案例 6.5

某企业销售1 000条汽车轮胎,每条价值2 000元,其中含包装物价值200元。

如果连同包装物一并销售,销售额为:

$0.2 \times 1\,000 = 200(万元)$

消费税税率为10%,因此应纳汽车轮胎消费税税额为:

$200 \times 10\% = 20(万元)$

如果企业收取包装物押金,将1 000条汽车轮胎的包装物单独收取押金,则节税2万元。

(五)非营业收入的税收筹划技巧

非营业收入筹划重点在于企业奖金的运用问题,即设法增加免税收入及避免被调整增加收入。

在增加免税收入方面有如下技巧:

(1)资金应投资于国内其他企业,享受减免税好处;

(2)剩余资金不要存入银行,宜购买政府发行的债券;

(3) 若购置不动产，企业应考虑购置土地而非购买房屋。

在避免被调整增加收入方面，应注意税法的相关规定，如公司的资金借给股东，凡超过1年未偿还的，应视为股息、红利分配缴纳20%的个人所得税；若公司股东、董事、监事代收公司款项，持有一段时间且未计算利息收入，则应按银行1年期贷款利率水平计算持有期的利息收入，并计算缴纳税金。

案例6.6

一家自动化设备生产企业自行研发了一套软件配置在所生产的设备上，导致该设备售价比同类产品高出30%，企业为此非常困惑。产品售价高，导致企业的增值税和企业所得税负担都很重。企业总经理和财务人员反复商量，也没想出好的办法。你认为应该如何设计税收筹划方案？

解析：以流程思想为指导，从业务流程分析，我们发现设备售价高的原因主要在于这套自主研发的软件。软件属于高附加值产品，设备的增值率因此而上升，而增值税负担主要源自设备的增值率。如果对生产企业进行拆分，专门成立软件公司，在向买方出售设备主体的同时出售该套软件，由买方购买后再将软件配套在设备上，虽然只对业务流程进行了细微调整，但税收状况发生了显著变化：在设备主体和软件交易过程中，买方外购的软件可以抵扣13%的增值税，而软件公司享受税收优惠政策，实际仅负担3%的增值税。这样，税收负担就因业务流程的改造而合法减轻了。

第二节 转让定价的魅力

一、转让定价筹划通式

关联企业之间为了实现整体利益最大化,在商品交易、劳务交往中往往操纵价格,价格或高或低,总会与正常价格有所偏差。

转让定价通式是:税率高的企业将产品低价卖给税率低的企业;盈利的企业将产品低价卖给亏损的企业。反之,税率低的企业将产品高价卖给税率高的企业;亏损的企业将产品高价卖给盈利的企业。转让定价的魅力主要在这个通式中。

转让定价之所以广泛运用,是因为任何一个商品生产者和经营者及交易双方均有权根据自身的需要确定所生产和经营产品的价格标准,只要交易双方自愿,他人就无权干涉,这是一种合法行为。但有失公允的转让定价会被税务机关调节或处罚,所以转让定价筹划具有一定的风险。

下面我们通过具体的模型来分析转让定价的运用技巧。

(一) 转让定价简单模型

甲企业和乙企业为异地关联企业,当两企业承受的税率不同时,将利润从税率高的企业向税率低的企业转移有利于关联企业整体税负的减少。(1) 当甲企业适用税率较高时,采取低价出货给乙企业,从乙企业高价进货的方法,将利润转移到乙企业,减少应纳税额;

(2) 当乙企业适用税率较高时,甲企业采取从乙企业低价进货、高价出货的方式,将利润转移到甲企业,减少应纳税额(见图6-1)。

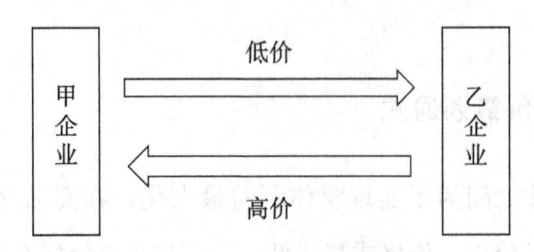

```
┌─────┐   低价   ┌─────┐
│ 甲  │ ───────> │ 乙  │
│ 企  │          │ 企  │
│ 业  │ <─────── │ 业  │
└─────┘   高价   └─────┘
```

图6-1 转让定价简单模型

(二) 转让定价扩大模型

假如甲、乙企业为异地非关联企业,甲企业的税率高于乙企业,如果采用图6-1所示的甲企业抬高进价、压低售价的方法,会使非关联企业获益,自己反而吃亏。因而要引入丙企业。假定丙企业与甲企业是关联企业,且丙企业与乙企业同处一地,适用税率与乙企业相同。可以按以下方法筹划:甲企业先与丙企业按内部价格核算,再由丙企业与乙企业按市场价格正常交易(见图6-2)。

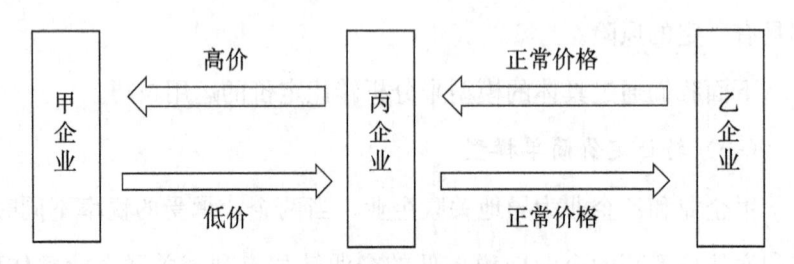

```
┌─────┐   高价    ┌─────┐  正常价格  ┌─────┐
│ 甲  │ <─────── │ 丙  │ <───────  │ 乙  │
│ 企  │          │ 企  │           │ 企  │
│ 业  │ ───────> │ 业  │ ───────>  │ 业  │
└─────┘   低价    └─────┘  正常价格  └─────┘
```

图6-2 转让定价扩大模型

二、转让定价筹划案例

(一) 通过向关联企业出售产品实行转让定价

案例 6.7

A集团总部的所得税税率为25%,其子公司B公司雇用残疾人比例达到75%,被认定为福利企业,暂免征收企业所得税。A集团总部把成本为80万元、原应按120万元作价的一批货物,以转让定价100万元销售给B公司,B公司以140万元的价格销售到集团之外。

下面比较转让定价对A集团总体税负水平的影响。

$$A集团按正常定价应负担的税收 = (120-80) \times 25\% = 10(万元)$$

采用转让定价后:

$$A集团实际负担的税收 = (100-80) \times 25\% = 5(万元)$$

$$A集团可以实现的节税额 = 10 - 5 = 5(万元)$$

(二) 通过财产租赁转移利润实行转让定价

案例 6.8

恒基有限公司是高新技术企业恒光有限公司在深圳设立的一家子公司,注册资本为1 000万元,实收资本为200万元,于2021年2月正式开业。其经营范围包括:生产经营电脑打印机、电脑主板、微型马达等电子产品，以及塑料制品的加工装配业务。

2021年2月开业后，恒基有限公司的固定资产包括厂房、宿舍、办公设备、生产设备及运输工具等，是向恒光有限公司租入的，总金额为7 530万元，其中厂房、宿舍为4 000万元，机器设备为3 000万元，办公、电气设备及运输工具等为530万元。

税收筹划方案：该公司和恒光有限公司签订的租赁合同约定，恒基有限公司按租入的固定资产总金额每年以26％的租金率支付租金给恒光有限公司。2021年恒基有限公司支付给恒光有限公司的租金为7 530×26％÷12×10＝1 631.5（万元）。

此案例中，恒基有限公司适用25％的企业所得税税率，而由于恒光有限公司属于高新技术企业，享受15％的优惠企业所得税税率，恒基有限公司可以通过支付高于市场租赁价格的租金，将利润转移到恒光有限公司，从而实现整体利益的最大化。

第三节　捆绑销售的力量

一、捆绑销售的基本概念

捆绑销售要达到"1+1>2"的效果，取决于两种商品能否协调和相互促进，而不存在难以协调的矛盾。捆绑销售是把两种或两种以上独立纳税或适用税率不同的商品，通过巧妙的方式组合销售，使其总体税负下降的销售模式。捆绑销售是共生营销的一种形式，是两个或两个以上的品牌或公司在促销过程中合作，以扩大它们的影响力，它作为一种跨行业和跨品牌的新型营销方式，被越来越多的企业重视并加以运用。不是所有企业的产品和服务都能随意地捆绑在一起。捆绑销售的成功还依赖于正确捆绑策略的制定。

二、销售模式的税收筹划

案例 6.9

销售房屋赠送精装修。以某房屋开发公司销售商品住宅为例，其销售方案有4种。假如其于2021年销售自行开发的房地产老项目，采用简易计税方法，该房屋总面积为7 800平方米。其他成本费用支出为1 700万元，其中该房屋的土地增值税允许扣除项目金额为1 500万元。该地政府规定的普通住宅标准为价格不超过2 600元/平方米。

方案一：

该企业为了促销，承诺按3 000元/平方米（不含税价）销售毛坯房，同时赠送精装修，装修费约合400元/平方米。装修费为312

万元。则该公司应缴纳的增值税为：

增值税＝7 800×0.3×5％＝117(万元)

城市维护建设税和教育费附加按增值税的10％计算，应缴11.7万元。

实现增值额＝7 800×0.3－1 500－11.7－312

＝516.3(万元)

应缴土地增值税＝516.3×30％＝154.89(万元)

实现利润＝7 800×0.3－1 700－11.7－312－154.89

＝161.41(万元)

缴纳所得税＝161.41×25％＝40.35(万元)

合计缴纳税金＝117＋11.7＋154.89＋40.35

＝323.94(万元)

在这种销售方式下，《国家税务总局关于印发〈房地产开发经营业务企业所得税处理办法〉的通知》(国税发〔2009〕31号)对于精装修的情况没有作特殊的规定，可参照第二十七条："(六)开发间接费。指企业为直接组织和管理开发项目所发生的，且不能将其归属于特定成本对象的成本费用性支出。主要包括管理人员工资、职工福利费、折旧费、修理费、办公费、水电费、劳动保护费、工程管理费、周转房摊销以及项目营销设施建造费等。"企业可以将其作为计税成本支出处理。

另外，根据《国家税务总局关于确认企业所得税收入若干问题的通知》（国税函〔2008〕875号）第三条的规定，企业以买一赠一等方式组合销售本企业商品的，不属于捐赠，应将总的销售金额按各项商品的公允价值的比例来分摊确认各项的销售收入。

方案二：

如果公司按2 600元/平方米（不含税价）出售，装修费用由其关联的物业公司单独收取，然后以同等价格对外承包。则

该公司应缴纳增值税＝7 800×0.26×5%＝101.4(万元)

城市维护建设税及教育费附加为10.14万元。

实现增值额＝7 800×0.26－1 500－10.14
　　　　＝517.86(万元)

应缴土地增值税＝517.86×30%＝155.36(万元)

实现利润＝7 800×0.26－1 700－10.14－155.36
　　　＝162.5(万元)

缴纳所得税＝162.5×25%＝40.63(万元)

合计缴纳税金＝101.4＋10.14＋155.36＋40.63
　　　　　＝307.53(万元)

这种方案实际上是签订两份合同，将毛坯房价与装修部分分开签订合同，两份合同分别与开发单位、指定装修公司签订。开发公司、装修公司为各自的销售不动产和装修行为纳税。

营改增后，物业公司将工程转包给他人的，以工程的全部承包额减去付给转包人的价款后的余额为销售额，缴纳增值税，实现零

销售额的不缴增值税。

此外,在签订两份合同的情况下,购房者可能只用毛坯房购买合同办理产权手续,导致契税的减少。

方案三:

如果公司直接建成精装修房,然后按 3 000 元/平方米对外销售,就可以把 312 万元装修费计入房地产开发成本。根据《中华人民共和国土地增值税暂行条例实施细则》(简称《土地增值税暂行条例实施细则》)第七条第六项的规定,对从事房地产开发的纳税人可按房地产开发成本计算的金额加计 20% 扣除。这时,土地增值税的增值额为 $7\,800 \times 0.3 - 1\,500 - 11.7 - 312 - 312 \times 20\% = 453.9$(万元),比第一种方案少 62.4 万元。

应缴土地增值税 $= 453.9 \times 30\% = 136.17$(万元)

实现利润 $= 7\,800 \times 0.3 - 1\,700 - 11.7 - 312 - 136.17$
$= 180.13$(万元)

缴纳企业所得税 $= 180.13 \times 25\% = 45.03$(万元)

合计缴纳税金 $= 117 + 11.7 + 136.17 + 45.03$
$= 309.9$(万元)

很多人喜欢利用装修业务进行税收筹划,但本质上,装修对于土地增值税是一把双刃剑,其税收效应如下:(1)增加开发成本。装修确实可以增加开发成本,从而增加土地增值税的计算基数。(2)提高售价。在增加开发成本的同时,装修还提高房屋的售价。根据土地增值税的规定，大致计算收入与成本之比为 136.8：100（收入×0.95＝成本×130%），开发单位可以根据这个比例，进行税收筹划方面的考虑。（但是大部分房屋的精装修收入成本比远远大于这个比例。）（3）注意普通住宅的销售价格标准/超额累进税率。由于土地增值税中普通住宅关于销售价格的规定（能否享受增值率 20% 以内的免税），以及超额累进税率的规定，企业需要注意销售收入的增加是否在上述临界点附近。

企业可以根据自身的情况，在不同的方案间进行选择，找到最合适的税收筹划方案。

案例 6.10

买别墅送汽车。房地产开发企业在销售别墅时，采取"买别墅送汽车"的促销方式，这一行为在税收上如何处理？

筹划方案：按照税法规定，企业将自产、委托加工的产成品和外购的商品、原材料、固定资产、无形资产和有价证券等用于捐赠，应分解为按公允价值视同对外销售和捐赠两项业务进行所得税处理，即税法规定企业对外捐赠资产应视同销售计算缴纳所得税。所以在这种方式下，赠送的小汽车视同销售缴纳增值税。

对于受赠方，按税法规定，企业要为受赠人扣缴个人所得税。此外，根据《国家税务总局关于确认企业所得税收入若干问题的通知》（国税函〔2008〕875 号）以及《国家税务总局关于企业处置资产所得税处理问题的通知》（国税函〔2008〕828 号）的规定，企业以买别墅送汽车的方式销售不动产的，不属于捐赠行为，应将总的销售金额按各项商品的公允价值的比例，分摊确认各项销售收入。销售的不动产属于未完工产品的，不动产预售收入应按规定的计税毛利率计征企业所得税，但汽车销售收入不适用房地产开发的有关税收规定。

因此，买别墅送汽车并不是一种好的销售模式。企业可以在销售别墅时采取折扣销售的方式，折扣额恰好等于汽车销售价格，由销售方统一采购汽车，汽车产权归属于个人。这样既可以使购买者享受税收优惠，也没有加重企业的税负。

第四节 "加量不加价"——你觉得上当了吗

一、"加量不加价"的智慧

加量不加价作为一种促销手段，颇受大众欢迎。比如奶粉、洗衣粉、饮料、方便面等。原来的分量是这个价，现在增加相当的分量后仍是这个价，即加量不加价，消费者当然希望多多益善。

加量不加价的优势在于，如果商家在商品销售过程中采用打折的促销方式，消费者会对商品质量产生怀疑，而加量不加价既给商家留出销售的空间，维护其商品的形象，又让消费者尝到打折销售的"甜头"，形成一种好的销售模式，还可以降低税负。因此，许多企业采取这种方式，比如白酒加量不加价、饮料买一大瓶送一小瓶、情侣套装等，都采用这种促销方式。加量不加价的另一个好处在于加快存货周转，因为每次出货量增加，流动性大，变现能力强，从财务角度考虑，这也不失为一种好的税收筹划方式。

加量不加价也有很多误区。为了避免在运用"加量不加价"这一税收筹划技巧时走入这些误区，举例如下。一家销售酸奶的企业采用"买五赠一"的方式进行促销，但是在进行账务处理时却不规范，仅仅把销售的商品申报纳税，没有就赠送的商品进行纳税申报，这是不合法的。如果企业通晓各种促销方式的利弊，事先筹划，采取规避措施，就有可能达到既促销又不加重税负的目的。比如，企业可以采用"买二十赠四"的销售模式，改变包装，一箱装24盒，这样一方面使产品销量增加，另一方面可以按照20盒酸奶的价格计算销售收入，缴纳增值税，在计算所得税时可以按照24盒酸奶的成本扣除，降低税负。

二、"加量不加价"的案例分析

案例6.11

某洗涤用品公司在进行洗衣粉促销时，采用的是"加量不加价"的方式，具体促销方式为：原本洗衣粉每袋装2.5千克，现在多装0.5千克，但保持价格不变，仍按2.5千克的价格销售。

思考：加量不加价有何好处？它与打折销售有何区别？

筹划方案：从税收筹划的角度看，加量不加价是一种很好的促销方式。如果企业在促销时称"买2.5千克洗衣粉送0.5千克"，企业就要为这多送的0.5千克洗衣粉缴纳增值税和代扣代缴个人所得税。加量不加价实质上还是捆绑销售，因为数量增加，价格没有增加，只不过赠送的商品和原商品相同。从另一个角度考虑，加量不加价相当于打折销售，但这种情况下价格下降，成本没有下降。原本每袋装2.5千克的洗衣粉现在装3千克，多装0.5千克的成本可以扣减，但是该公司收取的收入并没有增加，所以其增值税没有增加，而所得税减少。

第五节　折扣销售的节税招法

一、折扣销售

折扣销售又称为商业折扣。对于折扣销售，如果销售额和折扣额在同一张发票（金额栏）上注明，则允许销售方以其销售额扣除折扣额后的余额作为计税额；如果销售额和折扣额不在同一张发票上注明，则不允许将折扣额从销售额中扣除计算计税额。

案例 6.12

华美盛服装有限公司因商业折扣问题而头疼。情况是这样的：该公司是内衣生产企业，产品主要销往日本、韩国以及东南亚国家。考虑到外销的产品利润较低，近年来该公司大力开拓国内市场，主要利用各地的代理商扩大市场。为了激励代理商，该公司根据代理商的销售业绩给予商业折扣。公司规定：在月度结算的条件下，月销售内衣 10 000 件（不含 10 000 件）以下的月度折扣为 2 元/件；月销售 10 000~20 000 件的月度折扣为 3 元/件。年销售内衣在 150 000 件以下的年终折扣为 2.5 元/件；年销售内衣在 150 000~250 000 件的年终折扣为 3 元/件。

该方法在经营实践中收到较好的效果，该公司很快打开国内市场，当年内销实现 4 亿元。年底与代理商结算时，该公司支付商业折扣 2 000 万元（以产品或货币的形式），但税负很高，因为价款与商业折扣不能在同一发票上体现，增值税、企业所得税等税收负担大大增加。

华美盛服装有限公司邀请税务顾问为其设计税收筹划方案，税务专家设计了如下三种方案。

方案一：预估折扣率。

根据代理商以前月份或者以往年度的销售情况平均计算确定适

当的折扣率。当该代理商于本期来公司提货时,会计人员在开具发票过程中可以按平均10 000件的折扣率计算折扣,然后在一定的期间内结算。

这种方法的优点是能够反映代理商的折扣情况,及时结算商业折扣;其缺点是对业务不稳定、销售波动比较大的客户的折扣情况难以把握。

方案二:递延处理折扣。

将月度折扣推迟至下个月来反映,年度折扣推迟至下个年度来兑现。假如某代理商1月销售衣服12 000件,其享受的折扣额为3元/件,那么该客户1月应享受的月度折扣为36 000元,待该客户2月来开票时,便将其上月应享受的月度折扣36 000元在票面上予以反映,客户按减除折扣后的净额付款。如果客户上月应结折扣大于当月开票金额,则可分几次在票面上予以体现。年度折扣的主要目的是加强对市场网络的管理,如无非常特殊情况,一般推迟到次年的3月结算,其处理方法与月度折扣一样,在次年3月开票时在票面上反映即可。

这种方法的优点是操作非常简便。如果月份间和年度间销量与折扣标准差异较大,这种方法不能较为真实地反映当月和本年度实际的经营成果,而且12月和年终折扣在所得税汇算清缴时可能会遇到一些障碍。这种方法适用于市场比较成熟、稳定,月份间和年度间销量与折扣标准变化不大的企业。

方案三:当期结算和递延结算相结合。

当期结算和递延结算相结合的办法即在日常开票时企业设定当

期结算折扣的最低标准,比如2元/件,所有的客户都按照这一标准来结算,并在发票上予以体现,客户按减除折扣后的净额付款,月末计算出当月应结算给客户的折扣总额,减去在票面上已经反映的折扣额即为尚未结付的折扣额,将该差额在下月的票面上予以反映,年度折扣仍然放到下个年度。

这种方法的优点是缓解了客户的资金压力,操作也相对较为简便。其缺点是因部分月度折扣放在下个月,年度折扣放在下个年度,如果销量起伏太大,这种方法便不能真实地反映月度和年度的经营成果。这种方法适用于客户资金有一定压力或有特殊要求的企业。

案例 6.13

山泉矿泉水公司是一家生产销售天然矿泉水的生产商,该公司为了鼓励代理商,给予优惠折扣政策如下:年销售矿泉水在100万瓶以下的,每瓶享受0.2元的折扣;年销售矿泉水在100万~500万瓶的,每瓶享受0.3元的折扣;年销售矿泉水在500万瓶以上的,每瓶享受0.35元的折扣。但是,在代理期间,由于山泉矿泉水公司不知道也不可能知道每家代理商到年底能销售多少瓶矿泉水,也就不能确定每家代理商应享受的折扣率。

通常的做法是等到年底结算或第2年年初,一次性地结算应给予代理商的折扣总金额,单独开具红字发票,但这种折扣在计税时不允许冲减销售收入,山泉矿泉水公司每年多纳了部分税款。那么,有没有办法减少这样的损失呢?

对于这一问题,该公司可以通过采取预估折扣率的办法解决,具体操作方案如下:每年年初,山泉矿泉水公司按最低折扣率或根据上年每家经销代理商的实际销量初步确定一个折扣率,在每次销售时预估一个折扣率和折扣额来确定销售收入,即在代理期间每一份销售发票上都按预估折扣率预计一定的折扣额,山泉矿泉水公司就可以将扣除折扣额后的收入确认为"主营业务收入",从而抵减税收支出。等到年底结算或次年年初每家代理商的销售数量和销售折扣率确定后,山泉矿泉水公司只需要对主营业务收入及折扣额的差额稍作一些调整即可。折扣额的差额可以递延到次年,作为下一年度的销售折扣额。

二、销售折扣

销售折扣也称为现金折扣,即为鼓励客户早付款而给予的价款结算额的优惠。税法规定,无论如何进行账务处理,都不能将销售折扣从销售额中扣除。

案例6.14

甲公司是一家玩具生产企业,系增值税一般纳税人。乙公司从甲公司采购一批玩具,采购价格为113 000万元(含税价格),由于乙公司提前10天付款,甲公司给予乙公司2%的现金折扣。

甲公司的会计处理如下。

发货时：

借：应收账款——乙公司　　　　　　　　　　　　113 000

　　贷：主营业务收入　　　　　　　　　　　　　100 000

　　　　应交税费——应交增值税（销项税额）　　 13 000

收款时：

借：银行存款　　　　　　　　　　　　　　　　　110 740

　　财务费用　　　　　　　　　　　　　　　　　 2 260

　　贷：应收账款——乙公司　　　　　　　　　　113 000

如果甲公司给予乙公司2%的商业折扣，并将折扣额开在同一张发票上，则甲公司的会计处理为：

借：银行存款　　　　　　　　　　　　　　　　　110 740

　　贷：主营业务收入　　　　　　　　　　　　　 98 000

　　　　应交税费——应交增值税（销项税额）　　 12 740

两种促销方式下，甲公司同样获得113 000元销售收入，但缴纳的增值税额却相差260元（13 000－12 740）。因此，同是促销手段，商业折扣和现金折扣会产生不同的税收结果。

三、销售折让

对于销售折让，税法规定可以按照折让后的销售额作为计税依据计算征收增值税。

在其他条件都相同的情况下，选择商业折扣或者折让方式的税负最低，因为商业折扣或销售折让均被允许作为税基扣除额。

案例 6.15

某大型商场是增值税一般纳税人，购货均能取得增值税专用发票，商品促销活动拟采用以下三种方案：一是商品七折销售；二是购物满200元赠送价值60元的商品（成本为36元，均为含税价），赠送的商品属于"买一赠一"；三是购物满200元返还60元现金。假定该商场所销售商品的平均毛利率为40%，即销售额为200元的商品，其成本为120元。

请问：当消费者同样购买200元的商品时，该商场选择哪种促销方式最合适？

解析：方案一：商品七折销售，价值200元的商品销售价格为140元。

$$应纳增值税 = 140 \div (1+13\%) \times 13\% - 120 \div (1+13\%) \times 13\% = 2.30(元)$$

$$税后现金净流量 = 140 - 120 - 2.30 = 17.70(元)$$

方案二：购物满200元赠送价值60元的商品，其中赠送的价值60元的商品属于促销中的"买一赠一"行为，赠送的商品不视同销售，且可抵扣购进赠送商品的进项税额。

$$200\text{元商品及赠送的商品应纳增值税} = 200 \div (1+13\%) \times 13\%$$

$$-120 \div (1+13\%) \times 13\%$$

$$-36 \div (1+13\%) \times 13\%$$

$$=5.06(\text{元})$$

税后现金净流量 $=200-120-36-5.06$

$=38.94(\text{元})$

方案三：购物满 200 元，返还 60 元的现金。

应纳增值税 $=200 \div (1+13\%) \times 13\% - 120 \div (1+13\%) \times 13\%$

$=9.20(\text{元})$

税后现金净流量 $=200-120-60-9.20$

$=10.80(\text{元})$

从税负角度分析，方案一最优，企业缴纳的增值税金额最小。从税后现金净流量的比较来看，方案二最优。那么哪个是最优方案呢？

相对于方案一而言，方案二非常类似于捆绑销售，多销售商品，也多获得现金净流量，因此，方案二是最优方案。进一步分析，如果方案二中赠送的商品成本很高，那么会削减其现金净流量的贡献，则方案二不一定最优，读者可以验证，也可以进一步求出方案一和方案二增值税负担的无差别临界点，以及现金净流量的无差别临界点，并得出最终的促销决策结论。

四、促销行为的综合案例分析

案例 6.16

汇丰商场以销售国内外名牌服装为主,"五一"期间搞促销活动,推出了优惠的销售政策:凡购买一套西服便赠送一条领带。西服和领带的市场销售价分别为 1 130 元(含税价)和 169.5 元(含税价)。

汇丰商场的具体操作为:对客户出具的发票填写西服一套,价格为 1 130 元,同时领出领带一条,客户付款 1 130 元,在账务处理上记录的"主营业务收入"为 1 000 元(即 1 130/(1＋13%)),销项税额为 130 元。对于赠送的领带,汇丰商场则按实际进货成本予以结转,记入当期"销售费用"科目核算。按照《中华人民共和国增值税暂行条例实施细则》(简称《增值税暂行条例实施细则》)的规定,将自产、委托加工或购买的货物无偿赠送他人,应视同销售计算缴纳增值税。所以,随同西服赠送的领带价值为 169.5 元,视同销售计算增值税销项税额为 19.5 元。此项销售活动每人次最终涉及增值税销项税额为 149.5 元。同时补缴相应的企业所得税和个人所得税。

对商场而言,赠送活动旨在吸引顾客,提高市场占有率,其结果却加重了企业的税收负担。为此,商场邀请税务专家策划促销活动,专家设计了以下两种方案。

方案一：实行捆绑销售。将西服和领带价格分别下调，使两种商品的销售价格总额等于1 130元，并将西服和领带一起捆绑销售。这样，就能达到促销和节税的双重目的。

方案二：将赠送的领带作为销售折让。将西服按正常销售来对待，同时将赠送的领带按其销售价格以现金折扣的形式返还给客户。即在普通发票上填写西服一套，价格为1 130元，同时填写领带一条，价格为169.5元，并以折扣的形式将169.5元在发票上反映，直接返还给客户，发票上的销售净额为1 130元，客户实际付款1 130元。此项活动的不含税销售收入为1 000元，增值税销项税额为130元，从而减少增值税销项税额19.5元，同时规避了企业所得税和个人所得税。

第六节　销售方式与结算方式的变换：税收筹划的花样

一、套装销售的税收筹划

当销售产品套装时，企业要特别注意套装产品各组成部分适用的税率是否一致。如果套装产品中有应税产品，有免税产品，有税率高的产品，有税率低的产品，最好是把产品分开销售，独立核算，分别计税，否则，税务机关征税时会从高适用税率。因此，套装产品的销售要规避税率从高征税的陷阱。

案例 6.17

某酒厂生产销售粮食白酒与药酒组成的套装礼品酒。该厂对外销售的礼品套装酒单价为 600 元/套，其中粮食白酒、药酒各 1 瓶，均为 1 斤装（假设该酒厂单独销售，粮食白酒为 400 元/瓶，药酒为 200 元/瓶，礼品套装酒的包装费忽略不计）。请问该酒厂销售礼品套装酒应如何税收筹划？现行的税法规定，粮食白酒的比例税率为 20%，定额税率为 0.5 元/斤；药酒的比例税率为 10%。

该酒厂经过策划，采取以下两种税收筹划方案。

方案一：先包装后销售。

税法规定，将不同税率的应税消费品组成成套消费品销售的，应按最高税率征税。因此，如果该酒厂销售礼品套装酒，药酒不仅要按 20% 的高税率从价计税，还要按 0.5 元/斤的定额税率从量计税。这样，该酒厂应纳消费税计算如下：

$$600 \times 20\% + 2 \times 0.5 = 121(元)$$

方案二：先销售后包装。

该酒厂先将粮食白酒和药酒分品种销售给零售商，分别开具发票并分别核算收入，再由零售商包装成礼品套装酒后对外销售。在这种情况下，药酒仅需按 10% 的比例税率从价计税，而且不必按 0.5 元/斤的定额税率从量计税。这样，该酒厂的应纳消费税为：

$$400\times20\%+200\times10\%+1\times0.5=100.5(元)$$

通过比较可知，每销售礼品套装酒一份，方案二就比方案一节省消费税 20.5 元（121－100.5）。

二、代理销售的税收筹划

代理销售通常有两种方式：一是收取手续费的方式，即受托方根据代销的商品数量向委托方收取手续费，这对受托方来说是一种劳务收入，需要缴纳增值税；二是视同买断，即委托方不采用支付手续费的方式委托代销商品，而是通过制定较低的协议价格鼓励受托方买断商品，受托方再以较高的市场价格对外销售。如果委托方为了统一市场价格，执意要求受托方按一定的市场价格销售，那么双方可以调整协议价格以得到满意的合作结果。这种情况下，受托方无须缴纳增值税，但委托方、受托方之间的流通环节应视为正常销售行为，需要缴纳增值税。两种代销方式下，委托双方的税务处理及总体税负水平不同，合理选择代销方式可以达到合法节税的目的。

案例 6.18

利群商贸公司用收取手续费的方式为中华制衣公司代销品牌服装，销售单价为 1 000 元/件，每销售 1 件收取手续费 200 元。利群商贸公司在第一季度共销售服装 100 件，收取手续费 20 000 元。不考虑城市维护建设税及教育费附加。

解析： 双方的纳税额计算如下：

假设利群商贸公司无进项税额，则

利群商贸公司应缴纳增值税 = 20 000 ÷ (1+6%) × 6%
= 1 132.08(元)

假定中华制衣公司的进项税额为 7 000 元，则

中华制衣公司承担的增值税 = 1 000 × 100 ÷ (1+13%) × 13%
−7 000 = 4 504.42(元)

两家公司承担的增值税合计 = 1 132.08 + 4 504.42
= 5 636.50(元)

如果利群商贸公司按视同买断方式为中华制衣公司代销品牌服装，中华制衣公司按 800 元/件售给利群商贸公司，利群商贸公司再按 1 000 元/件对外销售。第一季度利群商贸公司共销售服装 100 件，则双方的纳税额计算如下：

假设利群商贸公司无其他进项税额，则

利群商贸公司应缴纳增值税 = 100 × 1 000 ÷ (1+13%) × 13% − 100 × 800
÷ (1+13%) × 13%
= 2 300.88(元)

假定中华制衣公司的进项税额仍为 7 000 元，则

$$\text{中华制衣公司承担的增值税} = 100 \times 800 \div (1+13\%) \times 13\% - 7\,000$$

$$= 2\,203.54(元)$$

$$\text{两家公司承担的增值税合计} = 2\,300.88 + 2\,203.54 = 4\,504.42(元)$$

比较上述两种方式，视同买断方式下，利群商贸公司多缴纳增值税 1 168.8 元（2 300.88－1 132.08），中华制衣公司少缴纳增值税 2 300.88 元（4 504.42－2 203.54）。对于委托双方增值税的总体税负，视同买断方式比收取手续费方式少缴纳 1 132.08 元。

因此，在代理销售业务中，委托双方应争取采取视同买断方式。而采用这种方式代销时，受托方需多缴纳一部分增值税，委托方可少缴纳等额的增值税，因此，受托方可以要求委托方在协议价格上作出一定的让步，以使受托方多缴纳的增值税额在协议价格制定时就得到补偿，最终使委托双方的总体税负水平趋于合理。

三、结算方式的税收筹划

与采购时的付款方式相对应，企业在销售时也可通过收款方式的选择进行税收筹划。从本质上看，委托代销、分期收款销售与直接收款销售的结算方式并无太大区别，最终都表现为货物所有权的转移和货款的收取，只是结算的方式不同而已。但从税收角度来看，不同的结算方式将导致应税收入的确认时间不同，纳税人缴纳税款的时间也不同。由于税金缴纳均为现金形式，如果企业能够在取得现金后支出税金，则显然是最好的选择，这也可以降低财务风险。

案例 6.19

某外贸企业与当地交通部门签订一份合同，由该外贸公司为交通部门从国外进口一批通信设备，销售额达3亿元。该外贸公司看到市场竞争激烈，怕失去交通部门这一重要客户，因此急于成交，合同迁就草率。合同规定交通部门货到验收后付款，出于自身财务预决算的考虑，交通部门请求外贸公司在12月底以前开具正式销售发票，该外贸公司认为进口商品会很快运抵，便同意交通部门的请求，并马上开具销售额为3亿元的增值税专用发票。由于进口谈判和季节周期等原因，该批通信设备截至次年2月还未运抵，但该外贸公司在开票后确认销售收入的实现，先垫付了5 000万元的增值税，还提前确认销售收入，提前缴纳企业所得税。

上述外贸公司在交易没有完成之前轻率地开出销售发票，很容易出现垫付增值税的现象。这是交易的不确定性造成的，防止垫税的最佳方法是利用合同转嫁税负，在充分考虑结算方式和销售方式的前提下，以合同条款的形式将交易活动控制在自己手中，实际上，该外贸公司完全可以通过分期销售方式来规避垫税风险。

每种销售结算方式都有其收入确认的标准条件，企业通过对收入确认条件的控制，可以控制收入确认的时间。因此，在进行税收筹划时,企业可以采用合法的方式推迟销售收入的确认时间,推迟纳税。

如将发货后一时难以回笼的货款作为委托代销商品处理,待收到货款时才出具发票纳税;尽量避免采用托收承付和委托收款结算方式销售货物以防止垫付税款;在不能及时收到货款的情况下,采用赊销或分期收款结算方式以避免预付税款等。

案例 6.20

美华公司以生产化妆品为主,以一个月为一个纳税期限。预计5月28日销售化妆品 10 000 盒给永安商场,不含税单价为每盒100元,单位销售成本为 40 元。预计销售费用为 50 000 元。增值税税率为 13%,消费税税率为 15%,企业所得税税率为 25%,城市维护建设税税率为 7%,教育费附加征收率为 3%。假设美华公司与永安商场均为增值税一般纳税人,所有购销业务均开具增值税专用发票。请比较美华公司在不同销售结算方式下的税务方案的差异性。

解析:在选择销售结算方式时,美华公司有以下几种方案。

方案一:直接收款销售结算。

《增值税暂行条例实施细则》规定,采取直接收款方式销售货物,不论货物是否发出,其纳税义务发生时间均为收到销售款或取得索取销售款凭据的当天。

5月28日,无论是否收到货款,美华公司都应该确认收入,计算缴纳增值税、消费税和企业所得税。此方案的优点是可以在销售货物的同时及时收到货款，能够保证企业在取得现金后再支出税金。

方案二：分期收款销售结算。

若预计5月28日无法及时取得货款，美华公司可以采取分期收款的销售结算方式。假设将上述货款平均分成4个月收取，每个月收取250 000元，合同约定分别在6月、7月、8月、9月各月的10日收取货款。销售费用50 000元在6月发生。

《增值税暂行条例实施细则》规定，采取赊销和分期收款方式销售货物，其纳税义务发生时间为书面合同约定的收款日期的当天，无书面合同的或者书面合同没有约定收款日期的，为货物发出的当天。

如购销双方签订的书面合同约定收款日期为6月20日，则5月28日发出货物时美华公司无须确认收入，到6月20日再确认收入，缴纳税款。

此方案虽然不能减少纳税总额，也未增加税后净收益总额，但可以延迟纳税义务发生时间，减轻企业资金支付压力。

方案三：委托代销结算。

若美华公司于5月28日将化妆品委托给永安商场代销，合同约定永安商场以单价100元销售，每销售一盒化妆品可提取4元作为手续费（商场在交付销售清单时开具普通发票给美华公司）。美华公司5月的销售费用则减少为10 000元。美华公司于7月20日收到永安商场的代销清单，上列已销售数量为8 000盒，不含税价款为800 000元。永安商场扣除手续费后，将余款通过银行支付给美华公司。

《增值税暂行条例实施细则》规定，委托其他纳税人代销货物，收到代销单位的代销清单或者收到全部或部分货款的当天确认收入；未收到代销清单及货款的，发出代销货物满180天的当天确认收入。

5月28日，由于美华公司尚未收到销售清单，所以无须确认该笔业务收入，也不需要计算缴纳相关税金，但5月发生的销售费用10 000元可以在计算5月的应纳税所得额时扣除。

7月20日，美华公司收到永安商场的代销清单时，确认收入并计算缴纳税金。

根据上述案例，可以得到以下结论：

（1）若预期在商品发出时可以直接收到货款，则企业选择直接收款方式较好；若商品紧俏，则选择预收货款销售方式更好，可以提前获得一笔流动资金又无须提前纳税。

（2）若预期在发出商品时无法及时收到货款，企业采取直接收款方式，则会出现现金净流出，表现为企业账面利润不断增加的同时，流动资金却严重不足。企业为了维持生产可以向银行贷款解决资金问题，但又需要承担银行利息，加上尚未收到的货款还存在坏账风险，所以，财务风险大大增加。此时宜选择分期收款或赊销结算方式，一方面可以减轻销售方的财务风险；另一方面也可以减轻购买方的付款压力。

（3）与自营销售相比，委托代销可以减少销售费用总额，还可以推迟收入实现时间。但同时，委托代销可能使纳税人对受托方产生依赖性，一旦受托方出现问题，这种方式就可能给纳税人的生产经营活动带来很大危害。

第七节　爱信不信——返利和佣金也能玩节税

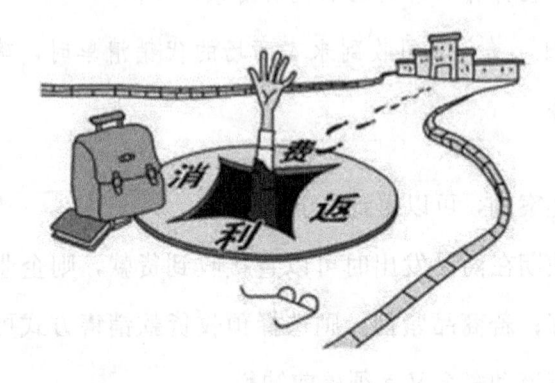

一、销售返利的税收筹划

（一）销售返利的税收政策

企业为了促销，往往给予销售其产品的代理商货币或实物形式的销售返利，这种销售返利已经成为一种日趋成熟的商业模式。《国家税务总局关于平销行为征收增值税问题的通知》（国税发〔1997〕167号）规定，从1997年1月1日起，凡增值税一般纳税人，无论是否有平销行为（生产企业以商业企业经销价或高于商业企业经销价的价格将货物销售给商业企业，商业企业再以进货成本或低于进货成本的价格进行销售，生产企业则以返还利润等方式弥补商业企业的进销差价损失），因购买货物而从销售方取得的各种形式的返还资金，均应依所购货物的增值税税率计算应冲减的进项税金，并从其取得返还资金当期的进项税金中予以冲减。

根据《国家税务总局关于增值税一般纳税人平销行为征收增值税问题的批复》（国税函〔2001〕247号）等文件，相关政策规定如下：

（1）与总机构实行统一核算的分支机构从总机构取得的日常工资、电话费、租金等资金，不应视为因购买货物而取得的返利收入，不应做冲减进项税额处理。

（2）对商业企业向供货方收取的与商品销售量、销售额无必然联系，且商业企业向供货方提供一定劳务的收入，例如进场费、广告促销费、上架费、展示费、管理费等，不属于平销返利，不冲减当期增值税进项税额，应按现代服务业-商务辅助服务-企业管理服务（增值税税率为6%）计算销项税额。

案例 6.21

A公司为某商场的商品供应商，每期期末，按商场销售本公司商品金额的5%进行平销返利。2020年6月，商场共销售A公司商品金额1 130 000元，按约定收到返利56 500元。

解析：商场收取的返还收入应按规定冲减当期增值税进项税额。

商业企业向供货方收取的各种收入，一律不得开具增值税专用发票；同时，对于商场向供应商收取的返还资金，应当由供应商出具红字专用发票。

不得开具增值税专用发票的原因在于，在平销返利活动中，商场从供应商收取的返还资金并不属于销售收入，而是对进销差价损失的补偿，也可以理解为对购进成本价的让步。

情形一：商场直接收到现金返利。

（1）商场的会计处理：

借：银行存款　　　　　　　　　　　　　　　　　56 500

　　贷：主营业务成本　　　　　　　　　　　　　50 000

　　　　应交税费——应交增值税（进项税额转出）　6 500

（2）供应商的会计处理：

借：主营业务收入　　　　　　　　　　　　　　　50 000

　　应交税费——应交增值税（销项税额）　　　　 6 500

　　贷：银行存款　　　　　　　　　　　　　　　56 500

情形二：收到供应商的实物返利。

供应商进行实物返利需要通过两个步骤来完成：一是实物的视同销售；二是完成利润返还。完成利润返还的部分与现金返还的处理一致，但是返利实物的视同销售要计征增值税销项税额，即供应商在实物返利时，要同时确认价格折让引起的前期已确认收入、销项税额的减少，以及赠送实物视同销售引起本期收入、销项税额的增加。在发票的开具方面，也会涉及两份发票：一是折让的红字发票；二是视同销售的蓝字发票。

(1) 商场的会计处理：

借：库存商品——平销返利　　　　　　　　　　　　50 000

　　应交税费——应交增值税（进项税额）　　　　　6 500

　　　　　　　　　　　　　　　　（增值税蓝字发票）

　贷：主营业务成本　　　　　　　　　　　　　　　50 000

　　　应交税费——应交增值税（进项税额转出）　　6 500

　　　　　　　　　　　　　　　　　（红字专用发票）

(2) 供应商的会计处理：

借：主营业务收入　　　　　　　　　　　　　　　　50 000

　　应交税费——应交增值税（销项税额）　　　　　6 500

　　　　　　　　　　　　　　　　　（红字专用发票）

　贷：库存商品　　　　　　　　　　　　　　　　　50 000

　　　应交税费——应交增值税（销项税额）　　　　6 500

　　　　　　　　　　　　　　　　（增值税蓝字发票）

(二) 销售返利的税收筹划

销售返利的税收筹划思路主要有两种。

思路一：销售返利递延滚动到下一期间。把本期该返利的部分递延到下一期间，以销售折扣或销售折让的形式体现，这样可以合理抵减主营业务收入。这一方法适用于业务量大且交易稳定的代理商。

思路二：销售返利以"加量不加价"的方式体现在产品包装中。

销售返利无法返还或无法直接返还时，可采用不同的产品包装，以"加量不加价"的方法解决。这也适用于交易稳定的代理商。

当然，一些企业通过固定资产、存货、福利品等实物形式实现销售返利，还有一些企业通过代为支付费用等形式返利，这些做法在一定程度上都是违法的，应引起注意。

案例 6.22

某摩托车厂家拥有多家代理商，销售返利政策如下：代理商每次购买 1 000 辆摩托车，当累计达到 3 000 辆时，该摩托车厂家给予代理商 3% 的销售返利，并当期支付给代理商。税务机关对此销售返利的看法是：由于该摩托车厂在代理商最后达到 3 000 辆时才给予销售返利，与税法规定不符。而且不能够在发票上体现折扣额，即不属于折扣销售。所以，必须按照销售收入全额确认收入纳税。对此情况，该摩托车厂家应该如何筹划销售返利呢？

解析：该摩托车厂家邀请税务顾问为其进行税收筹划，税务顾问设计了以下三种筹划方案。

方案一：当代理商的销售量达到 3 000 辆时，该摩托车厂对最后的 1 000 辆给予 9% 的折扣，并且在发票上注明折扣额。

方案二：当代理商的销售量达到 3 000 辆时，需支付的销售返利不在当期返还，而是作为下一期间的折扣额，在下一期间的销售发票上体现，即采取销售返利递延的方法处理。

方案三：当代理商为大型商场或超市时，给予代理商的销售返利一般转化为进场费、管理费或展销费。即大型商场或超市以收费形式替代销售返利,并为摩托车厂家开具增值税发票。

二、销售佣金及手续费的税收筹划

(一)礼品、宣传品赠送的税收政策

1. 增值税

企业发生的馈赠礼品事项按照税法规定应缴纳税款,履行纳税义务。《增值税暂行条例实施细则》第四条规定,将自产、委托加工或者购进的货物无偿赠送其他单位和个人,需在税收上视为销售,确认应税收入并缴纳增值税。企业在宣传活动或业务招待活动中,附赠的礼品通常被视为无偿赠送,需要缴纳增值税,一般纳税人适用税率为 13%。

《财政部 国家税务总局关于全面推开营业税改征增值税试点的通知》(财税〔2016〕36 号)附件 1 第二十七条规定,下列项目的进项税额不得从销项税额中抵扣,用于……集体福利或个人消费的购进货物,纳税人的交易应酬消费属于个人消费。即无论是否取得增值税专用发票,企业列支为业务招待费的进项税额均不可抵扣。但是,企业赠送的礼品不属于个人消费,而属于企业的商业捐赠行为,因此,企业赠送的礼品的进项税额允许抵扣。推而广之,可以得出如下增值税的相关结论:对于改变用途的自产或委托加工的货物,无论用于内部还是外部,都应作视同销售处理;而对于改变用途的外购货物或应税劳务，若用于外部，即用于投资、分配或无偿赠送，应作视同销售处理，其进项税允许抵扣；若用于内部，即用于免税项目、非应税项目、集体福利或个人消费，不应作视同销售处理，其进项税额不得从销项税额中抵扣，对已经抵扣的进项税应作进项税额转出。

企业在提供服务（电信公司售卡、保险公司销售保单、服务公司推广服务）的同时发生赠送行为，各地税收政策具有差异。如河北税务局《关于全面推开营改增有关政策问题的解答（之五）》规定，保险公司销售保险时，附带赠送客户的促销品，如刀具、加油卡等货物，不按视同销售处理。该解释认为企业在提供服务的同时赠送商品，实质是一种利益让渡，并非无偿赠送，其对价已包含在服务对价中。

但重庆市税务局在《营改增政策指引（一）》中规定，公司在开展业务时，赠送客户的礼品如果单独作价核算，则按销售处理，不属于视同销售。如果纳税人无偿赠送，属于视同销售。纳税人购进礼品取得的进项税额符合政策规定可抵扣的，允许从应纳税额中抵扣。

2. 所得税

企业赠送物品，还涉及个人所得税和企业所得税。

（1）个人所得税。《中华人民共和国个人所得税法》（简称《个人所得税法》）及《中华人民共和国个人所得税法实施细则》（简称《个人所得税法实施细则》）规定，企业在营销活动中以折扣折让、赠品、抽奖等方式，向个人赠送现金、消费券、物品、服务等（以下简称礼品）有关个人所得税问题按照如下方式处理。

企业向个人赠送礼品，属于下列情形之一的，取得该项所得的个人应依法缴纳个人所得税，税款由赠送礼品的企业代扣代缴。

1) 企业在业务宣传、广告等活动中，随机向本单位以外的个人赠送礼品（包括网络红包①），对个人取得的礼品所得，按照"偶然所得"项目，全额适用20%的税率缴纳个人所得税。

2) 企业在年会、座谈会、庆典以及其他活动中向本单位以外的个人赠送礼品，对个人取得的礼品所得，按照"偶然所得"项目，全额适用20%的税率缴纳个人所得税。

3) 企业对累积消费达到一定额度的顾客给予额外抽奖机会，个人的获奖所得，按照"偶然所得"项目，全额适用20%的税率缴纳个人所得税。

企业赠送的礼品是自产产品（服务）的，按该产品（服务）的市场销售价格确定个人的应税所得；是外购商品（服务）的，按该商品（服务）的实际购置价格确定个人的应税所得。

《财政部 税务总局关于个人取得有关收入适用个人所得税应税所得项目的公告》（财政部 税务总局公告2019年第74号）规定，企业在业务宣传、广告等活动中，随机向本单位以外的个人赠送礼品（包括网络红包），以及企业在年会、座谈会、庆典以及其他活动中向本单位以外的个人赠送礼品，个人取得的礼品收入，按照"偶然所得"项目计算缴纳个人所得税，但企业赠送的具有价格折扣或折让性质的消费券、代金券、抵用券、优惠券等礼品除外。

---

① 网络红包既包括现金网络红包，也包括各类消费券、代金券、抵用券、优惠券等非现金网络红包。

这里所称的礼品收入，其应纳税所得额按照《财政部 国家税务总局关于企业促销展业赠送礼品有关个人所得税问题的通知》（财税〔2011〕50号）第三条的规定计算。

（2）企业所得税。对企业将货物、财产、无形资产、服务用于捐赠、偿债、赞助、集资、广告、样品、职工福利或者利润分配等用途的，应当视同销售。《国家税务总局关于企业处置资产所得税处理问题的通知》（国税函〔2008〕828号）规定，资产移送他人按视同销售确认收入，主要包括：用于市场推广或销售，用于交易应酬，用于职工奖励或福利，用于股息分配，用于对外捐赠，其他改变资产所有权属的用途等。企业赠送礼品时，如果不属于公益性捐赠（可能免税），则要视同销售，按照公允价值计算销售收入，计入应纳税所得额计算缴纳企业所得税。如果企业在业务宣传、广告等活动中向客户赠送礼品，则按照广告费、业务宣传费的规定扣除；如果企业在年会、座谈会、庆典以及其他活动中向客户赠送礼品，则按照交际应酬费的规定扣除；如果赠送礼品与本企业业务无关，则按照非广告性赞助支出处理，不得税前扣除。

案例6.23

盛华公司在新品发布会上，向参加活动的经销商A公司、B公司赠送宣传品，该宣传品价值113 000元，为宣传活动附赠，需要缴纳增值税。同时，盛华公司向参加新品发布会的个人嘉宾赠送纪念品，该纪念品价值22 600元。

解析： 盛华公司把宣传品赠送给经销商，这应作为业务宣传费处理，同时视同销售缴纳增值税，涉及的应纳增值税额为：

$$113\,000 \div (1 + 13\%) \times 13\% = 13\,000(元)$$

盛华公司计入业务宣传费的金额为 $113\,000 \div (1 + 13\%) = 100\,000$（元），允许在业务宣传费限额内税前列支。

盛华公司赠送给个人嘉宾的纪念品属于业务招待费性质，不能抵扣进项税额，所以应纳增值税为 $22\,600 \div (1 + 13\%) \times 13\% = 2\,600$（元）。

盛华公司计入业务招待费的金额为 $22\,600 \div (1 + 13\%) = 20\,000$（元），允许在业务招待费限额内税前列支。

个人嘉宾获得纪念品，需要扣缴个人所得税为 $22\,600 \times 20\% = 4\,520$（元）。

但是，因个人嘉宾太多，企业扣缴个人所得税的操作难度较大（一般需要嘉宾个人提供身份证信息，嘉宾可能不便于提供或不愿提供），为发挥礼品馈赠的营销推广作用，税负通常由企业负担，嘉宾所得转化为税后所得，此种情况下，盛华公司负担的税款为：

$$22\,600 \div (1 - 20\%) \times 20\% = 5\,650(元)$$

需要注意的是，如果是后一种情况，盛华公司代个人承担的个人所得税款不属于企业经营活动的合理开支，一般不允许税前扣除，必须做永久性差异纳税调整，按 25% 的税率缴纳企业所得税，故而需要补缴企业所得税 $5\,650 \times 25\% = 1\,412.5$（元）。

(二)礼品、宣传品赠送的税收筹划

1. 增值税筹划

企业应尽量减少或不采用"无偿赠送"的方式,"在向个人销售商品(产品)和提供服务的同时提供物品",准备具有说服力的证据和材料,阐释赠送物品对价的服务过程,有效地减轻企业税负并严格执行税收政策。

赠送物品时,企业应尽量采取引入中介机构的操作模式,避免物品赠送行为的直接发生。比如,企业可以在庆典活动中引入会议公司,委托其主导和操控相关的庆典议程,最终支付会议公司活动经费,并由会议公司开具合规的增值税专用发票,作为会议费列支。

2. 个人所得税筹划

企业涉及礼品、纪念品赠送给个人的,尽量由个人承担个人所得税。

企业随机赠送印有企业标识的小金额物品,如玻璃杯、雨伞等,单位价值比较低,且在购入时直接计入管理费用或营销费用,不需要赠送时扣缴个人所得税。

(三)不属于征税范围的礼品赠送行为

对于企业发生的礼品赠送行为,哪些情况下可以不缴纳增值税或个人所得税呢?

(1)实行折扣销售。企业在销售商品(产品)和提供服务过程中,通过价格折扣、折让方式向个人销售商品(产品)和提供服务,不征收个人所得税。即企业把赠品或对外捐赠之物作为价格折扣或折让向购买方提供,这种情况不构成商业捐赠,不缴纳增值税。这种情况属于促销活动中的商业折扣范畴。

(2) 交易活动中给予物品。企业在向个人销售商品（产品）和提供服务的同时给予赠品，如通信企业向个人购买手机赠话费、入网费，或者购话费赠手机等。

(3) 交易活动中赠送服务项目。企业在向个人销售商品（产品）的同时赠送服务项目，属于捆绑销售模式，一般不缴纳个人所得税。譬如，房地产公司在销售房产时向客户赠送物业服务（即免收房屋业主若干年物业费），就属于这种情况。

(4) 累计消费送礼品。企业对累计消费达到一定额度的个人按消费积分反馈礼品。譬如，超市连锁企业对外销售办理消费积分卡，按照消费金额累计积分，并按积分赠送礼品，这种情况不需缴纳个人所得税。

(5) 作为宣传费用的礼品赠送。企业赠送的礼品在采购时作为宣传费用处理，此种情形不需要缴纳个人所得税。但所购礼品必须符合宣传费的标准，且金额不宜过大，即开支属于宣传费的正常范围。

第八节　捐赠——掀开蒙娜丽莎的微笑面纱

一、商业捐赠行为如何扣缴个人所得税

企业在业务宣传、广告等活动中，随机向本单位以外的个人赠送礼品，对个人取得的礼品所得，按照"偶然所得"项目，全额适用20%的税率缴纳个人所得税。

企业在年会、座谈会、庆典以及其他活动中向本单位以外的个人赠送礼品，对个人取得的礼品所得，按照"偶然所得"项目，全额适用20%的税率缴纳个人所得税。

企业对累积消费达到一定额度的顾客，给予额外抽奖机会，个人的获奖所得，按照"偶然所得"项目，全额适用20%的税率缴纳个人所得税。

二、哪些情况下公益性捐赠不允许税前扣除

近几年来，国家税务总局连续发布一系列公益性捐赠税前扣除的优惠政策，鼓励企业和个人的捐赠善举，规定纳税人开展公益性捐赠，可在纳税时按一定比例税前扣除。

不过，在实际操作中，一些纳税人不熟悉公益性捐赠税收政策，导致允许税前扣除的公益性捐赠支出没有充分足额地享受到这一税优惠政策。下面从个人捐赠和企业捐赠两个方面总结公益性捐赠不允许税前扣除的情况。

（一）年度利润总额的12%是税前扣除"红线"

《财政部 国家税务总局关于通过公益性群众团体的公益性捐赠

税前扣除有关问题的通知》规定，企业通过公益性群众团体用于公益事业的捐赠支出，在年度利润总额12%以内的部分，准予在计算应纳税所得额时扣除。

此外，国家税务总局对于一些特定事项捐赠的税前扣除问题，规定允许在当年企业所得税前据实全额扣除。因此，若税收政策没有明确规定或特别列举公益性捐赠不受限制地全额扣除，超标准的公益性捐赠不得当年税前扣除，也不得结转以后年度延期扣除，企业只能用税后利润来进行公益性捐赠。

若企业亏损，公益性捐赠不允许税前扣除。公益性捐赠支出按照当年利润水平的一定比例，实行限制性扣除，抵减应纳税所得额。按照税法的规定，企业发生的捐赠支出可以在税前扣除，但要同时具备三个条件：一是公益性；二是企业有实现的利润；三是在一定的比例内。如果企业发生经营亏损，其捐赠的支出不能扣除。

所以，若企业在纳税年度内出现亏损，则纳税人当年发生的公益性捐赠支出不允许在企业所得税年度汇算清缴计算应纳税所得额时扣除。

核定征收企业捐赠支出不允许税前扣除。《企业所得税核定征收办法（试行）》规定，核定征收企业所得税的纳税人，其应纳税所得额按照第六条规定计算。即采用应税所得率方式核定征收企业所得税的，应纳所得税额计算公式如下：

应纳所得税额＝应纳税所得额×适用税率

应纳税所得额＝应税收入额×应税所得率

或

$$应纳税所得额 = \frac{成本（费用）支出额}{1-应税所得率} \times 应税所得率$$

根据此规定，核定征收企业所得税的纳税人在计算应纳税所得额时没有任何扣除项目，因此，其捐赠支出不允许税前扣除。

（二）超过应纳税所得额30%的部分不能扣除

个人对外捐赠允许按照应纳税所得额的全额或者一定比例扣除，现行税法规定，个人通过授予全额扣除资格的机构，比如中国红十字总会、中华慈善总会、宋庆龄基金会等的捐赠，在计征个人所得税时，准予在当期应纳税所得额中全额扣除。除可以全额扣除外，个人将其所得通过中国境内的非营利性社会团体和国家机关，向遭受严重自然灾害地区的捐赠，捐赠额未超过应纳税所得额30%的部分，准予在当期应纳税所得额中扣除。如果实际捐赠额超过当期可以抵扣的捐赠限额，除文件特殊规定外，对超过部分，不能结转到下期抵扣。

三、商业捐赠的税收筹划

案例 6.24

郭某两年前投资新办具有减免企业所得税资格的乙公司（如新

办第三产业、新办安置下岗失业人员的服务型企业、新办资源综合利用企业等），再将其持有的甲公司60%的股权捐赠给乙公司，甲公司的净资产公允价值为5 000万元，甲公司初始投资设立时的实收资本为2 800万元。然后由乙公司将接受捐赠的甲公司股权以4 000万元的价格转让给孙某。

接受非货币性资产捐赠属于企业的非货币性收益，根据《企业所得税法》第六条的规定，企业接受的来自其他企业、组织或者个人无偿给予的货币性资产、非货币性资产捐赠收入构成企业所得税的收入总额。因此，乙公司在接受捐赠时，应按权益法确认资产的入账价值为3 000万元（5 000×60%），并计入当年企业所得税应纳税所得额。在转让股权时，乙公司应确认股权转让所得1 000万元。因为乙公司具有减免企业所得税资格，所以其接受捐赠产生的所得可一同免征企业所得税。按此方案实施，郭某可少负担个人所得税264万元［(5 000－2 800)×60%×20%］，同时达到投资于其他行业的目的。

四、企业公益性捐赠的税收筹划思路

目前，国内企业公益性捐赠模式可以分为六类：一是企业纯现金捐赠模式；二是企业现金捐赠＋个人捐赠模式；三是企业现金捐赠＋实物捐赠模式；四是纯实物捐赠模式；五是企业实物捐赠＋个人捐赠模式；六是公益基金捐赠模式。

从税收角度来看，企业现金捐赠模式没有额外成本，但有12%的扣除比例上限；个人捐赠模式不增加企业纳税负担，但对本人也有个人所得税应纳税额30%的扣除比例上限；实物捐赠模式因视同销售或转让财产，需缴纳增值税等流转税及企业所得税；公益基金捐赠没有限额，也完全免税，但企业要自己设立并运作公益型基金会，相关要求很高，其运作成本也不低。

视企业情况和捐赠项目情况的不同，我们可以从以下几个方向筹划。

(1) 小型微利企业的年应纳税所得额或资产总额在临界点附近时，可通过适当的捐赠降低利润总额或资产总额，以达到税法规定的小型微利企业要求。

案例6.25

A企业资产总额在3 000万元以下，在职员工为60人，预计当年会计利润为300.8万元。按现行《企业所得税法》，该企业当年应按25%的税率缴纳企业所得税，但若企业增加一笔1万元的公益性捐赠支出，则其可被认定为小型微利企业，所得税税率降为20%，并可享受税基减半的优惠政策，捐赠前后的结果计算如下。

捐赠前：

应纳所得税额=300.8×25%=75.2(万元)

企业净利润=300.8−75.2=225.6(万元)

捐赠后：

第六章 销售活动的税收筹划

应纳所得税额=(300.8-1)×20%×50%=29.98(万元)

企业净利润=300.8-1-29.98=269.82(万元)

可见，捐赠1万元后，企业的净利润反而比不捐赠多44.22万元。

(2) 企业的捐赠超过当年扣除上限时，可由企业的大股东或高管个人捐赠一部分，其捐赠的效果无本质区别。

(3) 集团企业捐赠可在母子公司之间、子公司之间分配捐赠额，以控制捐赠额不突破12%的扣除上限。

(4) 具备条件的大企业可设立并通过公益性基金捐赠。

案例6.26

某大型集团公司自行设立了一家公益性基金会，2019年计划通过该公益性基金会捐赠1 000万元，但这1 000万元可先由母公司借给基金会，年底会计利润得出后再灵活处理。若当年的会计利润为1亿元，由于捐赠额在扣除上限以内，捐赠的1 000万元可在税前扣除，则可将借款全部转为捐赠；若当年的会计利润为7 000万元，由于税前扣除上限为840万元，则可将借款中的840万元转为捐赠，剩余的160万元继续作为借款，留待下一年度处理。

第九节　大开眼界——销售活动的其他税收筹划方法

一、设立销售公司的税收筹划

对于生产企业，设立销售公司不仅可以通过关联定价规避税收，还可以实现销售费用、管理费用、财务费用等的转移支付，加大税前费用扣除力度。

▶ **案例 6.27**

甲企业为新建企业，生产儿童食品，适用广告费扣除率为15％，企业所得税税率为25％，企业年初推出一种新产品，预计年销售收入为8 000万元（假设本地销售1 000万元，南方地区销售7 000万元），需要广告费支出1 500万元。

方案一：产品销售统一在本公司核算，需要在当地电视台、南方地区电视台分别投入广告费500万元、1 000万元。

方案二：鉴于产品主要市场在南方，可在南方设立独立核算的销售公司，销售公司设立以后，与甲企业联合做广告宣传。成立销售公司预计需要支付场地、人员工资等相关费用30万元，向当地电视台、南方地区电视台分别支付广告费500万元、1 000万元。南方销售公司销售额仍然为7 000万元，甲企业向南方销售公司按照出厂价6 000万元销售，甲企业当地销售额为1 000万元。

解析： 在方案一中，广告费超出扣除限额300万元（1 500－8 000×15％），尽管300万元广告费可以无限期地得到扣除，但甲企业毕竟要提前缴纳所得税75万元（300×25％）。

在方案二中，若南方销售公司销售收入仍为7 000万元，甲企业向南方销售公司移送产品可按照出厂价销售，此产品的出厂价为6 000万元，甲企业准予扣除的广告费限额为1 050万元［（1 000＋6 000）×15％］，这样准予税前扣除的广告费限额为2 100万元，实际支出的1 500万元广告费可由两公司分担，分别在甲企业和销售公司的销售限额内列支，且均不作纳税调整。同时，由于销售公司对外销售的价格不变，整体增值额不变，也不会加重总体的增值税负担。对两公司来说，方案二比方案一当年增加净利润45万元（75－30）。

上述独立销售公司的设立不仅使整个集团的广告宣传费扣除限额得到提高，业务招待费的扣除限额也同样得以提高。

二、分立销售项目的税收筹划

我国现行税制对增值税纳税人的兼营行为有如下规定：纳税人兼营简易计税方法计税项目、免征增值税项目（不包括固定资产、无形资产、不动产）而无法准确划分不得抵扣的进项税额，按下面的公式计算不得抵扣的进项税额：

$$\begin{aligned}\text{不得抵扣的} \\ \text{进项税额}\end{aligned} = \begin{aligned}\text{当期无法划分的} \\ \text{全部进项税额}\end{aligned} \times \left(\begin{aligned}\text{当期简易计税方法} \\ \text{计税项目销售额}\end{aligned} + \begin{aligned}\text{免征增值税} \\ \text{项目销售额}\end{aligned}\right) \div \begin{aligned}\text{当期全部} \\ \text{销售额}\end{aligned}$$

我国《增值税暂行条例》规定，增值税的免税项目包括：农业生产者销售的自产农产品；避孕药品和用具；古旧图书；直接用于科学研究、科学试验和教学的进口仪器、设备；外国政府、国际组织无偿援助的进口物资和设备；由残疾人组织直接进口供残疾人专用的物品；销售的自己使用过的物品。

也就是说，增值税纳税人除经营免税项目的产品外，还可能兼营非免税项目的产品。而且，免税产品的进项税额越大，其全部可抵扣的进项税额越小，对合并经营者越不利；反之，免税产品的进项税额越小，对合并经营者越有利。

案例 6.28

甲制药厂主要生产抗菌类药物，也生产避孕药品。2020年该厂抗菌类药物的销售收入为80万元，避孕药品的销售收入为20万元。全年购进货物的增值税进项税额为8万元，基本情况如表6-1所示。该厂是否要把避孕药品车间分离出来，单独设立一家制药厂以节税？

表6-1 甲制药厂基本情况

类别	品名	销售收入净额	可抵扣比例	不可抵扣比例	进项税额
免税产品	避孕药品	20万元	—	20%	

续表

类别	品名	销售收入净额	可抵扣比例	不可抵扣比例	进项税额
非免税产品	抗菌类药物	80万元	80%	—	
合计		100万元	80%	20%	8万元

解析：(1) 产品合并经营时可抵扣的进项税额如下：

$$8-8\times20\div(20+80)=6.4(万元)$$

(2) 独立设立乙制药厂专门生产避孕药品时，可抵扣的进税额如下。

1) 设免税产品的进项税额为1万元，即乙企业不得抵扣该1万元进项税额，则甲企业可抵扣的进项税额如下：

$$8-1=7(万元)$$

如果大于合并经营时的6.4万元，则可多抵扣$7-6.4=0.6$（万元）。分立设立乙制药厂专门生产避孕药品较为有利。

2) 设免税产品的进项税额为2万元，即乙企业不得抵扣的进项税额为2万元，则甲企业可抵扣的进项税额如下：

$$8-2=6(万元)$$

如果小于合并经营时可抵扣的进项税额6.4万元，则采用产品合并经营的方法更有利。在上例中，我们可以假设免税产品的进项税额占全部进项税额的比重为X，则其平衡点如下：

$$8\times[(1-X)\times100\%]=6.4(万元)$$

得出 $X=20\%$

(1) 结论与启示。免税产品的进项税额越大,其全部可抵扣的进项税额越少,对合并经营者越不利。本例中免税部分的进项税额占全部进项税额 20% 以上时,制药厂采用合并经营法较为有利;反之,在 20% 以下时,制药厂分立出生产避孕药品的公司更为有利。

(2) 进一步分析。根据本例的演算过程,可以推导出平衡点的计算公式如下:

$$全部进项税额 \times \left[\left(1 - \frac{免税产品进项税额}{全部进项税额}\right) \times 100\%\right]$$

$$= 全部进项税额 \times 可抵扣比例$$

式中　可抵扣比例 = 1 − 免税产品销售额 ÷ 全部销售额

$$\frac{免税产品进项税额}{全部进项税额} = \frac{免税产品销售额}{全部销售额}（平衡点）$$

因此,当免税产品进项税额 ÷ 全部进项税额 > 免税产品销售额 ÷ 全部销售额时,采用合并经营法较为有利;反之,免税产品进项税额 ÷ 全部进项税额 < 免税产品销售额 ÷ 全部销售额时,则将免税产品的经营分立为一家独立公司较为有利。

三、分立混合销售项目的税收筹划

分立企业的方法除适用于兼营行为外,还适用于混合销售行为。

税法规定，一项销售行为如果既涉及货物又涉及服务，则为混合销售行为。销售货物为主的企业的混合销售按照销售货物缴纳增值税，销售服务为主的企业的混合销售按照销售服务缴纳增值税。企业可以通过改变销售关系，将收取运费改为代垫运费；设立独立核算的专业服务公司，通过改变混合销售业务的性质等方法来降低企业承担的税负。

值得注意的是，企业分立并不能单纯地以追求税收利益为目的，还应综合考虑分立的成本和收益、市场、财务、经营等多个方面的因素，只有全面分析后，才能作出对企业最有利的选择。

案例分析

"两票制"下的医药企业税收筹划

一、案例背景

医药行业是我国国民经济的重要组成部分，对于增进民生福祉、提升生活质量有重大作用。随着人口老龄化趋势的发展，医药市场未来的整体需求将会不断增加。对于百姓而言，就医的最大难题是药价高、看病贵。这一方面是因为制药原材料成本上升，研发投入资金增长；另一方面是药品销售环节的高回扣潜规则抬高了药价。

为了严厉打击药品销售的高回扣行为，解决药价虚高问题，国家卫计委于2017年初出台了在公立医疗领域内的"两票制"办法，并规定了相关实施细节。简言之，除特殊原因外，在药品从药厂到医院的环节，最多只能合法地开具两次发票。改革前后的资金流、货物流和发票流如图6-3、图6-4所示。

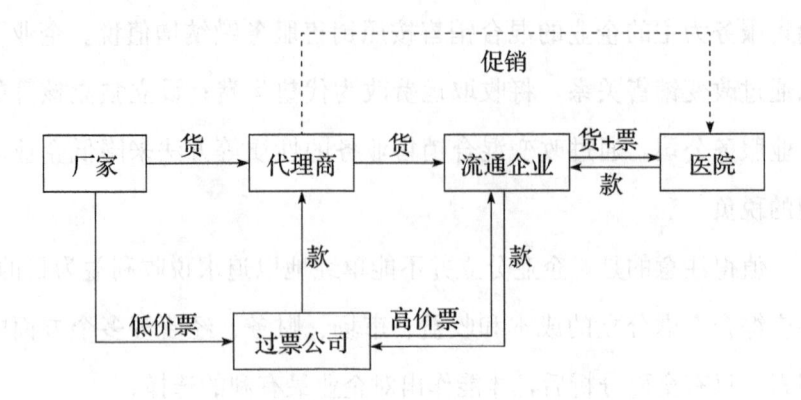

图6-3　实施"两票制"之前的流程

图6-4　实施"两票制"之后的流程

二、医药企业的税收筹划

（一）采购环节的税收筹划

"两票制"实施之后，药品在流通环节所开具的增值税专用发票被严格监控，而医院固有的招标模式和议价过程使药品的终端销售价格无法改变。为了消化流通环节的费用或折扣，只能倒逼制药企业提高出厂价，具体分析如图6-5所示。于是，制药企业安排税收筹划的压力就落在了药品出厂前的采购环节。

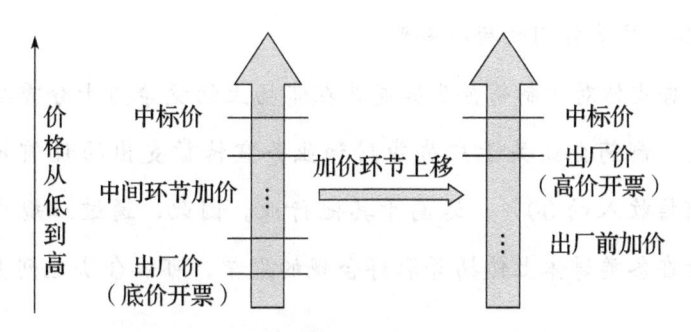

图 6-5 药品加价环节上移到出厂价示意图

制药企业在税收筹划时面临的首要问题就是选择供应商。供应商分为一般纳税人和小规模纳税人两种，前者适用标准税率，而后者只能申请开具征收率为3%的增值税发票。小规模性质的供货商为了弥补购货方进项税额不能充足抵扣的损失，通常会压低产品价格来留住客户。因此，制药企业要么从一般纳税人处进货，要么压低小规模纳税人的销售价格。

税法规定，生产销售免税药品而购进的原材料的进项税额不能抵扣，但是原材料采购与实际领用后再转出存在一定的时间差，制药企业应该采取在统一购进材料时不区分用途，先行抵扣进项税额，等到实际领用时再转出进项税额的措施，这样可以起到递延纳税的作用。

制药企业在货款结算时尽量推迟付款时间，可以采用赊销和分期付款的方式，让供货商先垫付一段时间税款。同时，药品生产企业在不影响正常生产经营的前提下，可以尽可能地把原材料采购集中在供给大于需求的时间段，以提升自己的议价能力。

（二）广告费用的税收筹划

广告宣传对于制药企业提高其在市场上的竞争力十分重要。税法规定，制药企业关于广告费用和业务宣传费支出的税前扣除限额是销售收入的30%，远高于其他行业。因此，通过正规广告商制作后在各类媒体上传播并取得合规的发票，可以合法地列支成本费用。

从思维拓展角度分析，制药企业可以选择成立一家独立核算的药材种植、生产加工公司，将其业务向前拓展至药材种植、加工和销售环节，通过上下游公司之间的交易往来分担广告费和业务招待费的扣除压力。如果能将药材种植、生产加工公司设立在税收洼地，则还能通过关联定价合法降低税收负担。

（三）研发费用的加计扣除

制药企业应加大对研究开发活动的投入以求在竞争中胜出。国家为鼓励企业的创新和研发投入执行研究开发费用的加计扣除税收优惠政策，加计扣除比例为75%。当然，制药企业不能盲目追加研发投入，要合理安排研发费用发生的时间，避免其发生在免税期或者亏损年度。

问题思考：

(1)"两票制"为何能够解决药品销售环节的高回扣问题？

解析： 因为"两票制"减少了药品流通环节，能够规范药品流通秩序，通过打击过票洗钱、租借证照、虚假交易、伪造记录、非法渠道购销药品、商业贿赂、价格欺诈、价格垄断以及伪造、虚开发票等违法违规行为，促进流通企业自觉转变销售和经营模式、减少流通环节、降低流通成本、理顺药品价格。

(2)"两票制"下，制药企业还有哪些税收筹划策略应对税收环境的变化？

解析：还有以下方法。可注册销售全资子公司，利用关联交易转移定价将利润留在低税率公司以降低税负；购置设备时，可以考虑选用节能环保目录中具有税收优惠条件的机械设备；促销活动中，可选取折扣销售或者加量不加价等方式；存货计价方式的选择和固定资产折旧方式的选择等也会对企业的税负产生影响。

第七章/Chapter Seven
利润分配的税收筹划

第一节 企业利润形成的税收筹划

《企业所得税法》规定,企业应就其来源于中国境内外的所得缴纳所得税。企业应纳税所得额的计算公式如下:

应纳税所得额＝收入总额－不征税收入－免税收入
－各项扣除－允许的以前年度的亏损

上述公式由三个要素构成：收入、各项扣除和以前年度亏损。显然，企业利润形成过程的基本税收筹划应围绕这三个要素展开。在税率既定的条件下，筹划思路应该是：尽量缩小企业所得税的税基，从而达到减少或递延所得税的目的。缩小企业所得税的税基就是减少企业当期的应纳税所得额，可从两个方面筹划：减少当期的收入或增加当期的收入减项。

一、收入总额的税收筹划

《企业所得税法》第六条规定，企业的收入总额包括以货币形式和非货币形式从各种来源取得的收入。由于《企业所得税法》对收入构成、收入确认条件、收入计量等内容规定得十分明确和具体，在收入总额筹划方面，我们主要应考虑的是通过适当的筹划，合法地递延收入，从而获得货币的时间价值。因此，企业可根据实际情况，选用不同销售方式和确认时点进行推迟收入确认时间的筹划。

案例 7.1

A 公司将其闲置的房产出租，与承租方签订的房屋出租合同中约定：租赁期为 2020 年 9 月至 2021 年 9 月；租金 200 万元，承租方应于 2020 年 12 月 20 日和 2021 年 6 月 20 日各支付租金 100 万元。按照合同，A 公司应于 2020 年 12 月 20 日将 100 万元的租金确认为收入，并计入 2020 年度的应纳税所得额；2021 年 6 月 20 日也应将 100 万元的租金确认为收入，并在 2021 年 7 月 15 日前计算预缴企业所得税。

A 公司在订立合同时可做如下改变：方案一，将支付时间分别改为 2021 年 1 月以及 7 月，就可以轻松地将与租金相关的两笔所得税纳税义务延迟 1 年和 1 个季度；方案二，不修改房租的支付时间，只是将"支付"房租改为"预付"，同时约定承租期末结算，相关的收入可以得到更长时间的延长。

二、不征税收入的税收筹划

不征税收入是指能够流入企业，但按照《企业所得税法》的规定企业不需要承担企业所得税纳税义务、不纳入企业所得税课税范围的经济利益。

此外，符合条件的软件企业按照财税〔2011〕100 号规定取得的即征即退增值税款，由企业专项用于软件产品研发和扩大再生产并单独核算，可以作为不征税收入，在计算应纳税所得额时从收入总额中减除。

分析现行政策不难发现，税法对上述不征税收入都有明确界定。因而，对不征税收入的筹划，我们主要做以下两件事：第一，企业应当尽量取得并保存好相关的政府文件资料；第二，对相关收入单独核算，根据财税〔2011〕70 号文件的规定，若企业对专项用途财政性资金未单独核算，则应作为企业应税收入计入应纳税所得额。

三、免税收入的税收筹划

《企业所得税法》第二十六条规定，国债利息收入，符合条件的居民企业之间的股息、红利等权益性投资收益，在中国境内设立机构、场所的非居民企业从居民企业取得与该机构、场所有实际联系的股息、红利等权益性投资收益，符合条件的非营利组织的收入为免税收入。

免税收入的税收筹划即充分利用税法中这些免税收入的规定，在经营活动的一开始就进行相应的筹划。当企业有暂时闲置的资产而对外投资时，可考虑选择国债或居民企业的股票、股权直接投资，尤其是投资于享受优惠税率的企业，节税效果更佳。

案例 7.2

甲、乙两公司同为某集团公司的子公司，甲公司按 25% 的税率缴纳企业所得税，而乙企业被认定为高新技术企业，享受 15% 的优惠企业所得税税率。通过母公司的安排，甲公司将部分产能以股权投资的形式投资于乙公司，假设该部分产能可形成 100 万元的净利润，则该部分产能在甲公司时应缴企业所得税 100×25%＝25（万元），在乙公司时应缴企业所得税 100×15%＝15（万元）。按现行《企业所得税法》，甲公司从乙公司获得的分红为免税收入，则甲公司实际节税 25－15＝10（万元）。

四、各项扣除项目的税收筹划

各项扣除项目是指税法规定的实际发生的与取得收入有关的、合理的支出,包括成本、费用、税金、损失和其他支出。

在企业的业务状况既定即收入和开支项目既定的情况下,增加准予扣除的项目必然会减少当期的应纳税所得额,进而减少当期的应纳税额。所以,各项扣除的筹划思路是:尽量增加当期允许扣除的各项支出;对于不允许扣除或限制扣除的项目,则尽量避免发生支出,或在一定条件下将其转换为可扣除的项目。

(一)费用、损失确认与分摊的筹划

《企业所得税法》规定了收入和费用核算的权责发生制原则,为一些费用的计提与摊销提供了税收筹划的空间,如固定资产的折旧费、大修理费用、无形资产的摊销、低值易耗品、包装物的摊销等。这类费用摊销的筹划通常遵循当期分摊最大化的原则,以争取递延纳税的好处。当然,若企业在享受所得税减免的期间,费用分摊的原则通常应该为当期最小化,以争取将更多费用扣除的机会延至不能享受税收优惠的期间。

(二)工资性支出项目的筹划

1. 一般性工资支出的筹划

一般性工资支出的筹划可采取以下措施:第一,对于福利较多的企业,超支福利以工资形式发放;第二,加大教育投入,增加职工教育、培训的机会,努力提高职工素质;第三,费用或支出

转化成工资形式发放,如对于兼任企业董事或监事职务的内部职工,可将其报酬计入工资薪金,或对于持有本企业股票的内部职工,可将其应获股利改为以绩效工资或年终奖金形式予以发放。

2. 国家鼓励安置的就业人员工资支出项目

现行税法对企业支付给残疾人的工资作了加计100%扣除的规定。同时,《中华人民共和国残疾人就业条例》规定,用人单位应当按照一定比例安排残疾人就业,就业的比例不得低于本单位在职职工总数的1.5%,用人单位安排残疾人就业达不到其所在地省、自治区、直辖市人民政府规定比例的,应当缴纳残疾人就业保障金。

(三)业务招待费的筹划

现行税法对业务招待费规定了扣除的双重标准,即发生额的60%,同时不得超过当年销售收入的5‰。所以,企业业务招待费的税收筹划除了应按规定的营业收入比例严格控制业务招待费外,还可包括以下几方面。

1. 区分业务性质,避免费用被业务招待费化

企业的财务部门应将业务招待费与差旅费、会议费和职工福利费严格区分,不得将业务招待费挤入这些费用。同时,企业应区分出不属于业务招待费的餐费、差旅费、会议费等,分别核算,避免将这些费用列入业务招待费。

案例 7.3

某公司 2021 年度发生会务费、差旅费共计 18 万元,业务招待

费为6万元，其中，部分会务费的会议邀请函以及相关凭证等保存不全，导致5万元的会务费无法扣除。该企业2021年度的销售收入为400万元。

根据税法规定，如凭证票据齐全则18万元的会务费、差旅费可以全部扣除，但其中凭证不全的5万元会务费和会议费只能算作业务招待费，而该企业2021年度可扣除的业务招待费限额为2万元（400×5‰）。超过的9万元（6+5-2）不得扣除，也不能转到以后年度扣除。仅对此项超支费用，企业需缴纳企业所得税2.25万元（9×25%）。就该项业务筹划，企业应加强财务管理，各种会务费、差旅费都按税法规定保留完整合法的凭证。

2. 相近业务费用的适当转换

实际工作中，企业的业务招待费经常与业务宣传费、会议费等存在着相互交叉、可以相互替代的项目内容，这就为业务招待费的转化提供了筹划空间。虽然业务宣传广告费有不超过营业收入15%的限额限制，但其开支范围远大于业务招待费，且超额部分可无限期向以后年度结转，而会议费则完全没有金额限制。

（四）广告宣传费的筹划

对于广告宣传费，我们的筹划思路是：企业除应正确选择广告形式，优化广告费、业务宣传费支出外，重点是提高广告费的扣除限额，通常做法是成立单独核算的销售子公司，这样就增加了一道营业收入，在整个集团利润总额未改变的情况下，费用限额扣除的标准可提高。

（五）住房公积金的筹划

只要是在规定的限额内支付的住房公积金，企业均可在税前列支，职工也可不计入个人所得税的应纳税所得额，所以，将住房公积金支付的比例尽可能提高到最高限额是企业与职工双赢的支出项目。

第二节　企业利润分配的税收筹划

一、股利分配的节税隧道

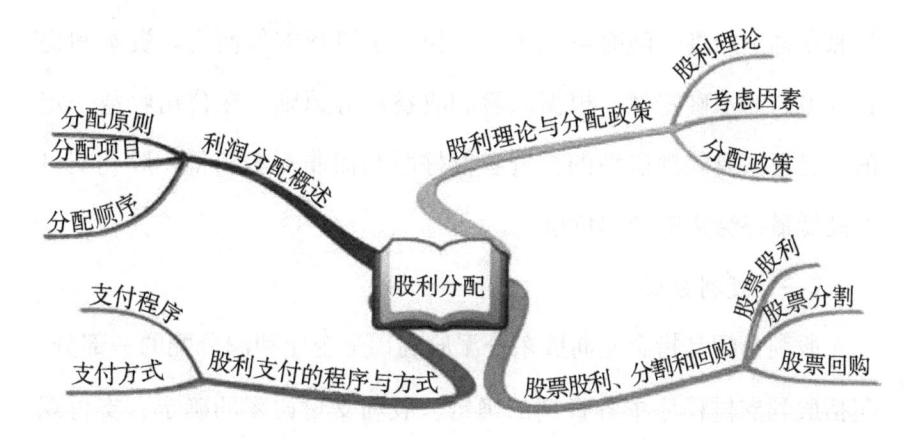

（思维导图：股利分配）
- 利润分配概述：分配原则、分配项目、分配顺序
- 股利支付的程序与方式：支付程序、支付方式
- 股利理论与分配政策：股利理论、考虑因素、分配政策
- 股票股利、分割和回购：股票股利、股票分割、股票回购

1938 年，威廉姆斯（Williams）运用股利贴现模型（dividend discount model）对股利政策进行研究，根据对投资者心理状态的分析提出了早期的一鸟在手理论。随后，林特纳（Lintner）、沃尔特

(Walter) 和戈登（Gordon）等又相继对此进行了研究。在一鸟在手理论的形成和完善过程中，戈登的贡献是最大的。戈登关于股利政策的代表性著述有：1959 年在《经济与统计评论》上发表的《股利、盈利和股票的价格》、1962 年出版的《投资、融资和公司价值》以及 1963 年在《财务学刊》上发表的《最优投资和财务政策》等。而 1963 年的《最优投资和财务政策》一文标志着著名的一鸟在手理论最终形成。

一鸟在手理论的核心是在投资者眼里，股利收入比由留存收益带来的资本收益更可靠，故公司需要定期向股东支付较高的股利。

一鸟在手的理论源于谚语"双鸟在林，不如一鸟在手"。该理论认为，对投资者来说，现金股利是抓在手中的鸟，而公司留存收益是躲在林中的鸟，随时可能飞走。相对于股利支付而言，资本利得具有更高的不确定性。根据风险和收益对等原则，在公司收益一定的情况下，风险规避型的投资者偏好股利而非资本利得，股利支付的高低最终会影响公司价值。

（一）股利分配

股利分配是指企业向股东分派股利，是企业利润分配的一部分，包括股利支付程序中各日期的确定、股利支付比率的确定、支付现金股利所需资金的筹集方式的确定等。上市公司管理层在制定股利分配政策时，要遵循一定的原则，并充分考虑影响股利分配政策的相关因素与市场反应，使公司的收益分配规范化。

（二）股利分配的支付方式

（1）现金股利是股利支付的主要方式。公司支付现金股利除了要有累积盈余（特殊情况下可用弥补亏损后的盈余公积金支付）外，还要有足够的现金。

（2）财产股利主要以公司拥有的其他企业的有价证券，如债券、股票作为股利支付给股东。

（3）负债股利通常以公司的应付票据支付给股东，不得已的情况下也可发行公司债券支付股利。

（4）股票股利是公司以发放的股票作为股利的支付方式。

案例 7.4

B公司为非上市股份公司，股本为1亿股。当年年底未分配利润为3 000万元，年底股利支付方案有两套：一是采取固定股利支付率政策，每年的股利支付率为50%；二是采取稳定股利政策，每股股利为0.1元。次年，企业有一项目需要投资2 000万元，资金成本为10%。

从税负角度考虑，B公司应该如何选择股利支付方案？

解析：（1）固定股利支付率方案的税负及成本的计算。

1）股东层面：

支付股利金额=3 000×50%=1 500（万元）

股东应缴个人所得税=1 500×20%=300（万元）

股东税后净收益=1 500－300=1 200（万元）

2) 公司层面：

　　B公司剩余未分配利润金额＝3 000－1 500＝1 500(万元)

　　新的项目需再筹资金额＝2 000－1 500＝500(万元)

　　筹资成本＝500×10％＝50(万元)

由于债务融资利息支出可以抵税，因此筹资的实际成本为：

　　50×(1－25％)＝37.5(万元)

因此，在固定股利支付率方案下，公司股利支付及筹资的实际成本为：

　　37.5＋1 500＝1 537.5(万元)

(2) 稳定股利方案的税负及成本的计算。

1) 股东层面：

　　股利支付金额＝0.1×10 000＝1 000(万元)

　　股东应缴个人所得税＝1 000×20％＝200(万元)

　　股东税后净收益＝1 000－200＝800(万元)

2) 公司层面：

　　B公司剩余未分配利润金额＝3 000－1 000＝2 000(万元)

　　新的项目需再筹资金额＝2 000－2 000＝0

　　筹资成本＝0

3) 方案二与方案一相比，节约支出：

1 537.5－1 000＝537.5(万元)

由于节约的支出会提高当年未分配利润金额，若这笔金额推迟到下年底支付，则股东增加的税后收益计算如下（假如贴现率为 5%）：

537.5×(1－20%)÷(1＋5%)－500×(1－20%)＝9.52(万元)

企业的利润总额按照税法规定缴纳企业所得税后，税后利润还要在企业与股东之间分配。对公司股东分配的股利，股东为法人企业的，还要合并计入其利润总额征收企业所得税（符合免税条件的股利除外）；对合伙人及合伙企业分得的股利还要征收个人所得税。在这种情况下，企业如何使股东或合伙人尽量减少税收负担呢？其可行的方式是延期分配股利或直接将股东（合伙人）应分得的股利转作投资，以获得延期纳税的好处。

延期纳税是指实行居民管辖权的国家对外国子公司取得的利润收入，在没有以股息等形式汇给母公司前，不对母公司就国外子公司应分的股息征税。征税行为可以推迟到母公司取得股息之时。跨国公司还可以设法使外国子公司将其税后利润长期积累，在公司内部不予分配，或有意识地降低应分配股息的比例，从而可以相应地推迟或减少股东向母国缴纳的税收，达到税收筹划的目的。延期纳税使纳税人获得一笔长期无息贷款，同时降低了所得税的实际课征率。

目前，这种方法也适用于我国的股份制企业，即通过控制股利分配来合理控制税负。我国在经济实践中，主要有以下两种做法。

（1）保留盈余提升股票价值。股份公司采取不直接分配股利，使股票增值的方法来达到目的。例如，北京一家股份公司当期营业状况良好，赚取不少利润，但它并没有把税后利润全部分配给股东。经董事会研究决定，该公司把税后利润中的大部分作为公司的追加投资，这样，公司的资产总额增大，而并没有多发行股票，使公司原有股票升值。与发放股利的常规做法相比，保留盈余的好处很多。一方面，股东无须缴纳个人所得税（股利部分）；另一方面，公司取得了再投资部分的优惠待遇。

（2）设立持股公司。这种方法也是针对股东而言的，如果某一公司想对另一股份公司投资，则可采取此办法，即在低税区建立持股公司。低税区通常对股利和资本利得免税，或只征很低的税，母公司将股利留在持股公司，是将在低税区获得的税收优惠利益暂时保存，获得延迟纳税的好处，但我国对企业从关联企业分得的股利要并入企业利润总额征收企业所得税，其已纳税款可在确定实缴税款时予以抵免。在这种情况下，若企业与关联企业适用税率一致，企业税负便不会增加，股利或盈余如何分配似乎对企业没有多少影响；如果企业与关联企业适用税率不一致，尤其是关联企业适用低税率，延期分配股利或盈余对企业的影响则不同，其至少可为企业获得低税区税收优惠款项带来的税收利益的时间价值。

若股东为个人，则不能享受税收抵免待遇，双重征税无法避免。

在这种情况下，企业可将股利直接转增资本，以增加股东所持股票价值给股东带来的不缴个人所得税或缓缴个人所得税的利益。

二、股利分配时机的选择

在直接投资中，投资者可以直接以实物投资，也可以以货币投资，假设某投资者以货币形式投资并取得股权，就称其为股权投资。投资者从被投资企业获得的收益主要有股利（包括股息性所得）和股权转让所得。根据目前我国《企业所得税法》的相关规定，企业股权投资取得的股利与股权转让所得的税收待遇是不同的。

股利属于股息性所得，是投资方从被投资单位获得的税后利润，属于已征过税的税后利润，原则上不再重复征收企业所得税。

股权转让所得是投资企业处置股权的净收益，即企业收回、转让或清算处置股权投资所获得的收入减除股权投资成本后的余额。这种净收益应全额并入企业的应纳税所得额缴纳企业所得税。

投资方可以充分利用上述政策差异进行税收筹划。如果被投资企业是母公司下属的全资子公司，则没有进行利润分配的必要。但需要注意的是，如果投资方打算将拥有的被投资企业的全部或部分股权对外转让，则会使本应享受免税政策的股息性所得转化为应全额缴税的股权转让所得。因此，投资方应该要求先将被投资企业的税后利润分配完毕之后，再进行股权转让，这样就能获得税收筹划的好处。

一般情况下，被投资企业保留税后利润不分配，企业股权欲转让时，在转让之前必须分配未分配利润。对投资方来说，这样做可以达到不缴税的目的，有效地避免股息性所得转化为资本利得，从而防止重复纳税；对被投资企业来说，不分配税后利润可以减少现金流出。

第三节　利润分配的筹划秘密

利润分配是指企业将一定时期内实现的利润总额按照有关规定进行合理分配的过程。企业税后利润按规定顺序进行分配。在企业利润分配过程中，与税负有关的问题主要是利润分配的顺序和保留利润的问题。

一、利用税前利润弥补以前年度亏损

对企业发生的年度亏损，税法允许用下一年度的税前利润弥补。

下一年度利润不足弥补的，可以逐年延续弥补。但是，延续弥补期最长不得超过5年。所以，企业争取用税前利润弥补以前年度亏损，就可以降低税负。企业应尽量多列支税前扣除项目和扣除金额，在用税前利润弥补亏损的5年期限到期前，继续造成企业亏损，从而延长税前利润补亏这一优惠政策的期限。

案例 7.5

A公司于2019年成立并开始生产经营，同时投资B公司取得60%的控股权。A公司当年经济效益一般，盈亏基本持平。假如2020年由于市场原因，A公司效益进一步下滑，预计亏损100万元。但B公司效益很好，2020年可以分配给A公司税后利润50万元。A、B两公司企业所得税税率均为25%。按照税法的规定，A公司从B公司分回的50万元税后利润属于免税项目，无须缴纳企业所得税。由于A公司取得B公司控股权，可以决定什么时间分配税后利润。因此，就企业所得税的弥补亏损问题，可以分析如下（不考虑应纳税所得额税务调整因素）。

如果2020年B公司按时分配给A公司50万元税后利润，那么可以结转以后年度弥补的亏损应该是冲抵免税项目所得后的余额。A公司2020年度可以结转弥补的亏损是50万元。如果2020年B公司保留税后利润暂不分配，那么A公司2020年度可以结转弥补的亏损是100万元。不分配税后利润比分配税后利润可以多弥补50万元。假如A公司以后年度有生产经营利润弥补亏损，相对而言，A

公司可以节约税负12.5万元（50×25％）。

还要注意，B公司的税后利润应该在A公司用自身的生产经营应税所得弥补完亏损后或弥补期过后才能分回。否则，按照税法的规定，应税项目有所得但不足弥补以前年度亏损的，免税项目的所得也应用于弥补以前年度亏损。也就是说，虽然以前年度可以弥补的亏损额没有减少，但是用以后年度分回的投资收益免税所得弥补后，实际上，纳税人仍没有获得实际利益。

进一步分析，如果2020年A公司不分回50万元投资收益，则可以税前弥补的亏损额为100万元。如果2020年A公司实现盈利30万元，同时分回50万元投资收益，则2020年A公司应该弥补以前年度亏损80万元，且用免税投资收益弥补亏损。但如果2020年A公司盈利在100万元以上，此时分回50万元投资收益，则企业可以用本年度自身实现的应税所得100万元弥补全部亏损，50万元投资收益没有用于弥补亏损，这时A公司才真正获得实际利益。

二、未分配利润保留在法人企业不分配，减轻投资者个人的税收负担

税法规定，投资企业从被投资企业分回的税后利润因已经缴纳过企业所得税，不再缴纳企业所得税。如果投资企业不再将分回的税后利润分给个人股东，则其不需缴纳个人所得税，这样可以减轻个人股东的税收负担。

三、股息所得与股权转让所得的税收筹划

在股权转让过程中，转让方应该注意不要把股息所得转化为股权转让所得，否则会加大转让方的税收负担。正确的做法是先进行利润分配，再进行股权转让。

案例 7.6

A公司于2019年2月20日以银行存款900万元投资于B公司，投资额占B公司股本总额的70%，B公司当年获得税后利润500万元。A公司2020年度内部生产、经营所得为100万元。A公司的所得税税率为25%，B公司的所得税税率为15%。

方案一：2021年3月，B公司董事会决定将税后利润的30%用于分配，A公司分得利润105万元。2021年9月，A公司将其拥有的B公司70%的股权全部转让给C公司，转让价为1 000万元，转让过程中发生税费0.5万元。

方案二：B公司保留盈余不分配。2021年9月，A公司将其拥有的B公司70%的股权全部转让给C公司，转让价为1 105万元，转让过程中发生税费0.5万元。

则A公司应纳企业所得税额计算如下。

方案一：A公司生产、经营所得为100万元，税率为25%，应纳企业所得税=100×25%=25（万元）。

A公司分得股息收益105万元，不需缴纳企业所得税。

股权转让所得＝1 000－900－0.5＝99.5（万元）

应纳所得税额＝99.5×25％＝24.88（万元）

因此，A公司2021年应纳企业所得税额为49.88万元（25＋24.88）。

方案二：同理，A公司生产、经营所得应纳税额为25万元。

由于B公司保留盈余不分配，股息所得和资本利得发生转化，即当被投资企业有税后盈余而发生股权转让时，被投资企业的股价就会发生增值，如果此时发生股权转让，这项增值实质上就是投资者在被投资企业的股息所得转化为资本利得。因为企业保留利润不分配，股权转让价格才会升高。因股权转让而获得的收益应全额并入企业的应纳税所得额，依法缴纳企业所得税。

A公司资本转让所得为204.5万元（1 105－900－0.5），应纳所得税额为51.13万元（204.5×25％）。

A公司2021年合计应纳企业所得税76.13万元（25＋51.13）。

方案一比方案二减轻税负76.13－49.88＝26.25（万元），前者明显优于后者。其原因在于，A公司在股权转让之前获取股息所得，有效防止股息所得转变为股权转让所得，避免了重复征税。

值得一提的是，被投资企业对投资方的分配支付额如果超过被投资企业的累计未分配利润和累计盈余公积金而低于投资方的投资成本的，视为投资回收，应冲减投资成本；超过投资成本的部分视为投资方企业的股权转让所得，应并入企业的应纳税所得额，依法缴纳企业所得税。因此，在 A 公司转让之前 B 公司分配股息时，其分配额应以不超过可供分配的被投资单位累计未分配利润和盈余公积金的部分为限。

上述案例中的筹划方案适用于类似情形，比如外商投资企业的外籍个人股东转让其股权，应当采取先分配后转让的筹划策略，因为外国投资者从外商投资企业取得的利润（股息）和外籍个人从中外合资经营企业分得的股息、红利免征个人所得税，而外国企业和外籍个人转让其在中国境内外商投资企业的股权取得的超出其出资额部分的转让收益，应按 20% 的税率缴纳预提所得税或个人所得税。因此，采取先分配后转让的策略可以有效避免重复征税，通过利润分配减少投资方的股权转让所得，降低投资方的税收负担。

案例分析

中国平安员工限售股减持的税收筹划

中国平安发布公告称，2010 年 3 月 1 日开始，在未来 5 年内减持近 8.6 亿股限售股。据悉，中国平安集团下属的新豪时、景傲实业、江南实业三家公司分别持有这 8.6 亿股中的 3.9 亿股、3.31 亿股和 1.39 亿股，分别占公司总股本的 5.3%、4.51% 和 1.89%。其中，新豪时和景傲实业为中国平安员工持股平台，江南实业则主要为中国平安高管持股平台。

由于本次限售股是上述三家公司代 1.9 万名平安员工持有的，

公司的减持将面临企业所得税和个人所得税的双重征收，税负将高达40%左右，因而公司的减持方案引起了持股员工的强烈不满和全社会的关注。3月15日，部分员工代表来到位于深圳的平安总部，挂出"我的股票我做主"等横幅，要求解除公司的托管，将其所持有的平安上市股票和其他相关权益一次性过户，由员工持股人自己持有。

9月，新豪时公司的名称由"深圳市新豪时投资发展有限公司"变更为"林芝新豪时投资发展有限公司"，注册地也由深圳变为西藏林芝市，而平安另一家员工股持股平台景傲实业亦同时迁址西藏。

10月25日中国平安员工股托管方之一的林芝新豪时投资发展有限公司首次披露减持公告，该公司在10月份以58.19～65.81元减持中国平安1 284.49万股，占中国平安总股本的0.17%。

被业内称为平安模式的员工限售股减持序幕正式拉开……

问题思考：

（1）若将新豪时和景傲实业两家公司远迁西藏林芝看作一种税收筹划行为，该行为能获得怎样的好处？

解析： 平安员工股减持方案是综合了当年历史和政策因素的结果，平安一直在寻找能降低税负的途径，迁址就是其中之一。如按迁址前的税率计算，新豪时减持套现约8亿元的现金，首先要在深圳缴纳企业所得税1.76亿元，然后再代扣个人所得税1.25亿元，最终持有者获得的收益为4.99亿元，税负率高达40%。新豪时迁址西藏林芝以获得免征企业所得税的优惠，那么8亿元套现金额除了缴纳其他交易费用外，只需代扣20%的个人所得税1.6亿元，所有持股者仍有望获得6.4亿元，比迁址前多获得1.41亿元。

（2）员工限售股减持的平安模式是否具有可借鉴性？现行税收政策对此有没有特别的约束？

解析： 目前的最新税收政策对此具有一定的限制。读者可结合最新政策进行分析。

第八章/Chapter Eight

资产重组的税收筹划

第一节　明修栈道，暗度陈仓——资产转移

亲爱的，春天来了！

重组

一、资产转移的主要方式

资产转移是一种买卖行为,转移资产的公司的资产总额不发生变化,股东地位也不受影响。资产转移主要有以下方式:

(1) 出售:正常销售业务;

(2) 投资:非货币资产对外投资分解为按公允价值销售非货币性资产与投资两项业务,计算资产转让所得计税;

(3) 租赁:经营租赁+融资租赁;

(4) 捐赠:实物捐赠;

(5) 企业重组:采用免税重组操作可以免征企业所得税。

二、资产转让的税收筹划

案例 8.1

山西某煤厂二期产煤系统建设项目的法人由 A 公司转换为 B 公司。基建项目法人变更后,A 公司经与 B 公司协商,将二期产煤系统建设项目转让给 B 公司。由于二期产煤系统已经进行了前期的建设,作为转让补偿,A 公司收取 B 公司前期工作转让收入 6 000 万元。半年后此项交易完成,款项已经收到。

由于 A 公司原有输煤系统的建设规模已考虑到自身将来扩建二期产煤系统的需要,为有利于双方生产系统的管理,在转让二期产煤系统的同时,A 公司向 B 公司转让了输煤系统。转让的输煤系统资产包括为二期产煤系统准备的输煤综合楼、碎煤机室、翻车机室、输煤栈桥、转运站等，以及二期产煤系统占用土地的使用权。此项转让的交易金额为7 000万元。由于输煤系统的转让将直接影响到A公司现有产煤系统的生产能力，为了弥补由此造成的损失，B公司给予A公司5 000万元的输煤系统转让补偿款，用于购置新产煤系统。

筹划分析：A公司取得首笔6 000万元的转让收入后，在其该年度的年度财务报表中已经披露确认这一资产转让事项及其收入，会计上也已进行相关收入成本项目的配比核算，并相应正确履行流转税和企业所得税的纳税义务，因此并不存在涉税风险。同样，由于纳税义务已形成并履行，对于相应的涉税事项不存在税收筹划空间。如果企业再试图通过账务上的更改来改变已经形成的纳税义务，则不再属于税收筹划的范畴，而是一种逃避税收的违法行为。

目前，A公司在此项资产转让业务中还可进行税收筹划操作的是其中涉及的土地增值税。由于A公司此次输煤系统的转让是将输煤系统占用的土地、房屋以及各类机械整体转让给B公司，按照《中华人民共和国土地增值税暂行条例》的规定，转让国有土地使用权、地上建筑物及其附着物所取得的收入应在计算扣除项目金额后对增值额缴纳土地增值税。因此，A公司转让输煤系统获得的7 000万元应确认为土地增值税的应税收入。但是，A公司在转让的同时获得了5 000万元的补偿款收入，根据《土地增值税暂行条例实施细则》第五条的规定，土地增值税的转让收入是指转让房地产的全部价款及有关的经济利益。由于此笔5 000万元的补偿收入是A公司

第八章　资产重组的税收筹划　253

因转让输煤系统而相应获得的，应算作转让房地产（土地、房屋及上面的附着物）获取的相关经济利益，因而也应一并计入土地转让收入计算缴纳土地增值税。经过测算，A 公司此项输煤系统转让按照规定可以扣除的项目金额总计为 3 285 万元，这样，A 公司此项转让收益增值额 8 715 万元（7 000＋5 000－3 285）将超过扣除项目金额的 265％，适用 60％ 的税率计征土地增值税。A 公司应纳土地增值税为 8 715×60％－3 285×35％＝4 079.25（万元），税收负担率为 34％（4 079.25÷12 000）。

可见，由于 A 公司获取的 5 000 万元补偿收入并入土地转让收益，土地增值额急剧加大，从而在超率累进税率的作用下，税负增加很多。那么，从筹划的角度考虑，如果能改变这笔 5 000 万元补偿款的性质，使其不再与转让土地使用权相关，将可以降低整体增值率，适用较低的税率，从而达到合理地减轻税负的目的。

筹划方案：鉴于以上 A 公司涉税义务的履行情况及公司整体对外会计信息披露的要求，对于这笔转让补偿收入可以通过以下两种转换方式进行筹划。

第一种思路是，A 公司与对方重新单独签订一笔金额为 5 000 万元的煤厂附属设施使用赞助合同，以此达到相同的目的。这种筹划思路的可行性在于，由于对方新建的煤厂离 A 公司的煤厂较近，而 A 公司的煤厂长期以来已经在当地厂区周围形成比较完善的、具有一定规模的职工生活附属设施。对方在投产经营之后，完全可以通过签订煤厂附属设施使用赞助合同来避免重复建设新的生活设施，直接使用这些已有的设施。因此，对方应当具有签订这种合同的意愿。在合同具体条款上，煤厂可以与对方约定设施的使用年限，并约定违约责任。如果煤厂在原有的计划安排中想通过租赁自身生活设施向对方赚取一定的营业外收入，那么在合同金额的确定上，可以双方协商后的租赁费用与原有的5 000万元转让费用之和作为此项附属设施使用的总金额。这样，A公司只需就这笔合同收入按服务业缴纳6％的增值税，在所得税税负不变的情况下，既可以保证合同双方原有的经济利益不受损失，又可以达到节省税款的目的。

第二种思路是，A公司的煤厂与对方重新单独签订一笔金额为5 000万元的煤厂初期投产生产管理咨询合同。由于对方刚开始投产经营煤厂，在生产运作、企业管理制度制定、生产人员培训等各个方面都可以向具有成熟的煤厂生产管理运作经验的A公司咨询，因此A公司完全可以通过签订煤厂管理咨询合同来达到转变这笔5 000万元的收入性质的目的。同样，如果煤厂确实已经或打算向对方提供这种咨询服务，那么该煤厂也可以将协议后的费用与5 000万元加总确定最终的合同金额，这样亦可以达到相同的筹划目的。

如果按照这两种思路操作，A公司应缴纳的土地增值税为(7 000－3 285)×50％－3 285×15％＝1 364.75（万元），应缴纳的增值税为5 000×6％＝300（万元），总计税款为1 664.75万元，比筹划前节省2 414.5万元。

需要说明的是，企业对任何一种税收筹划思路的提出，在进行具体操作时都需要综合考虑筹划思路涉及的相关方的利益变化，只有在利益各方经过比较分析后予以认可和配合，筹划思路才能转变为现实可行的操作方案。

第二节 条条大路通罗马——资产转让的秘密

一、资产交易与股权交易的转化

企业并购是一种股权交易行为，它能够改变企业的组织形式及股权关系，与资产交易完全不同。资产交易一般只涉及单项资产或一组资产的转让行为，而股权交易涉及企业部分或全部股权，转让企业股权是整体转让企业资产、债权、债务及劳动力的行为，其转让价格不仅仅由账面资产价值决定，还包括商誉及许多账面没有记录的无形资产等。

资产交易与股权交易适用的税收政策有较大差异。一般资产交易需要缴纳流转税和所得税，如出让存货等流动资产应作为货物交易行为缴纳增值税；转让货物性质的固定资产应缴纳增值税。如果需要在企业之间转移资产，那么以股权转让形式筹划节税不失为一种好的税收筹划模式。与企业销售不动产、销售货物及转让无形资产的行为完全不同，企业股权转让不属于增值税征收范围，因此，转让企业股权不缴纳增值税。

企业通过把资产交易转变为产权交易，就可以实现资产、负债的打包出售，而规避资产转让环节的流转税，达到利用并购重组筹划节税的目的。

二、整体资产转让税收筹划

资产收购的所得税处理和一般意义上的企业资产买卖交易的税务处理原则完全一致。如果进行资产收购，被收购企业通过资产转让发生所得，则要按资产的市场价格或公允价值与计税基础的差额确认资产转让所得或损失，缴纳企业所得税。如果资产收购发生资产损失，则可以按规定税前扣除。

税法规定，企业进行资产收购，相关交易应按以下规定处理：(1) 被收购方应确认资产转让所得或损失；(2) 收购方取得资产的计税基础应以公允价值为基础确定；(3) 被收购企业的相关所得税事项原则上保持不变。以上税务处理为一般性税务处理。

案例 8.2

甲公司于 2020 年 1 月 1 日将一座厂房及其内部设备全部出售给乙公司，出售资产的账面原价为 2 500 万元，已计提折旧 1 000 万元，售价为 2 000 万元。乙公司用银行存款支付款项。乙公司在收购该项资产后立即投入使用。

根据税法的规定，甲公司转让该项资产的所得为 500 万元 (2 000－1 500)。因此，甲公司需要缴纳的企业所得税为 500×25%＝125（万元）。

适用特殊性处理的企业重组应符合以下 5 个条件。

(1) 企业重组具有合理的商业目的，且不以减少、免除或者推迟缴纳税款为主要目的。即企业一系列的资产交易行为除了具有税收利益以外，还具有合理的商业目的。

(2) 被收购、合并或分立部分的资产或股权比例符合规定的比例。

(3) 企业重组后的连续 12 个月内不改变重组资产原来的实质性经营活动。企业在收购另一家企业的实质性经营资产后，必须在收购后的连续 12 个月内仍运营该资产，从事该项资产以前的营业活动。

(4) 重组交易对价中涉及股权支付的金额符合规定的比例。

(5) 企业重组中取得股权支付的原主要股东在重组后连续 12 个月内，不得转让取得的股权。

在符合上述前提的情况下，如果资产收购中受让企业收购的资产不低于转让企业全部资产的 75%，且受让企业在该资产收购发生时的股权支付金额不低于其交易支付总额的 85%，可以按规定进行特殊性税务处理：(1) 转让企业取得受让企业股权的计税基础以被转让资产的原有计税基础确定；(2) 受让企业取得转让企业资产的计税基础以被转让资产的原有计税基础确定。

资产收购的一般性与特殊性税务处理的比较如表 8-1 所示。

表 8-1　资产收购的一般性与特殊性税务处理的比较

	一般性税务处理	特殊性税务处理
资产重组	(1) 被收购方应确认股权、资产转让所得或损失； (2) 收购方取得股权或资产的计税基础应以公允价值为基础确定； (3) 被收购企业的相关所得税事项原则上保持不变。	(1) 转让企业取得受让企业股权的计税基础以被转让资产的原有计税基础确定； (2) 受让企业取得转让企业资产的计税基础以被转让资产的原有计税基础确定。

案例 8.3

为了节省生产成本，乙公司决定以 500 万元的价格收购其原料供应厂家的全套生产线。该厂家是甲公司的一家子公司，公司资产总额为 500 万元，该生产线的公允价值为 450 万元，账面价值为 400 万元。经董事会商讨，乙公司以 40 万股普通股和 40 万元现金支付价款，合同签订之日乙公司的股票公允价值为 11.5 元/股，乙公司收购该套生产线后立即投入使用。

关于本案例是否适用所得税处理的特殊性规定，依据税法的规定，企业合并在符合重组业务特殊性处理基本条件的基础上，适用所得税处理的特殊性规定需要同时符合下列两个条件：一是资产收购中受让企业收购的资产不低于转让企业全部资产的 50%；二是受让企业在该资产收购发生时的股权支付金额不低于其交易支付总额的 85%。

在该项资产收购中，乙公司收购的生产线占甲公司全部资产的比例为：

$$\frac{400}{500} \times 100\% = 80\% > 50\%$$

乙公司支付的价款中以股权支付的金额比例为：

$$\frac{11.5 \times 40}{11.5 \times 40 + 40} \times 100\% = 92\% > 85\%$$

因此，该项资产收购适用资产收购的特殊性税务处理。甲公司取得乙公司的股权的计税基础为400万元，乙公司取得甲公司的生产线的计税基础也为400万元。

总的来说，资产收购的税务处理主要有两种方法。第一种方法是分步确定法，即先确定转让企业取得全部经济利益的计税基础，再确定受让企业股权的计税基础。其中，取得全部经济利益的计税基础＝收购资产原来的计税基础＋转让环节应缴纳的相关税费＋非股权支付对应的资产转让所得或损失，这里的全部经济利益包括受让企业股权和非股权支付两部分内容。由于企业在资产收购中确认了非股权支付对应的收购资产的转让所得或损失，因此非股权支付的计税基础为公允价值。这样，根据上面的公式即可反推出受让企业股权的计税基础。第二种方法是利用分解理论确定股权的计税基础。我们可以将转让企业的收购资产分为两部分，一部分用于换取受让企业的股权；另一部分用于转让，并取得非股权支付。由于企业在资产收购时未确认受让企业股权对应的资产转让所得或损失，所以只能按这部分资产的原计税基础确定受让企业股权的计税基础。

设非股权支付对应资产的原计税基础为 X，收购资产的公允价值÷收购资产的原计税基础＝非股权支付的公允价值÷X，通过该等式即可解出 X 值，从而确定受让企业股权的计税基础＝被收购资产原计税基础－X。

案例 8.4

燕山商务会馆为进一步扩大经营规模，于 2020 年 7 月 1 日与君太酒店签订了资产收购协议。协议规定，燕山商务会馆收购君太酒店全部酒店类资产，截至 2020 年 6 月 30 日，君太酒店全部资产的账面价值为 5 000 万元，公允价值为 6 200 万元，其中被收购资产的账面价值为 4 800 万元，公允价值为 6 000 万元；燕山商务会馆支付的收购对价包括定向增发股票、支付银行存款及转让库房。

其中，燕山商务会馆向君太酒店定向增发股票 900 万股，每股发行价格为 6 元；支付银行存款 200 万元；转让的库房评估价格为 400 万元，账面价值为 280 万元。

君太酒店转让资产的比例＝4 800÷5 000×100％＝96％，大于 50％；股权支付占取得全部经济利益的比例＝(900×6)÷(900×6＋200＋400)×100％＝90％，大于 85％。假定同时符合特殊性税务处理的其他条件。

则君太酒店可以进行如下税务处理：第一，暂不确认资产的全部转让所得，但应确认两项非股权支付对应的资产转让所得＝(6 000－4 800)×(600÷6 000)＝120（万元）；第二，确认取得股权的计税基础。按照上述第一种方法，股权的计税基础＝4 800＋120－600＝4 320（万元）；按照上述第二种方法，设用于转让资产的原计税基础为 X，则有（900×6＋600）÷4 800＝600÷X，解得 X＝480（万元），即取得股权的计税基础＝4 800－480＝4 320（万元）。如果未来君太酒店转让此部分股权，在计算股权转让所得时允许扣除的金额应为 4 320 万元，而不是取得时该项股权的发行价格 5 400 万元。

第三节　股权交易也纳税
——股权收购与股权转让

一、股权收购的税收筹划

（一）股权收购的概念

股权收购是指一家企业（以下称为收购企业）购买另一家企业

（以下称为被收购企业）的股权，以实现对被收购企业的控制的交易。收购企业支付对价的形式包括股权支付、非股权支付或两者的组合。

股权支付是指企业重组中购买、换取资产的一方支付的对价中，以本企业或其控股企业的股权、股份作为支付的形式；非股权支付是指以本企业的现金、银行存款、应收款项、本企业或其控股企业股权和股份以外的有价证券、存货、固定资产、其他资产以及承担债务等作为支付的形式。

股权收购是以通过购买目标公司股东的股份，或者收购目标公司发行在外的股份来换取其持有的目标公司股份（又称吸收合并）这两种方式进行的。前一种方式的收购使资金流入目标公司股东的囊中，而后一种方式的收购不产生现金流。我们将收购方购买目标公司一定比例的股权，从而获得经营控制权的收购称为投资。收购的目的是获得控制权，但其最终可能是看准该项投资在未来能有较高的回报率，也可能是为了加强合作关系或为进入某个产业领域做准备，还可能是为了获得目标公司的无形资产，例如商誉、人才等。

（二）股权收购的一般性税务处理

股权收购是被收购企业股东与收购企业股东之间的股权变换，它涉及的税收问题主要有股权转让是否有所得，是否缴纳所得税。企业进行股权收购，若被收购人通过股权转让发生了所得，个人股东就需要缴纳个人所得税（上市股权除外），企业股东需要缴纳企业所得税；如果股权收购发生了股权损失，该损失也可以按规定税前扣除。国家规定，企业进行的股权收购交易应按以下规定处理：被收购方应确认股权、资产转让所得或损失；收购方取得股权或资产的计税基础应以公允价值为基础确定；被收购企业的相关所得税事项原则上保持不变。以上税务处理称为一般性税务处理。

案例 8.5

假设甲单位持有 A 企业 100％的股权，计税基础是 300 万元，公允价值为 600 万元。乙企业收购甲单位持有 A 公司的全部股权，价款为 600 万元，全部价款以非股权形式支付。该股权收购适用一般性税务处理，甲单位的股东股权转让的增值额为 300 万元，需要缴纳企业所得税 75 万元。乙企业收购甲单位持有 A 公司股权的计税基础为 600 万元。

（三）股权收购的特殊性税务处理

股权收购的特殊性税务处理就是我们常说的免税收购，也可以称为股权支付。也就是说，收购股权方支付给转让方的对价不是货币性资产，而是本单位的股权或控股公司的股权。很多企业重组的出发点是免税收购，这里的免税收购就是股权置换。但是，股权置换暂不征税需要符合一定的条件，即收购企业购买的股权不低于被收购企业全部股权的 50％，并且收购企业在该股权收购发生时的股权支付金额不低于其交易支付总额的 85％。股权价值以公允价值计量。

特殊性纳税处理应按以下规定处理：被收购企业的股东取得收购企业股权的计税基础以被收购股权的原有计税基础确定；收购企

业取得被收购企业股权的计税基础以被收购股权的原有计税基础确定；收购企业、被收购企业的原有各项资产和负债的计税基础和其他相关所得税事项保持不变。

股权收购的一般性与特殊性税务处理的比较如表 8-2 所示。

表 8-2 股权收购的一般性与特殊性税务处理的比较

	一般性税务处理	特殊性税务处理
股权收购	(1) 被收购方应确认股权、资产转让所得或损失； (2) 收购方取得股权或资产的计税基础应以公允价值为基础确定； (3) 被收购企业的相关所得税事项原则上保持不变。	(1) 被收购企业的股东取得收购企业股权的计税基础以被收购股权的原有计税基础确定； (2) 收购企业取得被收购企业股权的计税基础以被收购股权的原有计税基础确定； (3) 收购企业、被收购企业的原有各项资产和负债的计税基础和其他相关所得税事项保持不变。

案例 8.6

接上例，如果甲单位持有 A 企业 100% 的股权，计税基础是 300 万元，公允价值为 600 万元。乙企业收购甲单位的全部股权（转让股权超过 50%），价款为 600 万元。甲单位以 A 企业价值 600 万元的股权支付乙企业，即甲单位将 A 企业股权置换成乙企业股权，股权支付比例为 100%（超过 85%），那么，甲单位股权增值的 300 万元可以暂时不纳税。因为不纳税，甲单位取得乙企业新股的计税基础仍是原计税基础 300 万元，而不是 600 万元。乙企业取得甲企业股权的计税基础为置换股权的成本 600 万元。

需要注意的是，以股权支付的部分不需要缴纳企业所得税，但是以非股权支付的部分不能免税。

非股权支付应缴纳的企业所得税
＝非股权支付金额÷股权转让总价款×(被转让资产的公允价值
－被转让资产的计税成本)×25%

案例 8.6 中，假设乙企业 600 万元的价款分别为 540 万元的股权和 60 万元的现金。甲单位转让全部股权，比例超过 50%。股权支付占全部价款比例为 90%（540÷600×100%），超过 85%，符合特殊性税务处理的条件。根据规定，540 万元的股权支付不需要纳税。但是 60 万元非股权支付的增值额需要缴纳企业所得税。甲单位股权收购的增值额为 300 万元（600－300），60 万元的非股权收购对应的增值额为 30 万元（300×60÷600），需要缴纳的企业所得税为 7.5 万元（30×25%）。

依据财税〔2009〕59 号文件的规定，符合特殊性处理条件的股权收购业务，被收购企业股东可暂不确认股权转让所得或损失。这里应注意，如果被收购企业股东除取得收购企业的股权外，还取得收购企业支付的非股权支付，被收购企业股东应确认非股权支付对应的股权转让所得或损失。另外，按照所得税对等理论，被收购企业股东应以被收购企业股权的原计税基础与非股权支付额对应的股权转让所得之和，作为取得的股权支付额和非股权支付额的计税基础。其中，非股权支付额的计税基础应为公允价值，所以取得收购企业股权的计税基础应为被收购企业股权的原计税基础加上非股权支付额对应的股权转让所得减去非股权支付的公允价值。

二、股权转让的税收筹划

（一）股权转让是否缴纳所得税

税务机关应加强对股权转让所得计税依据的评估和审核。对扣缴义务人或纳税人申报的股权转让所得相关资料应认真审核，判断股权转让行为是否符合独立交易原则，是否符合合理性经济行为及实际情况。

对申报的计税依据明显偏低（如平价和低价转让）且无正当理由的，主管税务机关可参照每股净资产或个人股东享有的股权比例所对应的净资产份额核定。

《国家税务总局关于 2009 年反避税工作情况的通报》（国税函〔2010〕84 号）规定："加大对无形资产及股权转让等关联交易的关注度……鼓励各地积极探索无形资产和股权的合理作价方式。"

（二）股权转让的筹划技巧

（1）法人股东对股份公司先进行利润分配，再转让股权。这样可以减少股权转让所得，控制企业所得税。而法人股东获得的利润分配额免税。

（2）合理控制股权转让价格，降低股权转让的税收负担。法人股东或自然人控制股权转让价格，可以降低股权转让所得，从而降低企业所得税或个人所得税。

第四节 你拍我拍——股权置换

一、股权置换的概念

两家企业控制的部分或全部股权相互交换，相当于非货币资产等价交换。股权置换视为双方分别按公允价值购置、转让股权，凡实现的股权转让所得均应缴纳企业所得税。

股权置换可以使企业之间相互持股。国有企业通过股权置换，相互持股、参股，可以起到相互监督的作用。

例如，M，N公司拟交换所持子公司的股权，相互置换子公司的等价股份，如图8-1所示。如果置换中没有实现股权转让所得，则双方均不缴纳企业所得税。这一交易属于非货币性资产交换范畴。

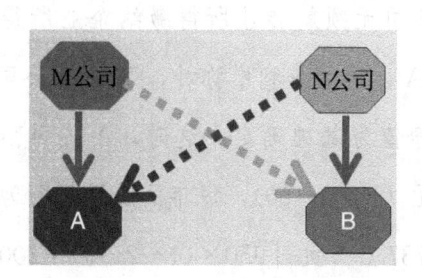

图8-1 M，N公司股权置换图

二、股权置换的筹划案例

案例 8.7

A公司欲兼并B公司。已知A公司对外发行的流通股为3 000万股，股票面值为1.5元/股，市面价值为4元/股。A公司最近几年每一期间的应纳税所得额比较稳定，估计合并后每年约为1 000万元。B公司合并前账面净资产为500万元，上年亏损额为50万元，以前年度无亏损，该企业经评估确认的净资产价值为800万元。已知合并后A公司的股票面值基本不会发生变化，增值后的资产平均折旧年限为5年。有以下两种方案可供选择，请分析哪种方案更合算。

方案一：A公司用175万股和100万元购买B公司。

方案二：A公司以160万股和160万元购买B公司。

解析：对方案一，因非股权支付额小于股权按票面计的15%，按税法规定，B公司无须就转让所得缴纳企业所得税，B公司的50万元亏损可以在A公司的盈利中弥补，同时A公司接受的B公司的资产可以其账面净值为基础确定。这时，A公司弥补B公司亏损后的盈利为950万元（1 000－50），每年的加计折旧为100万元（500÷5），税后利润为737.5万元［950×(1－25％)＋100×25％］。

对方案二，由于非股权支付额大于股权按票面计的15%，按税法规定，B公司的转让收益需缴纳企业所得税，纳税额为75万元［(800－500)×25％］。

A 公司兼并 B 公司后，B 公司不再存续，因此这笔税款实际由 A 公司缴纳，B 公司的亏损额不能弥补。此时，A 公司的利润为 1 000 万元，加计折旧额为 160 万元（800÷5），税后利润为 790 万元 [1 000×(1−25%)+160×25%]。扣除原 B 公司的企业所得税后的净利润为 715 万元（790−75）。

第五节　玩转七巧板——企业重组筹划

一、股权交易筹划的免税政策

按照财税〔2009〕59 号文件的规定，企业重组同时符合下列条件的，适用特殊性税务处理规定：

（1）具有合理的商业目的，且不以减少、免除或者推迟缴纳税款为主要目的；

（2）被收购、合并或分立部分的资产或股权比例不少于 50%；

（3）企业重组后的连续 12 个月内不改变重组资产原来的实质性经营活动；

（4）重组交易对价中涉及股权支付金额不少于 85%；

（5）企业重组中取得股权支付的原主要股东，在重组后连续 12 个月内，不得转让所取得的股权。

二、企业重组的筹划案例

案例 8.8

中江公司是一家具有房地产开发资质的投资公司，3月与一家法国跨国公司达成协议，以26亿元的价格在长江三角洲旅游城市开发一家带有高尔夫球场的高级度假村。

业务流程：中江公司先购买土地使用权并建成度假村，再以26亿元的协商价格销售给该法国跨国公司。

通过有关中介机构的分析评估，度假村的开发成本为18亿元，其中包括土地出让金6亿元。对此项房地产的销售，中江公司初步测算应缴纳增值税、城市维护建设税、教育费附加、土地增值税和资产转让的企业所得税共计逾3亿元。

请问中江公司应如何操作才能实现节税目标？

筹划方案：

第1步：中江公司与购买该度假村的法国跨国公司协商，请该跨国公司预付一部分资金作为初期投资，占20%的股份，而中江公司以土地作价投资，占80%的股份，双方共同成立一家股份公司——东湖度假村，东湖度假村拥有法人资格，且实行独立核算。

第2步：东湖度假村进行固定资产建设，有关基建支出在"在建工程"账户核算，资金缺口可由中江公司提供，东湖度假村作为负债入账。

第3步：待东湖度假村的高尔夫球场及其他固定资产建成后，法国跨国公司以股份收购方式取得东湖度假村的全部股权。中江公司将其拥有的东湖度假村的股权全部转让给法国跨国公司，即以股权转让价款的形式收回对度假村的投资，以债权形式收回前期投入的债权资金。

案例 8.9

奥立电梯公司主要生产销售电梯并负责安装已售电梯。2020 年，奥立电梯公司取得含税收入 3 390 万元，其中安装费约占总收入的 40%，假设本年度进项税额为 200 万元。按照税法的规定，奥立电梯公司既生产销售电梯又负责安装及保养电梯的行为是典型的混合销售行为。试分析如何通过企业分立实现节税目标。

解析： 2020 年度奥立电梯公司应纳税额计算如下：

$$应纳增值税 = 销项税额 - 进项税额$$
$$= 3\,390 \div (1 + 13\%) \times 13\% - 200$$
$$= 190（万元）$$

如果奥立电梯公司分立出一家独立核算的安装公司，奥立电梯公司只负责生产销售电梯，安装公司专门负责电梯的安装，那么奥立电梯公司和安装公司分别就销售电梯收入、安装收入开具发票。奥立电梯公司分立安装公司后，涉税处理会发生变化。按照财税〔2016〕36 号文件的规定，电梯安装适用"建筑服务-安装服务"税

目，税率为 10%，则

$$\text{奥立电梯公司应纳增值税} = \text{销项税额} - \text{进项税额}$$
$$= 3\,390 \times (1 - 40\%) \div (1 + 13\%) \times 13\% - 200$$
$$= 34(万元)$$

$$\text{安装公司应纳税额} = 3\,390 \times 40\% \div (1 + 9\%) \times 9\%$$
$$= 111.96(万元)$$

$$\text{分立出安装公司后节省税收} = 190 - 34 - 111.96$$
$$= 44.04(万元)$$

在制定企业分立的税收策略时，奥立电梯公司要注意以下问题：

(1) 要衡量成本收益。设立安装公司增加的分立成本或税收筹划代理费用应小于节税收益。

(2) 注意定价的合理性。由于涉及货物销售价格与劳务价格的剥离，该公司不应只是出于税收目的而故意抬高劳务价格。生产销售的企业与提供劳务的企业存在关联方关系，如果定价不合理，税务机关有权调整货物及劳务定价。

案例分析

一、案例背景

江西国泰民爆集团股份有限公司（简称国泰集团）成立于 2006 年，坐落于资源大省江西，主要从事民爆器材的生产销售和爆破服务的提供，是我国民爆行业的龙头企业。2016 年，国泰集团在上海证券交易所挂牌上市。该企业实际控制人是江西省国资委，控股股东是江西省军工控股集团有限公司。江西铜业民爆矿服有限公司（简称江铜民爆）成立于 2015 年，注册资本为 4 100 万元。企业位于江西省德兴市，主营业务是民爆器材的生产销售。

我国鼓励深化产业结构调整，促进企业并购重组，民爆行业受国家政策和市场环境影响，也在积极兼并重组，整合优势资源。2018 年 10 月，国泰集团通过股权收购的方式，收购了江铜民爆 100% 的股权，完成对江铜民爆的并购重组，如图 8-2 所示。重组后公司的资产总额、净资产、营业收入、净利润大幅增长，该公司也成为国内民爆行业产品种类齐全的公司之一。

```
┌──────────────────┐
│  江西国泰民爆集团  │
│    股份有限公司    │
└──────────────────┘
          │ 100%控股
          ▼
┌──────────────────┐
│  江西铜业民爆矿服  │
│      有限公司      │
└──────────────────┘
```

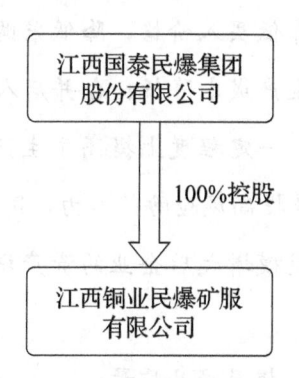

图 8-2 重组后的股权关系

二、并购的动因

1. 扩大生产规模，提高综合竞争力

国泰集团与江铜民爆的主营业务都是生产销售民用爆破器，国泰集团并购江铜民爆属于横向并购。横向并购是以同行业的企业为合并目标，通过横向并购，可以消除同行业的竞争，扩大企业的生产经营规模，实现企业间优势互补，从而提高企业的综合竞争力。经过合并，国泰集团的总资产、净资产以及净利润都有提高，丰富的产品种类在民爆行业中极具竞争力，企业跻身行业前列。

2. 实现协同效应，提高风险防范能力

根据协同效应理论，并购后企业的业绩大于并购前两个企业的业绩之和。国泰集团并购江铜民爆的协同效应体现在以下三个方面：一是战略的一致性，国泰集团与江铜民爆合二为一，这就意味着两家企业有共同的战略目标，在经营策略、人员安排、财务安排上相互协作，形成了协同优势，进而提高竞争力。二是降低成本，合并后企业利用数量优势降低买入价格，降低采购成本；合并后企业的生产规模扩大，产品生产成本降低；合并后人员可能出现过剩，增加了员工之间的竞争，一定程度上提高了生产效率，或者通过裁员降低了人工成本。三是提高风险防范能力，国泰集团并购江铜民爆，可以减少竞争对手，规模增大后企业的资产增加，应对风险的能力增强。

3. 迎合政策导向，提升产品质量

国泰集团兼并江铜民爆，不仅迎合了产业重组的政策导向，而且受益于江铜民爆的税收优惠政策。江铜民爆2017年取得高新技术企业证书，有效期为3年，这意味着企业适用15%的税率；江铜民爆有研发活动和专利申请，适用研发费用加计扣除，可以提高企业的产品质量；此外，江铜民爆使用的环保专用设备可以按专用设备投资额的10%抵免当年税款，这些税收优惠政策可以降低税收负担，增加税后利润。

三、资产收购

在实际收购中，虽然国泰集团是通过股权收购的方式收购了江铜民爆，但是本案例假设国泰集团通过资产收购的方式收购江铜民爆，讨论资产重组的税收结果。

根据资产评估报告，江铜民爆净资产的公允价值为48 573.32万元，账面价值为8 685.58万元，总资产的账面价值为19 477.46万元，国泰集团收购江铜民爆的资产比例小于50%，无论是现金支付还是股权支付都不符合特殊性税务处理方法的规定，因此国泰集团若采用资产收购，适用一般性税务处理，国泰集团与江铜民爆以转让资产的方式收购，以被收购股权的原有计税基础确定其计税基础。

1. 现金支付

在现金收购方式（见图8-3）下，国泰集团按公允价值48 573.32万元确定江铜民爆的计税基础。由于江铜民爆的资产项目中含有固定资产和无形资产，每年折旧或摊销的金额为240.53万元，这可以抵减应纳税所得额，形成税收挡板。江铜民爆应按公允价值48 573.32万元与账面价值8 685.58万元之差确认资产转让所得39 887.74万元，由于江铜民爆是高新技术企业，适用15%的税率，最终江铜民爆缴纳企业所得税5 983.16万元。

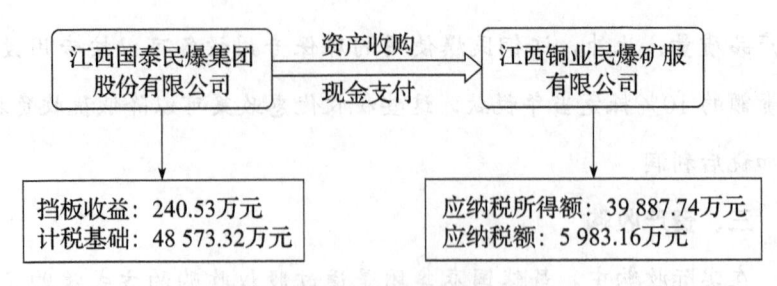

```
┌─────────────────┐   资产收购   ┌─────────────┐
│ 江西国泰民爆集团 │ ──────────→ │ 江西铜业民爆矿服 │
│   股份有限公司   │   现金支付   │    有限公司    │
└─────────────────┘             └─────────────┘
         │                             │
         ↓                             ↓
┌──────────────────────┐    ┌────────────────────────────┐
│ 挡板收益：240.53万元  │    │ 应纳税所得额：39 887.74万元 │
│ 计税基础：48 573.32万元│    │ 应纳税额：5 983.16万元      │
└──────────────────────┘    └────────────────────────────┘
```

图 8-3　现金支付模式下的资产收购

2. 股权支付

在股权支付方式（见图 8-4）下，国泰集团以股权支付对价，应确认股权转让所得 43 925.15 万元，适用 15% 的税率，企业所得税应纳税额为 6 588.77 万元；固定资产与无形资产当年折旧或摊销的金额同样是 240.53 万元。江铜民爆同样应确认资产转让所得 39 887.74 万元，乘以 15% 的税率后缴纳企业所得税 5 983.16 万元。

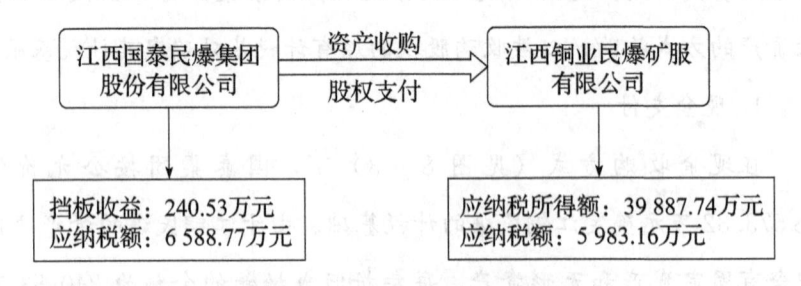

```
┌─────────────────┐   资产收购   ┌─────────────┐
│ 江西国泰民爆集团 │ ──────────→ │ 江西铜业民爆矿服 │
│   股份有限公司   │   股权支付   │    有限公司    │
└─────────────────┘             └─────────────┘
         │                             │
         ↓                             ↓
┌──────────────────────┐    ┌────────────────────────────┐
│ 挡板收益：240.53万元  │    │ 应纳税所得额：39 887.74万元 │
│ 应纳税额：6 588.77万元│    │ 应纳税额：5 983.16万元      │
└──────────────────────┘    └────────────────────────────┘
```

图 8-4　股权支付下的资产收购

四、股权收购

在实际操作中，国泰集团收购江铜民爆 100% 的股权，支付方式为股权支付。此处既分析股权支付的实际情况，也假设现金支付的情况，从而讨论最优的税收筹划方案。

1. 现金支付

国泰集团按公允价值 48 573.32 万元确定收购江铜民爆股权的计税基础，取得股权时不进行税务处理，当国泰集团转让该股权时确认资产转让所得。

在并购前江铜民爆由江西省民爆投资有限公司独家控股（简称民爆投资），民爆投资转让江铜民爆的股权并接受现金支付，应确认股权转让所得 39 887.74 万元，适用 15% 的税率，应纳企业所得税额为 5 983.16 万元。江铜民爆在该股权转让交易中无须纳税，仅作为并购的标的公司。现金支付模式下的股权收购税收分析如图 8-5 所示。

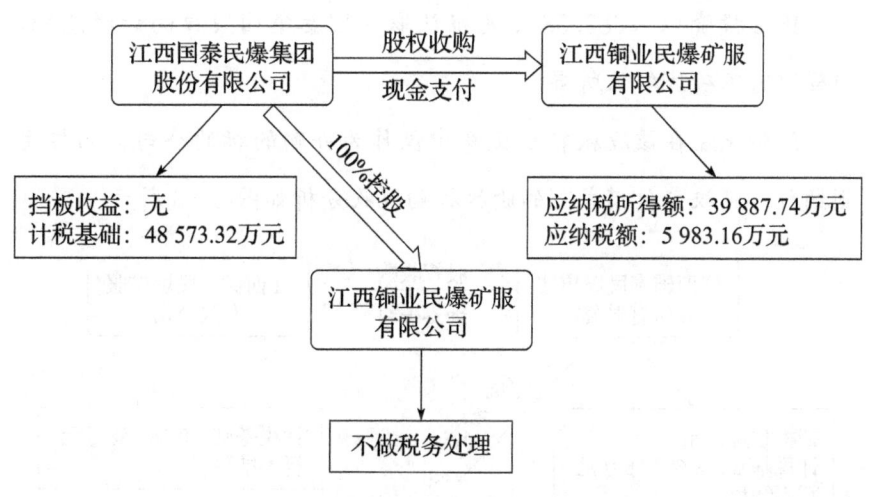

图 8-5 现金支付模式下的股权收购

2. 股权支付

国泰集团以 100% 的股权支付对价收购江铜民爆 100% 的股权，该收购行为具有合理的商业目的，重组后 12 个月内既不改变江铜民爆资产的实质性经营活动,也不转让国泰集团取得的股权。这同时符合一般性税务处理和特殊性税务处理的条件。如果选择一般性税务处理,那么现金支付与股权支付类似,都是国泰集团后期确认股权转让所得,民爆投资也需要缴纳企业所得税。在这里我们选择特殊性税务处理方式进行筹划,国泰集团和民爆投资均以对方股权原有计税基础确定计税基础。

国泰集团以8 685.58万元确认收购江铜民爆的计税基础,该交换100%通过股权支付且符合特殊性税务处理条件,因此国泰集团暂时不确认转让所得。

民爆投资以8 685.58万元确认取得国泰集团股权的计税基础,同样暂时不确认转让所得。

江铜民爆在该股权转让交易中仅作为并购的标的公司,同样无须纳税。股权支付模式下的股权收购税收分析如图8-6所示。

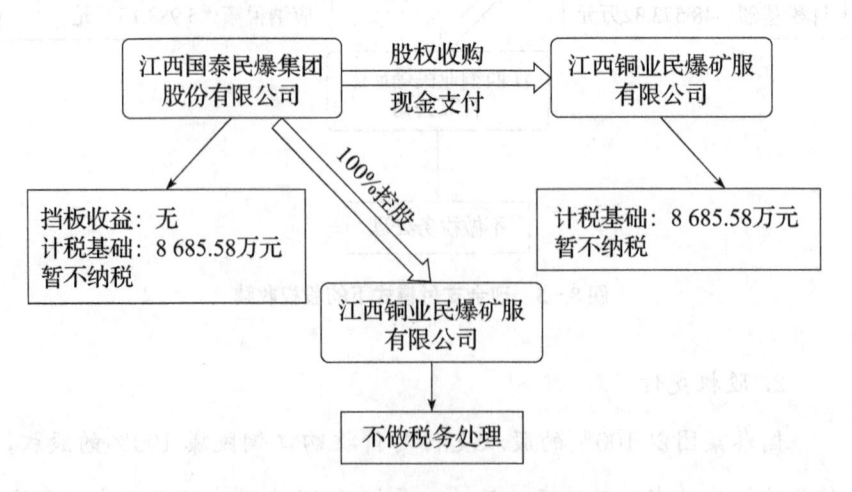

图8-6 股权支付模式下的股权收购

五、税收筹划结论

通过对比 4 种税收筹划方案（见表 8-3）可知，如果选择资产收购的方式，只能适用一般性税务处理，在此情况下现金支付要比股权支付所得税税收负担低；如果选择股权收购，则股权支付要比现金支付实际税负低，因为特殊性税务处理方式可以实现递延纳税，获得资金的时间价值。综上所述，国泰集团选择股权支付对价收购江铜民爆100%的股权是最佳的税收筹划方案，在实际操作中，国泰集团也是这样选择的。

表 8-3 税收筹划方案对比表

		现金支付	股权支付
资产收购	国泰集团	挡板收益 240.53 万元	纳税 6 588.77 万元
	江铜民爆	纳税 5 983.16 万元	纳税 5 983.16 万元
股权收购	国泰集团	不纳税	不纳税
	江铜民爆	不纳税	不纳税
	民爆投资	纳税 5 983.16 万元	不纳税

当然，企业所得税只是重组中需要负担的税种之一，国泰集团还需缴纳增值税、城市维护建设税、房产税等，其中增值税负担对企业税收成本有着重要影响。在资产收购方式下，江铜民爆需要缴纳增值税，在股权支付方式下无须缴纳增值税，因此国泰集团通过股权支付的方式收购江铜民爆股权是税负最低的税收筹划方法。

股权收购的方式虽然税负最低，但是国泰集团要承受江铜民爆的风险。因此，国泰集团在并购前要对江铜民爆的债务偿还、法律纠纷等情况进行调查，最大可能地降低财务风险。

问题思考：

（1）股权收购和资产收购的优缺点分别是什么？如果你来决策，如何权衡税收利益与财务风险、税务风险的关系？

解析： 股权收购和资产收购都是企业并购行为。股权收购对象是目标公司的股权，对原有债务承担风险；资产收购对象是目标公司的资产，对债务不承担风险。股权收购的优点在于税负较轻，无须复杂审批，速度较快，吸收公司业务管理体系；缺点在于风险较高，被收购公司存在债务风险。资产收购的优点在于仅收购目标公司资产，风险较低；缺点在于税负较高，可能涉及复杂审批，需要的时间较长。股权收购和资产收购没有绝对的优劣，需要从双方需求出发，综合考虑法律程序、税收利益、财务税收风险等因素。在进行决策的过程中，要在控制财务风险和税务风险的基础上，尽可能获得税收利益。

（2）本案例可以涉及其他类型的资产重组方式吗？若有，请给出重组的操作模式及税务处理。

解析： 在资产重组过程中结合股权支付和现金支付，并使之符合特殊性重组的条件，适用特殊性税务处理。国泰集团对江铜民爆采取股权收购，在支付时采用现金和股权支付相结合的方式，在减轻企业资金支付压力的同时保持自身股权持有的集中性。国泰集团按公允价值 48 573.32 万元确定收购江铜民爆股权的计税基础，现金支付 7 285.99 万元，股权支付 41 287.33 万元，股权支付比例占

85%以上,符合特殊性重组条件,适用特殊性税务处理。股权支付的 41 287.33 万元不缴纳企业所得税,现金支付的 7 285.99 万元部分需要确认股权转让收益(损失)。

非股权支付对应的股权转让所得为:

$$(48\,573.32-8\,685.58)\times 7\,285.99\div 48\,573.32$$
$$=5\,983.15(万元)$$

股权转让应纳税所得额 5 983.15 万元,适用 15% 的税率,应纳企业所得税额为:

$$5\,983.15\times 15\%=897.47(万元)$$

个人篇

第九章/Chapter Nine

个人收入的税收筹划

第一节　工资薪金的税收筹划

在日常生活中,常常听到有人抱怨拿到了一笔报酬,但在扣税后感觉少了一大笔钱。因此,如何对个人所得税进行税收筹划,怎样合理节税就成为不少市民关心的话题之一。

2018年,我国《个人所得税法》实行了重大改革调整,此次改革切实关系到每个人的利益。工资薪金所得税涉及面广、占税收比例大,特别是在减税降费的大环境下,如何根据税法的要求,选择最佳的节税方案,是广大企业和市民尤其是工薪族最关心的事情。

一、收入福利化——看我"隐身术"

从税收的角度来看,企业一味地增加员工的现金收入并不完全可取。企业可以通过提高员工的福利水平,降低其名义工资,减少员工的税金支出,达到增加实际收入的目的。常用的方法有以下几种。

(1) 为员工提供交通设施。员工上下班一般都要花费一定的交通费,企业可以通过提供免费的接送服务,或者将单位的车辆租给员工使用,再相应地从员工的工资薪金中扣除部分的方式予以调整。对企业来讲,当职工支付的税金影响其消费水平时,企业就要考虑采取加薪措施,增薪必然会引起税负变化,反而会导致企业支出增加。因此,由企业承担部分费用的做法往往会使职工、企业双方受益。

(2) 为员工提供免费工作餐。企业为员工提供免费的工作餐,必须具有不可变现性,即不可转让,不能兑换现金。

(3)为员工提供培训机会。随着知识更新速度的加快,参加各种培训已经成为个人获取知识的重要途径。如果企业每年给予员工一定费用额度的培训机会,员工在计算个人的报酬总额时,一般也会把这些考虑进去。这样员工也可以在一定程度上减少税收负担。

(4)为员工提供旅游机会。随着人民生活水平的提高,旅游开支已经成为许多家庭必不可少的支出项目。个人支付的旅游支出不能抵减个人所得税。但是企业在制定年度员工福利计划时,可以给部分员工及其家属提供一次旅游机会,而把相应的费用从原打算支付给职工的货币工资及奖励中扣除。员工在维持同等消费水平的基础上,减少了个人所得税的税金支出。当然,企业支付的职工旅游费用不能在税前扣除,可以考虑从工会会费、公益金中支出。

案例 9.1

小李在一家公司工作,因为生活水平逐渐提高,小李会固定每年一次去一些历史古城游玩。如果你是一名税务筹划人员,你会怎样给小李作出合理的税收筹划呢?

解析:让小李跟公司沟通,将小李的每次旅游支出全部带到公司报销,签订公司承诺小李每年一次旅游的福利以及报销范围和额度的协议,这些费用作为公司给小李的福利,从小李的工资中加以扣除,这样小李的工资则变为原先的收入减去旅游费用后剩余的部分,适用的税率以及缴纳的税收自然会相应地减少。

案例 9.2

王先生在一家会计师事务所工作，因为工作的特殊性，一般不在公司办公，通常在客户单位办公，所以公司一般不提供工作餐，但由于特殊原因，王先生近两年不需要外出办公，只需在公司办公即可。请问王先生如何筹划才能减少其应该缴纳的税收？

解析：王先生可以跟公司协商，让公司每天中午以公司的名义为其提供工作餐，此部分支出从王先生的工资薪金中扣除，这样一来，王先生既可以和以前一样正常工作，工资薪金所属的综合所得缴纳的税收也会相应地减少。

二、收入均衡化——开车，只有匀速才省油

（一）一次性奖金：分批发放或者采用包干制

因为个人所得税按七级超额累进税率按月计算，收入低税率就低，收入高税率就高，纳税也就多。因此，要尽量减少一次性累计

发放奖金和补助的情形。不少企业内部业绩考核时，是年终一次性兑现奖金及福利补助，这样势必造成发放月份税收增多的结果。如果企业将按年考核改为按季度考核甚至按月考核，按季度或按月兑现奖励，不再等到年终集中奖励，员工缴纳的税收就会下降，在企业不增加支出的情况下，员工的收入会增多。

2023 年 8 月，财政部与国家税务总局联合颁发的《关于延续实施全年一次性奖金个人所得税政策的公告》（财政部 税务总局公告 2023 年第 30 号）第一条规定，居民个人取得全年一次性奖金，符合《国家税务总局关于调整个人取得全年一次性奖金等计算征收个人所得税方法问题的通知》（国税发〔2005〕9 号）规定的，不并入当年综合所得，以全年一次性奖金收入除以 12 个月得到的数额，按照本公告所附按月换算后的综合所得税率表（以下简称月度税率表），确定适用税率和速算扣除数，单独计算纳税。计算公式为：

$$应纳税额 = 全年一次性奖金收入 \times 适用税率 - 速算扣除数$$

居民个人取得全年一次性奖金，也可以选择并入当年综合所得计算纳税。

居民个人取得全年一次性奖金，在 2027 年 12 月 31 日前适用上述政策规定。

新《个人所得税法》下，2028 年 1 月 1 日之前，个人年终奖的计算原理平移了以前的年终奖政策，只是纳税人有使用或者不使用的选择权，无须在减去当月收入不足扣除费用的差额后，再除以 12 个月。

用通俗的话说，在 2027 年之前，关于年终奖的税收筹划还存在较大空间，但在 2027 年以后，年终奖、工资薪金合并征收，不再单独计税，就不再存在筹划空间。此外，劳务报酬、稿费和特许权使用费全部变为综合所得，所以四者之间相互转换形式的税收筹划也不再适用。

案例 9.3

某公司业务人员张三 2023 年每月平均发放工资 6 000 元，允许扣除的社会保险等专项扣除费用为 500 元，每月专项附加扣除为 3 000 元；张三 2023 年 2 月取得 2022 年度全年一次性奖金 36 000 元；张三没有劳务报酬等其他综合所得收入。

（1）如果张三选择将全年一次性奖金并入当年度综合所得计算缴纳个人所得税，则张三 2023 年综合所得个人所得税应税收入如下：

$$(6\,000 \times 12 + 36\,000) - 5\,000 \times 12 - 500 \times 12 - 3\,000 \times 12 = 6\,000(元)$$

其综合所得应缴纳个人所得税 $= 6\,000 \times 3\% = 180(元)$

（2）如果张三选择将全年一次性奖金不并入当年度综合所得，单独计算缴纳个人所得税，则张三 2023 年综合所得个人所得税应税收入如下：

$$6\,000 \times 12 - 5\,000 \times 12 - 500 \times 12 - 3\,000 \times 12 = -30\,000(元) < 0$$

综合所得不缴纳个人所得税。

全年一次性奖金应缴纳的个人所得税计算过程如下：

$$36\ 000 \div 12 = 3\ 000(元)$$

对应全年一次性奖金个人所得税税率为3%，因此应缴纳的个人所得税为：

$$36\ 000 \times 3\% = 1\ 080(元)$$

两种计税方法相比，明显将全年一次性奖金并入当年度综合所得计算缴纳个人所得税更合适。

新《个人所得税法》实施以后，个人所得税的征收管理实行按年计算、分月预缴的方式计征，即我们常说的年薪制。因此自然人纳税人可以利用这项政策使其税负合理化。其他行业的纳税人遇到每月工资变化幅度较大的情况时，也可以借鉴该项政策的做法。

案例9.4

某公司业务人员李四2023年每月平均发放工资30 000元，允许扣除的社会保险等专项扣除费用为1 500元，每月专项附加扣除为3 000元；李四2023年2月取得2022年度全年一次性奖金360 000元；李四没有劳务报酬等其他综合所得收入。

（1）如果李四选择将全年一次性奖金并入当年度综合所得计算缴纳个人所得税，则李四2023年综合所得个人所得税应税收入如下：

$$30\,000 \times 12 + 360\,000 - 5\,000 \times 12 - 1\,500 \times 12 - 3\,000 \times 12$$
$$= 606\,000(元)$$

其综合所得应缴纳个人所得税：

$$606\,000 \times 30\% - 52\,920 = 128\,880(元)$$

（2）如果李四选择将全年一次性奖金不并入当年度综合所得，单独计算缴纳个人所得税，则李四 2023 年综合所得个人所得税应税收入如下：

$$30\,000 \times 12 - 5\,000 \times 12 - 1\,500 \times 12 - 3\,000 \times 12$$
$$= 246\,000(元)$$

综合所得应缴的个人所得税：

$$246\,000 \times 20\% - 16\,920 = 32\,280(元)$$

全年一次性奖金应缴纳的个人所得税计算过程如下：

$$360\,000 \div 12 = 30\,000(元)$$

对应全年一次性奖金个人所得税税率为 25%，因此应缴纳的个人所得税为：

$$360\,000 \times 25\% - 2\,660 = 87\,340(元)$$

李四总共缴纳个人所得税 32 280＋87 340＝119 620（元）。

两种计税方法相比，明显将全年一次性奖金不并入当年度综合所得计算缴纳个人所得税更合适。

通过以上案例，我们发现以下规律：低收入人群将全年一次性奖金并入当年度的综合所得计算缴纳个人所得税缴纳税金更少。中高收入人群不将全年一次性奖金并入当年度综合所得计算缴纳个人所得税，可能会少缴纳部分个人所得税，但是个人所得税节省的额度不如想象中大。如果规划不好，反而会多缴纳税金。

（二）全年一次性奖金的"雷区"

全年一次性奖金计算征收个人所得税的方法存在税率临界点税负反向变化的问题，即多发奖金后，适用的税率提高，多缴纳的税收反而超过多发放的奖金。因此，全年一次性奖金的发放要避免恰好进入高税率的"雷区"。

案例 9.5

张先生 2020 年工薪报酬为取得代扣专项扣除后的工资 80 000 元，专项附加扣除为 10 000 元，无其他扣除，应纳税所得额＝80 000－60 000－10 000＝10 000（元），适用 3% 的税率，汇算清缴应纳税额为 10 000×3%＝300（元）。假设 2020 年年终奖为 36 000 元，纳税人选择单独纳税，36 000÷12＝3 000（元），36 000×3%＝1 080（元）；假设张先生取得 2020 年年终奖为 36 001 元，纳税黑洞就会出现，36 001÷12＝3 000.08（元），36 001×10%－210＝3 390.1（元），两者间的差额＝3 390.1－1 080＝2 310.1（元），多领 1 元年终奖，却需要多缴个人所得税 2 310.1 元。

经过测算，在新《个人所得税法》下，年终奖在 36 000～

38 566.67 元的区间存在多发钱却收到更少钱的"陷阱",不仅仅在这一档位,在 144 000～160 500 元,300 000～318 333.33 元,420 000～447 500 元,660 000～706 538.46 元,960 000～1 120 000 元的档位都存在年终奖"陷阱",所以企业在发放各等级年终奖时要避免这些区域。年终奖的这些无效区间如表 9-1 所示。

表 9-1 年终奖无效区间("陷阱")表

年终奖（元）	适用税率（%）	速算扣除数	应纳税额（元）	多发奖金数额（元）	增加税额（元）	税后数额（元）
36 000	3	0	1 080			34 920
36 001	10	210	3 390.1	1	2 310.1	32 610.9
38 566.67	10	210	3 646.67	2 566.67	2 566.67	34 920
144 000	10	210	14 190			129 810
144 001	20	1 410	27 390.2	1	13 200.2	116 610.8
160 500	20	1 410	30 690	16 500	16 500	129 810
300 000	20	1 410	58 590			241 410
300 001	25	2 660	72 340.25	1	13 750.25	227 660.75
318 333.33	25	2 660	76 923.33	18 333.33	18 333.33	241 410
420 000	25	2 660	102 340			317 660
42 0001	30	4 410	121 590.3	1	19 250.3	298 410.7

根据上表,按照这种思路,我们假设某人在第 1 档（年终奖 36 000 元）的年终奖纳税黑洞的上限是 X,则有下面的计算公式:$X-(10\%X-210)=36 000-36 000\times 3\%$,经过计算,$X=38 566.67$ 元,即第 1 档的纳税黑洞区间为 36 000～38 566.67 元;同样,假设

第 2 档的年终奖纳税黑洞的上限是 Y，则有下面的计算公式：$Y-(20\%Y-1\,410)=144\,000-(144\,000\times10\%-210)$，经过计算，$Y=160\,500$ 元，即第 2 档的纳税黑洞区间为 $144\,000\sim160\,500$ 元；根据同样的计算原理可得出不同档次的个人年终奖纳税黑洞。

案例 9.6

某纳税人 2021 年工资薪金所得为 80 000 元，专项附加扣除合计为 123 000 元，若年终奖为 40 000 元，他有两种选择：年终奖单独计算和并入综合所得纳税。第一种情况，单独计算纳税，应纳税额为 $40\,000\times10\%-210=3\,790$（元）；第二种情况，并入综合所得纳税，则应税收入为 $40\,000+80\,000-123\,000=-3\,000$（元），无须纳税。针对同样的数据，假设该纳税人的年终奖金增长到 100 000 元，纳税人同样有两种选择。第一种情况，单独计算纳税：工薪薪金 80 000 元无须纳税，年终奖应纳税额为 $100\,000\times10\%-210=9\,790$（元）；第二种情况，并入综合所得纳税：应税收入为 $100\,000+80\,000-123\,000=57\,000$（元），应纳税额为 $57\,000\times10\%-2\,520=3\,180$（元）。如果该纳税人进行税收筹划，如将 100 000 元拆开，21 000 元作为年终奖金单独核算，应纳税额为 $21\,000\times3\%=630$（元），79 000 元并入综合所得计税，应税收入为 $80\,000+79\,000-123\,000=36\,000$（元），应纳税额为 $36\,000\times3\%=1\,080$（元），合计纳税 $1\,080+630=1\,710$（元）。筹划后比第一种情况节税 8 080 元，比第二种情况节税 1 470 元。

但此种筹划只适用于2022年之前,2022年开始,年终奖将并入综合所得按年征收。

(三)基本工资与年终奖的权衡

对于员工的工资薪金总额,企业可以合理安排月薪和全年一次性奖金的分配比例,使得工资薪金总额缴纳最少的个人所得税。

案例9.7

张某2021年的年终奖为36 001元,12月的工资为4 800元。请进行税收筹划。

方案一:年终奖为36 001元。

12月的工资未超过免征额5 000元,不缴纳个人所得税。

对于年终奖,36 001÷12>3 000(元),则适用税率为10%,速算扣除数为210。

年终奖应纳个人所得税=36 001×10%-210=3 390.1(元)

税后收益=4 800+36 001-3 390.1=37 410.9(元)

方案二:企业将年终奖调减为36 000元,相应地将12月的工资调增至4 801元。

对于年终奖,36 000÷12=3 000(元),则适用税率为3%,速算扣除数为0。

年终奖应纳个人所得税=36 000×3%-0=1 080(元)

税后收益=36 000+4 801-1 080=39 721(元)

可见，方案二比方案一少缴税 2 310.1 元（3 390.1－1 080），企业应当选择方案二。因此，在临界点处适当降低年终奖发放金额，反而会增加个人的税后收益，企业应合理测算，选择合适的年终奖发放金额。

三、变换应税项目——川剧变脸，千变万化

（一）住房公积金

根据《财政部 国家税务总局关于基本养老保险费、基本医疗保险费、失业保险费、住房公积金有关个人所得税政策的通知》（财税〔2006〕10号）的规定，单位和个人分别在不超过职工本人上一年度月平均工资12%的幅度内，其实际缴存的住房公积金，允许在个人应纳税所得额中扣除。单位和职工个人缴存住房公积金的月平均工资不得超过职工工作地所在地区城市上一年度职工月平均工资的3倍。单位和个人超过上述规定比例和标准缴付的住房公积金，应将超过部分并入个人当期的工资、薪金收入，计征个人所得税。

案例 9.8

以某一省会城市为例，其2021年度在岗职工年平均工资为81 034元，折算为在岗职工月平均工资为6 753元，即A公司提高张某住房公积金缴费基数至20 259元，则全年可以税前扣除的金额为29 173元（20 259×12%×12）。

若每月公司为张某缴付的住房公积金为2 000元，而住房公积

金的免税限额标准为 29 173÷12＝2 431（元），则张某可以补缴 431 元住房公积金，此 431 元不需要缴纳个人所得税，并且很有可能会降低其原先薪资适用的个人所得税税率，从而达到良好的节税效果。

（二）年金

企业年金、职业年金递延纳税属于一种税收优惠。递延纳税是指在年金缴费环节和年金基金投资环节暂不征收个人所得税，将纳税义务递延到个人实际领取年金的环节。根据《财政部 人力资源社会保障部 国家税务总局关于企业年金、职业年金个人所得税有关问题的通知》（财税〔2013〕103 号）的规定，在年金缴费环节，对单位根据国家有关政策规定为职工支付的企业年金或职业年金缴费的部分，在计入个人账户时，个人暂不缴纳个人所得税；个人根据国家有关政策规定缴付的年金个人缴费部分，在不超过本人缴费工资计税基数的 4% 标准内的部分，暂从个人当期的应纳税所得额中扣除；在年金基金投资环节，企业年金或职业年金基金投资运营收益分配计入个人账户时，个人暂不缴纳个人所得税；在年金领取环节，个人达到国家规定的退休年龄领取的企业年金或职业年金，不并入综合所得，金额单独计算应纳税款。

同样以某一省会城市为例，A 公司提高张某年金缴费基数至 20 259 元，则全年可以税前扣除的金额为 9 724.32 元（20 259×4%×12）。

案例 9.9

福州市某公司员工林某 2021 年 1 月工资为 10 000 元，若按 2% 缴付企业年金 200 元，则只允许扣除 200 元；若按 4% 缴付企业年金 400 元，则均可税前扣除；若按 5% 缴付企业年金 500 元，则只允许扣除 400 元（根据财税〔2013〕103 号文件的规定，个人根据国家有关政策规定缴付的年金个人缴费部分，在不超过本人缴费工资计税基数的 4% 标准内的部分，暂从个人当期的应纳税所得额中扣除），超出的 100 元必须并入当月工资薪金所得缴税。林某 2021 年 2 月工资为 15 000 元，若按 2% 缴付年金 300 元，则可税前扣除；若按 4% 缴付年金 600 元，则可税前扣除；若按 5% 缴付年金 750 元，则允许扣除的金额最高为 600 元，超出的 150 元必须并入当月工资薪金所得缴税。

这种情况下，按照年金免税限额缴费方能达到年金递延纳税效果最大化的目标。

案例 9.10

某市 2020 年度在岗职工年平均工资为 59 010 元，年金个人缴费的税前扣除限额为 590.1 元（59 010÷12×3×4%），市税务局根据市统计公报数据每年调整扣除限额标准。

（1）A 先生 2021 年 5 月的工资为 8 000 元，假设企业年金缴费工资计税基数为 8 000 元，若按 4% 缴付年金 320 元，均可税前扣除；若按 3% 缴付年金 240 元，则只允许扣除 240 元；若按 5% 缴付年金

400元，则只允许扣除320元，超出的80元必须并入当月工资薪金所得缴税。

（2）B先生2021年5月的工资为2万元，若按4%缴付年金800元，则允许扣除的金额最高为590.1元，超出的209.9元必须并入当月工资薪金所得缴税。

（三）商业养老保险递延纳税

2018年4月2日，财政部、税务总局、人力资源社会保障部、中国银行保险监督管理委员会、证监会等五部委联合下发《关于开展个人税收递延型商业养老保险试点的通知》（财税〔2018〕22号），决定自2018年5月1日起，在上海市、福建省（含厦门市）和苏州工业园区实施个人税收递延型商业养老保险试点。试点期限暂定一年。

试点政策主要内容为：对试点地区个人通过个人商业养老资金账户购买符合规定的商业养老保险产品的支出，允许在一定标准内税前扣除；计入个人商业养老资金账户的投资收益，暂不征收个人所得税；个人领取商业养老金时再征收个人所得税。

取得工资薪金、连续性劳务报酬所得的个人，其缴纳的保费准予在申报扣除当月计算应纳税所得额时予以限额据实扣除，扣除限额按照当月工资薪金、连续性劳务报酬收入的6%和1 000元孰低确定。取得连续性劳务报酬所得，是指纳税人连续6个月以上（含6个月）为同一单位提供劳务而取得的所得。

其主要筹划空间与缴纳年金类似，缴纳时暂不缴纳个人所得税，领取时再缴纳个人所得税，筹划效果主要是递延纳税，获得货币的时间价值。

（四）变工资薪金为租车收入、房屋租金收入等

1. 工资收入转化为租车收入

随着生活水平的提高，汽车基本成为每个家庭的标配，养车的费用更是必不可少；对于高收入阶层而言，将汽车租给公司使用，可以将工资收入转化为租金收入，达到降低个人所得税税负的效果。

具体操作是员工与公司签订租车协议，将自家的汽车租给公司，公司按月向员工支付租金；同时可以在协议中约定，因公务发生的相关车辆非固定费用（如汽油费、过桥费、停车费等）由公司承担。

案例 9.11

李某为一家非租车公司员工，今年年底劳动合同到期，准备重新签订劳动合同，之前李某的月薪为 31 000 元，租车的市场价格为每月 3 000 元（包含个人自负各种费用）。

若李某仍旧按照之前的月薪签订劳动合同，则其每月应该预缴的个人所得税为：

$$(31\,000 - 5\,000) \times 25\% - 2\,660 = 3\,840(元)$$

若李某与公司签订协议，公司租用李某的汽车，并且租用后把汽车分配给李某使用，李某的工资为 28 000 元，另外李某获得每月租车收入 3 000 元。则李某应该缴纳的个人所得税为：

$$\text{李某工资薪金应缴纳的个人所得税} = (28\,000 - 5\,000) \times 20\% - 1\,410$$

$$= 3\,190(元)$$

$$\text{李某租车收入应缴纳的个人所得税} = (3\,000 - 800) \times 20\% = 440(元)$$

李某总共缴纳个人所得税 3 630 元，相比之前每月可少缴纳个人所得税 210 元。此种节税方法对于收入越高的纳税人，节税效果越明显，特别是在跨越边际税率的薪酬范围内尤为有效。

注意：

（1）租车的租金必须按照市场价格设定；

（2）员工需要携带租车协议和身份证到税务局代开租车发票，公司才能在税前列支该项费用；

（3）汽车的固定费用（如保险费、车船税、折旧费等）不能由公司承担；

（4）在公司报销的车辆费用必须取得发票（根据财税〔2016〕36号文件、《个人所得税法》第六条的规定）。

2. 工资收入转化为房屋租金收入

住房是员工生存必要的场所，为住房而支付的费用是必要的开支，利用税前收入支付这部分必要的开支能达到很好的节税效果。

具体操作：

（1）若员工拥有自有房产，可以与公司签订房屋租赁协议，将房屋租给公司，公司按月向员工支付租金，同时约定每月的水电费、物业管理费等固定费用由公司承担；

（2）若员工现居住的房屋为租赁的住宅，可以与公司签订转租协议，由公司承担房屋的租金和水电费、物业管理费等固定费用。

筹划成本：个人出租住宅、转租住宅只需要按照综合征收率缴纳税款，税率在1%~8%之间。

筹划效果：个人出租住宅的综合征收率远低于工资薪金所得的累进税率，以租金收入代替工资收入节税效果明显；同时由公司承担房屋的水电费、物业管理费等固定费用，相当于利用员工的税前收入支付这部分必要费用。另外，虽然现行《个人所得税法》在专项附加扣除中加入住房租金，但是在一线城市中最多扣除1 500元显然不符合实际，因此可以在租房费用超过1 500元时采用此种筹划方法。

（五）离职费（通过签订年度合同）

根据《财政部 国家税务总局关于个人与用人单位解除劳动关系取得的一次性补偿收入征免个人所得税问题的通知》（财税〔2001〕157号）的规定，个人因与用人单位解除劳动关系而取得的一次性补偿收入按照以下方法计算缴纳个人所得税：个人领取一次性补偿收入时按照国家和地方政府规定的比例实际缴纳的住房公积金、医疗保险费、基本养老保险费、失业保险费，可以在计征其一次性补偿收入的个人所得税时予以扣除。个人在解除劳动合同后又再次任职、受雇的，对个人已缴纳个人所得税的一次性经济补偿收入，不再与再次任职、受雇的工资、薪金所得合并计算补缴个人所得税。

案例 9.12

某市 2020 年度在岗职工年平均工资为 81 034 元，折算为在岗职工月平均工资为 6 753 元，即个人与用人单位解除劳动合同总赔偿在 243 102 元（81 034×3）内是完全免税的。

A 公司的张某 2021 年度税前年薪为 124 万元，A 公司与张某在合同中约定按月平均发放薪金。不考虑社会保险、住房公积金等因素，因为相比高管薪酬，该类费用金额较小。那么张某 2021 年度应缴的个人所得税为：

$$全年应缴个人所得税合计=(124-6)\times 45\%-18.192$$
$$=34.908(万元)$$

A 公司与张某于年初签订劳动合同时，约定张某当年基本收入为 100 万元，若张某达不到公司的任职条件，A 公司可解除与张某的劳动合同关系并补偿其 24 万元。假设张某在 A 公司的工作年限超过一年，但不到两年。解除劳动关系后，A 公司通过关联公司或者劳务派遣公司再与张某重新签订一份年度合同，实质上并不影响工作连续性。

解除劳动合同的补偿未超过限额标准 243 102 元，因此李某收到的 24 万元为免税收入。

$$李某全年应缴个人所得税合计=(100-6)\times 35\%-8.592$$
$$=24.308(万元)$$

与上一方案相比，本方案节税效果显著，纳税人通过此种方式直接减少缴纳个人所得税10万元以上。

本方案对员工与企业的关系要求较高，双方都需要接受较大挑战，员工从节税角度是否能理解企业的行为，企业能否从员工的角度为员工考虑，都影响着方案的实施效果。只有双方达到高度和谐与默契，才可能在签订、解除、重新签订劳动合同之间无缝衔接。

四、股权激励的税收筹划——望梅真的能止渴吗

（一）股权激励税收政策

股票期权（executive stock options，ESO）是指公司授予激励对象在未来一定期限内以预先确定的价格和条件购买本公司一定数量股票的权利。其实质是通过建立公司与员工之间的资本关系，让个人利益与公司整体利益紧密结合，从而增强公司的凝聚力。股票期权收入因数额巨大、长期激励效果显著、与证券市场关系密切而受到社会各界的广泛关注，被称为公司经理人员的"金手铐"。股票期权的个人所得税问题自然也就成为财税界讨论的热点问题之一。

现行有效的股票期权个人所得税政策主要有：《财政部 国家税务总局关于个人股票期权所得征收个人所得税问题的通知》（财税〔2005〕35号）、《国家税务总局关于个人股票期权所得缴纳个人所得税有关问题的补充通知》（国税函〔2006〕902号）、《国家税务总局关于股权激励有关个人所得税问题的通知》（国税函〔2009〕461号）。依据以上相关规定，在股票期权实施的有效期内，有授予日、

可行权日、行权日和出售日4个环节。

授予日是指公司授予员工股票期权的日期，税法规定授予日不予征税。

可行权日是指激励对象可以开始行权的日期，股票期权授予日与可行权日间隔不得少于1年。如果激励对象在可行权日当天行权，应按工资薪金所得征收个人所得税。

行权日是指员工根据股票期权计划选择购买股票的过程，行权日一般在可行权日之后。有的股票期权是一次性行权的，有的则是分批行权的（此处只做一次性行权分析）。行权日对激励对象按工资薪金所得征收个人所得税。具体计算过程如下。

$$\text{应纳税所得额} = \left(\text{行权股票的每股市场价} - \text{员工取得该股票期权支付的每股施权价} \right) \times \text{股票数量}$$

$$\text{应纳税额} = \left(\text{应纳税所得额} \div \text{规定月份数} \times \text{适用税率} - \text{速算扣除数} \right) \times \text{规定月份数}$$

式中，规定月份数是指员工取得来源于中国境内的股票期权形式工资薪金所得的境内工作期间月份数，长于12个月的，按12个月计算。

出售日是指股票的持有人将行使期权取得的股票出售的日期。根据《上市公司股权激励管理办法（试行）》第十七条的规定，上市公司授予激励对象获授股票的业绩条件、禁售期限，同时根据《证券法》第四十四条的规定，上市公司、股票在国务院批准的其他全国性证券交易场所交易的公司持有百分之五以上股份的股东、董事、监事、高级管理人员，将其持有的该公司的股票在买入后6个月内卖出，或者在卖出后 6 个月内又买入，由此所得收益归该公司所有，公司董事会应当收回其所得收益。激励对象行权取得的股票必须等待一段时间的禁售期才能出售。根据税法的规定，目前个人在上海证券交易所、深圳证券交易所转让从上市公司公开发行和转让市场取得的上市公司股票所得免征个人所得税。

(二) 股权激励的税收筹划

在现行庞杂的税收政策体系框架内，实施股权激励税收筹划，分析研究各种激励模式的税收问题，有助于公司规避纳税风险，降低激励对象的税负，增加税后收益，使薪酬方案达到最理想的激励效果。股权激励中，筹划个人所得税有以下几个关键点。

1. 合理选择行权日进行个人所得税筹划

根据《财务部 国家税务总局关于个人股票期权所得征收个人所得税问题的通知》（财税〔2005〕35 号）的规定，员工接受实施股票期权计划企业授予的股票期权时，除另有规定外（如期权本身在授予时即约定可以公开交易），一般不作为应税所得征税。也就是说，授予股票期权时，一般不产生纳税义务。无论授予股票期权还是直接授予股票，其纳税义务都发生在真正取得股票时。若直接授予股票，纳税义务立即发生；若授予股票期权，员工在接受实施股票期权计划时不发生纳税义务，当员工行权时才发生纳税义务。

上市公司高管人员可以使用 6 个月内的收入，或者在 6 个月跨年的基础上，在《公司法》允许的范围内转让部分股份，作为纳税资金来源。例如，不同于一般激励对象在股价高点行权后可立即抛售获益，高管人员也可为降低行权收入的纳税基数而选择在股价低点行权，再按股权强制锁定要求，继续持有一段时间后选择适当的时点售出股权，减轻税负。

股票期权的股票市价在行权有效期内是波动的，激励对象可以在行权有效期内合理选择行权日，应尽可能选择在股票市价接近行权价的日期行权，从而降低应纳税所得额，达到个人所得税节税的目的。

案例 9.13

王先生为某上市公司的高级职员，该公司于 2×19 年 9 月 30 日授予王先生 18 000 股的股票期权，授予价为每股 6 元。股票期权协议书约定，王先生在工作满 2 年后购买该公司的股票。假设行权日为 2×21 年 10 月 31 日，行权日该公司的股票市价为每股 20 元。

(1) 筹划前的税负分析。根据财税〔2005〕35 号文的规定，股票期权所得（行权所得）个人所得税的计算公式为：

$$\text{股票期权形式的工资薪金应纳税所得额} = \left(\text{行权股票的每股市场价} - \text{员工取得该股票期权支付的每股施权价}\right) \times \text{股票数量}$$

王先生应纳的个人所得税计算如下：

应纳税所得额 =（20-6）×18 000 = 252 000（元）

应纳税额 =（252 000÷12×25%-1 005）×12 = 50 940（元）

(2) 筹划方案。由于股票期权涉及工资薪金、财产转让和股息、红利所得这三类不同类型的所得，因此如何使这三项应纳个人所得税额的总和最小化是税收筹划应关注的关键问题。通常可以不考虑期权行使后的股息、红利所得，因为对于持股比例不高的一般股东而言，其很难对企业的利润分配政策和实务施加足够大的影响，这方面的筹划空间很小。主要还是关注如何使行权时的工资薪金和再转让时的财产转让所得的应纳所得税额的合计数最小化。

(3) 筹划后的税负分析。如果考虑行权时间的调整，王先生在 2×21 年 10 月 31 日和 2×21 年 12 月 31 日两次行权，两次行权的股数均为 9 000 股，且两次行权的股票市价不变。则第一次行权时：

应纳税所得额＝(20－6)×9 000＝126 000(元)

应纳税额＝(126 000÷12×25%－1 005)×12＝19 440(元)

第二次行权时：

应纳税额＝[(126 000＋126 000)÷12×25%－1 005]×12
　　　　－19 440
　　　＝31 500(元)

两次行权共纳税 50 940 元 (19 440＋31 500)。

假设 2×22 年 1 月 23 日行权时的股票市价仍是 20 元，王先生将行权日筹划为跨年度的两次，即第一次是 2×21 年 10 月 31 日，第二次是 2×22 年 1 月 23 日。则第一次行权时：

应纳税所得额＝(20－6)×9 000＝126 000(元)

应纳税额＝(126 000÷12×25%－1 005)×12＝19 440(元)

第二次行权时,应纳税额与第一次相同。

两次行权共纳税 38 880 元,节税 12 060 元(50 940－38 880)。

2. 确定应纳税所得额和纳税金额

根据《财政部 国家税务总局关于股票增值权所得和限制性股票所得征收个人所得税有关问题的通知》(财税〔2009〕5 号)和财税〔2005〕35 号文件的规定,员工从企业取得股票的实际购买价(施权价)低于购买日公平市场价(指该股票当日的收盘价,下同)的差额,应按工资薪金所得适用的规定计算缴纳个人所得税。

其计算工资薪金应纳税所得额的公式为:

$$\text{股票期权形式的工资薪金应纳税所得额} = (\text{行权股票的每股市场价} - \text{员工取得该股票期权支付的每股施权价}) \times \text{股票数量}$$

$$\text{应纳税额} = (\text{股票期权形式的工资薪金应纳税所得额} \div \text{规定月份数} \times \text{适用税率} - \text{速算扣除数}) \times \text{规定月份数}$$

可以看出,股票的市价与激励对象支付的对价之间的差额越大,激励对象的税负越高,因此,基于税收筹划的目标,公司可以通过选择有利的"行权日"、"行权日股票市价"和"授予价"降低股票期权的应纳税所得额;对于直接授予限制性股票或业绩股票的情况,公司可以不采取无偿赠送的方式,而由激励对象支付一定的对价,甚至采用激励对象自行出资购买的方式,使应纳税所得额达到最低。

通过以上分析可以发现,股票市价越接近行权价,行权时个人所得税额下降的幅度就越大。而公司业绩对公司股价有很大影响，因此，运用合适的会计政策，使公司预期账面利润下降，从而降低行权期内的股票市价，就可以达到降低个人所得税的目的。激励对象可以通过在行权后股价上涨时出让标的股票的方式，最大限度地实现节税目标。

第二节 劳务报酬及稿酬的税收筹划

一、合理分配劳务次数与人数——分母大不一定结果小

根据《中华人民共和国个人所得税法实施条例》（简称《个人所得税法实施条例》）第六条的规定，劳务报酬所得是指个人从事劳务取得的所得，包括设计、装潢、安装、制图、化验、测试、医疗、法律、会计、咨询、讲学、翻译、审稿、书画、雕刻、影视、录音、录像、演出、表演、广告、展览、技术服务、介绍服务、经纪服务、

代办服务以及其他劳务取得的所得。

第十四条规定，个人所得税法第六条第一款第二项、第四项、第六项所称每次，分别按照以下方法确定：

（1）劳务报酬所得、稿酬所得、特许权使用费所得，属于一次性收入的，以取得该项收入为一次；属于同一项目连续性收入的，以一个月内取得的收入为一次。

（2）财产租赁所得，以一个月内取得的收入为一次。

（3）利息、股息、红利所得，以支付利息、股息、红利时取得的收入为一次。

（4）偶然所得，以每次取得该项收入为一次。

虽然劳务报酬适用20%的比例税率，但对于收入畸高的情形实行加成征收，采用三级超额累进税率，所以一次性收入越高，适用的税率也越高。稿酬所得税率是在20%的基础上减30%，即为14%。这种情况下，可以通过分配次数甚至分配人数分拆应税所得，使其尽量靠近税前扣除额或税率级次较低的范围以达到节税的效果。但最新的《个人所得税法》规定劳务报酬和工资薪金、稿酬收入和特许权使用费合并作为综合所得征收，因此通过分配次数只能获得这部分税收的时间价值，通过分配人数才可以有效降低税负。

案例 9.14

张先生通过为某企业设计广告获得劳务报酬 6 000 元，其妻子在其设计期间参与讨论与建议，事后企业支付给张先生一人报酬

第九章 个人收入的税收筹划 313

6 000元。

若劳务报酬全部为张先生所得，则张先生应缴个人所得税6 000×(1－20%)×20%＝960（元）。

若通过事先与企业协商，表示广告设计劳务由张先生夫妻共同完成，在合同中表明夫妻二人每人获得报酬3 000元，则共应缴纳个人所得税（3 000－800）×20%×2＝880（元）。

相比前一种方法，张先生少缴纳个人所得税80元。

案例 9.15

陈女士是业余作家，爱好写作，会在当地报刊上发表一些自己写的文章和小说。近日，陈女士收到一笔之前的稿酬5 000元，陈女士的丈夫在陈女士写作时提供了一些构思和想法。

若稿酬仅为陈女士一人所得，则陈女士就此稿酬应缴纳个人所得税5 000×(1－20%)×20%×(1－30%)＝560（元）。

若陈女士声明小说由她与丈夫共同创作，稿酬平均分为两份，则陈女士应缴纳个人所得税（2 500－800）×20%×(1－30%)×2＝476（元）。

此筹划方法相比第一种方法少缴纳个人所得税84元。值得注意的是，陈女士可以将劳务报酬所得和稿酬所得多分为几份，使其单份薪酬低于4 000元，这样才有税收筹划的空间。

二、合理增加扣除费用——包装是门艺术

个人获得的如劳务报酬和稿酬所得只能在一定限额内扣除费用，税率是固定不变的，应纳税所得额越大，应纳税额就越大。如果在现有的扣除标准下增加扣除费用，则可以减少个人所得税额，故将合理的费用支出添加到合同中，从而降低名义劳务报酬，能够起到良好的节税作用。

案例 9.16

王先生经常利用业余时间作画，A 公司请王先生为其作幅画，劳务报酬为 5 000 元。王先生因耗费大量水彩，之后花费 1 500 元补充材料。此案例中王先生应缴个人所得税 5 000×(1−20%)×20%＝800（元）。

若王先生与 A 公司商定在合同中设置材料费由 A 公司负责的条款，收入设定为 3 500 元，则王先生应缴个人所得税 (3 500−800)×20%＝540（元）。

此方法为王先生节税 260 元。这说明在公司没有任何损失的情况下，与公司协商可以尽可能地为纳税人合法节税。当然，前提是纳税人与目标公司充分沟通。

案例 9.17

张先生是业余作家，主业为大学教授，业余空闲时间偶尔写写

小说赚点稿费。张先生在某家报社取得稿费收入 10 000 元，自己在创作过程中产生杂费 2 000 元，则张先生此笔收入应缴纳个人所得税 $10\,000\times(1-20\%)\times20\%\times(1-30\%)=1\,120$（元）。

若张先生事先与报社沟通好将杂费算进收入内，并在合同中标明报社负责张先生创作的杂费，支付张先生稿费 8 000 元，则张先生此时应缴纳个人所得税 $8\,000\times(1-20\%)\times20\%\times(1-30\%)=896$（元）。

相比之下，后一种方法比之前少缴纳个人所得税 $1\,120-896=224$（元）。

第三节 综合所得的税收筹划

根据 2018 年 8 月 31 日第十三届全国人民代表大会常务委员会

第五次会议《关于修改〈中华人民共和国个人所得税法〉的决定》（第七次修正）的规定，2019年1月1日起，将劳务报酬、稿酬、特许权使用费三项所得与工资薪金合并为综合所得计算纳税，并实行专项附加扣除政策。居民个人取得综合所得，按年计算个人所得税；有扣缴义务人的，由扣缴义务人按月或者按次预扣预缴税款；需要办理汇算清缴的，应当在取得所得的次年3月1日至6月30日内办理汇算清缴。

一、综合所得的适用税率

《个人所得税法》分别为不同个人所得项目，规定了超额累进税率和比例税率两种不同形式的税率。居民个人取得的综合所得按纳税年度合并计算个人所得税；非居民个人取得工资薪金、劳务报酬、稿酬、特许权使用费所得，按月或者按次分项计算个人所得税。

综合所得适用3%～45%的七级超额累进税率，如表9-2和表9-3所示。

表9-2 综合所得适用税率表（按年）

级数	全年应纳税所得额（含税级距）	税率（%）	速算扣除数
1	不超过36 000元的	3	0
2	超过36 000元至144 000元的部分	10	2 520
3	超过144 000元至300 000元的部分	20	16 920

续表

级数	全年应纳税所得额（含税级距）	税率（％）	速算扣除数
4	超过 300 000 元至 420 000 元的部分	25	31 920
5	超过 420 000 元至 660 000 元的部分	30	52 920
6	超过 660 000 元至 960 000 元的部分	35	85 920
7	超过 960 000 元的部分	45	181 920

注：1. 本表所称全年应纳税所得额是指依照新《个人所得税法》第六条的规定，2019年1月1日起，居民个人取得综合所得以每一纳税年度收入额减除费用6万元以及专项扣除、专项附加扣除和依法确定的其他扣除后的余额。

2. 非居民个人取得工资、薪金所得，劳务报酬所得，稿酬所得和特许权使用费所得，依照本表按月换算后计算应纳税额。

表 9-3 综合所得适用税率表（按月）

级数	全月应纳税所得额	税率（％）	速算扣除数
1	不超过 3 000 元的	3	0
2	超过 3 000 元至 12 000 元的部分	10	210
3	超过 12 000 元至 25 000 元的部分	20	1 410
4	超过 25 000 元至 35 000 元的部分	25	2 660
5	超过 35 000 元至 55 000 元的部分	30	4 410
6	超过 55 000 元至 80 000 元的部分	35	7 160
7	超过 80 000 元的部分	45	15 160

二、综合所得的汇算清缴

综合所得的汇算清缴是把工资薪金所得、劳务报酬所得、稿酬所得、特许权使用费所得一次打包汇算清缴（仅取得一项收入或一次收入的不进行汇算清缴），根据最终结果清算税款，多退少补。

综合所得的汇算清缴按下列公式计算：

纳税年度应纳税所得额＝年度收入额－准予扣除额

准予扣除额＝基本扣除费用60 000元＋专项扣除

＋专项附加扣除＋依法确定的其他扣除

案例9.18

吴先生2020年1—3月每月工资为1万元，3月另取得绩效奖5万元，4月生病请假，工资为3 000元，5—12月每月工资为1万元，7月取得劳务报酬所得35 000元，12月取得年终奖3万元，每月社会保险费为1 000元，扣除赡养老人支出2 000元、子女教育支出1 000元、住房贷款利息支出500元，12月取得继续教育资格证书，扣除继续教育支出3 600元。计算吴先生每月应预扣预缴的个人所得税额，以及2021年个人所得税汇算清缴的纳税金额。

解析：

吴先生1月应预扣预缴的税额

＝(10 000－1 000－5 000－2 000－1 000－500)×3%

＝15(元)

2月应预扣预缴的税额

＝(10 000×2－1 000×2－5 000×2－2 000×2－1 000×2

－500×2)×3%－15

＝15(元)

3月应预扣预缴的税额

$= (10\,000 \times 3 + 50\,000 - 1\,000 \times 3 - 5\,000 \times 3 - 2\,000 \times 3$

$\quad -1\,000 \times 3 - 500 \times 3) \times 10\% - 2\,520 - 30$

$= 2\,600(元)$

4月应预扣预缴的税额

$= (10\,000 \times 3 + 50\,000 + 3\,000 - 1\,000 \times 4 - 5\,000 \times 4 - 2\,000$

$\quad \times 4 - 1\,000 \times 4 - 500 \times 4) \times 10\% - 2\,520 - 2\,630$

$= -650(元)$

4月无须缴纳个人所得税。

5月应预扣预缴的税额

$= (10\,000 \times 3 + 50\,000 + 3\,000 + 10\,000 - 1\,000 \times 5 - 5\,000 \times 5$

$\quad -2\,000 \times 5 - 1\,000 \times 5 - 500 \times 5) \times 10\% - 2\,520 - 2\,630$

$= -600(元)$

5月无须缴纳个人所得税。

6月应预扣预缴的税额

$= (10\,000 \times 3 + 50\,000 + 3\,000 + 10\,000 \times 2 - 1\,000 \times 6 - 5\,000$

$\quad \times 6 - 2\,000 \times 6 - 1\,000 \times 6 - 500 \times 6) \times 10\% - 2\,520 - 2\,630$

$= -550(元)$

6月无须缴纳个人所得税。

7月工资、薪金所得应预扣预缴的税额

$= (10\,000 \times 3 + 50\,000 + 3\,000 + 10\,000 \times 3 - 1\,000 \times 7 - 5\,000$

$\times 7 - 2\,000 \times 7 - 1\,000 \times 7 - 500 \times 7) \times 10\% - 2\,520$

$= 2\,130(元)$

劳务报酬所得应预扣预缴的税额

$= 35\,000 \times (1 - 20\%) \times 30\% - 2\,000$

$= 6\,400(元)$

7月应预扣预缴的税额

$= 2\,130 + 6\,400 - 2\,630$

$= 5\,900(元)$

次年3—6月汇算清缴应纳税额计算如下。

工资、薪金所得

$= 10\,000 \times 3 + 50\,000 + 3\,000 + 10\,000 \times 8 - 1\,000 \times 12 - 5\,000$

$\quad \times 12 - 2\,000 \times 12 - 1\,000 \times 12 - 500 \times 12 - 3\,600$

$= 45\,400(元)$

劳务报酬所得 $= 35\,000(元)$

综合所得 $= 45\,400 + 35\,000 \times (1 - 20\%) = 73\,400(元)$

应缴纳个人所得税 $= 73\,400 \times 10\% - 2\,520 = 4\,820(元)$

年终奖金所得应纳个人所得税额 $= 30\,000 \times 3\% = 900(元)$

其应缴纳个人所得税 $= 4\,820 + 900 - 8\,530 = -2\,810(元)$

次年汇算清缴应退个人所得税2 810元。

三、综合所得的税收筹划

下面阐述综合所得的一种税收筹划方法，即将劳务报酬所得转化为经营所得的税收筹划。

根据 2018 年第四次修订的《个人所得税法实施条例》第六条第二项的规定：劳务报酬所得，是指个人从事劳务取得的所得，包括从事设计、装潢、安装、制图、化验、测试、医疗、法律、会计、咨询、讲学、翻译、审稿、书画、雕刻、影视、录音、录像、演出、表演、广告、展览、技术服务、介绍服务、经纪服务、代办服务以及其他劳务取得的所得。

第六条第五项规定，经营所得是指：

（1）个体工商户从事生产、经营活动取得的所得，个人独资企业投资人、合伙企业的个人合伙人来源于境内注册的个人独资企业、合伙企业生产、经营的所得；

（2）个人依法从事办学、医疗、咨询以及其他有偿服务活动取得的所得；

（3）个人对企业、事业单位承包经营、承租经营以及转包、转租取得的所得；

（4）个人从事其他生产、经营活动取得的所得。

通过比较可以看出，在《个人所得税法》的规定下，个人从事劳务活动是按照劳务报酬所得还是经营所得纳税的主要区别是是否取得营业执照。

将劳务报酬所得筹划为经营所得，合法性不存在问题。只需由个人成立一家个体工商户或个人独资企业（合伙企业），就可以将劳务报酬所得转化为经营所得。

案例 9.19

赵先生是一名装潢设计师，2020年利用业余时间为一家公司提供装潢设计服务，每月获得劳务报酬 8 000 元。为了获得该 8 000 元的劳务报酬，赵先生每月需要支付往返车费 200 元、材料费 1 000 元。

税收筹划前，2020年度赵先生应缴纳的个人所得税为：

$$应纳个人所得税 = 8\,000 \times (1 - 20\%) \times 20\% \times 12$$
$$= 15\,360(元)$$

税收筹划后，赵先生成立了一家个人独资企业，该企业专门为这家公司提供装潢服务，其他条件不变。根据个人独资企业投资者个人所得税的计算原则，个人独资企业投资者的全年应纳税所得额是以每一纳税年度的收入总额减除成本、费用以及损失后的余额。赵先生2020年度的总收入为 96 000 元（8 000×12），总成本为 14 400 元 [(200+1 000)×12]，赵先生作为投资者，其个人费用可以扣除 60 000 元，则2020年度赵先生应缴纳的个人所得税计算如下。

$$应纳税所得额 = 96\,000 - 14\,400 - 60\,000 = 21\,600(元)$$
$$应纳个人所得税 = 21\,600 \times 5\% = 1\,080(元)$$

通过税收筹划，赵先生可以少缴纳个人所得税 14 280 元 (15 360－1 080)。

第四节　财产所得的税收筹划

一、特许权使用费——放长线才能钓大鱼

新《个人所得税法》规定特许权使用费属于综合所得，需要进行年度综合申报，但是针对特许权使用费的筹划，可以将特许权使用费的收入转化为除《个人所得税法》规定的综合所得之外的征收范围，从而达到降低税率、减轻税负的目的。

个人转让特许权使用费属于营改增之后的转让无形资产，既要缴纳增值税，也要缴纳个人所得税，有关规定如下。

若以特许权使用费直接转让，则按照《个人所得税法》的规定按财产转让所得缴纳个人所得税，适用税率为20%；若以特许权使用费投资，根据财税〔2015〕41号文件，就个人非货币性资产投资有关个人所得税政策规定如下：

(1) 个人以非货币性资产投资，属于个人转让非货币性资产和投资同时发生。对个人转让非货币性资产的所得，应按照"财产转让所得"项目，依法计算缴纳个人所得税。

(2) 个人以非货币性资产投资，应按评估后的公允价值确认非

货币性资产转让收入。非货币性资产转让收入减除该资产原值及合理税费后的余额为应纳税所得额。

个人以非货币性资产投资,应于非货币性资产转让、取得被投资企业股权时,确认非货币性资产转让收入的实现。

(3) 个人应在发生上述应税行为的次月15日内向主管税务机关申报纳税。纳税人一次性缴税有困难的,可合理确定分期缴纳计划并报主管税务机关备案后,自发生上述应税行为之日起不超过5个公历年度内（含）分期缴纳个人所得税。

(4) 个人以非货币性资产投资交易过程中取得现金补价的,现金部分应优先用于缴税;现金不足以缴纳的部分,可分期缴纳。

个人在分期缴税期间转让其持有的上述全部或部分股权,并取得现金收入的,该现金收入应优先用于缴纳尚未缴清的税款。

非货币性资产是指现金、银行存款等货币性资产以外的资产,包括股权、不动产、技术发明成果以及其他形式的非货币性资产。

非货币性资产投资包括以非货币性资产出资设立新的企业,以及以非货币性资产出资参与企业增资扩股、定向增发股票、股权置换、重组改制等投资行为。

根据《企业所得税法》及其实施条例的有关规定,就非货币性资产投资涉及的企业所得税政策问题明确如下:

(1) 居民企业（以下简称企业）以非货币性资产对外投资确认的非货币性资产转让所得,可在不超过5年期限内,分期均匀计入相应年度的应纳税所得额,按规定计算缴纳企业所得税。

(2) 企业以非货币性资产对外投资，应对非货币性资产进行评估并按评估后的公允价值扣除计税基础后的余额，计算确认非货币性资产转让所得。

企业以非货币性资产对外投资，应于投资协议生效并办理股权登记手续时，确认非货币性资产转让收入的实现。

(3) 企业以非货币性资产对外投资而取得被投资企业的股权，应以非货币性资产的原计税成本为计税基础，加上每年确认的非货币性资产转让所得，逐年进行调整。

被投资企业取得非货币性资产的计税基础，应按非货币性资产的公允价值确定。

(4) 企业在对外投资5年内转让上述股权或投资收回的，应停止执行递延纳税政策，并就递延期内尚未确认的非货币性资产转让所得，在转让股权或投资收回当年的企业所得税年度汇算清缴时，一次性计算缴纳企业所得税；企业在计算股权转让所得时，可按财税〔2014〕116号文第三条第一款规定将股权的计税基础一次调整到位。

企业在对外投资5年内注销的，应停止执行递延纳税政策，并就递延期内尚未确认的非货币性资产转让所得，在注销当年的企业所得税年度汇算清缴时，一次性计算缴纳企业所得税。

故而纳税人可以根据自身意愿选择是将特许权使用费投资入股还是直接转让财产。如果数额较小，建议直接转让财产；如果数额巨大，则建议投资入股以获得递延纳税的优惠，毕竟货币的时间价值也很重要。

二、财产租赁——包租婆的柴米油盐

根据《个人所得税法》的规定，财产租赁所得适用比例税率，税率为20%，应纳税所得额每次不超过4 000元的，减除费用800元，4 000元以上的减除20%的费用，其余额为应纳税所得额。根据《个人所得税法实施条例》第六条，财产租赁所得是指个人出租不动产、机器设备、车船以及其他财产取得的所得；根据第十四条，个人所得税法第六条第一款第二项、第四项、第六项所称每次，按照以下方法确定：财产租赁所得，以一个月内取得的收入为一次。

财产租赁所得的节税思路主要是利用税法中费用扣除的规定相应地减少应纳税所得额，通过在合适的时间增加维修费用达到良好的节税效果。

案例9.20

2020年度，钱某将一处自有的闲置房产出租给王某居住，租期为5月1日至6月30日。王某发现出租屋内有漏水现象，要求钱某尽快修复，钱某于4月25日开始找人维修，5天后修复漏水，花费为1 000元。租金每月为3 000元。

此种情况下，钱某应该就此所得缴纳的个人所得税为（出租自有住房税率特殊，为10%）：

5月份缴纳个人所得税=(3 000−800)×10%=220(元)

6月份缴纳个人所得税=(3 000－800)×10%=220(元)

则钱某共缴纳个人所得税440元。

若钱某能与王某沟通协商，获得王某的谅解，将维修在5月初完成，则此时钱某花费的1 000元可以计入财产租赁所得的费用予以扣除。

按照此方法，钱某应缴纳的个人所得税为：

5月份缴纳个人所得税=(3 000－800－800)×10%=140(元)

6月份缴纳个人所得税=(3 000－800－200)×10%=200(元)

此种情况下，钱某比上述情况少缴个人所得税440－140－200=100（元）。

三、财产拍卖——"稀里糊涂"也省钱？

《国家税务总局关于加强和规范个人取得拍卖收入征收个人所得税有关问题的通知》（国税发〔2007〕38号，以下简称38号文）的

颁布，对个人通过拍卖市场拍卖字画、瓷器、玉器、珠宝等各种财产的所得征收个人所得税有关政策规定进行了细化。实际上，对个人拍卖字画、瓷器、玉器等艺术品的所得征收个人所得税的相关规定，早在1997年已经出台。此次38号文是对个人通过拍卖市场拍卖各种财产取得的所得征收个人所得税重新进行了规范，增强了可操作性。现对照新政策规定对拍卖收入的个人所得税具体计征问题详细讲解，并提出几条税收筹划思路。

（一）拍卖收入分两种情形征收个人所得税

38号文将个人取得拍卖收入征收个人所得税的适用项目问题分两种情形予以明确。

一是根据《国家税务总局关于印发〈征收个人所得税若干问题的规定〉的通知》（国税发〔1994〕89号），作者将自己的文字作品手稿原件或复印件拍卖取得的所得，应以其转让额减除800元（转让收入额4 000元以下）或者20%（转让收入额4 000元以上）后的余额为应纳税所得额，按照"特许权使用费"所得项目适用20%的税率缴纳个人所得税。

二是拍卖除上述文字作品原稿及复印件之外的其他财产，应以其转让收入额减除财产原值和合理费用后的余额为应纳税所得额，按照"财产转让所得"项目适用20%的税率缴纳个人所得税。

案例9.21

某市居民张某委托某拍卖行拍卖其2018年以21 000元的价格购

买的一件瓷器，最终的拍卖成交价格是501 000元。假定缴纳增值税21 000元，城市维护建设税140元，教育费附加60元（拍卖费等费用可据实扣除，为便于计算，此处忽略不计；其他税费也忽略不计，下同），则张某应缴个人所得税＝(501 000－21 000－21 000－140－60)×20％＝91 760（元）。

这里要注意的是，如何定义文字作品手稿原件或复印件，以及为何单独对其按照"特许权使用费"所得项目征收个人所得税。

《中华人民共和国著作权法实施条例》第四条明确解释，文字作品是指小说、诗词、散文、论文等以文字形式表现的作品。

《个人所得税法实施条例》规定，特许权使用费所得是指个人提供专利权、商标权、著作权、非专利技术以及其他特许权的使用权取得的所得，提供著作权的使用权取得的所得，不包括稿酬所得。

可见，文字作品手稿原件或复印件的拍卖会涉及复制权、发行权、出租权等著作权中人身权利之外的财产权利，属于与著作权相关的一种所得，所以，拍卖文字作品手稿原件或复印件不同于拍卖其他财产，应按照"特许权使用费"所得项目征收个人所得税。

案例9.22

作家李某将自己一部畅销小说的手稿原件拍卖给某公司用于拍摄同名电影，拍卖所得为801 000元。按照李某与该公司的约定，李某将摄制权、改编权等著作权中的部分财产权转让，属于特许权使用费所得，其应缴个人所得税 = 801 000 ×（1 − 20%）× 20% = 128 160（元）。

（二）拍卖财产以最终拍卖成交价格计征

38号文规定，对个人财产拍卖所得征收个人所得税时，以该项财产最终拍卖成交价格为其转让收入额。

《中华人民共和国拍卖法》（简称《拍卖法》）第五十一条规定，竞买人的最高应价经拍卖师落槌或者以其他公开表示买定的方式确认后，拍卖成交。根据这一条款，导致拍卖师落槌的最高应价就是最终拍卖成交价格。

但还有一种特殊情形，即买受人未按照约定支付价款的，应当由拍卖人征得委托人同意，将拍卖标的再行拍卖。再行拍卖的价款低于原拍卖价款的，原买受人应当补足差额。

案例 9.23

张三将一幅字画委托拍卖行拍卖，李四以最高应价1 001 000元成为买受人。但随后李四反悔，觉得该画不值这一金额，不肯按约定支付价款。拍卖行征得张三同意，再次拍卖该字画，但再次拍卖的价款只有951 000元，按规定原买受人李四应补足再次拍卖与原拍卖价款的差额50 000元给张三。在这种情况下，张三字画拍卖转让收入额是1 001 000元，而不是951 000元。

（三）拍卖财产可凭合法有效凭证税前扣除

38号文规定，个人财产拍卖所得适用"财产转让所得"项目计算应纳税所得额时，纳税人凭合法有效凭证（税务机关监制的正式发票、相关境外交易单据或海关报关单据、完税证明等），从其转让收入额中减除相应的财产原值、拍卖财产过程中缴纳的税金及有关合理费用。

首先，财产原值是指售出方个人取得该拍卖品的价格。财产原值的确定又分为五种情形：一是通过商店、画廊等途径购买的，为购买该拍卖品时实际支付的价款；二是通过拍卖行拍得的，为拍得该拍卖品实际支付的价款及缴纳的相关税费；三是通过祖传收藏的，为其收藏该拍卖品而发生的费用；四是赠送取得的，为其受赠该拍卖品时发生的相关税费；五是通过其他形式取得的，参照以上原则确定财产原值。

其次，拍卖财产过程中缴纳的税金具体指拍卖财产过程中纳税人实际缴纳的相关税金及附加。

最后，有关合理费用是指拍卖财产时纳税人按照规定实际支付的拍卖费（佣金）、鉴定费、评估费、图录费、证书费等费用。

按照《拍卖法》第五十六条"委托人、买受人可以与拍卖人约定佣金的比例"的规定，买卖双方的拍卖费（佣金）一般在拍卖成交价格的10%以下，拍卖机构向买卖双方收取佣金的具体标准根据国际惯例及市场行情来确定。其他费用如图录费一般每件200~300元至11 000~21 000元不等，这类费用应根据实际发生额予以扣除。

案例 9.24

如案例 9.21，张某委托拍卖行拍卖瓷器时，如果张某无法提供其缴纳税费的相关凭证，仅能提供财产原值凭证，则应缴个人所得税＝(501 000－21 000)×20%＝96 000（元）。

（四）实行核定征收的拍卖所得有限定条件

对于因年代久远或遗失等原因纳税人无法提供财产原值凭证，以及尽管提供财产原值凭证，但填写不规范，或凭证上的原值是几件拍卖品原值的合计数，无法确定每件拍卖品的具体原值等情形的，38号文规定，纳税人如不能提供合法、完整、准确的财产原值凭证，不能正确计算财产原值的，按转让收入额的3%征收率计算缴纳个人所得税；拍卖品为经文物部门认定是海外回流文物的，按转让收入额的2%征收率计算缴纳个人所得税。

这里要重点关注海外回流文物的认定问题。各省文物管理委员会（简称文管会）根据海关入境记录认定被拍卖文物是否为海外回流文物，拍卖机构根据文管会出具的认定材料按照2%的征收率代扣代缴税款。与3%的征收率相比，2%的征收率体现了国家对海外回流文物在国内拍卖的鼓励与支持。同时，这也为个人进行税收筹划提供了政策便利。

案例 9.25

某市居民王某委托某拍卖行拍卖其2006年以201 000元的价格

购买的一件瓷器，最终的拍卖成交价格是 601 000 元，王某无法提供购买瓷器的原值凭证。因此王某需要按转让收入额的 3% 缴纳个人所得税 601 000×3%＝18 030（元）。另外，王某去年从国外购回几件明代藏品，已经文物部门认定为海外回流文物。近日，他委托某拍卖行以 1 001 000 元的价格拍卖了其中一件，所提供财产原值凭证上的原值是几件拍卖品原值的合计数。因此王某要按转让收入额的 2% 计算缴纳个人所得税 1 001 000×2%＝20 020（元）。

（五）两种个人所得税计缴办法留下的筹划空间

拍卖所得的个人所得税可以采用增值部分和核定征收率两种方法确定。这两种计税方法得出的应缴税额往往会有很大不同。

案例 9.26

李先生 2010 年以 2 001 000 元购得一件文物，如今这件文物的价格已经升至 5 001 000 元。如果按照前一种税率计算李先生的个人所得税，则应缴税额为（5 001 000－2 001 000）×(1－10%)×20%＝540 000（元）（佣金按 10% 计算），而如果按照转让收入额的 3% 征收率计算，则应缴税额为 5 001 000×3%＝150 030（元），两者之间相差 389 970 元（540 000－150 030）。

对于原值较高、升值不多的拍品，用增值部分计算缴纳个人所得税显然更划算。

案例 9.27

张先生的一件藏品不久之前刚从拍卖行拍得，当时的拍得价为 5 001 000 元，由于现在急于使用资金，张先生想快点将藏品脱手变现。按照他的心理价位，这件藏品只要能够达到 5 501 000 元，他就准备脱手。如果按照 3% 的征收率来计算，张先生应缴个人所得税 5 501 000×3%＝165 030（元），而如果按照增值部分缴纳个人所得税，则应纳税金为（5 501 000－5 001 000）×(1－10%)×20%＝90 000（元），可以节税 75 030 元（165 030－90 000）。

第五节　股权转让的税收筹划

一、合理理由低价转让——我有理由，你有吗

根据《股权转让所得个人所得税管理办法（试行）》（国家税务总局公告 2014 年第 67 号，以下简称 67 号文）第十条的规定，股权

转让收入应当按照公平交易原则确定。同时，第十三条指出，符合下列条件之一的股权转让收入明显偏低，视为有正当理由：

（1）能出具有效文件，证明被投资企业因国家政策调整，生产经营受到重大影响，导致低价转让股权；

（2）继承或将股权转让给其能提供具有法律效力身份关系证明的配偶、父母、子女、祖父母、外祖父母、孙子女、外孙子女、兄弟姐妹以及对转让人承担直接抚养或者赡养义务的抚养人或者赡养人；

（3）相关法律、政府文件或企业章程规定，并有相关资料充分证明转让价格合理且真实的本企业员工持有的不能对外转让股权的内部转让；

（4）股权转让双方能够提供有效证据证明其合理性的其他合理情形。

通过以上正当理由我们可以进行适当筹划，比如，目前在国内外经营环境较差的情况下，企业运营困难，相关转让方可以借用上述第（1）条进行筹划；对于家族企业内部股份转让则可以通过第（2）条进行筹划；尤其值得关注的是第（3）条，其具有很大的筹划空间，企业可以通过修改公司章程、相关协议进行内部低价转让；第（4）条则赋予了税务机关很大的自由裁量权，也为部分企业提供了一定的筹划空间。需要提醒的是，该筹划方法的运用依然面临实质课税被纳税调整的风险。

二、巧用核定法——阳关道还是独木桥，随你选

67号文第十一条规定了核定股权转让收入的四种情形；第十四

条明确了核定的具体三种方法；对于转让股权原值，第十七条规定，个人转让股权未提供完整、准确的股权原值凭证，不能正确计算股权原值的，由主管税务机关核定其股权原值。但是，对于核定方法，没有给出具体的规定，实际上是把权限授予各地税务机关，因此，对于部分近年来迅猛发展的行业而言（如房地产业等），如果按照上述方式核定的成本大于实际成本，可以适用这一方法进行税收筹划，以降低应纳税所得额。然而，由于核定通常适用于会计账册、相关计税凭证不完整的情形，被转让股权公司面临相关会计制度、税收征管法处罚的风险。

三、通过注册地优惠——谁对我好，我找谁

为了招商引资，发展中西部地区的经济，国家及地方政府都出台了一系列区域性税收优惠政策，多数经济开发区出台了财政返还政策。按照现行《个人所得税法》的规定，个人股权转让属于转让财产所得，应计征20%的个人所得税。各地出台的区域性税收优惠政策或财政返还政策，降低了实际的税负率。2010年以来，针对上市公司限售股减持，一度出现了所谓的"鹰潭模式""林芝模式"等，一大批股权转让方成功实现节税。

利用税收优惠或财政返还可以降低税负，减轻企业运营的现金流负担，具有很强的吸引力。通常的做法是变更公司的注册地，通过与目标地区政府签署相关书面协议，根据地方出台的政策及双方协议获得税收优惠、财政返还。

但是，这种方法目前面临一定的法律风险，尤其是《国务院关于清理规范税收等优惠政策的通知》（国发〔2014〕62号）实施以后，虽然文件暂定执行，但是地方层面优惠政策适用风险明显加大。在此背景下，税收筹划之前需要对区域税收优惠政策审查确认，并获得有权机关的书面确认或批复。

除了上述方式外，在实践中，还可以通过向第三方筹措"过桥资金"变债权为股权等，但大多因操作有诸多不合规之处，潜藏的法律风险巨大，难以实际落地。在上述方案的实施过程中，也存在税收优惠政策无效、地方承诺无法兑现、一般反避税被纳税调整等法律风险，尤其需要转让方在企业章程、投资协议、股权转让合同等文件中对涉税条款事先筹划。

第六节　个体工商户、合伙企业、个人独资企业的税收筹划

一、身份认定筹划——丑小鸭究竟是鸭还是天鹅

想要从身份认定上进行税收筹划，首先我们要了解一下，什么是个人独资企业，什么是一人有限责任公司，什么是合伙制企业，以及它们之间的区别。个体工商户、合伙制企业、个人独资企业均采用5%～35%的五级超额累进税率，不过在费用扣除方面有所不同。

个人独资企业也称为个人业主制企业、个人企业，是指由个人出资兴办，完全归个人所有和控制的企业组织形式。这种企业在法律上是自然人企业，不具有法人资格。个人独资企业是最早产生也是最简单的企业组织形式，流行于小规模生产时期，即使是在现代经济社会中，这种企业在数量上也占多数，如在美国，个人独资企业就占企业总数的70%以上。这类企业往往规模较小，在小型加工、零售商业、服务业等领域较为活跃。根据《中华人民共和国个人独资企业法》的规定，在中国境内设立，由一个自然人投资，财产为投资人个人所有，投资人以其个人财产对企业债务承担无限责任的经营实体为个人独资企业。

公司制企业属于法人企业，包括有限责任公司和股份有限公司，出资者以出资额为限承担有限责任。公司制企业是现代企业组织中的重要形式，是一种以法人财产制度为核心，以科学规范的法人治理结构为基础，从事大规模生产经营活动，具有法人资格并依法设立的经济组织。它有效地实现了出资者所有权与法人财产权的分离，

具有产权清晰、权责明确、政企分开、管理科学、投资风险有限等特点。随着我国社会主义市场经济体制不断完善，公司制企业已经成为我国最主要的企业组织形式。

根据国家税务总局令 35 号文第五条的规定，个体工商户应纳税所得额的计算，以权责发生制为原则，属于当期的收入和费用，不论款项是否收付，均作为当期的收入和费用；不属于当期的收入和费用，即使款项已经在当期收付，均不作为当期的收入和费用。本办法和财政部、国家税务总局另有规定的除外。

根据国家税务总局令 35 号文第七条的规定，个体工商户的生产、经营所得，以每一纳税年度的收入总额，减除成本、费用、税金、损失、其他支出以及允许弥补的以前年度亏损后的余额，为应纳税所得额。

第十六条规定，个体工商户生产经营活动中，应当分别核算生产经营费用和个人、家庭费用。对于生产经营与个人、家庭生活混用难以分清的费用，其 40％视为与生产经营有关费用，准予扣除。

而个人独资企业和合伙企业在费用扣除时，根据《财政部 国家税务总局关于印发〈关于个人独资企业和合伙企业投资者征收个人所得税的规定〉的通知》（财税〔2000〕91 号）第六条第三款的规定，投资者及其家庭发生的生活费用不允许在税前扣除，投资者及其家庭发生的生活费用与企业生产经营费用混合在一起，并且难以划分的，全部视为投资者个人及其家庭发生的生活费用，不允许在税前扣除。因此，个人独资企业应将投资者及其家庭发生的生活费用和企业生产经营费用严格划分，否则不能在个人所得税前扣除。由此可以通过这种费用扣除标准选择身份认定和进行税收筹划。

此外，个体工商户、合伙制企业以及个人独资企业征收个人所得税都适用5%～35%的五级超额累进税率，而有限责任公司则需要缴纳企业所得税，并且在分配股东利润时再缴纳一次个人所得税。

从递延纳税的角度，一人公司优于以上几种企业类型。对于个人独资企业和合伙制企业而言，作为应纳税所得额计算基础的生产经营所得，包括企业分配给投资者个人的所得和企业当年留存的所得（利润）。因此，个人独资企业不具有对留存收益递延纳税的功能。而对于一人有限责任公司，个人在公司分红时才会产生个人所得税纳税义务，具有递延纳税的功能，可以抵扣后续年度的经营亏损。在所得税方面，目前我国小型微利企业生产经营所得限额已经提高至500万元，一般个人及家庭生产经营不会超过这一限额，如果一人有限责任公司能够申请小型微利企业获得优惠，则可以免除企业所得税负担。

案例9.28

张某等4人欲成立一家正装修补兼销售的商场，预估每年利润总额为1 000 000元，暂时无纳税调整项目。

从张某4人的角度来看，在不影响商场正常经营的情况下，将其组织形式从股份有限公司、有限责任公司转化为个人独资企业和合伙制企业，可以规避企业所得税，虽然这时的个人所得税相比企业所得税后缴纳的个人所得税更多，但是总体税负下降很多，只是成为合伙制企业不会像股份制公司融资便利程度高。

若选择成立有限责任公司，并且税后利润全部分配给股东，此种方式下，利润既缴纳企业所得税又缴纳个人所得税。

应缴纳的企业所得税＝1 000 000×25％＝250 000（元）

4位股东缴纳的个人所得税总额＝(1 000 000－250 000)÷4×20％×4

＝150 000（元）

总共缴纳税额＝250 000＋150 000＝400 000（元）

缴纳个人所得税总额＝[1 000 000÷4×20％－10 500]×4

＝158 000（元）

相比上述成立有限责任公司的方式，4位股东有效节税400 000－158 000＝242 000（元）。值得注意的是，目前我国小型微利企业销售额标准为500万元，若该企业能够得到国家小型微利企业认定，那么应该是建立有限责任公司税负较轻，而且建立公司还有递延纳税的效果。

二、征收方式筹划——想收我的钱，先看懂我的账

查账征收和核定征收是确定个体工商户应纳税额的两种方法。

个体工商户的生产经营所得应纳税额的计算公式为：

应纳税额＝应纳税所得额×适用税率－速算扣除数

＝（全年收入总额－成本费用以及损失）

×适用税率－速算扣除数

个体工商户应纳税所得额的计算以权责发生制为原则，而对于合伙制企业以及独资企业则分为查账征收和核定征收。

（一）查账征收

个人独资企业和合伙企业投资者的生产经营所得依法计征个人所得税时，个人独资企业和合伙企业投资者的费用扣除标准统一确定为 60 000 元/年，投资者的工资不得在税前扣除，且投资者及其家庭发生的生活费用与企业生产经营费用混合在一起，难以区分的，全部视为投资者及其家庭生活费用支出，不允许在税前扣除。

（二）核定征收

核定征收方式包括定额征收、核定应税所得率征收以及其他合理的征收方式，实行核定征收的投资者不享受个人所得税优惠政策。

因核定征收方式与查账征收方式的不同，同一笔经营所得所缴纳的税款也不相同，由此产生筹划空间。

一般情况下，如果个体工商户每年的利润较高且稳定，则采用核定征收的方式较好；如果利润不稳定，或者盈利能力较差或处于亏损状态，则采用查账征收方式较好。而且如果纳税人采用核定征收的方式，不得享受个人所得税优惠政策。

三、多支费用，减少收入——谁能比我更瘦

本部分内容主要是针对个体工商户采用查账征收方式的前提下进行的一系列税收筹划。针对查账征收缴纳个人所得税的纳税人，主要是对收入和成本费用进行筹划。

（一）分散收入形式（雇用家人）

个体工商户通过分散收入，可以使其适用较低的税率，从而达到合法节税的目的，常用的方法主要有：(1) 区分收入的性质，不同性质的收入采用不同的税目；(2) 合理变更投资人数，分散收入总额。

案例 9.29

张某自己开了一家小商店，预计一年的销售额大约为 50 万元。张某认为自己需要建立会计账簿，采用查账征收方式。经查实，张某经营发生的可合理扣除的费用为 20 万元，此时张某需要缴纳个人所得税 = (500 000 − 200 000) × 20% − 10 500 = 49 500（元）。但若张某建立的会计账簿不能如实反映自身经营情况，税务局采用核定征收方式，张某应缴纳个人所得税 = 500 000 × 3% = 15 000（元），与查账征收的 49 500 元税款相比节省了 34 500 元。

案例 9.30

王某为个体工商户，因自家空闲一处商业店铺，经营一家服装店，但是由于地点不佳及经营不善，客流量较少，店铺打算缩小经营规模，准备出租空闲的几个房间。假如王某的服装店年应纳税所得额为 90 000 元，房屋出租每年取得净收益 6 000 元。

若王某以服装店的名义出租空闲房屋，则王某应缴纳的个人所得税为：

$$(90\,000 + 6\,000) \times 20\% - 10\,500 = 8\,700(元)$$

若王某以其妻子的名义出租空闲房屋，不以服装店的名义出租，则出租房屋的收入不算在服装店的收入范围内，王某总共应缴纳的个人所得税计算如下。

$$\text{服装店缴纳的个人所得税} = 90\,000 \times 10\% - 1\,500 = 7\,500(元)$$

$$\text{王某妻子缴纳的个人所得税} = 6\,000 \times (1 - 20\%) \times 20\% = 960(元)$$

总共缴纳个人所得税 8 460 元，相比第一种方法合理节税 240 元。当然，重点是能否降低应纳税所得额的税率档次。

（二）分期销售（签订合同跨年销售）

查账征收的个体工商户缴纳个人所得税，采用的是按月预缴，年终汇算清缴的征管方式。由于个体工商户个人所得税采用的是超额累进税率，如果个体工商户某纳税年度的应纳税所得额过高，就必须按照较高的税率征收个人所得税，所以个体工商户可以在税法允许的范围内，通过递延收入的方式，实现合理节税。其中最常用的方法是分期销售。

案例 9.31

李某 2×19 年在一处街区开了一家家常菜馆，由于该街区只有李某一家菜馆，所以生意十分火爆，李某当年取得应纳税所得额 100 000 元，其中包含年末预订春节酒席收到的支付款 20 000 元。周围街坊看李某如此赚钱，2×20 年纷纷开设各种饭馆，预估李某

2×20 年的应纳税所得额为 40 000 元左右,请为李某筹划最能帮其省钱的方式。

解析:若按李某自己的计划,则李某预估缴纳个人所得税为:

2×19 年缴纳的个人所得税 $= 100\,000 \times 20\% - 10\,500 = 9\,500$(元)

2×20 年缴纳的个人所得税 $= 40\,000 \times 10\% - 1\,500 = 2\,500$(元)

个体工商户第二税率层级的限额为 90 000 元,如果我们把当年 20 000 元预订款放到年后收取,并入 2×20 年应纳税所得额,则可以使 2×19 年的应纳税所得额适用的税率降低一个层次,并且晚支付款项,对于顾客更有利。

此种方法下李某应缴纳的个人所得税为:

2×19 年缴纳的个人所得税 $= 80\,000 \times 10\% - 1\,500 = 6\,500$(元)

2×20 年缴纳的个人所得税 $= 60\,000 \times 10\% - 1\,500 = 4\,500$(元)

按此方法,李某所缴的个人所得税比李某自己的方法减少 1 000 元,这一方法帮助李某在合理合法的范围内减少了税收支出。

(三)合理增加费用扣除

合理提高成本费用类的支出是个体工商户降低应纳税所得额的常用手段,值得注意的是,要合法合理,依据法律法规来节税。

合理提高成本费用通常包括以下几种方法：(1) 在法律允许的范围内，将部分家庭支出转换成费用支出。对于很多家庭而言，其生产经营的场所往往就是其居住场所，很多家庭的日常开支与生产经营都分不开，故而可以将电话费、水电费等支出计入个体工商户生产经营成本中，如果以自家房产经营，还可以通过对自家房产进行修缮维修等增加成本费用，同时可以实现自家房产的保值增值。不过这种方法只限于个体工商户，对于独资企业和合伙制企业，根据税法规定，家庭开支与生产经营开支难以区分的，不得在税前扣除，即不能增加成本费用，而个体工商户对于不能区分开的家庭开支与生产经营开支可以按40%计入成本费用。(2) 雇用家庭成员或者临时工，扩大工资等费用支出范围。雇用家庭成员和临时工具有很大的灵活性，既能增加个人家庭收入，又能扩大相关人员的费用支出范围，提高税前列支费用，从而降低应纳税所得额，减少缴纳个人所得税。

四、单位承包经营形式——这片鱼塘我承包了

对企事业单位承包经营、承租经营所得是指个人承包经营、承租经营以及转包、转租取得的所得，包括个人按月或者按次取得的工资、薪金性质的所得。对于企事业单位承包经营、承租经营所得规定如下：

(1) 个人对企事业单位承包、承租经营后，工商登记改变为个体工商户的，这类承包、承租经营所得实际上属于个体工商户的生

产、经营所得,应按个体工商户的生产、经营所得项目征收个人所得税,不再征收企业所得税。

(2) 个人对企事业单位承包、承租经营后,工商登记仍为企业的,不论其分配方式如何,均应先按照企业所得税的有关规定缴纳企业所得税,然后根据承包、承租经营者按合同(协议)规定取得的所得,依照《个人所得税法》的有关规定缴纳个人所得税。具体包括以下两种情况:

1) 承包、承租人对企业经营成果不拥有所有权,仅按合同(协议)规定取得一定所得的,应按工资、薪金所得项目征收个人所得税。

2) 承包、承租人按合同(协议)规定只向发包方、出租方缴纳一定的费用,缴纳承包、承租费后的企业的经营成果归承包、承租人所有的,其取得的所得,按对企事业单位承包、承租经营所得项目征收个人所得税。

对企事业单位的承包经营、承租经营所得应纳税额的计算公式为:

$$应纳税额 = 应纳税所得额 \times 适用税率 - 速算扣除数$$
$$= (纳税年度收入总额 - 必要费用) \times 适用税率 - 速算扣除数$$

每一纳税年度的收入总额是指纳税义务人按照承包经营、承租经营合同规定分得的经营利润和工资、薪金性质的所得。减除必要费用是指按月减除3 500元。

因经营方式不同，对企事业单位承包经营、承租经营所得的税务处理不同，其税收筹划方法主要是选择合理的经营方式，在实际生活中，往往选择经营成果归承包、承租人所有的情况，其取得的所得额往往高于不拥有经营成果的所得额。

案例9.32

李某为个体工商户，经营一家旅馆，2×19年李某因家中原因，不得不将旅馆对外承包，张某有意向承包该企业，并且已经与李某协商好。预计当年旅馆营业利润为20万元，假设没有特别的纳税调整项目，张某打算付给李某8万元承包费，经营成果由张某所有。李某表示，张某也可以不拥有旅馆的经营成果，以每月1万元的收入承包经营。

按照张某的规划，其拥有旅馆经营成果，假如企业注册为个体工商户，张某应缴纳的个人所得税＝(200 000－80 000－5 000×12)×10％－1 500＝4 500（元）。

若张某以工资薪金获得12万元年收入，不拥有此旅馆的经营成果，即实际上张某为李某工作，则张某一年所缴的个人所得税＝[(10 000－5 000)×10％－210]×12＝3 480（元）。

相比之下，明显可以看出哪种方案更有利于纳税人，第二种方案比张某规划的方案合理节税4 500－3 480＝1 020（元）。另外，张某若承包经营李某的旅馆，将承包期限合理延长，即如果张某原先的承包期为12个月,可以通过与李某协商,将承包期延长至24个月,但经营模式不变,则张某可以扣除的费用更多,缴纳的个人所得税也就更少。

案例分析

明星避税案

一、设立个人独资工作室

因明星职业的特殊性,加之娱乐产业的畸形发展,我国目前知名明星的片酬收入动辄千万元,在劳务报酬所得中适用最高税率,即40%,而个体工商户及个人独资企业或合伙企业的经营所得的累进税率中,个人所得税最高边际税率为35%。单纯的劳务报酬所得就其收入总额扣除一定比例的费用后纳税,个人独资工作室首先在税率上已经降低5个百分点。不仅如此,成立个人独资工作室还可以将发生的合理相关成本、费用依法在税前扣除,能进一步降低个人所得税税负。

另外,某知名明星设立的无锡某文化工作室享有影视行业特殊税收优惠政策,不仅会有一些专项资金补贴,而且国家对于认定成功的影视业工作室采用核定征收法,即税务局对于某知名明星的个人独资工作室不采用查账征收,而是采用总收入乘以应税所得率10%的方式,再适用五级超额累进税率征税,最低的个人所得税税负率只有3.5%。

二、充分利用税收洼地

此案所牵扯的税收洼地主要有两个,分别是无锡和霍尔果斯。

这两个税收洼地主要针对影视娱乐业。

一方面，我国幅员辽阔，地区之间不免存在经济发展上的差异，有些地区为了招商引资，常常会对一些特定行业的企业给予税收优惠。地方政府获得税款分成比例后，再把税款分成比例的一部分作为专项资金或者补贴返还给纳税人，从而起到吸引投资、拉动当地经济发展的作用。上面提到某知名明星在无锡所开设的个人工作室缴完税后，当地政府还以产业扶持资金名义给予财政返还，如表9-4所示。

表9-4 无锡产业园财政返还政策

年度	第1~3年	第4~5年
园区企业、工作室	返还增值税所得税市级政府留成的80%	返还增值税所得税市级政府留成的50%

除财政返还以外，还包含大量园区内租金减免、重点项目补贴、知名企业及工作室认证奖励以及其他形式的补贴及奖金返还，单从某知名明星个人所得税税率45%到设立工作室以核定征收3.5%的综合征收率纳税，再到前三年政府的80%返还，已经抵消掉绝大部分税负，税收优惠力度之大，令人咋舌。

另一方面，霍尔果斯也存在着不亚于无锡的税收优惠政策，2011年国家"一带一路"倡议实施之后，霍尔果斯被列为新的经济特区，财政部与国家税务总局联合下发通知，对相关企业实行"五减五免"的税收优惠。霍尔果斯当初享有以下优惠政策：

(1) 新注册公司享受5年内企业所得税全免优惠；5年后地方留

存的40%（企业所得税中央和地方按60%：40%分成）将以"以奖代免"的方式返还给企业。

（2）增值税（中央和地方共享税，最后按50%：50%分成）及其他附加税（100%地方留存）总额地方留存部分（即50%的增值税和100%的附加税），年缴纳满100万元开始按比例奖励，一般奖励15%～50%。

企业员工缴纳的个人所得税满1 000万元，开始返还地方留存部分（个人所得税地方分40%，中央分60%）的70%；超过2 000万元小于4 000万元的，返还地方留存部分的80%；4 000万元以上的，返还地方留存部分的90%。

问题思考：

（1）经营所得采用核定征收方式，会产生什么问题？你认为应如何加强核定征收的税收监督与管理？

解析： 核定征收有其不公平之处，尤其是对于不同增值率的产品、服务等，会产生特别不合理的结果，使税收有失公平。

加强税收监督与管理的手段：一是通过比较分析不同业务类型的增值率，判断核定征收是否造成税收流失；二是尽量严格限制核定征收方式的使用。

（2）一些地区存在税收洼地，这公平吗？你是如何看待这一问题的，为什么？

解析： 税收洼地有失公平。政府应严格控制税收洼地的形成。对于一些不合理的税收洼地，必须关闭或禁止开展业务。

第十章/Chapter Ten
家庭理财的税收筹划

第一节 房产买卖与租赁的税收筹划

一、购置房产有门道

成家、生活、搬迁、投资等常常涉及家庭的一项重要决策：购房。购房的开销往往数额很大，需要缴纳多项税金。对购房这一举动进行合理的税收筹划，可节约资金千元甚至万元。

（一）筹划依据

1. 契税

根据《财政部 国家税务总局 住房城乡建设部关于调整房地产交易环节契税 营业税优惠政策的通知》（财税〔2016〕23号）的规定：

（1）对个人购买家庭唯一住房（家庭成员范围包括购房人、配偶以及未成年子女，下同），面积为90平方米及以下的，减按1%的税率征收契税；面积为90平方米以上的，减按1.5%的税率征收契税。

（2）对个人购买家庭第二套改善性住房，面积为90平方米及以下的，减按1%的税率征收契税；面积为90平方米以上的，减按2%的税率征收契税。

注：二套房契税优惠暂不适用于北上广深四地。

根据《契税暂行条例》《契税暂行条例细则》及财税〔2000〕130号文件的规定：

（1）城镇职工按规定第一次购买公有住房的，免征契税。

（2）城镇职工按规定第一次购买公有住房的，是指经县以上人民政府批准，在国家规定标准面积以内购买的公有住房。城镇职工享受免征契税，仅限于第一次购买的公有住房。超过国家规定标准面积的部分，仍应按照规定缴纳契税。

（3）对各类公有制单位为解决职工住房而采取集资建房方式建成的普通住房或由单位购买的普通商品住房，经当地县以上人民政府房改部门批准，按照国家房改政策出售给本单位职工的，如属职工首次购买住房，均比照"城镇职工按规定第一次购买公有住房的，免征契税"的规定，免征契税。

2. 增值税

根据财税〔2016〕36号文件，个人将购买不足2年的住房对外销售的，按照5%的征收率全额缴纳增值税；个人将购买2年以上（含2年）的非普通住房对外销售的，以销售收入减去购买住房价款后的差额按照5%的征收率缴纳增值税；个人将购买2年以上（含2年）的普通住房对外销售的，免征增值税。上述政策仅适用于北京市、上海市、广州市和深圳市。

3. 印花税

《财政部 国家税务总局关于调整房地产交易环节税收政策的通知》（财税〔2008〕137号）规定，对个人销售或购买住房暂免征收印花税。

4. 房产税

党的十九大之后，关于房地产税立法的思路愈发清晰。按照中央的决策部署，目前全国人大常委会预算工作委员会、财政部以及其他有关方面正在抓紧起草和完善房地产税法律草案。从目前的民意来看，在中心城市实施"累进制、惩罚性"的房产税，是很有可能的。

(二) 筹划思路

(1) 对个人首次购买 90 平方米以下普通住房的，减按 1% 的税率征收契税。家庭在购买首套住房时，可以在客观条件允许的情况下购买 90 平方米以下的普通住房。

(2) 房屋买卖时所缴契税的计税依据为成交价格。购买者在购买精装修的房屋时，可以从成交价格中分离出装修费用，减少契税计税依据。

(3) 如果家庭购买大面积住房才能满足居住需要，且希望享受契税优惠，那么，建议在条件允许的情况下，购买两套 90 平方米以下的地理位置相近的住房。

(4) 城镇职工第一次购买住房可以在标准面积之内免征契税。如果住房面积没有达到规定标准，重新购置公有住房的，视为第一次购房。家庭可以根据这项优惠政策在购房时进行筹划，让属于城镇职工的家庭成员购房，从而达到减免契税的目的。

(5) 房产税一旦征收，对于拥有多套住宅的人来说，即使第一套与第二套住宅免征房产税，第三套住宅采取累进税制，居民的压力也会非常大。这意味着，多套住房在一人名下会产生数额不小的房产税纳税义务。所以，建议拥有住房的居民将住房分散到各家庭成员名下，购买新住房时也尽量避免登记在已有房产的家庭成员名下。

案例 10.1

毕先生想在某市买一套商品房，销售人员为他介绍了两套相似的房屋：一套面积为 90 平方米，一套面积为 92 平方米。单价均为 10 000 元/平方米（假设这两套住房除房屋面积外，其他条件均相似且符合普通住房标准）。请问毕先生应该选择哪套住房呢？

解析：90 平方米的住房属于普通住宅，可享受 1% 的优惠税率，92 平方米的住房则要按照 1.5% 的税率缴纳契税。如果毕先生选择 90 平方米的住房，则需要缴纳契税 90×10 000×1%＝9 000（元）。如果选择 92 平方米的住房，则需要缴纳契税 92×10 000×1.5%＝13 800（元）。如果选择面积较小的住房，那么单契税这一项即可节省 4 800 元。

二、居住满五年，卖房免个税

个人转让房产所涉及的税收问题呈现出税种繁多、征管繁杂等特点。个人转让房地产取得的财产转让收入应当缴纳增值税、土地增值税、个人所得税、契税、印花税等。如果合理筹划，可大量节省资金。

（一）筹划依据

1. 增值税

根据财税〔2016〕36 号文件，在中华人民共和国境内销售服务、无形资产或者不动产的单位和个人，为增值税纳税人，应当按照本办法缴纳增值税。

（1）个人销售其取得的不动产（不含其购买的住房），应以取得的全部价款和价外费用减去该项不动产购置原价或者取得不动产时的作价后的余额为销售额，按照 5% 的征收率计算应纳税额。

（2）个人转让其自建的不动产（不含其自建自用住房），以取得的全部价款和价外费用为销售额，按照 5% 的征收率计算应纳税额。

（3）个人销售自建自用住房免征增值税。

（4）个人将购买不足 2 年的住房对外销售的，按照 5% 的征收率全额缴纳增值税；个人将购买 2 年以上（含 2 年）的住房对外销售的，免征增值税。上述政策适用于北京市、上海市、广州市和深圳市之外的地区。

（5）个人将购买不足 2 年的住房对外销售的，按照 5% 的征收率全额缴纳增值税；个人将购买 2 年以上（含 2 年）的非普通住房对外销售的，以销售收入减去购买住房价款后的差额按照 5% 的征收率缴纳增值税；个人将购买 2 年以上（含 2 年）的普通住房对外销售的，免征增值税。上述政策仅适用于北京市、上海市、广州市和深圳市。

2. 城市维护建设税

根据《中华人民共和国城市维护建设税法》（2020 年 8 月 11 日颁布）（简称《城市维护建设税法》）第二条的规定，城市维护建设税以纳税人依法实际缴纳的增值税、消费税税额为计税依据。

3. 教育费附加

《征收教育费附加的暂行规定》（2011 年修订）第三条规定，教育费附加,以各单位和个人实际缴纳的增值税、消费税的税额为计征依据,教育费附加率为3%,分别与增值税、消费税同时缴纳。个人享受免征增值税税收优惠的,同时也免征教育费附加。

4. 个人所得税

(1) 个人取得的房屋转让收入属于财产转让所得的征税范围,房屋受让方是扣缴义务人,应当履行转让方个人所得税的扣缴义务。

(2) 律师在计算和审核客户的个人所得税纳税义务时,应当考虑税额减免优惠政策因素的影响。

(3) 个人通过拍卖市场取得的房屋拍卖收入在计征个人所得税时,其房屋原值应按照纳税人提供的合法、完整、准确的凭证予以扣除;不能提供完整、准确的房屋原值凭证,不能正确计算房屋原值和应纳税额的,统一按转让收入全额的3%计算缴纳个人所得税。

(4) 对个人转让自用达5年以上,并且是唯一的家庭生活用房取得的所得,继续免征个人所得税。

5. 印花税

《财政部 国家税务总局关于调整房地产交易环节税收政策的通知》(财税〔2008〕137号)规定,对个人销售或购买住房暂免征收印花税。本通知自2008年11月1日起实施。

6. 土地增值税

《财政部 国家税务总局关于调整房地产交易环节税收政策的通知》(财税〔2008〕137号)规定,对个人销售住房暂免征收土地增值税。

(二) 筹划思路

(1) 因个人销售自建自用住房免征增值税，如家庭有两套房产，在需要将其中一套变现时，可以首先考虑销售自建自用的住房，以节省增值税税金。

(2) 对于北京市、上海市、广州市和深圳市之外的地区，个人将购买不足 2 年的住房对外销售的，按照 5% 的征收率全额缴纳增值税；个人将购买 2 年以上（含 2 年）的住房对外销售的，免征增值税。因此在转让住房时，应合理安排转让时间，节省增值税税金。

(3) 个人通过拍卖市场取得的房屋拍卖收入在计征个人所得税时，不能提供完整、准确的房屋原值凭证，按转让收入全额的 3% 计算缴纳个人所得税。若能提供合法、完整、准确的凭证，则先从所得额中扣除原值再计算个人所得税。因此在拍卖价格与房屋原值不一致时，可先比较两种方式的应缴税额，再选择是否提供原值凭证。

(4) 个人转让自用达 5 年以上的唯一的家庭生活用房取得的所得，暂免征收个人所得税。家庭可根据此项优惠延长居住时间或将短期投资变为 5 年以上的中长期投资。

案例 10.2

2021 年 1 月，李女士在深圳市区拥有一套居住期为 4 年的住房可供销售，售价为 800 万元，购入价格为 200 万元。倘若李女士等待一年后再原价出售，那么可节省多少税负？即现在出售为方案一，一年后出售为方案二。

解析：分析过程如表 10-1 所示。

表 10-1 分析过程

税种	方案一	方案二	税费差异
增值税	0	0	1 200 000
城市维护建设税	0	0	
教育费附加	0	0	
个人所得税	1 200 000〔(8 000 000－2 000 000)×20%〕	0	

因此，虽然方案二的售卖时间比方案一晚一年，但方案二可少缴税费 1 200 000 元，故应选择方案二。

三、家有余房要出租，如何定价有讲究

（一）筹划依据

1. 增值税

根据财税〔2016〕36 号文件附件 2《营业税改征增值税试点有关事项的规定》："个人出租住房，应按照 5% 的征收率减按 1.5% 计算应纳税额。"个人包括个体工商户与自然人。计算公式为：

应纳税额＝含税销售额÷(1＋5%)×1.5%

2. 城市维护建设税

根据《城市维护建设税法》第二条的规定，城市维护建设税以

纳税人依法实际缴纳的增值税、消费税税额为计税依据。

3. 教育费附加

《征收教育费附加的暂行规定》（2011年修订）第三条规定，教育费附加，以各单位和个人实际缴纳的增值税、消费税的税额为计征依据，教育费附加率为3%，分别与增值税、消费税同时缴纳。个人享受免征增值税税收优惠的，同时也免征教育费附加。

4. 个人所得税

根据《个人所得税法》（2018年修正），个人出租住房按照"财产租赁所得"项目计征个人所得税。财产租赁所得适用20%的比例税率。根据《财政部 国家税务总局关于廉租住房 经济适用住房和住房租赁有关税收政策的通知》的规定，对个人按市场价格出租住房取得的所得，减按10%的税率征收个人所得税。

5. 房产税

从租计征是按房产出租的租金收入计征，税率为12%。根据《财政部 税务总局关于房产税若干具体问题的解释和暂行规定》（财税地字〔1986〕8号）的规定，根据房产税暂行条例规定，房产出租的，以房产租金收入为房产税的计税依据。因此，个人出租房屋，应按房屋租金收入征税。

房产租金收入是房屋产权所有人出租房产使用权所得的报酬，包括货币收入和实物收入。如果是以劳务或者其他形式为报酬抵付房租收入的，应根据当地同类房产的租金水平，确定一个标准租金额从租计征。对出租房屋，租赁双方签订的租赁合同约定有免收租金期限的,免收租金期间由产权所有人按照房产原值缴纳房产税。

根据《财政部 国家税务总局关于廉租住房 经济适用住房和住房租赁有关税收政策的通知》(财税〔2008〕24号)第二条第(三)项的规定:"对个人出租住房,不区分用途,按4%的税率征收房产税。"

个人出租住房房产税从租计算的公式为:

$$应纳税额 = 租金收入 \times 4\%$$

6. 城镇土地使用税

根据《财政部 国家税务总局关于廉租住房 经济适用住房和住房租赁有关税收政策的通知》(财税〔2008〕24号)第二条第(三)项的规定:"对个人出租住房,不区分用途,免征城镇土地使用税。"

7. 印花税

根据《财政部 国家税务总局关于廉租住房 经济适用住房和住房租赁有关税收政策的通知》(财税〔2008〕24号)第二条第(二)项的规定:"对个人出租、承租住房签订的租赁合同,免征印花税。"

(二)筹划思路

(1)以上政策优惠种类多,力度大。结合以上税收优惠政策,对所拥有的房产以租代售,可以达到减轻税负的目的。

(2)个人采取一次性收取租金的形式出租不动产,取得的租金收入可在租金对应的租赁期内平均分摊,分摊后的月租金收入不超过3万元的,可享受小规模纳税人免征增值税优惠政策。纳税人可利用此政策，合理设置租金，达到免征增值税标准。

（3）根据《中华人民共和国房产税暂行条例》的规定，房产出租的，以房产租金收入为房产税的计税依据。因此，个人出租房屋时应尽量从租金中分离出水电费，以减少税基。

案例 10.3

李女士打算将自家房屋出租，房屋出租费用为 2 000 元/月，水电费平均为 100 元/月。请问她如何签订房屋出租合同比较划算？

解析：倘若李女士将水电费计入租金，即按照 2 100 元/月收取租金，那么李女士需要缴纳增值税 30 元 [2 100/(1+5%)×1.5%]，个人所得税 207 元 [(2 100－30)×10%] 和房产税 82.8 元 [(2 100－30)×4%]，合计应缴税费为 319.8 元。如果水电费让租户自己缴付，那么以上应纳税额的税基为 2 000 元，此时李女士应缴增值税为 28.57 元，个人所得税 197.14 元，房产税 78.86 元，共为 304.57 元。合计每月可少缴税费 15.23 元。

四、巧了，试试交换房屋！

（一）筹划依据

根据《契税暂行条例细则》（财法字〔1997〕52 号）第十条的规定，土地使用权交换、房屋交换，交换价格不相等的，由多交付货币、实物、无形资产或者其他经济利益的一方缴纳税款。交换价格相等的，免征契税。

如两个房屋购房面积在 90 平方米以下且该房屋属于家庭唯一住房，则按总价值之差的 1% 收缴契税；如两个房屋购房面积在 90～144 平方米且该房屋属于家庭唯一住房，则按房屋总价值之差的 1.5% 收缴契税；如两个房屋购房面积在 144 平方米以上或非家庭唯一住房，则按房屋总价值之差的 3% 收缴契税。

（二）筹划思路

如果有合适的两位居民想要更换房屋，可采取交换房屋的方式，来减少单独买卖时所需缴纳的契税。

案例 10.4

毕先生仅拥有一套 120 平方米的罗湖区住房，价值为 250 万元；李女士仅拥有一套 110 平方米的南山区住房，价值为 230 万元。由于工作原因，毕先生需要将住房从罗湖区更换至南山区，李女士刚好相反，两人均中意对方的房屋。请问他们是否有减少应缴税费的购房方案？

解析：倘若二人采用买卖房屋的方式，李女士需要缴纳契税 37 500 元（2 500 000×1.5%），毕先生需要缴纳契税 34 500 元（2 300 000×1.5%）；倘若二人采用交换房屋的方式，则二人只需缴纳契税 3000 元（200 000×1.5%）。因此，他们可采用交换房屋的方式减少应缴税费。

第二节　购买私家车的学问

一、国内买车

（一）筹划依据

1. 车辆购置税

《中华人民共和国车辆购置税法》（简称《车辆购置税法》）规定，车辆购置税的纳税人为购置（包括购买、进口、自产、受赠、获奖或者其他方式取得并自用）应税车辆的单位和个人，征税范围包括汽车、有轨电车、电车挂车、排气量超过一百五十毫升的摩托车。如果消费者购买的是国产私车，则计税价格为支付给经销商的全部价款和价外费用，不包括增值税（税率13%）税款。

2. 消费税

销售额为纳税人销售应税消费品向购买方收取的全部价款和价外费用。价外费用是指价外向购买方收取的手续费、补贴、基金、集资费、返还利润、奖励费、违约金（延期付款利息）、包装费、包装物租金、储备费、优质费、运输装卸费、代收款项、代垫款项及其他各种性质的价外收费。

乘用车消费税的税率是按照气缸容量的大小确定的。气缸容量越大，税率就越高。另外，根据《关于对超豪华小汽车加征消费税有关事项的通知》，国家对零售价超过130万元（不含增值税）的超豪华小汽车，在零售环节加征10%的消费税。乘用车税率表如表10-2所示。

表10-2 乘用车税率表

气缸容量	税率（%）
1.0升以下（含1.0升）	1
1.0~1.5升（含1.5升）	3
1.5~2.0升（含2.0升）	5
2.0~2.5升（含2.5升）	9
2.5~3.0升（含3.0升）	12
3.0~4.0升（含4.0升）	25
4.0升以上	40

3. 车船税

在《中华人民共和国车船税法》（简称《车船税法》）等规定的基础上，车船税征收标准还应该根据各地税务局制定的具体管理办法予以确定，车主可在投保交强险的同时一并缴纳车船税。车船税按照年度缴纳，至于征收多少，各地有所不同。

4. 税收优惠

根据海关总署、国家计委、国务院经贸办、财政部、交通部、国家税务局、中国汽车工业总公司《关于回国服务的在外留学人员用现汇购买个人自用国产小汽车有关问题的通知》的规定，凡在国外正规大学（学院）注册学习毕（结）业和进修期限在一年以上的留学人员回国工作，在其免税限量和从境外带进的外汇额度内，可用现汇购买免税国产小汽车一辆。2004年海关总署出台了有关留学人员购车政策的新规定——《海关总署关于简化和规范我留学人员购买免税国产小汽车有关手续的通知》（署监发〔2004〕341号），进一步放宽了申购时段。留学人员购置的、来华专家进口自用的符合免税条件的车辆，可直接到主管税务机关办理免税事宜，不需要再到省级主管税务机关审批。

（二）筹划思路

（1）如果消费者购买的是国产私车，则计税价格为支付给经销商的全部价款和价外费用，不包括增值税税款（税率13%）。因此，在家庭购买车辆时，可以与4S店协商，采取委托方开票或不同时间支付的方式，此时相关费用不并入价外费用，可减少车辆购置税和消费税的税基以及与消费税相关的城市维护建设税和教育费附加。

（2）由于消费税税率与小汽车的气缸容量相关，气缸容量越大，适用税率就越高，因此家庭在购买小汽车时，应在允许的情况下，尽量选择气缸容量小的小汽车，减少所缴的消费税。消费税额的降低也会减少城市维护建设税与教育费附加，达到节税的目的。

（3）家庭中若有符合留学人员购车优惠政策的家庭成员，可由其代表家庭购车，从而达到节省税费的目的。

案例 10.5

李女士购买了一辆小汽车，含税价格为 150 000 元，气缸容量为 2.0 升，并支付给汽车销售公司下列代办费用：牌照费 300 元、购买工具件与零部件 2 500 元、保险金 8 000 元、一年养路费 2 300 元、车辆装饰费 10 000 元。上述款项由汽车销售公司代开发票。请问李女士是否有更加划算的其他购买方式？（假设当地车船税为 400 元/年。）

解析： 按照案例中的购买方式，李女士所需缴纳税费如下：

计税价格 =（150 000＋300＋2 500＋8 000＋2 300＋10 000）

÷（1＋13%）

＝153 185.84（元）

应缴纳车辆购置税＝153 185.84×10%＝15 318.58（元）

若进行税收筹划，将各项费用分开，各有关单位单独开具发票，那么按照有关规定，纳税人销售货物的同时代办保险而向购买方收取的保险费，以及从事汽车销售的纳税人向购买方收取的代购买方缴纳的车辆购置税、牌照费，不作为价外费用，无须计入税基。

根据税法的规定，购买者随车购买的工具件、零部件和车辆装饰费应作为购车款的一部分，并入计税价格缴纳车辆购置税，但如果购买时间不同或销售方不同，则无须并入计税价格。

筹划后，李女士应缴纳的税费如下：

计税价格＝150 000÷(1＋13％)＝132 743.36(元)

应缴纳车辆购置税＝132 743.36×10％＝13 274.34(元)

李女士经筹划后可少缴车辆购置税 2 044.24 元。

二、买台进口车

(一) 筹划依据

1. 增值税

我国税法规定，纳税人进口货物，按照组成计税价格和规定的增值税税率计算应纳税额，不得抵扣任何税额（在计算进口环节的应纳增值税税额时，不得抵扣发生在我国境外的各种税金）。

2. 关税

根据《中华人民共和国进出口关税条例》(简称《进出口关税条例》)（根据 2017 年 3 月 1 日《国务院关于修改和废止部分行政法规的决定》第四次修订）第二条的规定，中华人民共和国准许进出口的货物、进境物品，除法律、行政法规另有规定外，海关依照本条例规定征收进出口关税。

3. 车辆购置税

《车辆购置税法》规定，车辆购置税的纳税人为购置（包括购买、进口、自产、受赠、获奖或以其他方式取得并自用）应税车辆的单位和个人，征税范围包括汽车、有轨电车、电车挂车、排气量超过一百五十毫升的摩托车。如果消费者购买的是国产私车，则计税价格为支付给经销商的全部价款和价外费用，不包括增值税（税率13%）税款。

4. 消费税

销售额为纳税人销售应税消费品向购买方收取的全部价款和价外费用。价外费用是指价外向购买方收取的手续费、补贴、基金、集资费、返还利润、奖励费、违约金（延期付款利息）、包装费、包装物租金、储备费、优质费、运输装卸费、代收款项、代垫款项及其他各种性质的价外收费。

乘用车消费税的税率是按照气缸容量的大小确定的。气缸容量越大，税率就越高。另外，根据《关于对超豪华小汽车加征消费税有关事项的通知》，国家对零售价超过130万元（不含增值税）的超豪华小汽车，在零售环节加征10%的消费税。乘用车税率如表10-2所示。

5. 车船税

在《车船税法》等规定的基础上，车船税征收标准还应该根据各地税务局制定的具体管理办法予以确定，车主可在投保交强险的同时一并缴纳车船税。车船税按照年度缴纳，至于征收多少，各地有所不同。

（二）筹划思路

在购买进口车辆时，组成计税价格由关税完税价格、关税和消费税组成，而车辆购置税以组成计税价格为税基。根据税法，小轿车的整车关税税率高于零部件的关税税率，在报关进口时，可以选择整车和零部件分别报关，以降低关税，从而降低组成计税价格，达到节税目的。

案例 10.6

毕先生和他的车友们决定一起从德国进口小汽车，报关进口时，海关审定的计税价格为 450 000 元/辆（其中包含工具件与零部件 50 000 元/辆）。海关课征关税 405 000 元/辆，海关代征消费税 76 950 元/辆，增值税 121 153.5 元/辆。

解析：若毕先生不进行税收筹划，应纳的车辆购置税计算如下：

组成计税价格＝450 000＋405 000＋76 950＝931 950(元)

应纳车辆购置税税额＝931 950×10％＝93 195(元)

税收筹划的做法是：毕先生在进口报关时，将每部车的工具件和零部件 50 000 元单独报关进口，其纳税情况如下：

依照现行关税的有关规定，进口小轿车整车的税率相对较高，而进口零部件的税率较低，若进口小轿车整车的税率为 90％，进口零部件的税率为 45％。

应纳关税税额＝400 000×90％＋50 000×45％＝382 500(元)

少纳关税税额＝405 000－382 500＝22 500(元)

应纳消费税税额=(400 000+382 500)×9%=70 425(元)

少纳消费税税额=76 950-70 425=6 525(元)

国内增值税税额=(400 000+50 000+382 500+70 425)×13%
=117 380.25(元)

少纳增值税税额=121 153.5-117 380.25=3 773.25(元)

车辆购置税组成计税价格=400 000+382 500+70 425
=852 925(元)

应纳车辆购置税税额=852 925×10%=85 292.5(元)

少纳车辆购置税税额=93 195-85 292.5=7 902.5(元)

三、车辆出租的税收筹划

税法规定，其他个人采取一次性收取租金形式出租车辆取得的租金收入，可在对应的租赁期内平均分摊，分摊后的月租金收入未超过 10 万元的，免征增值税。如果个人获得的月租金比 10 万元略高，可以权衡最终收入，考虑适当降低租金水平。

另外，增值税的纳税人同时也是城市维护建设税、教育费附加和地方教育附加的纳税人，如果无须缴纳增值税，相应也会减少城市维护建设税、教育费附加和地方教育附加应负担的税款。

案例 10.7

王某将闲置的超豪华小汽车出租给当地一家婚庆公司，每月收取租金 105 000 元，则王某每月应缴纳的增值税、城市维护建设税、教育费附加和地方教育附加是多少？是否可以通过税收筹划降低税收负担？

解析：王某出租车辆的行为属于有形动产租赁，个人按照征收率计算缴纳增值税。

应当缴纳的增值税 = 105 000 ÷ (1+3%) × 3%
= 3 058.25（元）

应当缴纳的城市维护建设税 = 3 058.25 × 7% = 214.08（元）

应当缴纳的教育费附加 = 3 058.25 × 3% = 91.75（元）

应当缴纳的地方教育附加 = 3 058.25 × 2% = 61.17（元）

王某当月因出租获得的净收入 = 105 000 − 3 058.25 − 214.08 − 91.75 − 61.17
= 101 574.75（元）

如果王某将租金收入降至 103 000 元，则当月的应纳税所得额为 103 000 ÷ (1+3%) = 100 000（元），未超过 100 000 元的标准，可以享受免征增值税的优惠，同时无须缴纳城市维护建设税、教育费附加和地方教育附加，因此王某当月因出租获得的净收入为 103 000 元。虽租金定价较低，但最终获得的收入与原租金水平相比更高，即 103 000 − 101 574.75 = 1 425.25（元）。

第三节　家有存款如何节税

一、放长线，钓大鱼

(一) 筹划依据

根据财税〔2015〕101号文件的规定，自2015年9月8日起，个人从公开发行和转让市场取得的上市公司股票，持股期限超过1年的，股息红利所得暂免征收个人所得税。

个人从公开发行和转让市场取得的上市公司股票，持股期限在1个月以内（含1个月）的，其股息红利所得全额计入应纳税所得额；持股期限在1个月以上至1年（含1年）的，暂减按50%计入应纳税所得额；上述所得统一适用20%的税率计征个人所得税。

上市公司派发股息红利时，对个人持股1年以内（含1年）的，上市公司暂不扣缴个人所得税；待个人转让股票时，证券登记结算公司根据其持股期限计算应纳税额，由证券公司等股份托管机构从个人资金账户中扣收并划付证券登记结算公司，证券登记结算公司应于次月5个工作日内划付上市公司，上市公司在收到税款当月的法定申报期内向主管税务机关申报缴纳。

上市公司派发股息红利，股权登记日在2015年9月8日之后的，股息红利所得按照财税〔2015〕101号文件的规定执行。2015年9月8日个人投资者证券账户已持有的上市公司股票，其持股时间自取得之日起计算。

（二）筹划思路

上述政策旨在减少投机行为，规范股市交易，通过对持股期限超过一年的股息红利所得暂免征收个人所得税，鼓励投资者进行长期投资。因此投资者应该尽量延长投资时间至一年以上，以减少个人所得税额。

二、当国家的债权人

（一）筹划依据

1. 个人所得税

根据《个人所得税法》第四条的规定，国债和国家发行的金融债券利息免征个人所得税。

2. 增值税

根据《财政部 国家税务总局关于全面推开营业税改征增值税试

点的通知》（财税〔2016〕36号）附件3第一条第（十九）款第3项的规定，国债、地方政府债利息收入免征增值税。

（二）筹划思路

国债利率高于一般储蓄，甚至和某些投资理财产品收益相当，因此在规划家庭理财时，国债不失为一个好选择。

三、传统储蓄也不错

（一）筹划依据

根据《个人所得税法》等有关规定，国务院决定自2008年10月9日起，对储蓄存款利息所得（包括人民币、外币储蓄利息所得）暂免征收个人所得税。

储蓄存款在1999年10月31日前孳生的利息，不征收个人所得税；储蓄存款在1999年11月1日至2007年8月14日孳生的利息，按照20%的税率征收个人所得税；储蓄存款在2007年8月15日至2008年10月8日孳生的利息，按照5%的税率征收个人所得税；储蓄存款在2008年10月9日后（含10月9日）孳生的利息，暂免征收个人所得税。

（二）筹划思路

上述政策旨在鼓励大众存款，因此大众在进行理财时，可考虑储蓄这一稳妥又不失收益的方法。

案例 10.8

李女士在北京的一家私营企业工作，每月工资收入为 150 000 元，年底奖金为 100 000 元，几年后有所积蓄，希望拿出 20 万元投资金融产品。请问李女士该如何进行投资选择呢？

解析：

（1）对投资方式进行综合考虑。即不能只考虑投资收益和投资风险，也不能只考虑纳税金额的多少。

（2）将几种投资方式同时运用，不宜只选其一。如可以同时选择股票、债券和存款三种投资方式，投资风险高低搭配，投资收益多少搭配，资金保险系数高，投资更稳妥。

（3）数量上合理搭配。同时选择两种或两种以上的投资方式时，应该在数量上分配合适，即将作为生活保障后备的资金额用于保险系数大、风险小、随时可支取的投资项目；将除生活保障后备之外的资金用于风险大、可能带来高收益的投资项目。这样，即使真的遇到风险，亏了本，也不会影响基本生活。

（4）尽可能地选择国债、持有一年期以上的股票和储蓄等免税投资项目。

第四节　资产管理产品的税收筹划

一、资管产品的增值税筹划

（一）通过结构化设计进行税收筹划

1. 筹划原理

《财政部 国家税务总局关于明确金融 房地产开发 教育辅助服务等增值税政策的通知》（财税〔2016〕140号）规定，金融商品持有期间（含到期）取得的非保本的投资收益，不属于利息或利息性质的收入，不征收增值税。

对资产管理产品要实行净值化管理，金融机构开展的资产管理业务不得承诺保本收益，出现兑付困难时，金融机构也不得以任何形式垫资兑付。可以看出，金融商品持有期间（含到期）是否保本的增值税税收政策差异，为个人投资者在选择金融商品、取得投资收益时，提供了增值税的税收筹划空间。

2. 筹划要点

结构化基金根据客户保守或进取的风险偏好，分为优先级和劣后级。优先级与劣后级的"优先"和"劣后"指的是分配收益的顺序。一般而言，优先级先取得较低的固定回报，劣后级之后才取得剩下的收益。

从收益特征上讲，结构化基金安排一般分为三种：一是优先级没有固定收益，将收益的一部分让渡给劣后级，而发生亏损时要使用劣后级本金补偿优先级；二是优先级享受固定收益，劣后级享受全部的超额收益；三是优先级投资者享有固定收益及相应的浮动收益。可以看出，风险偏好低的投资者应认购优先级，而风险承受能力强的投资者认购劣后级，因此，可以通过对投资产品的结构化设计进行相应的税收筹划。

案例 10.9

有一资产管理计划 D，投资期为 3 年，优先级 A 由投资人认缴和实缴本金 3 亿元，优先级 B 由银行资金认缴和实缴 3 亿元；劣后级由投资人认缴和实缴 8 亿元。其中优先级预期收益率为 10%。管理人收取管理费作为对资产管理计划进行日常管理与投资运作的对价。托管银行在接受资产管理产品管理人的委托后，对投资者利益负责，保管其委托管理的资产，对资产管理产品管理人的投资进行日常监督，对计划投资的标的公司的贷款项目进行资产管理。资产管理计划 D 的产品结构如图 10 - 1 所示。

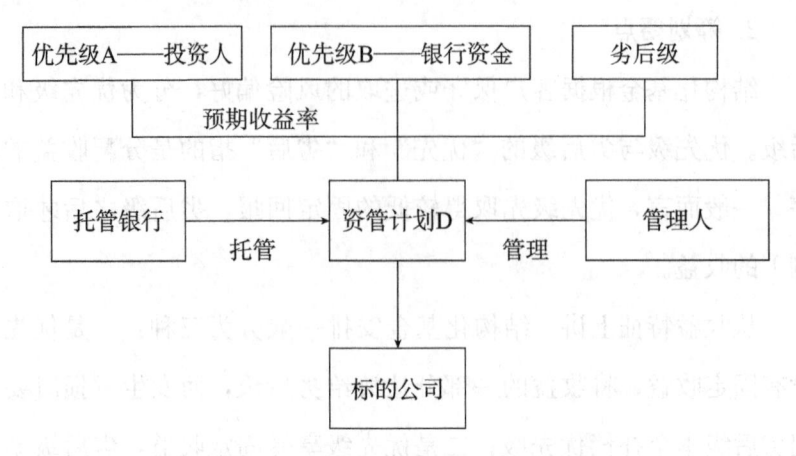

图 10 - 1　资产管理计划 D 的产品结构图

具体条款包括：(1) 资产管理计划管理人向"优先级 A——投资人"和"优先级 B——银行资金"按季分红。(2) 在资产管理资金不足的情况下，可在劣后级认缴额度内追加投资资金。(3) 设置投资决策委员会，优先级方 2 人，劣后级方 1 人。公司投资事项要求全体投票表决通过，劣后级追加事项除外；劣后级追加决议由 2 位委员通过即可。

通过结构化设计优先级或优先分配权对资产管理计划进行筹划，应当先认定具体条款是否符合合规性的要求，再认定条款设计中的预期收益是否属于保本收益。

首先，从合规方面讲，根据《证券期货经营机构私募资产管理业务运作管理暂行规定》，本例中资产管理计划 D 的条款和销售材料中没有诸如"零风险、收益有保障、本金无忧"等保本、保收益内涵的表述，所以优先级不能完全保本、保收益，劣后级投资人在某些极端情况下也存在亏光的可能，进而亏损还存在穿透到优先级的情况。

其次，从税务方面讲，财税〔2016〕140号文件第一条指出，金融商品持有期间（含到期）取得的非保本的投资收益，不属于利息或利息性质的收入，不征收增值税。上述优先级、优先分配权是通过结构化设计实现的，并不属于财税部门定义的保本收益，因此，对上述收益不征收增值税。在设计资产管理产品时可加入相应的优先级或优先分配权以规避相应的纳税义务，同时优先级投资者也需承担相应的投资风险。

所以，可以运用结构化设计进行相应的税收筹划。第一，现行的行业监管明文禁止优先级投资者收取固定收益，使用劣后级投资者的本金承担亏损也被明文禁止。第二，从结构化产品的本质来看，优先级投资者的分配权是通过结构化设计实现的。因此，在财税部门制定的资产管理产品增值税政策中，所谓非保本产品收益不属于利息或利息性质的收入，不征收增值税，也可以应用于结构化产品。通过对资产管理产品进行结构化设计，优先级和优先分配权产生，由此各方获得的收益不属于保本收益，不征收增值税，从而起到税收筹划的作用。

（二）运用资产管理产品进行金融商品转让的税收筹划

金融商品转让是指转让外汇、有价证券、非货物期货和其他金融商品所有权的业务活动。其他金融商品转让包括基金、信托、理财产品等各类资产管理产品和各种金融衍生品的转让。

1. 销售额的确定

根据财税〔2016〕36号文件，金融商品转让按照卖出价扣除买入价后的余额为销售额。转让金融商品出现的正负差，按盈亏相抵后的余额为销售额。若相抵后出现负差，可结转下一纳税期与下期转让金融商品销售额相抵，但年末时仍出现负差的，不得转入下一个会计年度。金融商品的买入价可以选择按照加权平均法或者移动加权平均法进行核算，选择后36个月之内不得变更。

根据《财政部 税务总局关于租入固定资产进项税额抵扣等增值税政策的通知》（财税〔2017〕90号）的规定，转让2017年12月31日前取得的股票（不包括限售股）、债券、基金、非货物期货，可以选择按照实际买入价计算销售额，或者以2017年最后一个交易日的股票收盘价（2017年最后一个交易日处于停牌期间的股票，为停牌前最后一个交易日收盘价）、债券估值（中债金融估值中心有限公司或中证指数有限公司提供的债券估值）、基金份额净值、非货物期货结算价格作为买入价计算销售额。

2. 税率的确定

（1）运营资产管理产品过程中发生的增值税应税行为，按3%的征收率差额计征。

根据财税〔2017〕56号文件（以下简称56号文）的规定，资产管理产品管理人运营资产管理产品过程中发生的增值税应税行为，暂适用简易计税办法，按照3%的征收率缴纳增值税。因此，若卖出价－买入价<0，不产生应纳税额；若卖出价－买入价>0，按规定缴纳增值税。

（2）纳税人购入基金、信托、理财产品等各类资产管理产品持有至到期，不属于金融商品转让。

在销售额的确定中，纳税人可以选择一个对自己有利的价格作为买入价，即孰高原则。

案例 10.10

假设一资产管理计划在20×1年6月28日以20元买入股票A，20×7年最后一个交易日收盘价为23元，20×3年3月1日卖出价为25元。

这时，就可以选择以20×7年最后一个交易日的股票收盘价作为买入价计算销售额：销售额＝(25－23)×股数。

案例 10.11

假设在20×1年10月18日以30元买入股票B，20×3年最后一个交易日股票B恰处于停牌期间，停牌前最后一个交易日收盘价为28元，20×3年3月1日卖出价为33元。

这时，就可以选择以实际买入价计算销售额：销售额＝(33－

30)×股数。

对于按照金融商品转让项目计征增值税的，对应的应纳税额为：

应纳税额＝转让价差的销售额(含增值税)÷(1＋征收率)×征收率

转让价差的销售额＝卖出价－买入价(可正负抵扣)

案例 10.12

假设个人购买一款资产管理产品，20×0 年 2 月 15 日处置金融资产取得收入 1 000 元，该项金融资产原账面成本为 897 元。则到期时应当按照金融商品转让确认收入，缴纳的增值税额为：

应纳税额＝(1 000－897)÷(1＋3%)×3%＝3(元)

即在简易征收的情况下，到期收益 103 元需要缴纳增值税 3 元，收益率同样需要打约九七折。

（三）销售额和应纳税额核算的税收筹划

1. 筹划原理

56 号文规定，管理人应分别核算资产管理产品运营业务和其他业务的销售额和增值税应纳税额。未分别核算的，资产管理产品运营业务不得适用简易计税方法。

2. 筹划要点

分别或汇总核算销售额和增值税应纳税额，主要的区别体现在产品销售额和增值税应纳税额的计算上。分别核算按产品独立计算，产品间的销售额和应纳税所得额不存在互相抵扣的影响,且分别核算使账目更清晰,但账目过多会导致报税更加复杂。对于汇总核算,不同产品间的销售额合并计算,间接实现了产品间的盈亏互抵,这一方式可能会在一定程度上实现整体的节税效果。但由于不同的资产管理产品设定有不同的期限,有些资产管理产品亏损后就到期了,因此,合并计算导致的结果是,在运行一段时间后,管理人账户上可能会留存税金的结余金额,这一金额无法对应到具体的资产管理产品。

虽然分别计算和合并计算在税法上都允许,但各有优缺。若考虑税收影响,可以选择汇总核算资产管理产品运营业务和其他业务的销售额和增值税应纳税额;若为了账目更清晰,且适用简易计税办法,则可以选择分别核算资产管理产品运营业务和其他业务的销售额和增值税应纳税额。

案例 10.13

资产管理产品管理人张新管理的 A,B,C 三个资产管理计划都有两期,其中资产管理计划 A 在一期亏损 60 万元,二期盈利 40 万元;资产管理计划 B 在一期盈利 90 万元,二期盈亏平衡;资产管理计划 C 在一期亏损 50 万元,二期盈利 60 万元。

若分别核算三个资产管理计划,因为一期资产管理计划 A 和资产管理计划 C 都亏损,所以应纳税所得额为 90 万元;到二期后,由于资产管理计划 A 继续亏损,资产管理计划 B 未盈利,资产管理计划C盈利10万元，因此二期三个资产管理计划应纳税所得额为10万元。所以将三个资产管理计划分别核算，应纳税所得额总计为100万元。

若汇总核算三个资产管理计划，因为一期资产管理计划A和资产管理计划C亏损，只有资产管理计划B盈利，因此应当将90万元继续留在管理人账户上，实际应纳税所得额为0；到二期后，三个资产管理计划总盈利80万元，因此需要从管理人账户提取应纳税所得额80万元。所以将三个资产管理计划汇总核算，实际应纳税所得额总计为80万元。

综上所述，资产管理产品管理人要事先进行测算并合理选择核算与申报方式进行筹划，就本例而言，将产品汇总核算和分别核算相比，应纳税所得额减少20万元，达到了合理筹划的目的。

二、资产管理产品的个人所得税筹划

1. 筹划原理

税法规定，个人投资者投资公募契约型证券投资基金和基金专户取得的基金分红及转让或赎回价差免征个人所得税；投资股权投资类信托、证券投资类信托、券商资产管理计划、期货资产管理计划取得的分红收益及转让或赎回价差按20%的税率缴纳个人所得税，由发行资产管理产品的公司代扣代缴；购买私募公司型股权基金，基金分红按20%的税率缴纳个人所得税，由公司型基金代扣代缴；

购买私募公司型股权基金转让或赎回基金单位取得的价差，按20%的税率缴纳个人所得税，由受让方在公司型基金所在地代扣代缴；购买私募合伙型股权投资基金的基金分红，对价差部分形成的分红比照个体工商户生产经营所得适用5%～35%的累进税率，对被投资企业分配股息部分按20%的税率征收个人所得税，由合伙型基金代扣代缴；购买私募合伙型股权投资基金，转让或赎回基金单位取得的价差，按20%的税率缴纳个人所得税，由受让方代扣代缴。

可以看出，不同的资产管理产品适用的个人所得税政策略有不同，这为个人投资者在选择资产管理产品时，提供了税收筹划的空间。

2. 筹划要点

若资产管理产品的预期投资收益相同，则可以对认购资产管理产品进行税收筹划，以期取得最大的税收利益。我国税法对公募契约型证券投资基金及基金专户理财产品产生的收益或者转让、赎回价差免征个人所得税，因此，若产品风险及预期收益相差不大，可以选择投资公募契约型证券投资基金及基金专户理财产品，以利用税收优惠获得税收利益。

除投资私募合伙型股权投资基金外，投资私募公司型股权基金、股权投资类信托、证券投资类信托、券商资产管理计划、期货资产管理计划取得的投资收益及转让或赎回价差均需缴纳20%的个人所得税，区别在于：股权投资类信托、证券投资类信托、券商资产管理计划、期货资产管理计划取得的收益由发行公司代扣代缴个人所得税，投资私募公司型股权基金取得的基金分红由公司型基金代扣代缴，转让或赎回价差由受让方在公司型基金所在地代扣代缴。

私募合伙型股权投资基金取得的被投资企业分配的股息，按20％的税率征收个人所得税，由合伙型基金代扣代缴；对价差部分形成的分红，比照个体工商户生产经营所得适用5％～35％的累进税率；转让或赎回价差由受让方按20％的税率代扣代缴。

对于银行理财产品，我国税法暂时没有明确规定投资收益是否需要缴纳个人所得税，理论上个人取得的应税收入均应主动申报缴纳个人所得税。个人投资其他资产管理产品，均由发行资产管理产品的公司代扣代缴个人所得税，个人无须再自行申报缴纳个人所得税。

第五节　老板，来份保险

一、保险税收筹划的政策依据与思路

（一）个人所得税政策

《财政部 国家税务总局关于基本养老保险费 基本医疗保险费 失业保险费 住房公积金有关个人所得税政策的通知》规定，企事业单位按照国家或省（自治区、直辖市）人民政府规定的缴费比例或办法实际缴付的基本养老保险费、基本医疗保险费和失业保险费，免征个人所得税；个人按照国家或省（自治区、直辖市）人民政府规定的缴费比例或办法实际缴付的基本养老保险费、基本医疗保险费和失业保险费，允许在个人应纳税所得额中扣除。

根据《财政部 税务总局 保监会关于将商业健康保险个人所得税试点政策推广到全国范围实施的通知》，取得工资薪金所得、连续性劳务报酬所得的个人，以及取得个体工商户生产经营所得、对企事业单位的承包承租经营所得的个体工商户业主、个人独资企业投资者、合伙企业个人合伙人和承包承租经营者，对其购买符合规定的商业健康保险产品的支出，允许在当年（月）计算应纳税所得额时予以税前扣除，扣除限额为2 400元/年（200元/月）。2016年1月1日起，在北京市、河北省石家庄市等31个城市实施商业健康保险个人所得税政策试点，对试点地区个人购买符合规定的健康保险产品的支出，按照2 400元/年的限额标准在个人所得税前予以扣除。

保险公司销售符合规定的商业健康保险产品，应当及时为购买保险的个人开具发票和保单凭证，并在保单凭证上注明税优识别码。

个人购买商业健康保险未获得税优识别码的，其支出金额不得税前扣除。

税优识别码是指为确保税收优惠商业健康保险保单的唯一性、真实性和有效性，由商业健康保险信息平台按照"一人一单一码"的原则对投保人进行校验后，下发给保险公司，并在保单凭证上打印的数字识别码。

（二）保险税收筹划思路

1. 享受基本社会保险的免税政策

根据税法的规定，企业和个人按照规定的比例提取并缴付的基本养老保险费、基本医疗保险费和失业保险费，免予征收个人所得税。个人按照国家或省（自治区、直辖市）人民政府规定的缴费比例或办法实际缴付的基本养老保险费、基本医疗保险费和失业保险费，允许在个人应纳税所得额中扣除。因此家庭在制定保险计划时，首先在条件许可的情况下，将基本社会保险按规定比例缴足，保障基本生活；其次再补充商业保险。

2. 按需选择税收优惠型商业健康保险

税收优惠型商业健康保险有以下特点：保障责任范围广，即提供住院医疗费、住院前后门诊医疗费、6种特定疾病（恶性肿瘤放射治疗、恶性肿瘤静脉注射化学治疗、血液透析、腹膜透析、肾移植术后抗排异治疗或肝硬化治疗）门诊费、3种慢性病（糖尿病、高血压、冠心病）门诊费报销；保障内容范围广，即社保范围内的剩余费用可100%报销，社保范围外的费用80%报销。正常缴纳个人所得税的纳税人均可以购买。重疾险也属于健康险的一种，但只有部分指定的重大疾病保障才符合条件，享受相关税收优惠政策。

因此家庭在选择保险时，可以根据需要选择税收优惠型商业健康保险，以减少个人所得税的缴纳数额。

二、保险税收筹划方法

（一）基本社会保险的税收筹划

基本社会保险的主要项目包括养老保险、医疗保险、失业保险、工伤保险、生育保险。个人应该根据国家标准足额缴纳基本社会保险，从而提高个人所得税税前扣除额度，减小税基，达到减少个人所得税应纳税额的目的。

企业员工依照国务院有关主管部门或者省级人民政府规定的范围和标准缴纳的基本养老保险费、基本医疗保险费、失业保险费、工伤保险费、生育保险费等基本社会保险费和住房公积金，可以在税前附加扣除，按照"工资、薪金所得"应税项目，适用3%～45%的七级超额累进税率预缴个人所得税。对于收入较高的员工，可以选择成立个人独资企业或者成为合伙企业的投资者，基本社会保险在个人所得税预缴时不能在税前扣除，可以作为投资者个人的生产经营成本、费用在企业年度汇算清缴时税前扣除，按照《个人所得税法》的"生产经营所得"应税项目，适用5%～35%的五级超额累进税率，计算征收个人所得税。对于高收入人群来说，一方面，可以选择更加适合自身职业发展的企业；另一方面，可以根据个人风险喜好进行选择，如对于风险爱好型的人群，可以选择合伙制企业。

（二）税收优惠型商业健康保险的税收筹划

个人在购买保险和保险分红时可以进行税收筹划。目前，个人购买保险时可以选择税收优惠型商业健康保险。税收优惠型商业健康保险采取万能险方式，包含医疗保险和个人账户积累两项责任。其与基本医疗保险、补充医疗保险相衔接，用于补偿被保险人在经基本医疗保险、补充医疗保险补偿后自负的医疗费用，保障额度比较有限；不仅能够享用税收优惠政策进行个人所得税税前扣除，而且允许带病投保、保证续保以及扩展社会保险外用药等。纳税人购买税收优惠型商业健康保险，可以在月收入额减除费用5 000元以及专项费用和依法确定的其他扣除后，税前扣除200元；在次年汇算清缴时，可以在60 000元的基本费用扣除标准以及专项和其他扣除后再税前扣除2 400元。

案例10.14

假定小李月薪为8 000元，个人所得税基本费用扣除标准为5 000元，另每月支出200元用于购买税收优惠型商业健康保险。小李应该怎样运用保险税收政策进行税收筹划？

解析：（1）假定小李无工资薪金以外的其他收入，且没有基本费用扣除标准以外的其他扣除，则购买税收优惠型商业健康保险前每年应缴个人所得税 $=(8\,000\times12-60\,000)\times3\%$

$=1\,080(元)$

购买税收优惠型商业健康保险后每年应缴个人所得税 $=(8\,000\times12-60\,000-2\,400)\times3\%$

$=1\,008(元)$

每年少缴个人所得税 72 元。

假如小李每月工资为 8 200 元，则

购买税收优惠型商业健康保险前每年应缴个人所得税 $=(8\,200\times12-60\,000)\times10\%$

$-2\,520$

$=1\,320(元)$

购买税收优惠型商业健康保险后每年应缴个人所得税 $=(8\,200\times12-60\,000-2\,400)$

$\times3\%$

$=1\,080(元)$

每年少缴个人所得税 240 元。

由此可以看出，一方面，购买税收优惠型商业健康保险在计算个人所得税时可以税前扣除，直接减少税基，从而减少应纳税额；另一方面，税收优惠型商业健康保险的优惠政策对收入越高的人，调整的幅度越明显。

（2）为了使此筹划方式更具有普遍性，针对综合所得七级累进税率，各个级距内可以筹划的收入区间测算如下。

假设小李的月收入为 x 元，个人所得税基本费用扣除标准为 5 000 元，另每月支出 200 元用于购买税收优惠型商业健康保险，此外小李无工资薪金以外的其他收入，且没有基本费用扣除标准以外的其他扣除。

1）假定小李的年收入在 96 000＜12x≤98 400 元的范围内，即月收入在 8 000＜x≤8 200 元的范围内。小李在购买税收优惠型商业健康保险之前适用 10％的税率，购买保险之后适用 3％的税率。

其中，96 000＝60 000（基本费用扣除额）＋36 000（3％税率档次的应纳税所得额最大值）；98 400＝60 000（基本费用扣除额）＋36 000（3％税率档次的应纳税所得额最大值）＋2 400（税收优惠型健康保险税前扣除额）。

2）假定小李的年收入在 204 000＜12x≤206 400 元的范围内，即月收入在 17 000＜x≤17 200 元的范围内。小李在购买税收优惠型健康保险之前适用 20％的税率，购买保险之后适用 10％的税率。

3）假定小李的年收入在 360 000＜12x≤362 400 元的范围内，即月收入在 30 000＜x≤30 200 元的范围内。小李在购买税收优惠型健康保险之前适用 25％的税率，购买保险之后适用 20％的税率。

4）假定小李的年收入在 480 000＜12x≤482 400 元的范围内，即月收入在 40 000＜x≤40 200 元的范围内。小李在购买税收优惠型健康保险之前适用 30％的税率，购买保险之后适用 25％的税率。

5）假定小李的年收入在 720 000＜12x≤722 400 元的范围内，

即月收入在 $60\,000 < x \leqslant 60\,200$ 元的范围内。小李在购买税收优惠型健康保险之前适用 35% 的税率，购买保险之后适用 30% 的税率。

6) 假定小李的年收入在 $1\,020\,000 < 12x \leqslant 1\,022\,400$ 元的范围内，即月收入在 $85\,000 < x \leqslant 85\,200$ 元的范围内。小李在购买税收优惠型健康保险之前适用 45% 的税率，购买保险之后适用 35% 的税率。

因此，个人收入在以上 6 个区间的，可以通过购买税收优惠型健康保险将适用的高档次税率降为低档次税率，从而减轻个人税收负担。

（三）个人税收递延型商业养老保险的税收筹划

个人税收递延型商业养老保险是个人通过商业养老资金账户购买符合规定的商业养老保险产品的支出，允许在一定标准内税前扣除；计入个人商业养老资金账户的投资收益，暂不征收个人所得税；个人领取商业养老金时再征收个人所得税。在具体计算中，个人缴费税前扣除限额按照当月工资薪金、连续性劳务收入的 6% 和 1 000 元孰低办法确定；取得个体工商户生产经营所得、对企事业单位的承包承租经营所得的个体工商户业主、个人独资企业投资者、合伙企业自然人合伙人和承包承租经营者，其缴纳的保费准予在申报扣除当年计算应纳税所得额时予以限额据实扣除，扣除限额按照不超过当年应税收入的 6% 和 12 000 元孰低办法确定。税收递延政策能切实有效地延缓缴税，从而降低居民税收负担，也可以降低养老金在领取阶段的税率。

第六节 捐赠筹划的巧方法

一、筹划依据

根据《个人所得税法》及《个人所得税法实施条例》的规定，个人将其所得对教育、扶贫、济困等公益慈善事业进行捐赠，是指个人将其所得通过中国境内的公益性社会组织、国家机关向教育、扶贫、济困等公益慈善事业的捐赠。

捐赠额未超过纳税义务人申报的应纳税所得额 30% 的部分，可以从其应纳税所得额中扣除。

（1）对个人通过非营利性的社会团体和国家机关对公益性青少年活动场所（其中包括新建）的捐赠，在缴纳个人所得税前准予全额扣除；

（2）个人通过非营利性的社会团体和国家机关（包括红十字会）向红十字事业的捐赠，在计算缴纳个人所得税时准予全额扣除；

（3）个人通过非营利性的社会团体和政府部门向福利性、非营利性的老年服务机构的捐赠，在计算缴纳个人所得税时准予全额扣除；

（4）个人通过非营利性的社会团体和国家机关向农村义务教育的捐赠，准予在缴纳个人所得税前的所得额中全额扣除；

（5）个人通过非营利性的社会团体和国家机关向慈善机构、基金会的公益、救济性捐赠，在计算缴纳个人所得税时准予全额扣除；

（6）纳税人将其应纳税所得通过光华科技基金会向教育、民政部门以及遭受自然灾害地区、贫困地区的公益、救济性捐赠，个人在应纳税所得额30%以内的部分，准予在税前扣除；

（7）纳税人向中国人口福利基金会的公益、救济性捐赠，个人在申报应纳税所得额30%以内的部分，准予在税前扣除。

二、筹划思路

当家庭想要通过社会捐赠回报社会时，首先，应考虑通过中国境内的社会团体、国家机关进行公益捐赠，以税前扣除，减少个人应纳所得税额。其次，在捐赠方向上，家庭若选择对公益性青少年活动场所（其中包括新建）、红十字事业、福利性和非营利性的老年服务机构、农村义务教育和慈善机构、基金会进行捐赠，则捐赠额可在计算缴纳个人所得税时准予全额扣除；家庭若选择通过光华科技基金会向教育、民政部门以及遭受自然灾害地区、贫困地区进行公益、救济性捐赠或向中国人口福利基金会进行公益、救济性捐赠，那么捐赠额不宜超过个人在申报应纳税所得额的30%，超过30%的部分，可选择在下月捐赠，以达到捐赠成本最小化的目标。

案例 10.15

李小姐想向社会公益事业捐赠8 000元。李小姐是某公司的高级管理人员，每月的工资所得为25 000元。请问：如何筹划可以使李小姐对外捐赠数额不变的同时，缴纳的个人所得税减少？

解析：允许李小姐在税前扣除的捐赠额为（25 000－5 000）×30%＝6 000(元)，如果本月一次性对外捐赠8 000元，那么捐赠数额则大于可扣除限额。

如果李小姐本月捐赠6 000元，剩余的2 000元安排在次月捐赠，那么8 000元可以分别在两个月内税前扣除，从而达到节税的目的。

第七节 财产继承的税收筹划

一、筹划依据

（1）个人所得税。继承者继承现金股票等动产，无须缴纳个人所得税。

(2) 契税。《国家税务总局关于继承土地、房屋权属有关契税问题的批复》(国税函〔2004〕1036号)规定，对于《中华人民共和国继承法》规定的法定继承人（包括配偶、子女、父母、兄弟姐妹、祖父母、外祖父母）继承土地、房屋权属，不征契税。

按照《中华人民共和国继承法》规定，非法定继承人根据遗嘱承受死者生前的土地、房屋权属，属于赠与行为，应征收契税。受赠方需要缴纳3%的全额契税。

个人将通过受赠、继承、离婚财产分割等非购买形式取得的住房对外销售的行为，其购房时间按发生受赠、继承、离婚财产分割行为之前的购房时间确定，其购房价格以受赠、继承、离婚财产分割行为之前的购房原价确定。

受赠人需以财产转让收入减除受赠、转让住房过程中缴纳的税金及有关合理费用后的余额为应纳税所得额并按20%的适用税率计算缴纳个人所得税。在计征个人受赠不动产的个人所得税时，不得核定征收，必须严格按照税法规定据实征收。

二、筹划思路

倘若继承人要出售继承或无偿赠与的房屋，那么受赠人需以财产转让收入减除转让住房过程中缴纳的税金及有关合理费用后的余额为应纳税所得额，按20%的适用税率计算缴纳个人所得税。这比正常的买卖缴税更多。因此，不建议受赠者售卖受赠房屋，推荐受赠者尝试以租代售，获取经济利益。

此外，为了继承者未来的利益，被继承者有两种税收筹划方式：(1) 将不动产转换为动产赠与后代，例如将房产变卖为现金。(2) 以买卖代替继承。个人转让自用达 5 年以上并且是唯一的家庭生活用房取得的所得，暂免征收个人所得税。如果被继承者的房屋符合该条件，那么通过买卖的方式，将房产转移至子孙名下，将大大节省税费。

如果家族财力较强，那么可以家族信托方式处置财产。家族信托经过专业人员的规划后，信托财产不作为遗产，自然无须办理烦琐的继承手续。按照专业人士设计的方案，家族信托可以实现代际传承的无缝衔接，既避免了烦琐的手续，也避免了办理继承手续的各种费用。

案例 10.16

李女士拥有一套面积为 90 平方米、市值为 300 万元的普通住房（居住满 5 年，且为李女士名下的唯一住房）。近日，李女士想要把住房转到儿子名下。请问：李女士可以通过什么方式来减少转让过程中的税费和其他费用？

解析：如果通过继承的方式，一般来说，子女是父母资产的法定继承人，可以免缴 3% 的契税，同样，通过继承、遗赠取得的房产，可以免缴个人所得税和增值税，只需要支付公证费和工本费。不过，继承房产涉及复杂的流程和法律问题，风险较高。如果将来要出售继承的房产，在交易时还可能产生20%的个人所得税（各地对于受赠房屋的免税政策略有不同）。

如果通过赠与的方式，那么李女士和她的儿子需要缴纳3%的契税9万元。此外，还需按照房子的成交额分别缴纳评估费1万元和公证费2万余元，印花税和登记费等其他费用几千元，总计约13万元。同样，如果将来要出售受赠的房产，在交易时还可能产生20%的个人所得税。

如果通过买卖的方式，买卖的费用详情为：契税3万元（税率为1%，按受让方的唯一住房计算）、评估费3 000元（按费率为0.1%计算）。由于父母的住房一般购买时间超过5年，可以免征个人所得税和增值税，总计3万余元。

综上所述，建议李女士通过买卖的方式将房子转让至儿子的名下。

第十一章 / Chapter Eleven
外籍个人与涉外税收筹划

第一节 外籍身份，撬动地球还是腿脚受限

近年来，大量外国企业在我国设立子公司，随之而来的还有众多作为企业高管的外籍人士。由于我国对外籍在华人员个人所得税的规定较为复杂，本章专门研究分析外籍高管的个人所得税政策，并结合具体案例阐释外籍高管在华任职的税收筹划操作实务。

一、外籍个人涉税政策

改革开放以来，我国在吸引外资方面成果显著，越来越多的境外企业在我国境内设立分支机构和子公司，同时派遣外籍员工到我国境内工作，其中有的外籍员工可能会同时被国外的母公司和中国

的子公司或分公司雇佣为高管,由此产生对这些外籍高管的工资、薪金等各项所得如何征税的问题。

(一) 纳税人身份的确定

《个人所得税法》引入居民的概念,并与国际税收惯例及税收协定接轨,确立了183天的测试标准,将居民定义为在中国境内有住所,或者无住所而一个纳税年度内在中国境内居住累计满183天的个人。对于居民个人,对其从中国境内和境外取得的所得征税;而对于非居民个人,仅对其从中国境内取得的所得征税。居民与非居民纳税人判定标准与纳税范围如表11-1所示,纳税身份判定流程如图11-1所示。

表11-1 居民与非居民纳税人判定标准与纳税范围

	定义(满足任意一条)	纳税范围
居民纳税人	(1) 在中国境内有住所 (2) 无住所,且一个纳税年度内在中国境内居住累计满183天	从中国境内和境外取得的收入
非居民纳税人	(1) 在中国境内无住所、不居住 (2) 无住所,且一个纳税年度内在中国境内累计居住不满183天	从中国境内取得的收入

需要指出的是,税法所指的住所并非生活中居住房屋的概念,而是指在境内持续工作生活。《个人所得税法》所称在中国境内有住所,是指因户籍、家庭、经济利益关系而在中国境内习惯性居住;所称从中国境内和境外取得的所得,分别是指来源于中国境内的所得和来源于中国境外的所得。认定居民纳税人还有一项居住时间的

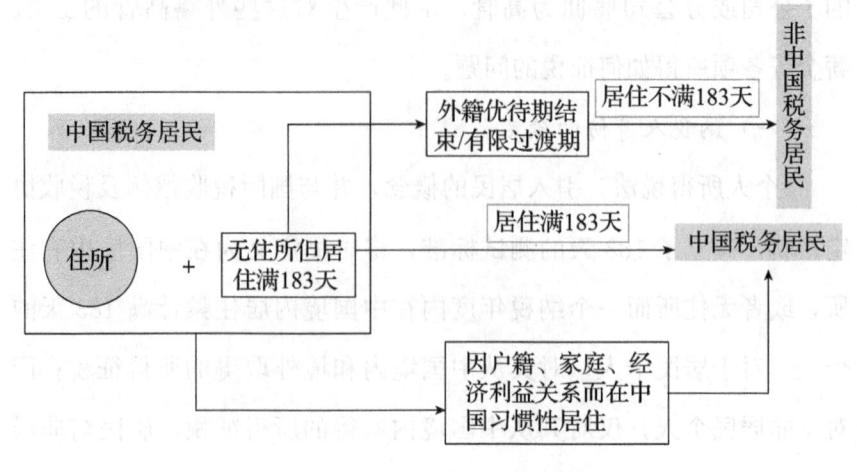

```
                            ┌─────────────────┐ ┌──────────┐  非
                            │外籍优待期结束/  │ │居住不满  │  中
                            │有限过渡期        │→│183天     │→ 国
┌──────────────────────┐ ↗ └─────────────────┘ └──────────┘  税
│   中国税务居民        │                                      务
│                      │                                      居
│  ┌───┐   ┌─────────┐ │     ┌────────┐    ┌──────────────┐   民
│  │住 │ + │无住所但居│ │────→│居住满  │───→│ 中国税务居民 │
│  │所 │   │住满183天 │ │     │183天   │    └──────────────┘
│  └───┘   └─────────┘ │     └────────┘            ↑
└──────────────────────┘                           │
           │              ┌──────────────────┐     │
           └─────────────→│因户籍、家庭、经  │─────┘
                          │济利益关系而在中  │
                          │国习惯性居住      │
                          └──────────────────┘
```

图 11-1　纳税身份判定流程图

标准，按照新修订的税法，是指"一个纳税年度内在中国境内居住累计满 183 天"，即尽管没有住所或者经常居住的意愿，但实际上在中国境内实际居住（按出入境记录）累计满 183 天的，亦被认定为中国税法上的居民纳税人。在税法上，居民纳税人需要就全球所得（包括境内所得和境外所得）向我国税务机关缴纳个人所得税。

（二）应税所得范围的确定

居民纳税人就全球所得纳税，非居民纳税人就境内所得纳税。这里需要指出的是，对境内所得、境外所得的概念，需要从来源的角度来理解，原则上与其支付地并无直接关联。某项所得来源于境内但是由境外单位支付的，属于境内所得；非居民身份的外籍员工在中国境内提供劳务，即使支付劳务所得的地点在境外，也属于中国境内所得，需要缴税。

（三）非居民个人扣缴方法

扣缴义务人向非居民个人支付工资、薪金所得，劳务报酬所得，稿酬所得和特许权使用费所得时，应当按以下方法按月或者按次代扣代缴个人所得税：

非居民个人的工资、薪金所得，以每月收入额减除费用5 000元后的余额为应纳税所得额；劳务报酬所得、稿酬所得、特许权使用费所得，以每次收入额为应纳税所得额，适用按月换算后的非居民个人月度税率表计算应纳税额。其中，劳务报酬所得、稿酬所得、特许权使用费所得以收入减除20%的费用后的余额为收入额。稿酬所得的收入额减按70%计算。

（四）非居民纳税人个人所得税申报缴纳

关于个人所得税申报缴纳的问题，非居民纳税人维持了原有的按月申报纳税的做法，而居民纳税人在继续实行代扣代缴的前提下，需要在次年进行汇算清缴。关于综合所得之外的其他所得，最新修订的《个人所得税法》也明确了具体的申报和缴纳时间。就扣缴义务人而言，每月所扣的税款应当在次月15日内缴入国库，并向税务机关报送纳税申报表。

（五）外籍高管奖金计税方法

《国家税务总局关于调整个人取得全年一次性奖金等计算征收个人所得税方法问题的通知》（国税发〔2005〕9号）规定，雇员取得除全年一次性奖金以外的其他各种名目奖金，如半年奖、季度奖、加班奖、先进奖、考勤奖等，一律与当月工资、薪金收入合并，按税法规定缴纳个人所得税。

（六）董事费计税方法

《国家税务总局关于明确个人所得税若干政策执行问题的通知》（国税发〔2009〕121号）规定，董事费按劳务报酬所得项目征税方法，仅适用于个人担任公司董事、监事，且不在公司任职、受雇的情形；个人在公司（包括关联公司）任职、受雇，同时兼任董事、监事的，应将董事费、监事费与个人工资收入合并，统一按工资、薪金所得项目缴纳个人所得税。只有独立董事的董事费可以按照劳务报酬项目缴纳个人所得税，非独立董事的董事费应按工资、薪金所得项目缴纳个人所得税。

（七）对外籍人员居住日的规定

关于判定纳税义务时如何计算在中国境内居住天数的问题，按国税发〔2004〕97号文件的规定，对在中国境内无住所的个人，需要计算确定其在中国境内居住天数，以便依照税法和协定或安排的规定判定其在华负有何种纳税义务时，均应以该个人实际在华逗留天数计算。上述个人入境、离境、往返或多次往返境内外的当日，均按一天计算其在华实际逗留天数。

知识链接

所得为人民币以外货币的，按照办理纳税申报或者扣缴申报的上一月最后一日人民币汇率中间价，折合成人民币计算应纳税所得额。年度终了后办理汇算清缴的，对已经按月、按季或者按次预缴税款的人民币以外货币所得，不再重新折算；对应当补缴税款的所得部分，按照上一纳税年度最后一日人民币汇率中间价，折合成人民币计算应纳税所得额。

二、案例分析

案例 11.1

某外籍人士 A 在北京市担任某国外知名律师事务所（简称律所）首席代表，既从事律师业务工作，又从事律所管理工作，每年向税务机关申报的个人收入为 50 余万元，税务机关对其工资、薪金给予了重新核定，最终该外籍人员缴纳个人所得税及罚款合计 1 000 余万元。

该外籍高管 A 任知名律所首席代表，既从事律师业务工作，又从事律所管理工作，但每年向税务机关申报的个人收入仅有 50 余万元，比所内部分中国籍律师的收入低一半，这与律师行业的收入特点是极不相符的。通过层层数据比对、内外资料调取、多方实地取证等途径，最终发现其取得的来源于中国境内的收入并没有反映在工资、薪金上，而是大量地以董事费的形式由国外发放并在国外代扣代缴个人所得税，而这些收入在国内并未扣缴个人所得税。

根据《个人所得税法实施条例》第三条的规定，因任职、受雇、履约等在中国境内提供劳务取得的所得，不论支付地点是否在中国境内，均为来源于中国境内的所得。上述案例中，虽然该外籍人士的大量收入是以董事费的形式由国外发放，但因部分收入与境内事务所的工作业绩挂钩，属于和任职、受雇相关的境内所得，有义务在中国境内缴纳个人所得税。

实务中，一些外资企业董事或合伙人可能在我国境内设立的机构担任职务并取得不同形式的收入，如分红收入、董事费收入或工资薪金收入等。税法对外籍高管在不同情形下取得的上述收入如何纳税作了明确规定。

(1) 工资薪金所得。《国家税务总局关于明确个人所得税若干政策执行问题的通知》（国税发〔2009〕121号）第二条第（二）项规定，个人在公司（包括关联公司）任职、受雇，同时兼任董事、监事的，应将董事费、监事费与个人工资收入合并，统一按工资、薪金所得项目缴纳个人所得税。

(2) 劳务报酬所得。国税发〔2009〕121号文件第二条第（一）项规定，外籍个人担任境内公司董事、监事，且不在公司任职、受雇而取得的董事费收入，按劳务报酬所得缴纳个人所得税。

(3) 股息红利性质所得。《国家税务总局关于外国企业的董事在中国境内兼任职务有关税收问题的通知》（国税函〔1999〕284号）规定，外国企业的董事（长）或合伙人在中国境内该企业设立的机构、场所担任职务，应取得工资、薪金所得，但其申报仅以分红形式取得收入。税务机关可以参照同类地区、同类行业和相近规模企业中类似职务的工资、薪金收入水平核定其每月应取得的工资、薪金收入额征收个人所得税。

虽然《个人所得税法》对居民和非居民的判定并非以国籍为标准，但实务中除非有证据证明某外籍人士构成中国税法下的居民个人，否则通常将其视为非居民个人。上述案例中，税务机关实际上是将该外籍人士作为非居民个人对待。外籍首席代表 A 在中国工作期间，取得的来源于中国境内的收入并没有反映在工资、薪金上，而是大量地以董事费的形式由国外发放并在国外代扣代缴个人所得税。因此，税务机关对该外籍人士的工资薪金收入重新进行了核定，并补征了该外籍个人的个人所得税。

案例 11.2

我国某大学聘用一名美国籍教授 A 来校授课，双方签订了 3 年的劳务合同。教授 A 在聘用期内每年来华不超过 4 次，每次 2 周左右，年薪为 175 000 美元（不含中国境内应缴税收入）。

该大学经办人员到主管税务机关提交该外籍教授享受税收协定待遇教师条款资料。经税务机关询问并进一步查询，发现该大学不具备学历教育资质，其组织性质实际上为基金会，且未在教育主管部门备案。

因此，主管税务机关判定，美国籍教授 A 不符合享受中美税收协定待遇教师条款条件。之后，该大学又以非居民纳税人享受中美税收协定独立个人劳务条款为由提交相关资料到主管税务机关。主管税务机关对提交的资料进行审核时，发现该大学和教授 A 签订的劳务合同中规定，该外籍人受聘于该大学担任教授职务，领取年薪，且该大学承担其往返机票以及住宿费用等情况。

处理结果：首先，根据《国家税务局关于税收协定独立个人劳务条款执行解释问题的通知》（国税函发〔1990〕609号，简称609号文），税收协定关于独立个人劳务的定义规定，所谓"独立个人劳务"是指以独立的个人身份从事科学、文学、艺术、教育或教师活动以及医师、律师、工程师、建筑师、牙医师和会计师等专业性劳务人员，没有固定的雇主，可以多方面提供劳务。而本案中的美国籍教授A在该大学担任教授职务，以受雇身份从事劳务活动取得所得，该大学对其工作的内容、时间和相关责任进行了规定，已经构成了其固定的雇主身份。

其次，609号文第二条第二款规定："其从事劳务服务所取得的劳务报酬，是按相应的小时、周、月或一次性支付。"合同中有明确的"年薪为175 000美元"字样，可判定美国籍教授A从该大学取得的所得不属于劳务报酬性质。

最后，根据609号文第二条第四款的规定："其为提供合同规定的劳务所相应发生的各项费用，由其个人负担。"但在该大学与教授A签订的合同中写明："甲方同意为乙方及乙方妻子提供来华授课的头等舱机票、五星级酒店和其他相关费用。"从费用负担的角度来看，美国籍教授A不符合独立个人劳务条件的判定。

主管税务机关根据上述三点情况，判定该外籍教授不符合享受中美税收协定待遇中独立个人劳务条款条件，扣缴义务人应依照中美税收协定和国内税收法律规定对美国籍教授A代扣代缴个人所得税。

案例 11.3

北京某教育科技有限公司自 2018 年 10 月至 2020 年 12 月，为一名美国人（系该公司法人代表）每月申报工资薪金所得 5 000 元人民币，扣缴个人所得税 6 元，存在外籍人员个人所得税小额申报问题。经了解，该外籍人员的主要经济来源并非境内这家公司，而是在中国境内的一家美国公司，美国公司每月还支付其 3 000～4 000 美元的工资。由于该外籍人员每年在中国境内居住超过 183 天，多数年份居住满一年，其在境内工作期间由美国公司支付的所得，中国具有征税权，其取得的工资收入系境内来源境外支付的部分也应在中国纳税。然而，该外籍人员未就美国公司支付的工资薪金在中国境内申报纳税。

按照国税发〔2004〕97 号文件的规定，关于个人计算应纳税额适用公式问题，2019 年适用公式为：

应纳税额＝(当月境内外工资薪金应纳税所得额×适用税率
　　　　－速算扣除数)×当月境内工作天数÷当月天数

2018 年和 2020 年适用公式为：

应纳税额＝(当月境内外工资薪金应纳税所得额×适用税率
　　　　－速算扣除数)×(1－当月境外支付工资
　　　　÷当月境内外支付工资总额×当月境外工作天数
　　　　÷当月天数)

该外籍人员对工资收入中境内来源境外支付的部分应补缴个人所得税。约谈中，税务部门向外籍个人解释了中国税法、文件规定以及应补缴个人所得税的计算过程,该外籍人员表示愿意补缴税款。

2021年5月14日,该外籍个人补缴个人所得税18.14万元,税务机关加收滞纳金5.69万元。

法规依据:

(1)《个人所得税法》第一条规定:"在中国境内有住所,或者无住所而一个纳税年度内在中国境内居住累计满一百八十三天的个人,为居民个人。居民个人从中国境内和境外取得的所得,依照本法规定缴纳个人所得税。在中国境内无住所又不居住,或者无住所而一个纳税年度内在中国境内居住累计不满一百八十三天的个人,为非居民个人。非居民个人从中国境内取得的所得,依照本法规定缴纳个人所得税。"

(2)《国家税务总局关于在中国境内无住所的个人执行税收协定和个人所得税法若干问题的通知》(国税发〔2004〕97号)第三条规定,关于对不同纳税义务的个人计算应纳税额的适用公式问题,满183天但不满1年适用的公式为:应纳税额=(当月境内外工资薪金应纳税所得额×适用税率-速算扣除数)×当月境内工作天数÷当月天数;满1年不超过5年适用的公式为:应纳税额=(当月境内外工资薪金应纳税所得额×适用税率-速算扣除数)×(1-当月境外支付工资÷当月境内外支付工资总额×当月境外工作天数÷当月天数)。

(3)《个人所得税自行纳税申报办法(试行)》(国税发〔2006〕162号)第二条规定,凡依据个人所得税法负有纳税义务的纳税人,有下列情形之一的,应当按照本办法的规定办理纳税申报:……

(四)取得应税所得，没有扣缴义务人的；第十九条规定，除本办法第十五条至第十八条规定的情形外，纳税人取得其他各项所得须申报纳税的，在取得所得的次月 7 日内向主管税务机关办理纳税申报。

思考：

(1)对于外籍个人所得税的管理逐步加强。税务机关强化了外籍人员八项补贴核查、个人所得税零申报（小额申报）核查、常设机构个人所得税核查等方面的管理。但总体来说，外籍个人所得税仍然存在底数摸不清、政策把不准和管理不系统等问题。

(2)企业及外籍人员对个人所得税政策把握不准确、理解不到位，经常会暴露出很多涉税问题。目前，《个人所得税法》针对外籍个人缴纳个人所得税的规定进行了修改，例如，将第一条修改为："在中国境内有住所，或者无住所而一个纳税年度内在中国境内居住累计满一百八十三天的个人，为居民个人。其从中国境内和境外取得的所得，依照本法规定缴纳个人所得税。"

第二节　海外派遣人员，必须分清前厅后院

随着我国企业"走出去"到海外直接投资，海外派遣员工境内外个人所得税汇算清缴是很多"走出去"的企业关心的话题。海外派遣员工应该就国内外的收入，按照相关税法规定进行税务申报，

尤其因近年来我国对个人征信系统的强化，若不能及时汇算清缴而产生滞纳金，甚至有可能会影响到个人将来的征信。

一、劳务派遣方式的类型

（一）直接派遣

直接派遣方式下的劳动合同受《中华人民共和国劳动法》（简称《劳动法》）的规范，薪酬应以人民币在中国境内支付（见图11-2）。

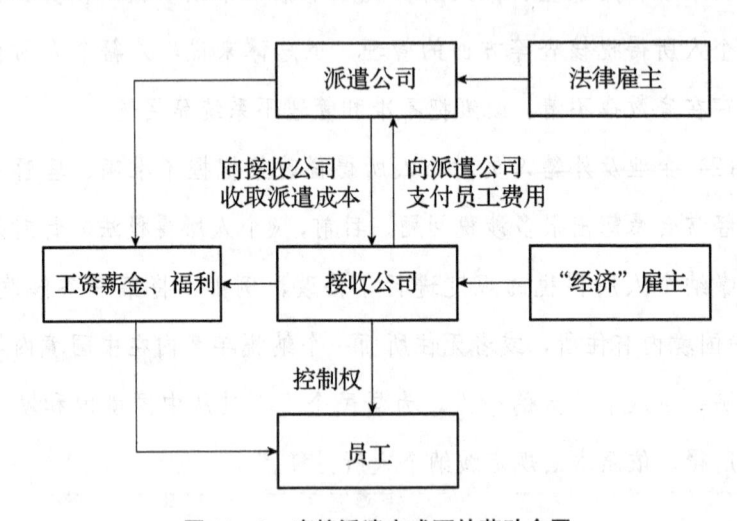

图11-2　直接派遣方式下的劳动合同

（二）本地雇佣

员工与境内派遣公司解除劳动合同，不再受《劳动法》的规范，派遣员工的工资薪金和其他社保福利均在境外发放（见图11-3）。

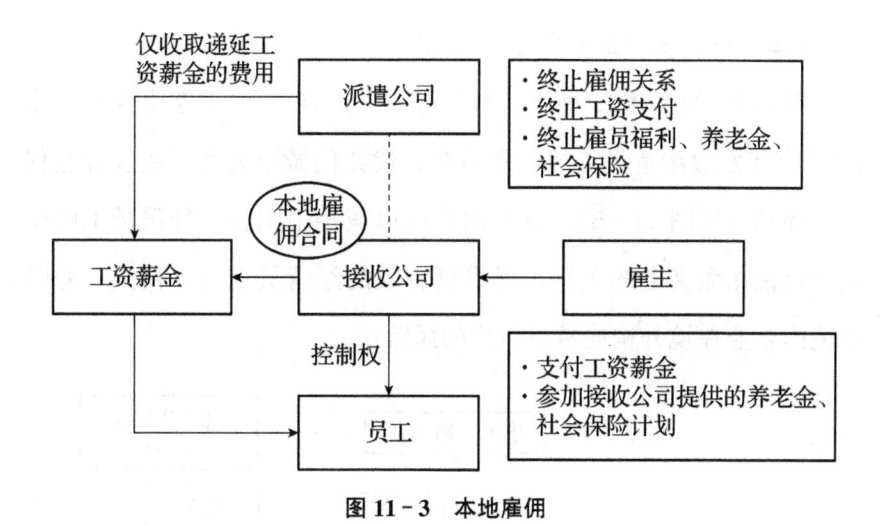

第十一章 外籍个人与涉外税收筹划 415

图 11-3 本地雇佣

(三) 双重雇佣

在双重雇佣计划的安排下，员工与中方公司签署劳动合同的同时，与境外公司也签订雇佣劳动合同，其工资薪金将按照境内外合同的规定在两处发放（见图 11-4）。

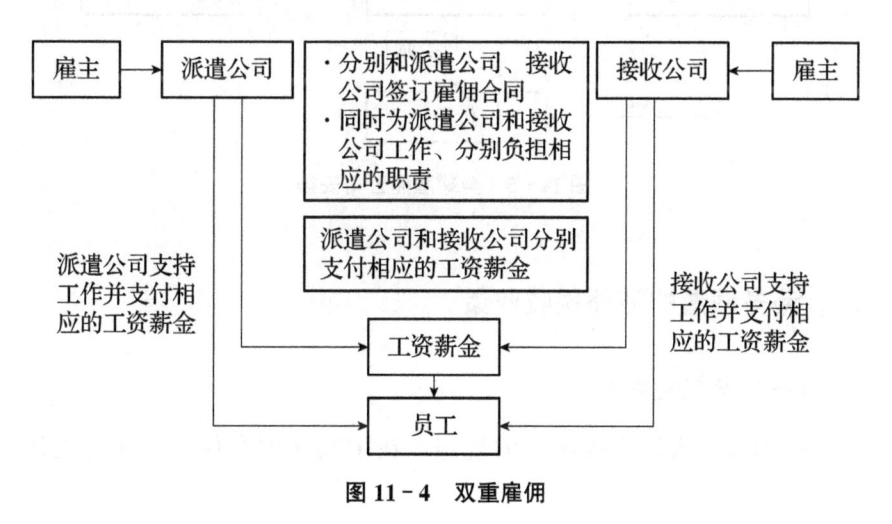

图 11-4 双重雇佣

(四) 全球雇佣公司安排 (GEC)

在 GEC 的派遣安排下,外派员工与 GEC 签订劳动合同,由 GEC 直接发放派遣员工的工资薪金,代扣代缴个人所得税及社会保险等福利(见图 11-5)。这种形式可以减轻中国企业外派员工的个人所得税扣缴义务的负担,提供更有效的经营员工管理模式,并降低境内企业在境外构成常设机构的风险。

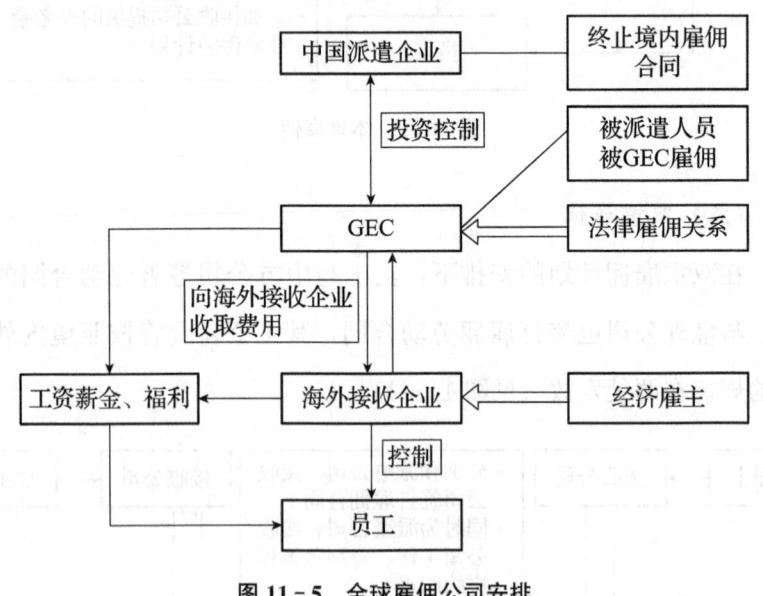

图 11-5 全球雇佣公司安排

二、劳务派遣的涉外税收政策

(一) 纳税义务人

根据《个人所得税法》的规定,在中国境内有住所,或者无住所而一个纳税年度内在中国境内居住累计满 183 天的个人，为居民个人。居民个人从中国境内和境外取得的所得，依照本法规定缴纳个人所得税。在中国境内无住所又不居住，或者无住所而一个纳税年度内在中国境内居住累计不满 183 天的个人，为非居民个人。非居民个人从中国境内取得的所得，依照本法规定缴纳个人所得税。纳税年度，自公历 1 月 1 日起至 12 月 31 日止。

在中国境内有住所，是指因户籍、家庭、经济利益关系而在中国境内习惯性居住；所称从中国境内和境外取得的所得，分别是指来源于中国境内的所得和来源于中国境外的所得。

在中国境内无住所的个人，在中国境内居住累计满 183 天的年度连续不满 6 年的，经向主管税务机关备案，其来源于中国境外且由境外单位或者个人支付的所得，免予缴纳个人所得税；在中国境内居住累计满 183 天的任一年度中有一次离境超过 30 天的，其在中国境内居住累计满 183 天的年度的连续年限重新起算。

在中国境内无住所的个人，在一个纳税年度内在中国境内居住累计不超过 90 天的，其来源于中国境内的所得，由境外雇主支付并且不由该雇主在中国境内的机构、场所负担的部分，免予缴纳个人所得税。

> **知识链接**
>
> ### 习惯性居住的含义
>
> 在中国境内有住所的个人，是指因户籍、家庭、经济利益关系而在中国境内习惯性居住的个人。所谓习惯性居住，是判定纳

> 税义务人是居民或非居民的一个法律意义上的标准,不是指实际居住或在某一个特定时期内的居住地。如因学习、工作、探亲、旅游等而在中国境外居住的,在其原因消除之后,必须回到中国境内居住的个人,中国即为该纳税人习惯性居住地。

(二)个人所得税范围

从中国境内取得的所得是指来源于中国境内的所得;从中国境外取得的所得是指来源于中国境外的所得。

下列所得,不论支付地点是否在中国境内,均为来源于中国境内的所得:

(1)因任职、受雇、履约等而在中国境内提供劳务取得的所得;

(2)将财产出租给承租人在中国境内使用而取得的所得;

(3)许可各种特许权在中国境内使用而取得的所得;

(4)转让中国境内的不动产等财产或者在中国境内转让其他财产取得的所得;

(5)从中国境内企业、事业单位、其他组织以及居民个人取得的利息、股息、红利所得。

纳税人的境外所得包括现金、实物和有价证券。纳税人的境外所得,应按税法及其实施条例的规定确定应税项目,并分别计算其应纳税额。纳税人的境外所得按照有关规定交付给派出单位的部分,凡能提供有效合同或有关凭证的,经主管税务机关审核后,允许从其境外所得中扣除。

关于董事费的征税问题，相关规定如下。个人由于担任董事职务所取得的董事费收入，属于劳务报酬所得性质，按照劳务报酬所得项目征收个人所得税。

关于在境内、境外分别取得工资、薪金所得，如何计征税款的问题，相关规定如下。纳税义务人在境内、境外同时取得工资、薪金所得的，应根据《个人所得税法实施条例》第五条规定的原则，判断其境内、境外取得的所得是否为来源于一国的所得。纳税义务人能够提供在境内、境外同时任职或者受雇及其工资、薪金标准的有效证明文件，可判定其所得是来源于境内和境外所得，应按税法和条例的法规分别减除费用并计算纳税；不能提供上述证明文件的，应视为来源于一国的所得，如其任职或者受雇单位在中国境内，应为来源于中国境内的所得，如其任职或受雇单位在中国境外，应为来源于中国境外的所得。

（三）申报地点

根据《个人所得税自行纳税申报办法》的规定，从两处或者两处以上取得工资、薪金所得的，选择并固定向其中一处单位所在地主管税务机关申报。从中国境外取得所得的，向中国境内户籍所在地主管税务机关申报。在中国境内有户籍，但户籍所在地与中国境内经常居住地不一致的，选择并固定向其中一地主管税务机关申报。在中国境内没有户籍的，向中国境内经常居住地主管税务机关申报。

（四）境内用人单位义务

一是外派人员信息报备义务。根据《境外所得个人所得税征收管理暂行办法》第九条的规定，中国境内的公司、企业和其他经济组织以及政府部门，凡有外派人员的，应在每一公历年度终了后30日内向主管税务机关报送情况。内容主要包括：外派人员的姓名、身份证或护照号码、职务、派往国家或地区、境外工作单位名称和地址、合同期限、境内外收入状况、境内住所及缴纳税收情况等。

二是代扣代缴义务。根据《境外所得个人所得税征收管理暂行办法》第七条的规定，纳税人受雇于中国境内的公司、企业和其他经济组织以及政府部门并派往境外工作，其所得由境内派出单位支付或负担的，境内派出单位为个人所得税扣缴义务人，税款由境内派出单位负责代扣代缴。扣缴义务人应当在发放工资薪金的次月15日内向其主管税务机关报送纳税申报表以及税务机关要求报送的其他资料，并将税款缴入国库。

（五）计算境外所得的应纳个人所得税

（1）应纳税额的计算。纳税人的境外所得应按照分国分项的方法计算应纳税额。也就是说，同一国家或地区同一项目所得来源于两处以上的应合并计算，但不同国家或地区和不同应税项目，应分别依照税法规定的费用减除标准和适用税率计算应纳税额。

如果当年取得境外所得月份数不足12个月的，应按实际月份数分摊。纳税人取得全年一次性奖金、股权激励所得、解职一次性收入、提前退休一次性补贴和内部退养一次性收入等工资、薪金所得时，可按照相关税法规定单独计算应纳税额。

（2）费用扣除。纳税人的境外所得按照有关规定交付给派出单位的部分，只要能提供有效合同或有关凭证，经过主管税务机关审核后，可以从境外所得中扣除。纳税人兼有来源于中国境内、境外所得的，应按《个人所得税法》及其实施条例的规定分别减除费用，并计算纳税。

（3）境外工资薪金的计算方法。需要注意的是，与代扣代缴的工资薪金不同，个人当年因任职或受雇在中国境外提供劳务取得的工资薪金所得，如按规定需要办理自行纳税申报，应按该所得当年所属月份平均分摊计算个人所得税。

$$应纳税额 = [(全年收入额 - 三费一金全年汇总额 - 减除费用全年合计额) \div 12 \times 适用税率 - 速算扣除数] \times 12$$

（4）外国货币的折算。如果纳税人取得的所得是外国货币，应当按照代扣代缴或自行申报的上一月最后一日人民币汇率中间价，折合成人民币计算应纳税所得额。纳税人在年度终了后办理境外所得自行申报或年所得12万元以上自行申报时，对已经按月或者按次预缴税款的外国货币所得，无须重新折算；对应当补缴税款的所得部分，按照上一纳税年度最后一日人民币汇率中间价，折合成人民币计算应纳税所得额。

案例11.4

李先生2018年1—12月期间前往A国任职，取得工薪收入177 600元（人民币，下同）、特许权使用费收入7 000元；同时，在

B国取得利息收入1 000元。收入均由境外单位支付，税款均由个人负担。李先生没有委托其境内派出机构办理纳税申报。

（1）李先生的收入均由境外单位支付，且没有委托其境内派出机构办理纳税申报，因此，他应在年度终了后30日内办理年度自行申报。

（2）在计算李先生2018年度境外所得的应纳个人所得税时，应区分A国和B国不同所得项目，分别计算两个国家各项应纳个人所得税额。

1）A国工资薪金所得按我国税法规定计算的应纳税额为：

[(177 600－4 800×12)÷12×适用税率－速算扣除数]×12
=(10 000×25％－1 005)×12
=17 940(元)

2）A国特许权使用费所得按我国税法规定计算的应纳税额为：

7 000×(1－20％)×20％=1 120(元)

3）在B国取得的利息所得按我国税法规定计算的应纳税额为：

1 000×20％=200(元)

（六）境外税额的抵免

纳税人从中国境外取得的所得可以在应纳税额中扣除已在境外缴纳的个人所得税税额。

（1）可抵免的境外税额。可抵免的境外税额是指同时满足以下条件的境外税额：

1) 纳税人从中国境外取得的所得，依照该所得来源国家或地区的法律应当缴纳并实际已经缴纳的个人所得税款；

2) 能提供境外税务机关填发的完税凭证或其他完税证明材料原件。

(2) 不得抵免的境外税额。不得抵免的境外税额包括：

1) 按照境外所得税法律及相关规定属于错缴或错征的境外所得税税款；

2) 按照税收协定/安排/协议（以下简称税收协定）规定不应征收的境外所得税税款；

3) 因少缴或迟缴境外所得税而追加的利息、滞纳金或罚款。

(3) 抵免税额的计算。纳税人在计算抵免税额前，应按照分国不分项的原则计算扣除限额。也就是说，扣除限额是该纳税义务人在同一国家或地区内取得不同所得项目的应纳税额之和。在境外一个国家或地区实际已经缴纳的个人所得税税额，低于这个国家或地区扣除限额的，应当在中国缴纳差额部分的税款；超过该国家或地区扣除限额的，其超过部分不得在本纳税年度的应纳税额中扣除，但是可以在以后纳税年度的该国家或地区扣除限额的余额中补扣。补扣期限最长不得超过 5 年。

案例 11.5

2018 年度，上述案例中的李先生已分别按 A 国和 B 国税法的规定，缴纳了个人所得税 11 150 元和 250 元，他的境外税额应如何抵免呢？

解析：（1）分别汇总 A 国和 B 国不同所得项目的应纳税额，作为该国的扣除限额。再以此为依据，分别抵减 A 国和 B 国的应纳税额。

1）在 A 国缴纳税款的抵扣计算如下。

A 国扣除限额＝17 940＋1 120＝19 060（元）

来源于 A 国的所得应纳个人所得税额＝19 060－11 150
＝7 910（元）

李先生在 A 国的所得缴纳个人所得税 11 150 元，低于扣除限额，可全额抵扣，并需在中国补缴税款 7 910 元。

2）在 B 国缴纳税款的抵扣计算如下。

B 国扣除限额＝200（元）

B 国未抵扣完的可抵免税额＝250－200＝50（元）

李先生在 B 国实际缴纳的税款超出了扣除限额，只能在限额内抵扣 200 元，无须补缴税款。B 国缴纳税款未抵扣完的 50 元可在以后 5 年内从 B 国取得的所得中的征税扣除限额有余额时补扣。

（2）汇总 A 国和 B 国抵减后的应缴纳税额，计算李先生 2018 年度境外所得应纳的个人所得税额。

2018 年度境外所得应纳的个人所得税额＝7 910＋0＝7 910（元）

因此，2018年度李先生取得的境外所得应在中国补缴个人所得税7 910元。

案例 11.6

S公司为国内一家上市能源公司，根据企业战略发展的需要，近年来一直开拓海外能源市场，在多个国家注册实体公司，并派遣国内员工常驻当地。S公司采用双重雇佣形式外派员工，一方面根据当地相关法律签署用工合同、办理工作签证等，另一方面在国内与外派员工签署劳务合同，承担海外派遣员工的国内社保部分，以及补足境外发放少于核定工资的部分。按照代扣代缴义务，S公司对于国内承担的薪酬部分按时进行个人所得税申报工作，但对于国外发放的薪酬，因海外员工境外薪酬对于S公司税务管理方面属于新业务，并无经验可以参考。本案例主要针对S公司境外派遣员工2019年度境外所得进行个人所得税汇算清缴，本次申报工作从2020年3月中旬开始，其间因某些原因搁置，直至2021年1月，相应税款及滞纳金才顺利上缴国库。本次境外员工个人所得税申报涉及多个国家，主要包括澳大利亚、日本、土耳其、坦桑尼亚和马耳他。

申报准备阶段：一是组建境外派遣员工个人所得税汇算清缴小组，同时聘请知名会计师事务所税务团队，提供实务操作建议及优化方案；二是与主管税务机关就境外员工个人所得税申报工作进行咨询协商，重点了解境外员工个人所得税申报的操作流程、相关政策等方面的情况；三是收集境外公司个人所得税申报期间派遣国当地的税务申报资料、纳税期限证明材料，统计境外公司外派员工基本信息；四是根据税务局的要求，提供相关的情况说明，进行问题答疑工作。

申报阶段：

1. 税额计算公式的确认

(1) 汇率的确认。境外派遣员工个人所得税申报阶段最重要的工作是确保申报数据的准确性。根据《个人所得税法》以及实施条例第三十二条的规定，所得为人民币以外货币的，按照办理纳税申报或者扣缴申报的上一月最后一日人民币汇率中间价，折合成人民币计算应纳税所得额。年度终了后办理汇算清缴的，对已经按月、按季或者按次预缴税款的人民币以外货币所得，不再重新折算；对应当补缴税款的所得部分，按照上一纳税年度最后一日人民币汇率中间价，折合成人民币计算应纳税所得额。S公司在进行个人所得税汇算清缴时，采用年度最后一日国家外汇管理局公布的汇率中间价。

(2) 允许抵扣项目。在中国境内有住所而在中国境外任职或受雇取得工资薪金所得的个人，可享受每月5 000元的税前减除费用。根据《境外所得个人所得税征收管理暂行办法》第六条的规定，纳税人的境外所得按照有关规定交付给派出单位的部分，凡能提供有效合同或有关凭证的，经主管税务机关审核后，允许从其境外所得中扣除。S公司根据2019年度核定的工资薪金，当年度在国内采取多退少补政策，因此，在2020年度部分员工将2019年度境外所得超过核定标准的部分交还 S 公司，这部分金额允许税前抵扣。因为这部分返回金额属于一次性返回，所以只能税前抵扣当月的收入，对于当月回缴金额高于税前收入的部分，后续不得抵扣。因此，从税收筹划的角度考虑，可以合理安排境外员工超过核定标准的部分分月进行回缴。各派遣国对当地雇员都有一些免税项目，这部分金额应允许在税前扣除，如日本对于当地雇员支付的房租允许税前扣除。

2. 资料清单

（1）《个人所得税年度自行纳税申报表（B表）》。该表可以根据在申报准备阶段收集的信息，以及在申报阶段计算出的应纳税额进行申报，在实务操作中，按照税务局的要求，该表是必备申报材料。

（2）各派遣国申报截止时间情况说明。资料由企业准备，内容涉及各派遣国纳税年度、个人所得税申报截止日期以及相应的各国政策支持文件，主要是为后续滞纳金减免申请提供政策支持。

（3）各派遣国完税证明。为证明境外派遣员工已经在海外缴纳个人所得税，S 公司提交了各派遣国的完税证明。因各个国家税务管理标准不一，有些国家可以提供由当地税务局出具的完税证明，如坦桑尼亚；有些国家只能提供企业申报个人所得税的申报材料，如马耳他；有些可能由代理公司申报个人所得税，可以由代理公司出具个人所得税完税证明。

（4）缴款阶段材料。待申报工作和滞纳金减免申请流程结束后，即到最后的缴款环节。税务局在输入完整的申报信息后，会向纳税人出具《银行端查询缴税凭证》，企业可以凭此缴款回执前往银行缴款。

3. 申报截止期间问题

（1）根据国家税务总局金税系统的默认设定，境外所得个人所得税汇算清缴系统截至5月31日，但税务系统中可以勾选"境外个税申报期间与国内不一致"选项，以此修改个人所得税汇算清缴截止日。所以在计算滞纳金时，是根据不同的派遣国个人所得税申报截止日期顺延30个自然日后开始。

（2）金税三期系统期间默认设定，对于派遣国个人所得税申报最后截止日期，如日本的3月15日、土耳其的3月25日，均会有一定的时间差异，如果不能在截止日期前完成申报，可能会产生额外的滞纳金问题。

S公司在开展2019年度境外派遣员工个人所得税申报工作时，已经超过各派遣国最后截止日期，因此产生了滞纳金问题。会计师事务所提供了两种方案：一是按照当月收入进行申报，不产生滞纳金；二是按照汇算清缴工作进行清算，产生滞纳金。国家税务总局关于滞纳金的计算期限规定，对纳税人未按照法律、行政法规规定的期限或者未按照税务机关依照法律、行政法规的规定确定的期限向税务机关缴纳的税款，滞纳金的计算从纳税人应缴纳税款的期限届满之次日起至实际缴纳税款之日止。对于涉及滞纳金且想申请减免的企业，因申请滞纳金减免工作费时费力，涉及税务多个机构，税务局各科室也会要求提供各项资料及进行答疑工作，企业应权衡滞纳金减免申请流程的周期所影响的滞纳金，以及希望减免的滞纳金金额。

4. 团队问题

会计师事务所税务团队有其税务专业知识、相关税务政策，尤其是涉及外国的税务政策方面的优势，可以为 S 公司提供政策方面的支持。企业具体操作时，税务团队在整个申报过程中所发挥的主要作用是提供指导，企业不应该完全依靠税务团队。作为用人单位，除听取会计师事务所税务团队对个人所得税申报工作的分析外，负责人也与主管税务机关进行沟通询问，评估方案利弊，对具体的实务操作过程、方案选择等进行甄选。在实际操作过程中，不同的主管税务机关对政策的理解或有不同，要求的申报材料也许会有不同。

第三节　个人境外投资，放长线钓大鱼

一、法律依据

普通人可在境外投资，直接投资或将资金交给机构进行投资均可。以投融资为目的设立公司，投资银行外币理财产品、外国股市、海外基金、国外房地产都是不错的选择，根据方式选择是否需要跨境转账或操作资金出海。要注意的是，大额交易和转账达到一定额度需要报告，个人银行购汇的审核也比以前更加严格。

按照《国家外汇管理局关于境内居民通过特殊目的公司境外投融资及返程投资外汇管理有关问题的通知》（汇发〔2014〕37号，下称37号文）的规定，境内居民个人可以投融资为目的，以其合法持有的境内企业资产或权益，或者以其合法持有的境外资产或权益，在境外直接设立或间接控制特殊目的公司。除此以外，境内居民个人不能进行境外直接投资。

境内居民个人以境外合法资产或权益向特殊目的公司出资的，应根据汇发〔2015〕13号文（下称13号文）的规定，向户籍所在地银行申请办理境内居民个人特殊目的公司外汇登记。具体材料可参考13号文所附操作指引"2.5 境内居民个人特殊目的公司外汇（补）登记"的相关内容。

案例11.7

A公司欲并购一家境外企业100%的股权，但该企业于2021年由境内居民在境外设立，经了解，尚未在外汇管理局办理手续。请问 A 公司是否可以并购该企业？

解析：如果该企业属于 37 号文规定的特殊目的公司，那么该企业境内实际控制人应到外汇管理局办理特殊目的公司外汇补登记手续，随后到银行办理特殊目的公司外汇注销登记。然后，A 公司可凭相关部门批准文件，到 A 公司注册地银行办理境外直接投资外汇登记手续。

案例 11.8

境内居民 B 在境外设立了一家特殊目的公司，并已在外汇管理局登记。现有一家境内企业欲购买该境外特殊目的公司 50% 的股份，请问股权转让对价可否在境内直接支付？

解析：可以。根据 13 号文的规定，境内个人应在特殊目的公司登记地银行办理特殊目的公司变更登记手续。境内主体间的股权转让款应该以人民币进行支付。

案例 11.9

境内居民 C 在境外设立了一家特殊目的公司，现在准备按照 37 号文的规定办理登记，出资资产是 C 在境内企业 60% 的股权，请问是否可以在外汇管理局办理登记？

解析：根据 37 号文的规定，境内居民个人可以境内企业资产或权益向特殊目的公司出资。同时，根据 13 号文的规定，境内居民个人可直接到境内企业资产或权益注册地银行办理特殊目的公司登记手续。但在办理登记之前，除支付（含境外支付）特殊目的公司注册费用外,若境内居民个人对该特殊目的公司已发生其他出资(含境外出资)行为,应按特殊目的公司外汇补登记程序,到外汇管理局办理补登记手续。

案例 11.10

某境外公司股东是境内居民,但当时没有办理境外投资备案,现在因业务需要,要在境内设立一家外资公司,请问需要办理什么手续?

解析: 如果该境外公司属于 37 号文规定的特殊目的公司,那么其境内股东应办理特殊目的公司外汇(补)登记手续。在办理补登记后,该公司可按 13 号文的规定,凭相关主管部门的批准或备案文件,至拟设立的境内企业注册地银行办理外商直接投资外汇登记手续。

二、境外投资个人所得税抵免额计算

(一)已在境外缴纳的个人所得税税额

《个人所得税法》第七条规定,居民个人从中国境外取得的所得,可以从其应纳税额中抵免已在境外缴纳的个人所得税税额,但抵免额不得超过该纳税人境外所得依照本法规定计算的应纳税额。

《个人所得税法实施条例》第二十一条第一款规定,个人所得税法第七条所称已在境外缴纳的个人所得税税额,是指居民个人来源于中国境外的所得,依照该所得来源国家(地区)的法律应当缴纳并且实际已经缴纳的所得税税额。

(二) 抵免限额 (分国分项)

《个人所得税法实施条例》第二十一条第二款规定,个人所得税法第七条所称纳税人境外所得依照本法规定计算的应纳税额,是居民个人抵免已在境外缴纳的综合所得、经营所得以及其他所得的所得税税额的限额(以下简称抵免限额)。除国务院财政、税务主管部门另有规定外,来源于中国境外一个国家(地区)的综合所得抵免限额、经营所得抵免限额以及其他所得抵免限额之和,为来源于该国家(地区)所得的抵免限额。

(三) 补缴税款及补扣期限 (分国不分项)

《个人所得税法实施条例》第二十一条第三款规定,居民个人在中国境外一个国家(地区)实际已经缴纳的个人所得税税额,低于依照前款规定计算出的来源于该国家(地区)所得的抵免限额的,应当在中国缴纳差额部分的税款;超过来源于该国家(地区)所得的抵免限额的,其超过部分不得在本纳税年度的应纳税额中抵免,但是可以在以后纳税年度来源于该国家(地区)所得的抵免限额的余额中补扣。补扣期限最长不得超过5年。

(四) 纳税凭证

《个人所得税法实施条例》第二十二条规定,居民个人申请抵免已在境外缴纳的个人所得税税额,应当提供境外税务机关出具的税款所属年度的有关纳税凭证。

(五) 抵免限额的计算

《个人所得税法实施条例(修订草案征求意见稿)》规定:

（1）来源于一国（地区）综合所得的抵免限额＝中国境内、境外综合所得依照个人所得税法和本条例的规定计算的综合所得应纳税总额×来源于该国（地区）的综合所得收入额÷中国境内、境外综合所得收入总额；

（2）来源于一国（地区）经营所得抵免限额＝中国境内、境外经营所得依照个人所得税法和本条例的规定计算的经营所得应纳税总额×来源于该国（地区）的经营所得的应纳税所得额÷中国境内、境外经营所得的应纳税所得额；

（3）来源于一国（地区）的其他所得项目抵免限额，为来源于该国（地区）的其他所得项目依照个人所得税法和本条例的规定计算的应纳税额。

案例 11.11

深圳居民李小二取得来源于中国境内的工资薪金收入 30 万元，取得来源于中国境外 A 国的工资薪金收入 20 万元，无其他综合所得，需要合并计算境内外的综合所得，可以扣除年度费用 6 万元、专项扣除 8 万元、专项附加扣除 4 万元、其他扣除 2 万元。假设李小二国内工资薪金所得部分没有被预扣预缴税款，其在 A 国境外缴纳的个人所得税为 6 万元。

李小二全部综合所得的应纳税所得额＝30＋20－6－8－4－2
＝30（万元）

按照中国税法计算的全部税额＝300 000×20％－16 920
＝43 080（元）

可以抵免的境外税款的抵免限额＝43 080×(境外收入 20 万元÷境外收入与境内收入之和 50 万元)＝43 080×0.4＝17 232（元），实际缴纳境外税款 6 万元，仅可抵免 17 232 元。

李小二在国内全部综合所得的实际应纳税额＝43 080－17 232
＝25 848（元）

案例 11.12

李小二当年取得来源于中国境外 A 国的股息红利收入 10 万元，但依据 A 国国内法被扣除 10% 的预提所得税 1 万元，李小二净得税后红利 9 万元。这部分境外红利单独计算境外所得，其单独的抵免限额是 10×20%＝2（万元），单就股息红利来说，其在境外缴纳的股息红利个人所得税 1 万元可以全额抵免，实际上在境内需补税 1 万元。

解析：将前面的两个案例合并，李小二来源于 A 国的综合所得抵免限额、经营所得抵免限额以及其他所得抵免限额之和，为来源于 A 国所得的抵免限额。

如前所计算，其综合所得抵免限额＝43 080×(境外收入 20 万元/境外收入与境内收入之和 50 万元)＝43 080×0.4＝17 232（元）。其利息股息红利所得抵免限额＝100 000×20%＝20 000（元）。

$$其 A 国抵免限额之和 = 综合所得抵免限额 + 利息股息红利所得抵免限额$$
$$= 17\ 232 + 20\ 000$$
$$= 37\ 232（元）$$

由于其综合所得在境外实缴税款 60 000 元，股息红利实缴税款 10 000 元，均取得境外完税凭证，其实缴税款合计 70 000 元，超过了抵免限额，当年仅可抵免 37 232 元。

李小二当年实际在国内应缴纳的税额 = 43 080 + 20 000 − 37 232
= 25 848(元)

（六）纳税申报

（1）纳税申报时间。居民个人从中国境外取得所得的，应当在取得所得的次年 3 月 1 日至 6 月 30 日内纳税申报。

（2）纳税申报地点。

1）向中国境内任职、受雇单位所在地主管税务机关办理纳税申报；

2）在中国境内没有任职、受雇单位的，向户籍所在地或中国境内经常居住地主管税务机关办理纳税申报；

3）户籍所在地与中国境内经常居住地不一致的，选择其中一地主管税务机关办理纳税申报；

4）在中国境内没有户籍的，向中国境内经常居住地主管税务机关办理纳税申报。

（3）纳税人取得境外所得办理纳税申报的具体规定另行公告。

案例篇

茶问篇

第十二章 / Chapter Twelve
税收筹划实战案例精选

案例一　阿里巴巴 VIE 架构案例[①]

一、案例背景

（一）马云宣布放弃 VIE 所有权

2017年，阿里巴巴在年度报告中公开披露关于 VIE（可变利益实体）架构的调整情况，将 VIE 的股东调整为两家有限责任合伙企业的形式来进行控制，即这些实体将通过有限合伙实体的形式被阿里巴巴合伙人或者阿里巴巴管理层的成员间接持有。2018年10月，

---

① 本案例作者为蔡昌、李劲微、邓正弘。

马云宣布放弃对阿里巴巴 VIE 架构的所有权，阿里合伙人或管理层今后将通过有限合伙实体间接持有。此次调整的目的是减少关键人员的风险，提高 VIE 股权的稳定性，并非对阿里集团层面进行的股权调整。由合伙人持有相应的股权，可以使有关关键人员的风险降低，同时使合伙人制度在阿里巴巴的公司治理中起到稳定作用，加强 VIE 股权的稳定性。此消息一经公布，立刻成为社会关注的焦点，引起学术界对 VIE 架构的广泛讨论。本案例将深入分析阿里巴巴 VIE 框架，解释马云放弃 VIE 所有权的深层次原因。

（二）VIE 架构分析

1. VIE 架构的概念与实质

VIE（variable interest entity）又称为可变利益实体，其核心结构包括：境外上市主体、香港公司、境内外资壳公司以及境内经营实体。在 VIE 架构中，境外上市主体（开曼公司）享有境内经营实体的营业利润，但并不是通过直接兼并收购境内经营实体享有的，而是通过其层层架构在境内投资设立的境内外资壳公司与境内经营实体签订的一揽子协议来获取境内经营实体的利润，协议的内容为境内经营实体通过向境内外资壳公司支付服务费的方式转移利润。境内经营实体虽然将利润转移给境内外资壳公司，但是境内外资壳公司对境内经营实体是没有控制权的，控制权由创始股东掌握；境内经营实体的主要受益人是境外上市主体的股东，境外投资者和其他股东通过持有境外上市主体的股份，享有源于协议控制关系而得到的境内经营实体的营业利润。VIE 架构的构成要素如图 12-1 所示。

图 12-1　VIE 架构的构成要素

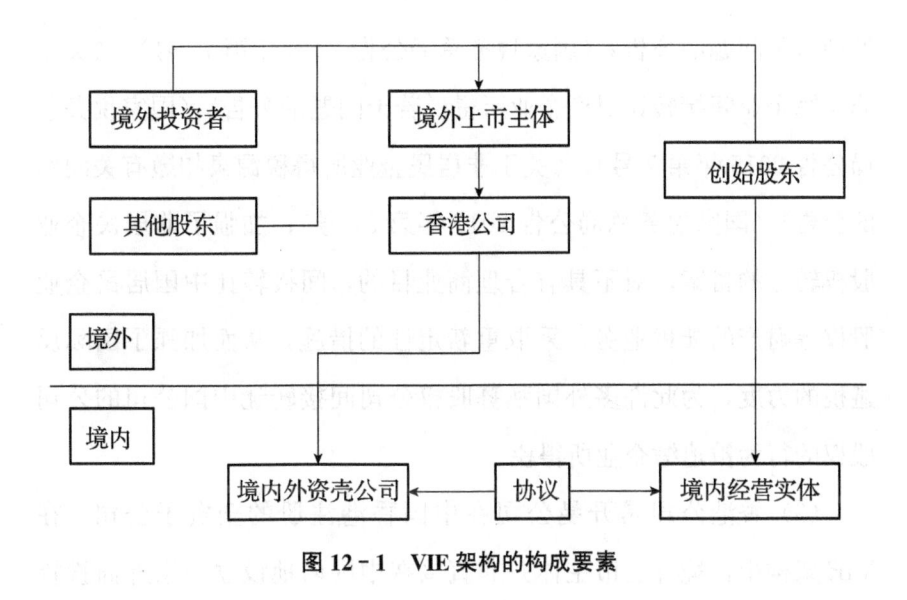

（1）境内外资壳公司与境内经营实体的协议。该协议主要规定了境内外资壳公司为国内经营实体提供垄断性资讯、管理等服务，国内经营实体将其所有净利润，以服务费的方式支付给境内外资壳公司。同时，该境内外资壳公司应通过合同取得对境内经营实体全部股权的优先购买权、抵押权，投票表决权和经营控制权，以便在未来境内经营实体上市时直接取得其股份。

（2）境外上市主体通常设立在开曼群岛。开曼群岛有税收优惠、低成本股份转让的优势，并且可申请在中国香港和许多国家（地区）挂牌上市，所以企业倾向于将空壳公司设立在开曼群岛。不过开曼群岛的税收优势正在慢慢被削弱，随着国际反避税浪潮的推进，国家税务总局相继颁布了《关于非居民企业股权转让适用特殊性税务处理有关问题的公告》（国家税务总局公告 2013 年第 72 号）、《关于非居民企业间接转让财产企业所得税若干问题的公告》（国家税务总局公告 2015 年第 7 号）、《关于非居民企业所得税源泉扣缴有关问题的公告》（国家税务总局公告 2017 年第 37 号），加强了非居民企业股权转让的备案，对不具有合理商业目的，间接转让中国居民企业股权等财产的涉税业务，采取重新定性的措施，从而加强了国际反避税的力度，为此许多外国私募股权公司间接转让中国公司的公司股权的行为被追缴企业所得税。

（3）香港公司是开曼公司在中国香港注册的全资子公司。在VIE架构中，境外上市主体并非直接在中国内地设立一家外商投资企业来与境内经营实体签订协议，而是通过香港公司在内地全资注册一家外商投资企业来实现目的。之所以必须通过香港而不是直接在内地注册，是因为香港的特殊性。为了避免内地和香港之间的双重征税，我国曾经规定对香港公司来源于内地的符合规定的股息所得可以按低税率来征收预提所得税，这将比境外上市企业直接在内地注册节省一笔预提所得税费用。因此，通过香港公司在内地注册外商投资企业将带来由于税收优惠而产生的利益。

VIE架构的实质是协议控制取代常规的股权控制，分离境内经营实体的控制权与所有权，其控制权由境内经营实体的管理人所有，而企业的利润完全或大部分通过协议输送给境外上市主体。相应地，VIE架构的风险也由此而来：当管理者和股东的利益高度一致时，协议符合双方的利益需要，这个架构就是稳定的，但是当管理人与境外股东的利益不一致时，VIE 架构会因为双方各自的操作而产生分裂，例如管理人单方面解约或者撕毁协议从而获得利润的所有权。当然，VIE 架构如此复杂且其本身有无法确定的风险，却受到一些企业的追捧，这与 VIE 架构的巨大"魅力"密不可分。VIE 架构不仅可以用来规避国家对外国投资进入某些行业的限制，获得国内经营牌照，同时，它也绕过了海外直接上市的高门槛，加速境内经营实体在海外上市的进程，引入资金推动发展。

2. VIE 架构的发展历程

改革开放初期，我国政府在部分与国家安全有关的领域设置了严格的外商直接投资的准入限制。20 世纪 90 年代，《中华人民共和国电信条例》（简称《电信条例》）明确界定电信运营和电信增值业务为限制外资行业。但是众所周知，在互联网企业初创期间，企业发展所需的资金数额是国内投资偏于保守的民众所不能提供的，因此，海外上市对互联网行业能否实现快速成长与发展非常重要。中国企业尤其是民营资本为了能够在海外上市，以前会尝试采取反向收购和借壳上市的模式。因此，企业只好借助 VIE 架构曲线上市。

VIE 架构的兴起可以追溯到 2000 年，新浪 VIE 架构通过了我国监管部门的审查，随后新浪在美国顺利上市，成为互联网企业首次海外上市成功的典范，这让许多国内公司对 VIE 架构充满信心。这种信心不仅来自新浪到美国上市的认可，更重要的是政府对新浪海外上市的默许态度。但是，作为规避现行外汇管制和外商投资政策的手段，VIE 架构一直处于监管的灰色地带，因此具有一定的监管风险。而且其本身仅仅依赖于一揽子协议，通过上市公司持有的境内外资企业将国内经营实体取得的利润返还给上市主体，在公司治理方面也有颇多隐患。2011年支付宝事件爆发，时任阿里巴巴董事长的马云分别于2009年以及2010年将支付宝的股权转移到自己名下的纯内资公司，单方面终止了之前签署的协议，并且以缔约过失者的姿态通知雅虎以及软银集团开展补偿谈判。这是自新浪采用VIE架构海外上市以来，第一次有人违反甚至撕毁VIE协议，在我国乃至世界市场都引起了轩然大波，社会对VIE架构产生了一定的不信任感。

从本质上说，VIE架构在中国的蓬勃发展与众多问题都凸显了我国政府对VIE架构监管的不足。经营者之所以有机会撕毁协议甚至携款而逃，正是因为没有完善的监管制度与体制，从而带来股东对VIE架构的不信任。不过也正是由于监管的缺失，投融资方才能够随意地通过VIE协议的架构，在高风险下取得高回报，提高自身乃至行业的生存能力与发展潜力。VIE架构在中国已经走到了十字路口，政府仍在探索监管VIE架构的法律依据以及发展成熟的监管模式的方法，投融资双方也正担忧VIE架构的法律风险以及该如何弥补自身的损失。

3. 国家对VIE架构的监管措施

第一，商务部有权申请对外资准入、外资并购以及国家安全检查进行监管，这证明商务部在VIE架构的监管中占据十分重要的地位。同时，在商务部的文件中，也可以找到"VIE架构""协议控制"等直接指向性的字眼，并且商务部对此的态度大多是比较负面的。

例如，商务部于2011年8月颁布了《商务部实施外国投资者并购境内企业安全审查制度的规定》，其中第9条规定："外国投资者不得以任何方式实质规避并购安全审查，包括但不限于代持、信托、多层次再投资、租赁、贷款、协议控制、境外交易等方式。"在解释上述条款时，商务部指出，它不是VIE架构的合法性规定，只是针对并购交易中的国家安全审查事项。但是商务部在上述条款中认为协议控制属于并购的一种形式，这正好同VIE架构所指出的因VIE架构不属于外资企业并购，从而可以绕过复杂的审批程序以实现海外上市的做法是矛盾的。这也反映出，商务部对于VIE架构持有比较负面的立场。虽然商务部在某些文件中对"协议控制""VIE架构"有所提及，但是从总体来看，商务部对VIE架构的合法性并未给出明确的规定。

第二，中国政府部门目前并未将VIE架构直接纳入监管的范围，但有关部门出台了一系列关于外资准入的法律法规和规定，与VIE架构具有一定的联系。

例如，有关部门颁布的《外商投资产业指导目录》规定了限制外商投资、禁止外商投资的行业。外商投资企业不得持有网络文化经营许可证、广播电视节目制作经营许可证等相关行业许可证。上述法规虽对外商投资有关行业作出了限制，但在文件中并未明确指出境外企业以协议控制的形式控制境内企业的行为是否属于法律法规禁止的行为。因此，中国政府对于VIE架构的态度为"尚未明确禁止"。

第三，中国境内企业一般选择中国香港和美国作为上市地点。其中，香港联交所对于 VIE 架构持肯定态度，但是在逐渐加强对其的监管，从香港联交所对 VIE 上市决策的不断修订中可以看出，香港联交所对 VIE 架构的监管将越来越紧；美国证券交易所对于 VIE 架构也并未明确禁止，但有关 VIE 架构的负面消息给投资者带来了更大的风险。目前，VIE 架构虽然得到我国政府及司法机关的默许以及香港联交所、美国监管部门的许可，但是仍然处于法律的灰色边缘，相关企业应当采取积极的措施规避 VIE 架构的法律风险，同时监管部门应当采取有效的措施维持市场秩序、投资者利益以及国家经济安全。

二、阿里巴巴 VIE 架构分析

根据《电信条例》（国务院第 291 号令）和《互联网信息服务管理办法》（国务院第 292 号令）等相关规定，国家实施 ICP 的许可系统，要求提供互联网信息服务的公司获得互联网信息服务营业执照。《外商投资产业指导目录》等相关规定禁止外国公司在中国投资提供增值电信服务的公司（包括提供互联网信息增值服务的公司）。因此，阿里巴巴集团便采取搭建 VIE 架构的形式来获取营业执照。阿里巴巴（中国）网络技术有限公司（以下简称阿里巴巴（中国））是阿里巴巴网络有限公司的全资子公司，VIE 架构是通过其与持有许可证的浙江阿里巴巴电子商务有限公司（以下简称浙江阿里巴巴）签署一系列必要协议建立的。这不仅可以保持阿里巴巴集团对浙江阿里巴巴的控制，还可以确保浙江阿里巴巴的收入能够顺利合理地流入阿里巴巴集团。

(一) 阿里巴巴的 VIE 架构

阿里巴巴（中国）与浙江阿里巴巴签订的一系列协议，规避了我国法律对于外商投资在互联网信息服务的限制从而得以投资互联网行业，使阿里巴巴集团获得了互联网信息服务业务许可证，并且实现了阿里巴巴集团对浙江阿里巴巴的实际控制。正是由于协议的存在，在支付宝转让股权由外资控股变为内资控股之后，雅虎和软银这两家外资企业采取了默认的态度。图 12-2 为支付宝股权转让前阿里巴巴集团的 VIE 架构，该图左侧为外资控股企业，右侧为内资控股企业。

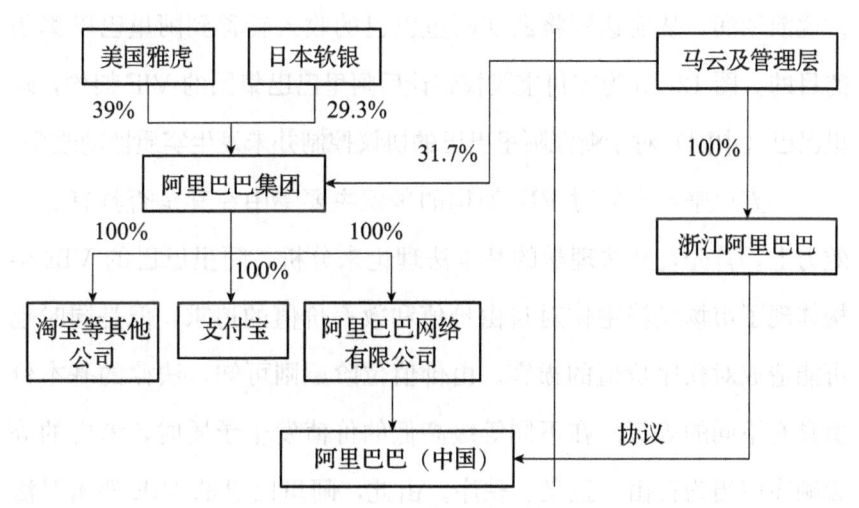

图 12-2　支付宝股权转让前阿里巴巴集团的 VIE 架构

资料来源：陶紫薇. VIE 架构的法律问题研究. 上海：华东政法大学，2014.

支付宝股权转让后的VIE架构显示了上市的阿里巴巴（中国）与浙江阿里巴巴之间存在的协议控制关系，其签订了六项具体协议：贷款协议、代理协议、股权抵押协议、认购权协议、中国外汇市场业务合作协议及独家技术服务协议。上述贷款协议是指阿里巴巴（中国）向浙江阿里巴巴股东提供无息贷款，并规定该贷款仅用于为公司提供资金，此外，以股东持有的浙江阿里巴巴股权作为抵押；代理协议、股权抵押协议和认购权协议等协议对阿里巴巴集团认购浙江阿里巴巴股权和指定代理人行使股东权利的情况作出相关规定，目的是保证阿里巴巴（中国）对浙江阿里巴巴的控制；独家技术服务协议意味着阿里巴巴（中国）向浙江阿里巴巴提供独家技术服务支持，而浙江阿里巴巴则向阿里巴巴（中国）以费用支付的形式支付税前利润，从而达到将浙江阿里巴巴的收入转移到阿里巴巴集团的目的。图12-3为支付宝股权转让后阿里巴巴集团的VIE架构，阿里巴巴（中国）对于浙江阿里巴巴的协议控制并未发生实质性的改变。

一直以来，人们对VIE架构的争议主要集中在其是否具有法律效力上。首先，从法理学的基本法理论来分析，阿里巴巴的VIE架构体现了市场经济主体对自由价值和效率价值的追求，但是同时也可能造成对秩序价值的损害。由价值位阶原则可知，法律的基本价值具有不同的等级。在不同等级高低的价值发生矛盾时，考虑的等级顺序应当为自由、正义、秩序。由此，阿里巴巴的VIE架构对法的自由价值以及效率价值考虑在先，为更快地实现经济价值而后考虑秩序价值的行为不能证明其有失合法性。

第十二章 税收筹划实战案例精选

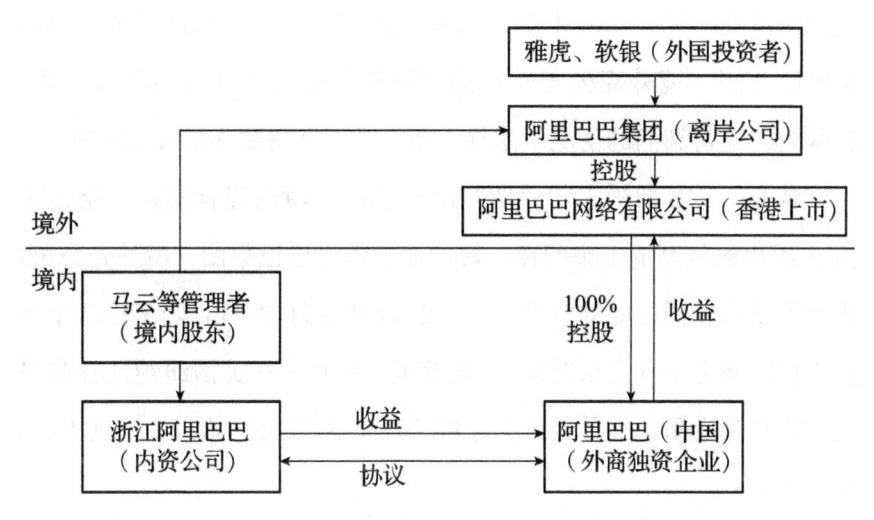

```
                    ┌──────────────────────┐
                    │ 雅虎、软银（外国投资者）│
                    └──────────┬───────────┘
                               │
                    ┌──────────▼───────────┐
                    │ 阿里巴巴集团（离岸公司）│
                    └──────────┬───────────┘
                            控股│
                    ┌──────────▼───────────────┐
                    │阿里巴巴网络有限公司（香港上市）│
境外                 └──────────────────────────┘
─────────────────────────────────────────────
境内
   ┌─────────────┐         100%│    │收益
   │ 马云等管理者 │         控股 │    │
   │ （境内股东） │              │    │
   └──────┬──────┘              │    │
          │                     │    │
   ┌──────▼──────┐   收益   ┌───▼────▼─────┐
   │ 浙江阿里巴巴 │◄────────►│ 阿里巴巴（中国）│
   │ （内资公司） │   协议   │（外商独资企业）│
   └─────────────┘◄────────►└───────────────┘
```

图 12-3　支付宝股权转让后阿里巴巴集团的 VIE 架构

资料来源：黄婧娴. VIE 结构的风险与应对初探. 上海：华东政法大学，2015.

其次，是否属于"以合法的形式掩盖非法的目的"是阿里巴巴 VIE 架构的有效性受到质疑的地方。我们通过阿里巴巴签订的协议可以看出这些协议是日常商业活动中会涉及的合同，例如由于境外企业拥有技术优势而将专利、非专利技术等特许境内公司在经营活动中使用，从而收取一定的许可费、服务费等。这些合同的签订并非出于非法的目的，因此，VIE 架构从合同法层面上看具有合法性。

最后，从经济法角度来看，阿里巴巴 VIE 架构若以整体经济利益为考量，通过设立这一架构促进境内外企业资本、经营模式、管理经验的借鉴与交流，那么阿里巴巴 VIE 架构符合经济法的合法性。

（二）阿里巴巴 VIE 架构的优点

由于 VIE 协议控制的关系，境内公司可以在接受外资的情况下仍然保持纯内资公司的本质，从而拿到纯内资的经营许可证。而阿里巴巴集团（境外壳公司）在拥有浙江阿里巴巴（境内经营实体）在国内的经营利润的情况下敲钟上市，从而获得更多的发展资本。

首先，VIE架构成功使浙江阿里巴巴（境内经营实体）绕过国内A股市场较高的上市门槛，转而通过阿里巴巴集团（境外壳公司）进行了具有较低门槛的海外上市。2014年9月19日，阿里巴巴于美国当地时间上午（北京时间19日晚间）9时许在美国纽约证券交易所正式挂牌交易，交易代码为"BABA"，阿里巴巴总市值达到1 676亿美元。

其次，阿里巴巴由于其纯内资性质顺利拿到了国内经营牌照，在接下来的几年里迅速发展，现在已经成为中国最大的互联网公司之一。2018年5月，2018中国品牌价值百强榜发布，阿里巴巴排名第2位。此外，如果监管政策允许，阿里巴巴将在中国二次上市，可见阿里巴巴在国内发展迅速，已经达到了国内上市的高门槛。

（三）阿里巴巴VIE架构的风险

1. VIE架构的政策性风险

VIE架构通过一系列复杂的搭建和许多必要协议的签订实现规避法律的目标，被境内外投资和融资领域的企业推崇和应用。正是如此，VIE架构也承受着一些争议，由于它难以避免地要在法律盲区的边缘试探，因此具有较高的法律风险。

第一，外国投资者对国内企业的兼并和收购有相关规定。境外的公司如果在我国进行关联并购，应该向我国的商务主管部门申报。

公司不得以一定方式规避这种要求,将来,政府监管部门有可能认定 VIE 属于采用其他方式规避关联并购的审批手续的架构。

第二,国务院办公厅发布的并购安全审查制度已经将协议控制方式认定为一种并购方式。2015 年 1 月,我国出台了《中华人民共和国外国投资法(征求意见稿)》,拟对 VIE 架构作出规范,条款的数量已经远远超过现有的外商投资相关法律,由此可以看出国家对于 VIE 架构的管控是越来越严格的。在未来,一旦国家相关部委颁布法律法规来保护我国某些行业的安全,从而禁止 VIE 架构在全部行业中的应用,可能会对采取 VIE 架构的公司产生严重的跨国境影响。

VIE 架构中已经上市的阿里巴巴集团(离岸公司)之所以具有商业价值,完全是因为它通过协议得以享受境内公司的利润。如果协议出现重大法律问题,上市公司将毫无价值,这对阿里巴巴的公司股东来说将是灾难性的,也将对国际资本市场的稳定产生重大影响。

2. VIE 架构的稳定性风险

在阿里巴巴集团 VIE 架构的协议中,阿里巴巴集团委派到国内公司的一些独立董事或者高管无法通过一份协议获得真正的控制权,浙江阿里巴巴的实际控制人才是阿里巴巴集团控制权的实际拥有者。由于控制权集中在个别人手中,因此其行为至关重要。当创始人出现人身危险或者离婚等私人问题时,VIE 架构的稳定性将无法保证,可能会出现继承人不履行协议的问题,例如当实际控制人想要单方面解约时，由于境外上市公司处于被动地位，VIE 架构也将随之瓦解。

已经发生的新东方事件、双威教育事件以及土豆网事件等，让人们看清了类似于阿里巴巴集团的互联网企业在海外上市是建立在"打擦边球"的 VIE 架构之上。为了保持 VIE 架构的稳定性，企业必须依靠两方面的平衡：一是互联网企业的企业家的契约精神和规则意识；二是政府监管部门的默许和认同。但这两方面的平衡并不稳定，阿里巴巴的 VIE 架构存在着稳定性风险的隐患。

3. VIE 架构的税收风险

第一，关联交易中的税收风险。VIE 架构的核心环节之一为将境内经营实体的利润转移至境外上市实体，因此控制协议中的利润转移涉及大量的关联交易。由于 VIE 架构中包含若干家设立在不同国家或地区的关联企业，企业经常会出于减轻税负的目的，利用不同企业间的税率或者税收优惠政策的差别做出一些税收筹划或避税行为，这些行为往往会引起税收征管部门的注意和稽查，很可能会被认定为逃税，给企业带来一定的税收风险。

如何设计方案将国内经营实体浙江阿里巴巴的利润转移给阿里巴巴（中国）（外商独资企业）和海外投资者控制的阿里巴巴网络有限公司（香港上市），最终转移给海外投资者即阿里巴巴集团，是 VIE 架构中的难点之一。如果通过国内外实体之间的关联交易，如浙江阿里巴巴与阿里巴巴（中国）之间关于技术服务的关联交易，则可能会暴露潜在的转让定价调整的风险。随着反避税的推进，如果税务当局认定阿里巴巴（中国）与浙江阿里巴巴的协议安排是不公平的交易，则有权核定征收税款和相应罚款。这些罚款不仅会造成企业的财务负担，也会使海外上市公司财务报表不够美观、公司形象下降等造成美股价格下跌，从而引起其他更大的损失。

第二，阿里巴巴 VIE 架构中的阿里巴巴网络有限公司（香港上市）存在被认定为居民企业的税收风险。导管公司是指通常以规避或减少税收、转移或累积利润等为目的而设立的公司。这类公司仅满足法律要求的组织形式，但是并不从事制造、经销、管理等实质性经营活动。实际上，阿里巴巴网络有限公司即为此类公司。我国税收协定中的"受益所有人"一般是指从事实质性经营活动的个人、公司或其他任何团体。代理人和导管公司等并不属于"受益所有人"。在 VIE 协议控制模式中，阿里巴巴网络有限公司即为阿里巴巴集团与阿里巴巴（中国）之间的"导管"，有可能会不适用国家允许的 5% 的股息预提所得税税率以及不高于 7% 的利息及特许权使用费预提所得税税率。

第三，阿里巴巴集团存在的税收风险。受控外国企业（CFC）指由居民企业或者中国居民控制的设立在实际税负低于我国 25% 的企业所得税税率 50% 的国家（地区），出于非合理经营需要而对利润不作分配或者减少分配的外国企业。阿里巴巴集团的注册地为开曼群岛，实质上属于受控外国企业，可以纳入 CFC 条款的监管范围。如果阿里巴巴集团想要通过对利润不作分配或者减少分配的方式避免缴纳企业所得税，那么按照我国《企业所得税法》的相关规定，对于本应归属于该居民企业但不作分配或减少分配的利润，税务机关可能会运用"实质重于形式"这一原则对其征税，引发企业税负上升、企业经营成本和财务负担增加的风险。

4. VIE架构的外汇管制风险

在VIE架构下，集团管理往往会涉及资金在境内与境外间的转移，比如阿里巴巴集团对阿里巴巴（中国）注资、浙江阿里巴巴向阿里巴巴网络有限公司转移利润等。上述过程均受到我国外汇管理局的监管，如果企业不能获得相关外汇管理部门的许可，那么VIE架构也将面临无法正常运行的风险。

阿里巴巴（中国）将利润转移至境外的行为必须得到国家外汇管理部门的批准。然而由于阿里巴巴（中国）在境内通常没有实际的业务及利润，如果想将境内的资金转移至境外就必须依靠VIE架构控制下的境内经营实体即浙江阿里巴巴，以股息分配的形式实现境内资金向境外的转移。但是此种以分配股息为名、实则向阿里巴巴网络有限公司转移利润的行为一旦被外汇管理部门审查，将无法得到监管部门的批准。因此，外汇管制风险也是威胁VIE架构安全稳定性的一大重要隐患。

（四）防范阿里巴巴VIE架构风险的建议

1. 完善VIE结构内部设计

阿里巴巴的VIE架构能够很好地帮助阿里巴巴集团对浙江阿里巴巴实现控制，同时保证浙江阿里巴巴的收益顺利且合理地流入阿里巴巴集团，但其内部结构还有值得改进的地方。

第一，引入独立董事以防范违约风险。由于VIE架构的创始人拥有较大的控制权，当发生利益冲突时，外商投资公司的利益将受到侵害。引入独立董事可以限制创始人对国内外资壳公司和国内经营实体等的控制权，有效监控创始人对国内经营实体和国内外资壳公司的控制。

第二，进一步完善VIE架构履约保障机制。例如，通过明确定义公司章程中的VIE协议变更程序或机制，确保VIE架构的稳定性。

第三，优化VIE架构的设计来规避风险。VIE架构的设计对于该模式的稳定性以及投资者利益的保护都起着不可估量的作用，而不同企业之间的VIE架构在实际操作中也有不同之处，因此各企业可以落实到具体的VIE架构中，通过优化VIE架构的设计来规避风险。阿里巴巴也可以根据自身的需要来进一步优化内部VIE架构的设计。另外，采取事先建立纠纷解决机制的方法完善VIE架构。为确保VIE架构的有效性，防止创始人恶性违约所带来的纠纷与冲突，可以事先确定违约补偿方案，提高创始人的违约成本，使VIE架构可以顺利地搭建。

2. 明确有关监管部门的监管措施

我国对于VIE架构的监管态度比较模糊，VIE架构一直存在一定程度的法律风险。因此，明确监管部门的监管措施，对于维护国家经济安全，保障投资者的利益，防止资产和税收的流失，促进国家经济的发展具有重要意义。

首先，应当明确 VIE 架构的适用范围。为了防范 VIE 架构可能存在的风险，有关监管部门可以将《国务院办公厅关于建立外国投资者并购境内企业安全审查制度的通知》《外商投资产业指导目录》等现行法律规范结合起来，对 VIE 架构的适用范围以法律条文的形式明确规定，缓解融资困境，促进多层次资本市场的完善，保障国家的经济安全。由于目前我国对于 VIE 架构的监管还存在模糊不清的情况，VIE 架构创始人的违约风险和道德风险比较高。若有关监管部门明确了 VIE 架构合法的适用范围，将会有效地抑制创始人违约行为的发生，切实地帮助企业实现海外融资，提升我国产业的整体竞争力。

其次，应当明确 VIE 架构的监管方式。当前 VIE 架构还存在着外汇管制以及税收等风险，这是因为目前监管部门尚未确定对 VIE 架构的监管方式，这种事后监管的模式都是在出现问题的时候才采取相应的措施来处罚，不利于 VIE 架构外汇管制及税收风险的防范。有关部门应当对 VIE 架构的监管作出具体的规定，包括国家外汇、税收等方面制定相关的条文加以规范。这样，企业相应的行为才有法可依，有法可循，使市场秩序更加稳定和谐，有利于更好地促进企业实现海外融资，进而提升我国产业的整体竞争力。

三、马云转让 VIE 所有权的分析

（一）马云转让 VIE 所有权的诱因

在马云转让 VIE 所有权之前，阿里巴巴五大主要可变利益实体

中的 4 家——淘宝（中国）软件有限公司、浙江天猫技术有限公司、浙江阿里巴巴云计算有限公司、杭州阿里巴巴广告有限公司，绝大部分股份由马云和谢世煌所有。对于优酷实体，马云和谢世煌通过阿里风险资本有限公司控制其 66.67％的股份（另外 33.33％的股份被阿里另外两名员工持有）。此次 VIE 架构调整将 5 个重大可变利益实体的控制人由马云、谢世煌改为两家有限合伙企业，阿里巴巴的合伙人和高管将分别控制这两家有限合伙企业，进而控制 5 个重大可变利益实体。

这 5 个重大可变利益实体掌握阿里巴巴在中国境内所有公司的实际控制权，拥有中国各类运营牌照公司的所有权，VIE 架构的政策性风险与稳定性风险不容忽视，因此马云的放弃并不让人感到震惊。首先，VIE 架构有一定的政策风险。对于阿里巴巴集团而言，一旦国家不承认 VIE 架构的合法性，股东通过 VIE 架构取得阿里股份的股东权益将无法得到法律保障。只有那些拥有中国经营牌照即实体公司的所有权的股东财富才能受到国家保护，而马云放弃的正是这些公司的所有权。其次，马云必须同时拥有阿里巴巴的股份以及对于实体企业的控制权才能真正地控制阿里巴巴。马云放弃实体企业的控制权，等于将自己放在与其他非创始人投资者同样的位置，在发生利益冲突时，类似于之前已经发生在孙正义身上的支付宝违约事件可能会同样发生在马云身上。

从公司角度来看，马云放弃 VIE 架构是有其合理性的。在原来的 VIE 架构中，关键人物的风险是不容忽视的。一旦马云去世、离婚或者失踪，继承者不一定信守 VIE 的承诺，那么整个阿里系统都会受到冲击。此次关于 VIE 架构的调整中，阿里巴巴将 VIE 的股东调整为两家有限责任合伙公司，即 VIE 由阿里巴巴合伙人或阿里巴巴管理层成员通过有限合伙企业间接持有，这就相当于将管理阿里巴巴的重任交给了合伙人团队。即使合伙人团队中某一高管个人发生重大负面事件，VIE 的经营也不会受到太大影响。即使合伙人团队有高管人员的更替和流动，只要阿里巴巴合伙人制度是稳定存在的，VIE 的股权就是稳定的。

阿里巴巴合伙人和高管控制 5 家 VIE 的具体做法是通过两层架构，5 家 VIE 将被一家中国投资持股公司控制，这家投资持股公司又被两家有限合伙企业各控制 50% 的股份。阿里巴巴的合伙人或者高管分别控制有限合伙企业。[①]

（二）马云转让 VIE 所有权的税务分析

1. 转让环节的税务分析

股权转让收入是指转让方因股权转让而取得的现金、实物、有价证券和其他形式的经济利益。转让方取得与股权转让有关的各种资金，包括违约金、赔偿金以及其他名目的款项、资产、权益等，均应纳入股权转让所得。纳税人按照合同约定，在满足约定条件后取得的后续收入，也应当作为股权转让收入。

我国个人所得税法相关政策明确规定："个人转让股权，以股权

---

① 杨鑫健. 马云放弃阿里 VIE 所有权细节：五大实体脱离创始人名义控制. (2018-10-02). https://finance.qq.com/a/20181002/007450.htm.

转让收入减除股权原值和合理费用后的余额为应纳税所得额，按财产转让所得缴纳个人所得税。"① 财产转让所得，按照一次转让财产的收入额减除财产原值和合理费用后的余额计算纳税，税率为20%，按次征收。

$$\begin{matrix}\text{股权转让}\\ \text{所得应缴纳的}\\ \text{个人所得税}\end{matrix} = \begin{pmatrix}\text{股权}\\ \text{转让}\\ \text{收入}\end{pmatrix} - \begin{matrix}\text{取得股权}\\ \text{所支付的}\\ \text{金额}\end{matrix} - \begin{matrix}\text{转让过程中}\\ \text{所支付的相关}\\ \text{合理费用}\end{matrix}) \times 20\%$$

因此，如果马云将其持有的浙江淘宝网络有限公司的股权转让给中国境内的某家投资控股有限公司，高额的个人财产转让所得税（税率为20%）以及印花税（税率为0.5‰）是马云即将面临的税务问题，即使马云没有收到股权转让收入，想要完成工商登记，马云就应该缴纳所得税，纳税地点是浙江淘宝网络有限公司的注册地杭州。

平价转让可以避免股权高溢价转让带来的个人所得税，平价转让的合理理由包括三代以内直系亲属间转让、部分限制性股权转让、合理外部因素导致的转让和投资企业连续3年亏损。转让理由需要经税务机关认定，并且如果新闻属实，马云此次转让VIE所有权并不符合平价转让的理由，因此操作具有难度。

2. 转让后的税务管理分析

在北京、新疆、天津、吉林、上海、深圳等多个地区，合伙基

---

① 参见《股权转让所得个人所得税管理办法（试行）》（国家税务总局公告2014年第67号）。

金中的自然人合伙人（有限合伙人）的税率为20%。但是在2018年8月，国家税务总局明确规定，合伙企业中自然人合伙人取得的生产经营所得应按照"个体工商户的生产、经营所得"项目缴纳个人所得税（5%～35%的累进税率）。对动辄规模上亿元的合伙企业来说，这意味着大多数自然人合伙人的利润可能都要以35%的税率征税，这大大增加了税收负担。阿里巴巴在未来发展中可能不得不"负"重前行。

（三）马云转让VIE所有权的税收筹划

VIE的股东由马云和谢世煌调整为两家有限责任合伙企业，这一调整过程涉及马云和谢世煌两个自然人将持有的全部浙江淘宝网络有限公司的股权转让给中国境内某家投资控股有限公司过程中高额的个人财产转让所得税（税率为20%），如何规避可能导致的高额个人所得税负担？

首先，通过某种具有"正当理由"的方式实现低价转让。① 例如修改公司章程和协议，将此次股权转让设定为不能对外转让的内部

---

① 根据国家税务总局公告2014年第67号第十条的规定，股权转让收入应当按照公平交易原则确定。同时，第十三条指出，符合下列条件之一的股权转让收入明显偏低，视为有正当理由：

(1) 能出具有效文件，证明被投资企业因国家政策调整，生产经营受到重大影响，导致低价转让股权；

(2) 继承或将股权转让给其能提供具有法律效力身份关系证明的配偶、父母、子女、祖父母、外祖父母、孙子女、外孙子女、兄弟姐妹以及对转让人承担直接抚养或者赡养义务的抚养人或者赡养人；

(3) 相关法律、政府文件或企业章程规定，并有相关资料充分证明转让价格合理且真实的本企业员工持有的不能对外转让股权的内部转让；

(4) 股权转让双方能够提供有效证据证明其合理性的其他合理情形。

转让。在实际税收征管中，形式审查往往是重于实质审查的，当事人应向税务机关提供足够的证据证明其"正当理由"以实现更低价格的转移，从而减少税基，避免高额个人所得税。

其次，增加交易费用以及通过核定法来增加股票原值，减少股权转让的应纳税所得额。"个人转让股权未提供完整、准确的股权原值凭证，不能正确计算股权原值的，由主管税务机关核定其股权原值。"[①] 如果按照核定方式确定的股票原值大于实际股票原值，那么该方法可降低应纳税所得额。

再次，马云在转让股权前，可以先要求阿里巴巴实体企业分红，分红之后再转让股权给两家实体企业。假设原持有股权公允价值为100万元，阿里巴巴董事会同意向马云分红30万元，那么扣除红利后马云转让给两家有限实体企业的股权价值为70万元。对于马云分红取得的30万元，国家规定符合条件的居民企业之间的股息、红利等权益性投资收益，为免税收入。由于未分配利润属于阿里巴巴实体公司的税后利润，马云得到的30万元分红属于税后所得，无须缴纳所得税，因此马云只需对70万元的股票转让所得缴税即可。

最后，某些地区对于股权转让有地方性税收优惠政策，可以寻找税收优惠洼地，运用税收返还等优惠政策降低所得税税负，通常做法是变更公司的注册地，通过与目标地区政府签署相关书面协议，根据地方出台的政策及双方协议获得税收优惠、财政返还。例如，

---

① 参见《股权转让所得个人所得税管理办法（试行）》(国家税务总局公告2014年第67号)。

某些中西部地区具有财政返还政策。这种方法目前在地方层面优惠政策的适用上面临着一定的法律风险，因此，在使用这种方法规避税负时，应当对区域性税收优惠政策进行确认，还需要有相关权力机构的书面批复等。而且利用该政策需要将阿里巴巴注册地改为中西部具有返还政策的某个地区，此举变动太大且容易引起负面效应，不利于阿里巴巴的稳定发展。

阿里巴巴合伙人在获得股权后将通过合伙企业持有阿里巴巴实体企业，税法规定，合伙企业中的自然人合伙人取得的生产经营所得应按照"个体工商户的生产、经营所得"项目缴纳个人所得税（5%~35%的累进税率）。对规模上亿元的阿里巴巴合伙企业来说，这意味着大多数自然人合伙人的利润可能都要以35%的税率征税，这大大增加了税收负担。因此，阿里巴巴应当注重股权结构的细节安排以规避按照5%~35%的累进税率缴纳的高额税费。例如，阿里巴巴合伙人或者高管可以通过成立个人独资公司间接持有合伙企业股权，尝试获得比5%~35%的累进税率优惠的税收待遇。但这需要依赖于妥当地安排合伙企业的设立地等具体细节以及注重股权结构的细节安排，包括设置地、纳税地、缴税方式、所得计算等。

如果股权结构顺利转让完毕，阿里巴巴集团在境内的VIE采用有限合伙的持股结构，将有效规范公司管理者的行为，降低关键人员风险，提高VIE股权的稳定性，并对收益分配、股权转让、风险隔离带来一系列有利因素。重视税收管理问题将会大大提升阿里巴巴集团VIE架构的安全性。

案例二　CRS 新政下龙湖地产家族信托税案[①]

一、案例背景

改革开放 40 余年来，我国经济高速发展，市场经济在社会生产活动中已经由原来的基础作用转变为决定性作用，国家不断采取减税降费、简政放权等措施，我国的营商环境日益改善，政府不遗余力地支持民营企业的发展。伴随着我国民营企业实力不断壮大，出现了一些拥有大量财富的高净值人士。2019 年《福布斯》全球亿万富豪榜显示，资产超过 10 亿美元的富豪有 2 153 位，中国有 324 位富豪上榜。许多新出现的高净值人士出于家族财富传承、规避风险、逃避税款等一系列原因，将离岸架构设置在避税地，并利用离岸架构控制海外资产以实现其愿景。2018 年 5 月 7 日，CRS（共同申报准则）中国版正式实施，参与 CRS 计划的国家开始交换纳税人的信息，纳税人采取隐藏海外资产以逃避纳税义务的方式面临巨大威胁。在此将以龙湖地产吴亚军家族信托为案例，探究离岸家族信托设立的税收考量和在 CRS 新政下面临的冲击，分析我国个人所得税制度在新政实施下存在的不足并提出建议。

[①] 本案例作者为蔡昌、徐长拓、王道庆。

(一)离岸家族信托的避税功能

1. 离岸信托概念

现代信托源于英国的"用益权制度",最初它的出现是为了绕过财富管理和财富继承方面的一些法律规制,信托出现后,大陆法系和英美法系对于它的确切概念一直存在纷争,直到1985年第15届国际私法会议通过的《海牙信托的法律适用及其承认的公约》作出了解决争议的概念判定:信托是由财产授予人设定的在其生前或身后发生效力的法律关系。在这种关系下,委托人为受益人的某一特定目的或利益,将自身的财产委托给受托人控制。

如图12-4所示,信托主要由信托财产和信托关系人两部分组成。信托财产是委托人在信托成立时和成立后委托给受托人的财产,受托人根据信托协议管理信托财产,并将信托财产产生的收益分配给受益人。信托关系人包括委托人、受托人、受益人、保护人。委

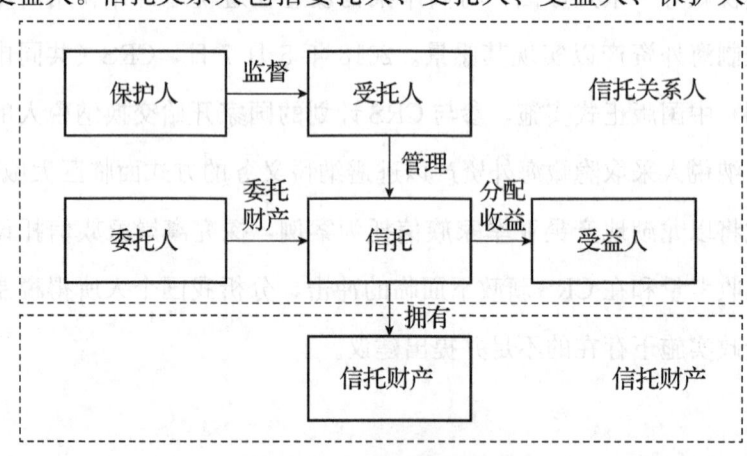

图 12-4 信托基本架构图

托人是出于特定目的将财产委托给受托人的人，可以是机构，也可以是个人。受托人是接受委托人的委托根据协议管理信托财产的人，是信托财产名义上的所有人。受益人是根据信托协议享有财产收益权的人，分为固定受益人和任意受益人，固定受益人定期享有信托财产收益，任意受益人需要根据协议内容分享财产收益。保护人是监督受托人工作的人。

离岸信托是依据离岸国家或地区的法律设立在境外的信托。离岸信托最早出现在20世纪70年代，因为避税地通常保密性好，税收优惠幅度大，离岸信托往往设立在全球著名避税地，因此离岸信托一般又特指设立在避税地的信托。

2. 离岸家族信托避税方式

为了财富传承和规避税收负担，信托设立人在避税地设立信托，主要有三方面原因。一是避税地具有比其他地方更好的保密性，不要求财产登记，根据信托协议，受托人对信托情况严格保密，税务机关难以获得涉税信息；二是避税地往往税制简单，纳税人仅承担极低的税负，信托财产产生的收益滞留在此地仅需负担极低的税收或不负担税收；三是离岸地法律宽松，对离岸信托架构的设计几乎没有限制，信托设立人可以根据需要设计架构或更换受托人，以此达到规避各国纳税义务的目的。

离岸信托常用的避税方式主要有四种。一是利用离岸信托转移财产，将企业固定资产等财产转入离岸信托，利用在岸国和离岸地的税率差获得税收利益；二是借避税地对信托存续宽松的规定实现延期纳税,获得税收利益;三是跨国集团将控股公司与离岸信托结合,将控股公司的股权转让给设立在境外的离岸信托,将自身设为受益人,利用离岸信托的隐秘性隐瞒股权情况和关联交易,规避纳税义务;四是将资产或公司注入与其他国家签订优惠关税协定的第三国的离岸信托之中,绕过关税壁垒,享受关税优惠。

(二)全球 CRS 的发展和我国现状

1. 全球 CRS 的发展

CRS 的主要内容如表 12-1 所示。

表 12-1 CRS 标准的内容

报告主体	金融机构和消极非金融机构,金融机构分为存管机构、托管机构、投资机构、特定保险机构。
报告账户	非居民持有或控制的金融机构账户和消极非金融机构持有的账户。
收集方式	按存量个人账户、新建个人账户、存量机构账户、新建机构账户的标准收集。
报告内容	账户持有人的信息和账户的信息。

截至 2020 年,全球已有超过 100 个国家承诺实施金融账户涉税信息自动交换(AEOI)标准,在未来将执行 CRS。全球实施税收自愿披露机制所带来的额外税收收入、罚款以及利息的合计金额超过 950 亿欧元,较 2018 年 11 月增加了 20 亿欧元。预计未来会有更多的国家参与其中。随着 CRS 的实施,全球论坛正在着手开展同行评审程序,确保实施 CRS 后监测辖区自动交换信息的有效性。

2. 我国 CRS 实施现状

2017 年 5 月 9 日,国家税务总局联合中国人民银行、保监会、银监会、证监会和财政部公布了《非居民金融账户涉税信息尽职调查管理办法》,从此 CRS 中有关金融账户尽职调查程序的相关规定转化为我国的国内法规。2018 年 5 月 7 日,CRS 中国版正式实施,按计划如期进入实操阶段。2018 年 9 月 30 日,我国完成首次信息自动交换。到目前为止,我国已经完成了与世界 90 多个税收管辖区的信息交换,税务机关掌握了我国税收居民在此地的金融账户信息。配合我国新修订的《个人所得税法》,自动信息交换可能会对我国单位和个人设立的离岸信托产生冲击。

二、案例分析

(一) 龙湖地产基本情况

龙湖集团控股有限公司(原名龙湖地产有限公司,简称龙湖地产,股票代码 00960)是一家主要从事物业业务的香港投资控股公司。该公司通过三大分部运营。物业发展分部在内地发展及销售办公楼、商业物业、住宅物业及停车场。2009 年 11 月 19 日,龙湖地产于香港联交所正式上市,2015 年前龙湖地产的增长规模都比较保守,公司在销售上从 2016 年开始发力,尤其是在 2017 年,一跃闯进千亿俱乐部,以全年 1 561 亿元,同比增长 77%,行业排名第 8 位收官。

从吴亚军创业开始,她的财富以惊人的速度增长——从 1993 年白手起家,如今她已是 820 亿元的身家。2012 年,《福布斯》将吴亚军列为"中国大陆女首富",2019 年《福布斯》公布的中国 400 富豪榜显示，吴亚军家族财富值达820.2亿元，排名第17位。在龙湖地产上市前的2008年，吴亚军夫妇就分别设立离岸信托，2018年，为平稳实现财富传承又将其信托资产转移给女儿的信托，价值79亿美元（约530亿元人民币）。早在2012年，龙湖地产吴亚军设立的信托就在其离婚风波中起到了隔离风险的作用，其设立的离岸架构层级复杂，且因为龙湖地产是上市公司，公开过信托相关信息，因此本书以龙湖地产吴亚军的离岸信托作为CRS穿透效应对离岸信托冲击的研究对象。但因为信托设立时龙湖地产并未上市，具体信息在当时没有公开，根据目前披露的信息并不能判定其存在避税行为，因此此处仅探讨该信托可能存在的税收考量，以及它面临CRS需要进行的信息交换，意在分析CRS对离岸家族信托的影响。

（二）家族信托设立细节

2007年11月，吴亚军和蔡奎夫妇在开曼群岛注册了离岸壳公司龙湖地产，以达到控股和上市的目的，随后二人成立了Charm Talent及Precious Full两家BVI子公司，两家子公司实际控制龙湖地产上市主体。2008年1月，他们又注册了一家BVI子公司Long For Investment，并由龙湖地产全资控股。

2008年6月21日，吴亚军和蔡奎夫妇通过其控制的Long For Investment壳公司将60%和40%的股本分别转让给Charm Talent及Precious Full，并在同日将Charm Talent及Precious Full无代价转让给Silver Sea及Silver Land两家境外BVI子公司，最后将这两家子公司通过信托的方式，分别转入吴氏和蔡氏家族信托，而吴氏和蔡氏家族信托均以香港汇丰信托为受托人。

之后，香港汇丰信托以吴氏家族信托的受托人身份全资拥有 Silver Sea。而 Silver Land 也以同样的方式被香港汇丰信托持有。两只信托均为全权信托，受益对象包括蔡奎若干家族成员。

通过这些操作，龙湖地产上市前，二人已经将各自的权益归属处置妥当，二人对于龙湖地产的股份持有实现了分离。至此，吴亚军夫妇的离岸信托架构形成（见图 12-5）。

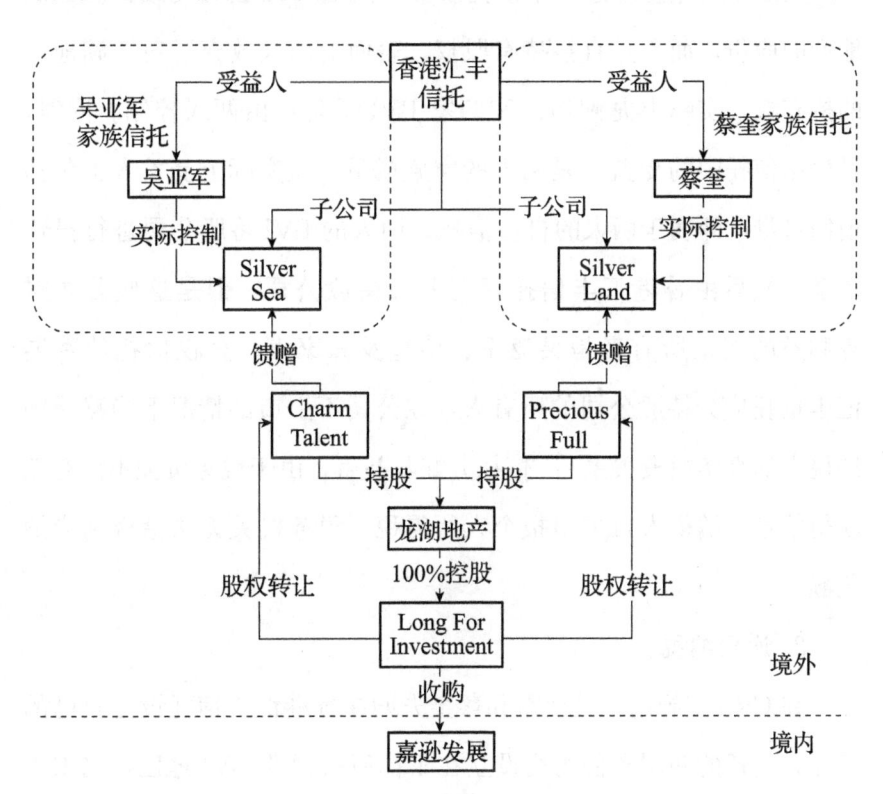

图 12-5 龙湖地产家族信托架构

资料来源：龙湖地产招股说明书.

三、案例剖析

（一）信托的跨境税收筹划

本案例中最可能采取的跨境税收筹划方式是纳税人利用离岸信托隐藏对关联公司的控制关系，掩盖跨国投资和收益。

1. 隐藏控股关系

吴亚军和蔡奎通过离岸信托架构的两层 BVI 公司间接持有龙湖地产的股份，而不是直接持有股权，表面上两人放弃了对龙湖地产的持有权，实际上龙湖地产和两家 BVI 子公司由两人控制。同时，虽然该信托中的受益人是两人的家族成员，但实际上受益人也包括他们自身，即属于两人的自益信托。两人的 BVI 持股公司进行投资活动，然后由香港汇丰信托管理 BVI 持股公司，但是这些公司财务利益的真正所有者是吴亚军、蔡奎及其家人。全权信托使香港汇丰信托成为持股公司的所有人，在公司不上市的情况下隐藏跨国纳税人的真实投资关系。[①] 信托分配收益后，由于税务机关不能有效获得信息，纳税人自主申报个人所得税，税务机关无法稽查到应纳税额。

2. 递延纳税

在 CRS 实施前，吴亚军和蔡奎夫妇在香港汇丰信托设立自己的信托，信托的两层子公司均设立在不征所得税的 BVI 地区，当 BVI

---

① 吴骊. 在避税地进行离岸信托避税的主要方式. 福建税务，2002（7）：8-9.

地区向香港分配利润，香港实施属地原则，对来源于香港以外的其他地区的所得不征税，因此 BVI 公司分回香港的利润无须在香港缴纳所得税。由于公开信息有限，不能得知受益人为固定受益人还是任意受益人，如果为任意受益人，那么信托可以不对受益人进行利益分配，吴亚军的海外资产可以在离岸架构中长期存续，不断地进行投资保值增值，而无须负担大量税收。

(二) CRS 新政下离岸家族信托的信息交换分析

在本案例中，龙湖地产的吴亚军和蔡奎将自身所持有的龙湖地产转让给信托控制下的 BVI 子公司，采用多重 BVI 壳公司的方式进行股权嵌套持有，财富信息隐藏在海外，中国税务机关难以采用常规的税收检查手段获取离岸信托股权转让以及其他收入等涉税信息。

为了解决诸如上述跨境税收征管的难题，各国开始探索国际涉税信息交换制度来规范这种行为。2018 年 5 月 7 日，CRS 中国版正式实施，按计划如期进入实操阶段。在本案例中，CRS 信息交换标准的实施会使离岸信托框架对财富信息的隐蔽能力下降，使龙湖地产的实际控制实体即吴亚军和蔡奎家族的两只海外信托的信息传递到中国税务机关，最终使财富透明。

1. CRS 实施前对吴亚军和蔡奎离岸信托信息披露的分析

该离岸信托相关的当事人及保护人身份如表 12-2 所示。

表 12 - 2 离岸信托相关的当事人及保护人

委托人	吴亚军、蔡奎
受托人	香港汇丰信托
受益人	吴亚军家族、蔡奎家族
保护人	吴亚军、蔡奎

本案例信托设立于2008年，当时国内对于离岸信托的反避税法规几乎一片空白，所能获得的信托有关信息来源由于信托协议的保密性也只限于第三方互联网信息。税务机关无法对信托的相关涉税活动进行判断。

2. CRS信息交换实施后对吴亚军和蔡奎离岸信托的分析

2019年，经过多年的前期沟通与安排，CRS体系下的中国内地、香港和英属维尔京群岛之间的信息交换伙伴关系成功激活，该离岸信托架构的信息将会被披露给中国税务机关。

因为吴亚军和蔡奎的信托设置方式基本一致，在此只分析吴亚军的信托在CRS下的交换，该分析同样适用于蔡奎。

对申报信息的判定流程如下。

(1) 识别离岸信托对应的合规身份。信托属于CRS规定的机构种类之一，OECD的CRS手册对金融机构作了概念规定，分为存管机构、托管机构、投资机构、特定保险机构。一般情况下，信托符合投资机构的标准。① 从吴氏信托的情况来看，它的身份有两种可能，要根据信托的具体职能界定。一是信托本身从事投资机构判定条件中的业务，信托本身构成金融机构中的投资机构，负有信息交换义务；二是信托受金融机构香港汇丰信托的专业管理，同时满足收入测试和被管理测试，此时吴氏信托是被管理的投资机构。在这两种情况下，吴氏信托都会被认定为金融机构中的投资机构，负有信息申报义务。在 CRS 下，因为信托只是一种法律安排，并没有实际的组织形式和人员，所以信托虽然属于金融机构，需要按照 CRS 做合规工作，但是 CRS 将信托类金融机构定性为受托人背书信托（trustee-documented trust，TDT），属于豁免金融机构的一种。在 TDT 下，所有有关信托的合规工作都由受托人来完成，即由香港汇丰信托完成信托的信息交换。信托金融账户的委托人、受益人以及其他对信托实施最终有效控制的自然人（至少包括保护人和受托人）若为其他国家（或地区）税务居民，则为应报送人。在吴氏信托中，委托人、保护人、受益人都为吴氏家族核心成员，不是信托所在地的税务居民，都属于应报送人。

---

① 根据《金融账户涉税信息自动交换标准》SECTION Ⅷ A6，投资实体的定义是——主要为客户或代表客户进行以下一种或者几种活动或业务：
（1）交易货币市场工具（支票、汇票、存单、衍生品等）；外汇、汇率、利率、指数工具；可转让证券；商品期货。
（2）个人和集合投资组合管理。
（3）代表他人对金融资产进行投资管理。
（4）如果某机构受 CRS 协议中规定的托管机构、存款机构、特定保险公司或上述（1）（2）（3）投资实体的专业管理，并且收入主要来源于金融资产的投资、再投资、金融资产交易，则该机构也会被认定为"投资实体"。

(2) 确认离岸信托架构下的账户信息申报义务。根据 CRS 实施手册的规定，信托的股权权益账户和持有人账户信息都会被报送至其居民国，股权权益被视为由部分或全部信托的委托人或受益人主体，或对信托最终有效控制的至少包括受托人的其他自然人持有，此外，OECD 的 CRS 常见问题解答明确规定，信托的保护人无论对信托是否实际控制，都应被当成账户持有人。

因此在吴亚军家族离岸信托中，信托的委托人、受托人、受益人、保护人等均属于 CRS 下的应报送人，作为报送金融机构的信托应每年就应报送账户信息及金融活动进行报送。账户信息包括每个应报送人的姓名、地址、税收居民国、居民国纳税人识别号、出生地、出生日期，以及信托名称和信托识别号。金融活动包括账户余额或价值等，以及当年转入账户的总额。离岸信托架构下的金融账户涉税信息交换如表 12-3 所示，这些信息会报送到信托所属的香港税务机关，并交换到内地税务机关。

表 12-3 离岸信托架构下的金融账户涉税信息交换

实际控制人	账户余额或价值	账户收入
委托人	信托所持有账户的全部余额或价值	申报当期支付给或计入信托所持有账户的收入或收益分配
受托人	信托所持有账户的全部余额或价值	申报当期支付给或计入信托所持有账户的收入或收益分配
固定受益人	信托所持有账户的全部余额或价值	申报当期支付给或计入信托所持有账户的收入或收益分配
任意受益人	零	申报当期支付给或计入信托所持有账户的收入或收益分配

续表

实际控制人	账户余额或价值	账户收入
保护人	信托所持有账户的全部余额或价值	申报当期支付给或计入信托所持有账户的收入或收益分配
账户关闭	账户关闭的事实	该信托关闭前的申报期内支付给或者计入信托所持有账户的收入或者收益分配

CRS落实后，我国正式开启了全球金融账户涉税信息交换，所以能够根据英属维尔京群岛税务机关交换的信息来穿透该离岸家族信托的架构，获得实际股权权益人的收入等涉税信息，并且根据交换回的信息对该架构下的离岸公司是否具有经济实质和商业目的进行判断，以及就本案例中最终实际控制人的收入是否需要补税进行判断。

3. 信息交换后的纳税义务分析

信托相关的信息交换回我国后，税务机关是否可以对离岸信托的收入或者个人从离岸信托获得的收益征税呢？

(1) 对信托的征税。我国迄今为止尚未将信托视为真正的纳税实体，将信托判定为我国的纳税人也就无从谈起，因此从居民纳税义务的角度来看，我国并不能直接对离岸信托征税。但是从所得来源地的角度来看，收益先从境内公司分配给境外控股公司再分配到信托，因此第一次分配到境外时，控股公司有来源于我国境内的所得，会被代扣代缴所得税，再从控股公司分配到信托时，我国税务机关不能再征税。

(2) 对个人的征税。关于个人所得税，如果离岸信托对我国的受益人进行了分配，受益人有个人所得，并且该所得属于我国《个人所得税法》中规定的股息所得，则需要就其所得缴纳个人所得税，税务机关在得到信托分配收益的信息后可以稽查到受益人的个人所得税缴纳情况。

尽管我国新修订的《个人所得税法》借鉴《企业所得税法》相关规定的"受控外国企业"条款加入了反避税条款，但《个人所得税法实施条例》中并未明确规定"控制"的具体标准，并且信托这一实体在我国《企业所得税法》中没有明确规定，不能适用"受控外国企业"的条款，因此针对我国居民在避税地设立的信托无限期累积收益不作分配，税务机关暂时还无法有效地征税。如果吴亚军在中国香港设立的信托长期累积收益，不作分配，我国税务机关也无法判定其负有纳税义务而对其征税。

四、案例思考

（一）CRS 对离岸信托的影响

1. 有利于打击避税行为

离岸信托之所以能够避税，很大程度上是由于其私密性。许多中国企业或个人出于避税目的，将资产转入离岸信托，受托人对受托资产进行管理，财产收益归信托所有。根据信托协议，受托人不能公开信托财产的相关信息，税务机关也就无法有效获取设立在避税地的信托相关涉税信息。

因此，涉税信息的透明度是税务机关与纳税人确定征纳税关系极为重要的一项因素。CRS 的实施是实现税务信息透明，刺破离岸信托面纱，对隐藏在离岸信托中的收益征税的第一步，它可以让税务机关得知离岸信托的全部资金信息，以此来判断我国设立离岸信托的税务居民的纳税义务，有利于国际税务合作的发展，从而更有效地打击利用离岸信托进行避税的行为。

随着 CRS 标准、美国外国账户税收遵从法（FATCA）等相关涉税信息法案逐渐生效，越来越多的海外涉税信息被税务机关掌握，离岸架构面临着被击穿的风险，海外架构的隐蔽性丧失，运用离岸信托架构避税不再可行。

2. 并非所有离岸信托都需要补税

需要明确的是，并不是所有的离岸信托都需要补缴税款。具体是否需要补税还要视信托的情况而定。首先，CRS 规定需要进行信息交换申报的实体是金融机构和消极非金融机构的金融资产，房产、现金等非金融资产不在信息交换的范围之内，对这类资产的运作不会面临补缴税款的风险。其次，我国《个人所得税法》中的反避税条款细则尚未有细致规定，如本案例中对龙湖地产信托分析中说的那样，在离岸信托长期不作收益分配累积投资的情况下，是无法直接套用受控外国公司规则对其征税的。

3. 离岸信托依然有其存在的价值

在 CRS 新政下，以往具有保密性的离岸信托信息需要按规定进行交换，这会使离岸信托的保密性一定程度上减弱，但这并不意味着离岸信托的保密性完全消失,也不意味着离岸信托不再有存在的价值。

首先,CRS披露对象的范围是税务机关,而不是公众。对税务机关来讲,经CRS交换回来的信息是透明的,税务机关可以据此判断纳税人的纳税义务,但该信息并不面向公众公开,任何人和任何机构都不能通过CRS对相关信息进行查询。其次,各国想要加入CRS必须满足一定的条件,条件之一是具有相应的隐私和数据安全保护能力,使报送信息的安全性有一定的保障,因此CRS下离岸信托仍然具有较高的保密性。最后,信托的其他功能也不会因为CRS的实施受到影响,资产保护、债务隔离、防止二代挥霍进行有序传承、防止婚变对企业经营有所影响等的优势依旧完整存在,个体和企业抱以上述目的设立的信托不会受到影响。

(二)我国税制存在的问题

1. 个人所得税

2018年,我国《个人所得税法》重新修订,加入了反避税条款[①],但时至今日,《个人所得税法实施细则》也未对此反避税条款

---

① 《个人所得税法》第八条的主要内容是,有下列情形之一的,税务机关有权按照合理方法进行纳税调整:
(一)个人与其关联方之间的业务往来不符合独立交易原则而减少本人或者其关联方应纳税额,且无正当理由;
(二)居民个人控制的,或者居民个人和居民企业共同控制的设立在实际税负明显偏低的国家(地区)的企业,无合理经营需要,对应当归属于居民个人的利润不作分配或者减少分配;
(三)个人实施其他不具有合理商业目的的安排而获取不当税收利益。
税务机关依照前款规定作出纳税调整,需要补征税款的,应当补征税款,并依法加收利息。

进行明确的规定，因此该反避税条款存在应用难题，在实际中难以直接应用。尤其在离岸信托征税方面，如前所述，即使信息交换回国内，我国可能也并无合适的法律依据对离岸信托征税。反避税条款 CFC 规则只是简单地套用《企业所得税法》的 CFC 规则，但具体实施细则对"控制"没有明确的解释。此前，《特别纳税调整实施办法（试行）》（简称《实施办法》）对 CFC 规则有较为细化的规定①，但也只限于由居民企业控制或由居民企业和居民个人共同控制的外国企业，而对由居民个人控制的企业没有明确规定。《实施办法》第一条列举办法制定依据仅包括《企业所得税法》及其实施条例、《税收征收管理法》及其实施细则等，因此《实施办法》中的 CFC 具体"控制"标准也无法应用于《个人所得税法》。CFC 规则的不明造成了由个人直接控制的离岸架构不分配收益而进行累积收益投资的现象，现有的反避税法规仍不足以支撑对其征税。

2. 信托避税漏洞

我国税制存在的另一个问题是针对信托缺乏有效的征税规定。

一方面，《中华人民共和国信托法》中没有明确确定信托中的财产转移是否会导致所有权的变动。尽管其第十五、十六和十八条规定，信托财产具有独立性，但这种独立性仍然不能明确信托财产所有权的归属。我国税法中，信托是否为纳税实体至今较为模糊。

---

① 第七十六条规定，受控外国企业是指由居民企业，或者由居民企业和居民个人控制的设立在实际税负低于所得税法第四条第一款规定税率水平 50% 的国家（地区），并非出于合理经营需要对利润不作分配或减少分配的外国企业。

另一方面，在我国的相关反避税条款中，CFC也不包括信托。仅根据现有的税法规定，无法确定信托的课税时点，即使信托相关的信息交换到我国，对信托累积投资不分配的情况，也不能直接对其进行调整。

五、政策建议

（一）完善个人所得税反避税规定

（1）建议在《个人所得税法实施条例》中进一步细化个人所得税反避税条款，借鉴《企业所得税法实施条例》第一百一十八条的内容，在实施条例中规定实际税负明显偏低的国家或地区是指企业所得税税率明显低于12.5%的国家或地区。

对个人控制的CFC的具体"控制"标准予以明确，借鉴《企业所得税法》第四十五条、《特别纳税调整实施办法（试行）》第七十六条和第七十七条的内容，规定"控制"的含义包括：1) 中国居民直接或者间接单一持有外国企业10%以上有表决权股份，且由其共同持有该外国企业50%以上股份；2) 中国居民，或者居民企业和中国居民持股比例没有达到第1) 项规定的标准，但在其他方面对该外国企业构成实质控制。

（2）建议对《特别纳税调整实施办法（试行）》进行修改，在第一条中明确办法制定依据包括《个人所得税法》，并将第七十六条修改为："由居民企业、居民个人或者二者共同控制的设立在实际税负低于所得税法第四条第一款规定税率水平50%的国家（地区），并非出于合理经营需要对利润不作分配或减少分配的外国企业。"

(二) 完善信托征税相关规定

1. 离岸信托的税制要素

家族信托起源于英美法系，有一定的特殊性，直接将其引入我国而不对法律制度加以修改就会引发冲突。英美法系承认双重所有权，认为家族信托设立后，委托人的所有权一分为二，即受托人享受的普通法所有权和受益人享受的衡平法所有权。但我国不承认双重所有权，主张物权法定，因此信托的双重所有权制度很难建立，针对家族信托具体的课税制度也很难设计。

信托制度较为完善的英、美、日等国家也没有在本国税法中建立专门的家族信托税收体系，仅在征管中规定了一些离岸信托征管相关事项。因此，双重所有权制度难以确立的我国也可以借鉴英、美、日等国家的做法，不在立法中具体建立税收体系，而在征管中规定具体的相关事项，比如在具体的反避税中可以把离岸信托看作CFC实体。

2. 受控外国企业中的离岸信托

OECD在BEPS行动计划3的第二章"定义CFC规则"中建议将CFC的范围拓展到合伙企业、信托和常设机构。对此，BEPS行动计划提出两种解决方案。第1种方案是按CFC规则将离岸信托视为CFC，确保CFC收入不会因不同国家（地区）对CFC不同实体形式的处理不同而免于纳税。第2种方案是CFC规则可以将CFC所拥有的实体收入作为CFC所赚取的收入纳税，以确保CFC无法将收入转移到其他实体来规避 CFC 规则。

第 2 种方案可以解决居民通过 CFC 实体持有信托累积投资不分配的问题,但是针对居民不通过 CFC 实体持有信托,而是作为委托人直接设立的情况仍然不能处理。因此应该采取第 1 种方案,即按 CFC 规则将离岸信托视为 CFC,并且规定信托的受益人是实际控制人,这与前面设计的信托税制要素相呼应,若离岸信托累积投资不分配,可以采用个人所得税 CFC 规则对其进行调整视同分配。

案例三 蚂蚁集团如何开展税务规划[①]

一、案例背景

(一)"互联网+"时代背景

互联网技术的迅猛发展催生了一系列新生事物,国内最早于 2012 年提出了"互联网+"这一概念,即以互联网技术为依托实现传统产业的升级换代。"互联网+"的优势在于将互联网与传统产业融合,激发传统产业新的发展点,从而促进国民经济的发展。蚂蚁集团就是在这样的大背景下脱颖而出,成为互联网金融领域的领军者。结合企业状况来看,我国小微企业众多,涉及的行业十分广泛,在国民经济中发挥的作用不容忽视。然而,小微企业受自身综合能

---

① 本案例作者为蔡昌、张聪、王永琦。

力的限制，往往面临融资难的问题。"互联网+"的发展将互联网与传统的金融产业融合，不仅为金融业注入了新鲜血液，也在很大程度上解决了小微企业融资难的问题，同时使普通老百姓接触到更多金融产品。

（二）公司概况

2014年，蚂蚁科技集团股份有限公司（曾用名浙江蚂蚁小微金融服务集团股份有限公司，简称蚂蚁集团）在支付宝的基础上正式成立，登记注册地为中国浙江省杭州市。蚂蚁集团是一家集金融与技术研发为一体的企业，各界对其行业性质的划定一直是有争议的。从企业的名称来看，蚂蚁集团应该归属于金融行业，但是如马云所说，世界任何一个地方都可以有银行，所以马云对蚂蚁集团的要求不仅仅是发展金融业务那样简单。从另一个层面来看，蚂蚁集团非常重视技术的研发和社会责任的承担。根据全球独角兽企业榜单的公示情况来看，蚂蚁集团被划为金融科技领域，而其行业性质的争议点无疑增加了其潜在的税务风险。

蚂蚁集团成立至今，经历了9轮融资，2019年以1 538.46亿美元的估值在全球独角兽企业榜单上位居第二，成为金融科技领域的佼佼者。2020年8月25日，上海证券交易所受理蚂蚁集团发行上市申请。为加强对互联网金融平台的监管与反垄断工作，同年11月3日，上海证券交易所发布公告，决定暂缓蚂蚁集团IPO上市。

（三）集团发展

每年"双十一"期间，淘宝交易量爆发式增长，为了解决交易中出现的信用问题，2004年支付宝从阿里巴巴的淘宝平台独立出来，而后在其独立发展十年的基础上成立了蚂蚁集团。众所周知，支付宝已经成为广大普通消费者能够接触到的重要支付渠道之一，其大量的用户使支付宝在蚂蚁集团中占据了基础核心地位。2013年，蚂蚁集团联合天弘基金推出余额宝，虽然最初外界对此更多的是质疑，但是余额宝以其门槛低及便利性高的优势快速走进人们的视野并吸引了大量客户。2015年，蚂蚁集团投资成立浙江网商银行股份有限公司，正式推出网商银行服务，其初衷是希望通过科技的创新创立一家新型银行，为广大小微企业及农户经营者提供一个新的融资平台。从公益的视角来看，蚂蚁集团除了致力于为小微企业和普通消费者提供便利，还积极开展绿色环保事业，其中2016年上线的蚂蚁森林是其开展环保事业的一个重要体现。严格来说，蚂蚁森林是支付宝开设的一个"碳账户"，通过与互联网的结合，蚂蚁森林使大众都能够参与到环保这一公益事业中来，也为蚂蚁集团做了很好的正面宣传。2018年，中国人民银行在《中国金融稳定报告（2018）》中宣布要成立5家金融控股公司试点机构。蚂蚁集团作为其中一家试点企业，积极对中国人民银行的政策作出了回应，即将蚂蚁集团拆分为金融公司和科技公司两家公司，此举表明蚂蚁集团在未来将会通过不同的公司提供金融服务和科技服务，一方面有利于将这两类服务发展到极致，另一方面有利于业务的规范化。

（四）互联网金融行业税收政策

2015年，财政部和中国人民银行等十部委就如何实现互联网金融企业的健康发展做了规划，其中很重要的一项即是落实财税政策对互联网金融的支持作用，通过合理设置税收优惠政策为互联网金融企业的发展创造良好的经济社会环境，从而引导社会资本的流入并促进互联网企业的发展创新。

按照现行税法的规定，互联网金融企业涉及的税种较多，依据不同税种在互联网金融企业的重要程度，这部分仅从增值税和企业所得税两个角度对互联网金融企业适用的税收优惠政策进行梳理。

1. 互联网金融行业增值税有关规定

蚂蚁集团作为典型的互联网金融企业，其业务收入主要由支付连接服务、金融服务和科技服务三部分构成，在不同的互联网金融企业或者不同的发展阶段，这三部分收入的占比会有所不同，但这并不会影响这三类业务整体的地位，所以对增值税的梳理将以这三部分为切入点。

（1）支付连接业务。[①] 2010 年颁布的《非金融机构支付服务管理办法》规定了第三方支付的性质，其中非金融机构在收付款双方起的是"桥梁"作用。依据该管理办法，互联网企业提供支付连接服务的行为是第三方支付的一种。互联网金融企业作为第三方支付机构，向接受其支付连接服务的用户收取一定的手续费。按照现行税法的规定，收取的类似手续费属于金融服务中直接收取使用费这一税目，适用 6% 的税率。

---

① 严格来讲，互联网金融企业提供的支付连接服务是金融服务的一种，由于支付连接有别于传统的金融服务且其在部分互联网金融企业中占有重要地位，所以在此将其单列出来。

（2）金融业务。从本质上讲，互联网金融企业仍然是金融公司，其金融业务包括贷款、基金、理财等。除了具体的表现形式，这和传统的金融业务没有明显的区别，所以基本适用对银行等金融机构的规定，即互联网金融企业应该按照现代服务业中的金融服务缴纳增值税，适用6%的税率。

（3）科技业务。基于"互联网+"发展起来的互联网金融企业比较重视技术的研发及应用，这些企业对云技术、区块链、大数据等技术的创新应用起到了很大的推动作用，也使蚂蚁集团成为我国互联网金融技术领域的尖端企业。蚂蚁集团提供的科技服务在增值税中归属于现代服务业，适用6%的税率。

2. 互联网金融行业所得税有关规定

蚂蚁集团除了需要缴纳增值税之外，还需要以其取得的全部收入缴纳企业所得税。因为蚂蚁集团属于高科技企业，涉及多方面的税收优惠，将在后面详细论述。

另外，由于最终控股方普遍为个人，且中间控股平台大多是合伙企业，因此蚂蚁集团的利润分回企业之后不并入合伙企业的所得，而是直接视为合伙人个人所得，并依法缴纳个人所得税。我国《个人所得税法》对此类所得有特殊规定，同样将在后面进行分析。

二、蚂蚁集团税务规划

（一）利用股权架构进行税务规划

蚂蚁集团借助合伙企业搭建了一个完善的员工持股平台，目前估值为1 500多亿美元。蚂蚁集团的股东并不直接掌握蚂蚁集团的股权,而是通过搭建中间持股平台的方式间接持有。这些控股平台主要包括杭州君洁股权投资合伙企业(以下简称君洁)、杭州君济股权投资合伙企业(以下简称君济)、杭州君瀚股权投资合伙企业(以下简称君瀚)、杭州君澳股权投资合伙企业(以下简称君澳),其中君瀚和君澳为蚂蚁集团的绝对控股企业,两家合伙企业持股比例合计为76.43%。与普通企业相比,蚂蚁集团的股权结构略显复杂,但事实上这种复杂的持股平台设计不仅能起到激励员工的作用,还能通过合理规划带来税收利益。

1. 规划原理

(1) 有限合伙企业的合伙人包含有限合伙人(LP)和普通合伙人(GP)两种。二者均享有合伙份额,均享有请求分配企业利润的权利。二者的区别在于对合伙企业的控制权及对合伙企业债务承担的责任不同。权利与责任相伴相生,有限合伙人无权控制企业,但仅以出资额为限承担合伙企业的债务,而普通合伙人拥有控制权,却要为合伙企业债务承担无限连带责任。

(2) 合伙企业的纳税方式为"先分后缴",即先分配经营利润,再由合伙人各自纳税,根据合伙人的性质选择税种,避免了双重征税。若采取公司制企业的形式则会涉及两层税收,导致合伙人(股东)的分红减少,同时加重企业的税收负担。

2. 规划方案

2012年,马云出资1 010万元成立杭州云铂投资咨询有限公司

（以下简称云铂投资），而后通过多重股权安排设立了蚂蚁集团，并最终掌握其控制权。蚂蚁集团的股权架构为包含有限合伙企业、有限公司等实体的三层控股结构。具体安排如下。

第一层是最终的实际控股人，第二层则为控股人出资搭建的控股平台。马云出资1010万元设立云铂投资，该企业为马云100％控股的一人有限责任公司。接下来就是员工持股平台的搭建，该企业集团创立了君洁和君济，并由蚂蚁集团及阿里巴巴参与股权激励的员工出资认购君洁和君济的股份，君洁和君济均为有限合伙企业，云铂投资少量出资认购君洁和君济的股份，仅占君洁和君济股权的0.48％和0.05％，剩余股权全部由员工持有，但云铂投资为君洁和君济的唯一普通合伙人。

第三层是云铂投资和君洁、君济共同出资成立的君瀚和君澳。与上一个持股环节类似，云铂投资仅持有君瀚0.47％和君澳0.04％的股权并作为君瀚和君澳唯一的普通合伙人，君瀚97.19％的股份由君洁持有，另有2.34％由马云、谢世煌持有，同样君济持有君澳90.83％的股权，君澳另有9.13％的股权由彭蕾、陆兆禧等人持有。

最后，君瀚和君澳共同出资设立蚂蚁集团。君瀚出资6亿元占蚂蚁集团42.28％的股权；君澳出资5亿元占蚂蚁集团34.15％的股权，另外蚂蚁集团的资本中还存在包含国有出资在内的其他投资者的出资。蚂蚁集团为有限责任公司，君瀚和君澳两家合伙企业因为占据大多数股权而成为蚂蚁集团绝对控股的股东。

蚂蚁集团的股权架构如图12-6所示。

第十二章 税收筹划实战案例精选 | 489

图 12-6 蚂蚁集团的股权架构

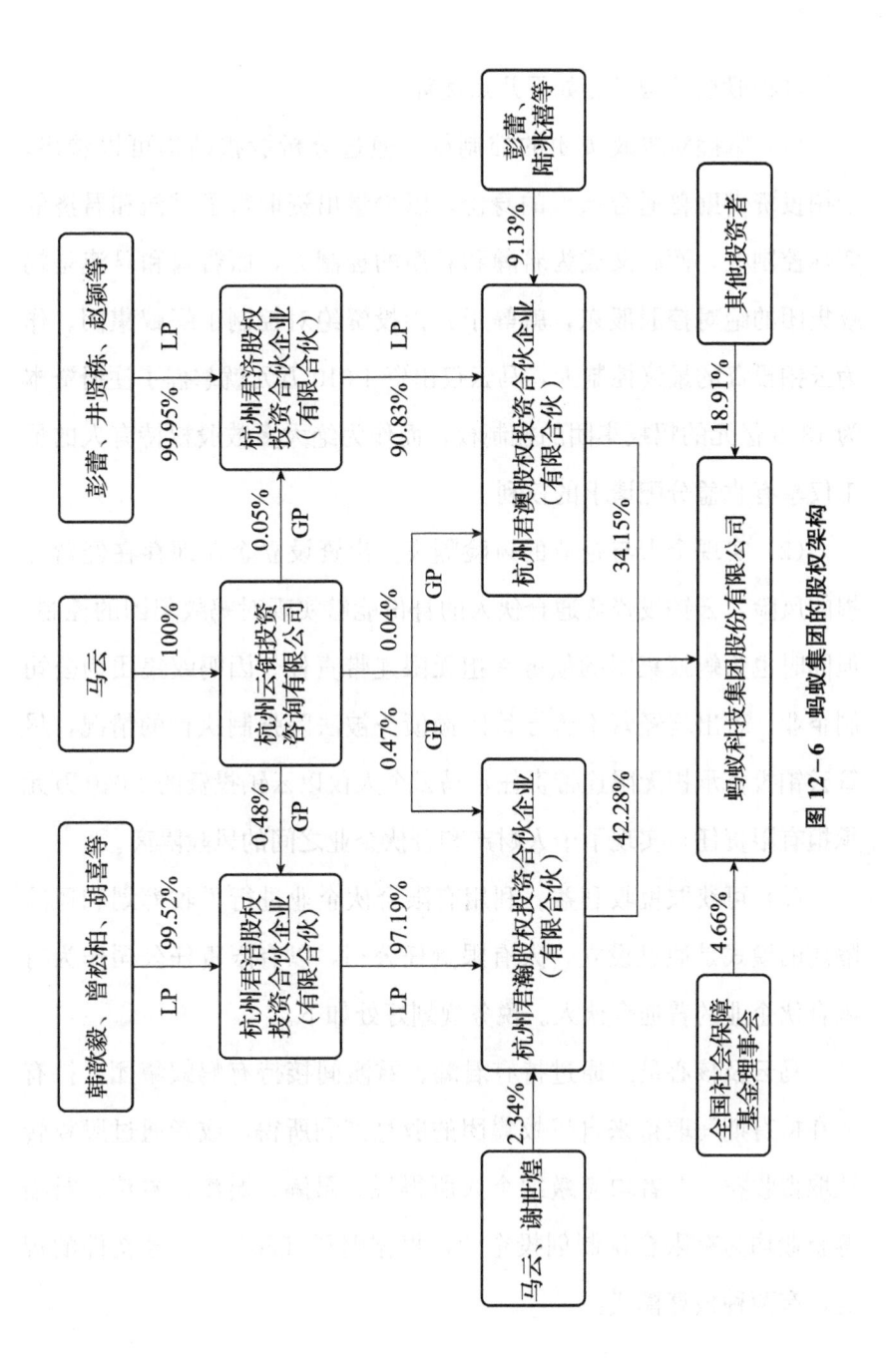

这种股权架构具有如下几点优势。

（1）掌握对蚂蚁集团的控制权。通过分析股权结构可以看出，云铂投资借助普通合伙人的身份，以少量出资取得了君洁和君济的实际控制权，而后又成为君瀚和君澳的控制方，而君瀚和君澳是蚂蚁集团的绝对控股股东，就等于云铂投资绝对控制了蚂蚁集团。作为云铂投资的最终控制人，马云仅出资1 010万元就掌握了注册资本为13.5亿元的蚂蚁集团的控制权，而作为绝大多数股权持有人的员工仅享有收益分配请求的权利。

（2）实现个人与企业的风险隔离。出资设立企业即存在经营亏损的风险，云铂投资普通合伙人的身份能够实现对蚂蚁集团的控制，但同时也为蚂蚁集团的债务承担无限连带责任。因蚂蚁集团为公司制企业，若出现经营不善导致巨额债务被法院强制执行的情况，尽管云铂投资承担无限连带责任，马云个人仅以云铂投资的1 010万元承担有限责任，实现了个人财产和合伙企业之间的风险隔离。

（3）可获取税收利益。利用有限合伙企业进行税收筹划和风险隔离的模式是通过设立一人有限责任公司，以有限责任公司作为有限合伙企业的普通合伙人。税务规划好处如下。

马云及核心员工通过持有君瀚、君澳间接持有蚂蚁集团。持有人在持有期间取得来自蚂蚁集团的股息红利所得，或者通过股权转让取得收益，二者均应缴纳个人所得税。君瀚、君澳、君济、君洁等企业均为有限合伙制创投企业，根据财税〔2019〕8号文件的规定，有两种核算模式：

一是单一投资基金核算。合伙人从单一投资基金（包括不以基金名义设立的创投企业）取得的所得，按照20%的税率计算缴纳个人所得税。

二是整体核算。合伙人从创投企业中取得的所得整体按照"经营所得"项目规定的5%～35%的超额累进税率计算纳税。

企业根据税后利益最大化的原则选择按照哪种核算模式纳税，规划时需要考虑以下税务规划点：一是选择单一投资基金核算未必能少缴税，需综合考虑个人投资者在不同核算模式下的应纳税所得额。二是一般在创投企业的投资回报期内，创投企业并不会存在股权转让所得，这一期限内，创投企业并没有选择单一投资基金核算方式的必要；创投企业退出期内，选择按单一投资基金核算往往对个人投资者更为有利，但应提前对两种核算方式下个人投资者的应纳税所得额作出测算，以判断是否选择单一投资基金核算。

（二）享受税收优惠政策

根据蚂蚁集团的业务构成，这一部分将对蚂蚁集团的支付连接业务、金融业务及科技业务展开分析。此外，由于蚂蚁集团比较重视公益事业，对蚂蚁集团的社会公益事业也将进行简要探讨。

1. 支付连接业务

蚂蚁集团提供的支付连接服务基本上是通过支付宝来完成的，在"互联网＋"的时代背景及淘宝平台的支撑作用下，支付宝自2004年成立以来快速发展。另外，据《2019年中国互联网金融行业监测报告》披露，2018年支付宝在中国第三方移动支付交易中占据

54.3%的市场份额,可见支付连接业务对蚂蚁集团的重要性。当前税法尚未专门对互联网金融企业的支付连接业务作出税收优惠的规定,所以蚂蚁集团只能同其他企业一样缴纳增值税等税收。有关资料显示,近几年蚂蚁集团在不断调整其业务构成,其中支付连接业务占比有下降的趋势。由此分析,蚂蚁集团业务结构的调整很大程度上受其战略定位的影响,但不排除其中有税收政策的影响因素。

2. 金融业务

蚂蚁集团本质上属于金融企业,其主要金融业务基本涵盖了传统线下银行的所有业务,还创新了金融业务的发展模式。蚂蚁集团的服务对象主要定位于小微企业,在国家财税政策的支持下,蚂蚁集团也从中获益。

财政部和国家税务总局规定,金融机构如有向小微企业发放贷款的业务,可以自行选择其中一种方式享受免征增值税的优惠:一种是起征点式,即贷款利率水平不高于人民银行同期基准利率150%的情况,免予征收增值税,否则按照取得的利息收入全额征收增值税;另一种是免征额式,即不高于同期基准利率150%取得的利息收入部分,免予征收增值税,仅对高出部分取得的利息收入征收增值税。网商银行的重点贷款对象就是小微企业,所以选择以上任意一种纳税方式都可以节省一部分税收,企业可以事先对自身利息收入进行测算,选择税收负担较小的一种方式来纳税。

3. 科技业务

蚂蚁集团向来以"科技企业"自居,2018年,蚂蚁集团提出未来发展战略:"BASIC"①战略。到 2019 年,蚂蚁集团的支付连接业务收入和普通技术服务收入各占总收入的 45%,另外 10% 来自金融云、技术开放平台、区块链等硬技术收入。科技业务为蚂蚁集团带来巨额收入的同时,也使其得以享受税收方面的优惠,主要涉及增值税和企业所得税两个税种。

首先,从企业所得税的角度来看,蚂蚁集团可享受低税率、加计扣除、加计摊销等三重税收优惠,蚂蚁集团作为国家认定的高新技术企业可享受 15% 的优惠税率。另外,研发活动的费用化支出可在税前加计扣除 75%,资本化支出可按照发生额的 175% 税前摊销。作为全国最大的独角兽企业,蚂蚁集团历史上曾完成 5 轮巨额融资,总融资额超 400 亿美元,这些巨额融资大多被用于应用技术和基础技术的创新升级,进而为企业减轻税收负担。从增值税的角度看,蚂蚁集团所提供的技术服务收入符合增值税的免税规定。综上所述,大力开发互联网应用技术和基础技术既能够帮助蚂蚁集团开拓更广阔的市场,提高技术收入在总收入中的占比也能使企业降低税负。

其次,根据《企业所得税法》的相关规定,对创投企业投资满两年时,允许以投资额的 70% 抵扣企业应纳税额。除了大力发展自身科技实力之外,蚂蚁集团十分善于发现并投资潜力巨大的小型或初创科技企业,从最早的天弘基金到后来的饿了么、滴滴出行,再到最近的芥舟科技、帮你投等,每一笔投资几乎都与互联网相关。

---

① 即区块链(blockchain)、人工智能(artificial intelligence)、安全(security)、物联网(IoT)、计算(computing)。

可想而知，自创立以来蚂蚁集团多达几十笔的融资为其减轻了多少税收负担。

4. 社会公益

除了以上三类重要业务，蚂蚁集团还十分注重发展公益事业，其中一项是积极推进绿色环保，主要通过在支付宝平台开设的"碳账户"——蚂蚁森林实现。支付宝的用户可以通过参与由蚂蚁森林设置的一些活动获取"能量"，当"能量"积累到一定数量，用户便可以在线上参加虚拟"种树"活动，而蚂蚁集团则会根据用户的种树标准在线下种植真正的树苗。从蚂蚁森林的运作模式来看，蚂蚁集团似乎在做赔本买卖，但实际上，蚂蚁森林不仅会增加支付宝的点击量，还能为其带来一定的税收优惠。

蚂蚁集团的种树地点多为沙漠或者土地贫瘠的地方，而在这些地方种树很有可能会使用节能节水设备。国家为推广此类设备，在《企业所得税法》及其实施条例中规定，若企业购置符合条件的环保设备并将该设备用于环境保护，则其购进金额的10%可抵免当年应纳企业所得税税额。从这一角度来看，蚂蚁集团发展环保事业也不失为明智之举。

三、蚂蚁集团在税务规划方面的潜在风险

税务规划必然会带来风险，蚂蚁集团作为我国估值最高的互联网金融企业，每年为国家创造几百亿元的税收，企业活动牵涉许多方面的税务问题。在复杂的股权架构之下，寻找税负最小化的方案

是极其复杂的。同时,互联网金融活动本身具有虚拟性、隐匿性的特性,为企业带来了巨大的税务风险。而且我国对互联网企业的监管日益严格,税务机关已经在"互联网+税务"、云计算、区块链等技术应用层面有所突破,企业面临的违法风险越来越大。对蚂蚁集团而言,其必须谨慎地进行税务规划,权衡各方面的利弊,寻求合法、合理的规划安排。

(一)搭建持股平台的税务规划

如前所述,通过合伙制持股平台的搭建,作为有限合伙人的员工在取得股息、红利所得或股权转让所得时可以选择两种方式来纳税,一是选择单一投资基金核算,二是选择整体作为经营所得核算。但这种安排同样存在加重税收负担的风险。

当选择按照单一投资基金方式纳税时,需要考虑资金管理费用的双重征税问题,即合伙企业作为持股平台往往会扣除合伙人的一部分所得作为管理报酬,而这笔所得并不会从合伙人的计税依据中扣除,同样需要缴纳个人所得税;同时在合伙企业层面,管理报酬一般会被分配给唯一的普通合伙人(在本案例中为云铂投资),普通合伙人再为此缴纳一次税款,如此就涉及双重纳税的问题,无形中加重了蚂蚁集团的税收负担。

若选择按照经营所得纳税,则可以避免上述重复征税的问题,但5%~35%的税率可高可低,如果合伙人取得的收益较高,则可能需要缴纳高额税款。蚂蚁集团每年能够实现数十亿元的税后利润,很可能致使合伙人在选择这种纳税方式时适用35%的税率。

（二）利用业务性质进行税务规划

在蚂蚁集团，不同的业务归属于不同的子公司或子业务板块。只有特定的业务和子公司才能享受税收优惠，因此对企业集团的收入或成本进行统筹规划安排，能够有效降低税负。目前，大量互联网金融业务具有混合业务的性质，业务收入的性质和归属越发难以认定。因此在互联网企业中，存在着大量混同业务收入和成本的行为。此类行为存在着极大的违规风险，我国税法对于此类行为规定有明确的处罚措施，大多规定全部收入和成本支出均不得享受税收优惠。

（三）利用纳税地点进行税务规划

从纳税地点来看，线上交易没有地域上的边界，交易地点存在极大的流动性，难以将互联网金融企业具体划分到一个税收管辖区，在我国目前的税法中，一般按照互联网金融企业的注册地或服务器所在地确定税收管辖区，这就容易使互联网企业通过在低税地选址的方式来避税。比如关联企业重庆市蚂蚁商诚小额贷款有限公司的注册地位于重庆市两江新区，而天弘基金成立于天津市自由贸易试验区，这两个园区均享受国家扶持的税收优惠。企业在进行纳税地点税务规划时，需要注意尽量使注册地与实质业务发生地相一致，避免被税务机关认定为基于避税目的而设立的"空壳公司"。

（四）利用计税依据进行税务规划

由于线上交易缺乏税务机关的监管，交易记录中真实的交易金额很容易被后台删除或篡改，企业真实的收入规模难以确定，而交易金额直接关系到计税依据的大小，互联网企业通过筹划计税依据可以直接降低税收负担。我国针对线上交易推出了开具电子发票的规定，但依然无法保证电子发票信息是真实、可靠的。人为篡改交易金额、更改发票信息在性质上极为恶劣，随着监管技术的不断升级，这类违法行为逐渐丧失其运作空间。企业不应抱有侥幸心理，否则将面临极其严重的民事甚至刑事处罚。

（五）利用扣除项目进行税务规划

蚂蚁集团的科研支出可依法享受税收优惠，其中费用化支出可按照实际支出享受加计扣除75%的优惠，资本化支出可按实际发生额的175%税前摊销。二者均强调了支出的"实际性"，根据我国《企业所得税法》的相关规定，可享受加计扣除和摊销的科研支出必须满足几个特定要求，如必须按照国家财会制度要求记载与研究开发相关的人员、设备支出，单独设置辅助账并准确核算，否则企业将无法享受税收优惠。

（六）利用纳税时间进行税务规划

互联网上的一些收入存在入账时间与纳税时间的差异，这一时间差经常被企业用来获取利息收入，支付宝拥有短期储蓄的功能，因此支付宝通常用这笔钱进行短期投资或者将其存放于银行赚取利息。正是由于存在这种时间上的差异性，企业必须关注收付款的实际收支时间、入账时间、纳税时间的差异性，及时以取得的利息收入缴纳增值税款。企业应特别关注纳税义务实现时间的准确性，避免隐瞒收入或推迟纳税而招致税务风险。

四、蚂蚁集团开展税收风险管理的建议

在对蚂蚁集团的涉税风险进行分析之后，本部分针对蚂蚁集团潜在的税收风险提出以下风险管理建议。

（一）加强税务知识学习

互联网金融业是在"互联网＋"背景下发展起来的新行业，而税法具有滞后性，当前对互联网金融业的税法规定远不能满足对其进行税收监管的要求。蚂蚁集团作为互联网金融企业，面临较大的税收政策变动。为及时跟上税法的变动节奏，蚂蚁集团内全体人员尤其是高管都应该加强税务知识的学习，关注税法的更新。财务人员及时了解税务知识可以在事后完成申报纳税的工作，而其他人员学习税法知识则有利于在事前降低企业不必要的税收风险，也有利于降低个人的纳税风险。

（二）合理设计持股平台

在搭建股权架构的过程中，应将税收作为一项重要因素予以考虑，应站在整个企业集团的角度，综合考虑有限合伙人的个人所得税税负和普通合伙人的企业所得税税负，制定最符合税后利益最大化目标的股权架构安排，维护好员工的个人利益。

首先，针对收益较高的员工，选择单一投资基金方式纳税往往税负较低，持股平台应合理设置管理报酬，尽量避免双重征税的问题。其次，对于股权持有较高的合伙人来说，选择在两个或多个合伙制持股平台中分别持有部分股权可达到分散收益的目的，这样在

选择按照整体经营所得纳税时，就避免了因收益过高而适用高档税率的问题。最后应当注意持股平台运营中的合法性、合规性问题，避免因不当税务安排而被税务机关调查。

（三）规范企业内部账务、票务处理

从税法规定来看，不同性质的收入或者支出适用的税收政策会影响到企业所能享受的税收优惠以及实际应缴纳的税额。例如，税法规定研发支出要区分费用化支出和资本化支出来处理，从税收利益的角度出发，企业往往更加偏爱费用化支出，若由于主观因素重新安排两项支出，则会导致税务风险。所以，规范企业内的账务处理不仅是为了适应税务机关的规定，也可以避免不必要地多缴税款。

（四）避免设立"空壳公司"

全国各地税收优惠政策的不同会产生一些税收洼地，企业往往倾向于在这些税收洼地登记注册公司。从互联网金融企业自身特点来看，其业务分布范围极广，很难将所有业务归属到一个税收管辖区，所以很多企业滥用税收优惠政策成立了"空壳公司"。事实上，在互联网金融企业的监管方面，税务机关面临很大的挑战，但不容置疑的是，互联网金融企业是税务机关重点关注的对象。设立"空壳公司"的行为比较容易引起税务机关的关注，企业还可能会面临支出增加的风险。所以，蚂蚁集团应尽量做实经济业务，避免设立"空壳公司"。

（五）建立涉税信息共享机制

除了主观影响因素外，还有诸多客观因素会增加互联网金融企业的税收风险，如税收政策的变动、社会环境的重大变化。建立涉税信息共享机制不仅有利于有效减少企业涉税信息的重复收集成本，同时，还有利于企业进行统一税收规划，从而保障企业能够更充分地享受国家的优惠政策。在技术大爆炸的时代，蚂蚁集团应充分利用创新技术进一步完善企业涉税信息共享机制，同时安排专门人员分享税收知识。

（六）加强与税务机关的合作

税务机关对互联网金融企业监管难度大的问题可能会给企业带来一时利益，但是随着监管技术的发展，税务机关的监管能力逐渐加强。如经由税务机关事后查处发现企业存在不依法纳税的现象，企业将因此遭受更加严重的后果。一方面，企业要遭到税务机关的处罚；另一方面，企业自身的诚信度也将因此受到影响。所以蚂蚁集团要主动向税务机关报送相应信息，依法纳税。同时，蚂蚁集团还应主动加强与税务机关的合作或者参与税务部门组织的税法宣传等活动。通过加强与税务机关的合作，蚂蚁集团将强化自身的纳税意识，提升对税法的掌握度。

（七）加强与利益相关者的税务合作

企业作为经济体不能独立存在于社会，从其资本来源来看，企业会与投资者与债权人产生经济联系；在生产经营活动过程中，企业与职工之间产生经济联系；在产品销售过程中，企业与客户也产生经济联系。所有这些与企业之间存在经济联系并对企业有现金要求的经济主体共同构成了企业的利益相关者，所有这些经济联系构成了企业所在的"价值链"。税收与经济之间存在天然的联系,所以在"价值链"的基础上形成了同企业关联的"税收链"。在"税收链"中,企业的利益相关者都会对企业的税收产生一定的影响,这种影响可以是负面的,也可以是正面的,关键在于如何处理与利益相关者之间的关系。根据"税收链"的思想,蚂蚁集团不仅要考虑到其自身的纳税状况,还要从利益相关者的角度看问题,积极主动通过加强与利益相关者的税务合作,实现多方共赢。

案例四 腾讯"组团作战"并购Supercell税案[①]

在跨境并购过程中,企业通常会设计特殊的控股架构和融资架构来实现财务目标,并进行税收筹划,降低总体税负。但我国很多企业在跨境并购中还面临着一些税收风险,此过程中的税收筹划是否有效、税收协同效用理论运用是否得当也是企业不容忽视的问题。腾讯作为互联网企业"三巨头"之一,在竞争升级的背景下,与阿里巴巴、百度展开了"军备竞赛",积极开展"新圈地运动",将一家家公司收入囊中。在众多案例中,腾讯并购芬兰手游公司Supercell是近年来其并购金额最高的一次,腾讯在并购中通过组建财团的形式设立中间控股层并引入共同投资者,以"组团作战"推动并购的成功,其间接控股架构和融资架构的设计有一定借鉴意义。

---

① 本案例作者为蔡昌、刘万敏、马燕妮。

一、案例背景

腾讯并购 Supercell 是迄今全球游戏史上一次最大规模的并购，采用组建财团这一独特的"组团作战"形式，构建间接控股架构和融资架构，可以有效地筹划税收，发挥税收协同效应。

（一）背景资料

1. 并购方——腾讯控股有限公司

腾讯控股有限公司（简称腾讯）始创于 1998 年，2004 年于香港联交所上市，其核心业务是社交软件，通过 QQ、微信建立了庞大的用户体系，如今在游戏产业也占有较大市场份额，国内游戏行业已形成了腾讯和网易占主导地位的"两超多强"格局。而在国外，腾讯积极践行国际化战略，多次高额并购，扩大游戏产业版图。截至目前，腾讯已投资 668 家公司，其中游戏公司 92 家，其投资行业分布如图 12-7 所示。腾讯的顺利转型与其多次并购有着密不可分的关系。

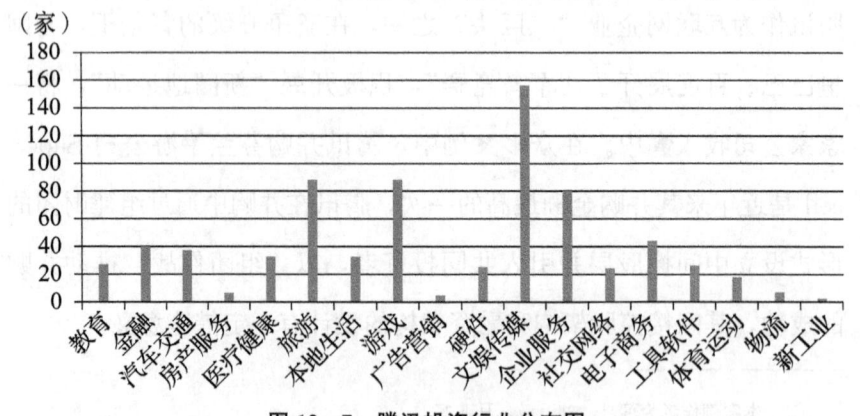

图 12-7 腾讯投资行业分布图

2. 被并购方——Supercell 公司

Supercell 是芬兰的游戏公司，于 2010 年成立。其主营业务是开发移动端游戏，目标客户遍布全球 30 多个国家，智能手机和 iPad 的使用群体都可成为其服务对象。腾讯并购前，Supercell 共研发了 4 款游戏，备受青睐，各款游戏长期稳居排行榜前 10 名。Supercell 依靠这 4 款游戏成为全球最赚钱的创业公司，其创收能力十分可观，并购前拥有高达 23 亿美元的营业收入。虽然只有 280 名员工，但拥有精湛的研发技术、先进的研发理念和良好的口碑，这对并购方具有较大的吸引力，其公司组织结构和产品如图 12-8 所示。

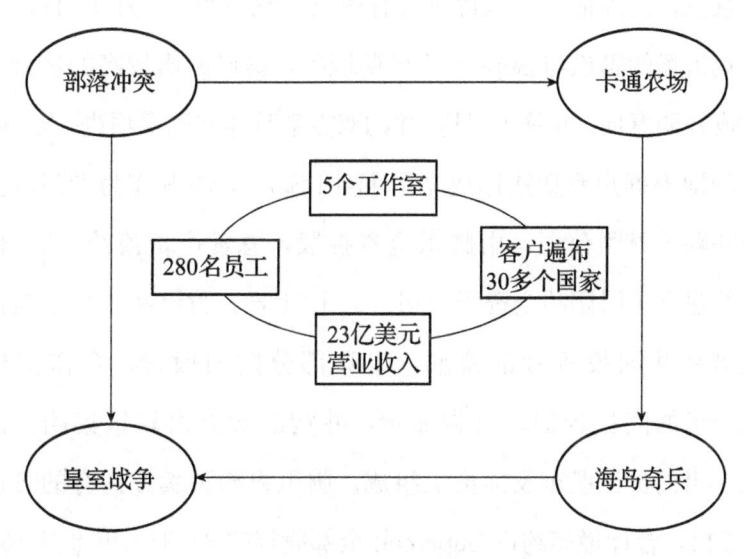

图 12-8 Supercell 公司组织结构及产品示意图

被腾讯并购前，Supercell 的股权结构如表 12-4 所示。

表 12 - 4　腾讯并购前 Supercell 股权结构

持股人	持股比例（%）
软银集团	73.2
Ilkka Paananen	6
Mikko Kodisoja	5.4
员工及其他创始人	15.4

3. 并购过程

2016 年 4 月，日本软银集团因债务问题欲出售所持 Supercell 公司 73.2% 的股份。作为软银集团的投资公司，阿里巴巴首先表达了购买意愿，但因估价问题暂时没有达成一致意见。5 月 14 日，正打开游戏市场的腾讯与 Supercell 早期谈判，腾讯给出较高的估价，双方达成并购意向。6 月 16 日，并购双方就具体并购事项进一步谈判，腾讯随即根据卢森堡法律成立了 Halti S.A.，将其作为专门服务于此次并购的财团公司，由腾讯全资控股，总资产价值约 37.2 亿美元，并建立了财团的全资子公司。6 月 21 日，腾讯在公告中表达了引入潜在共同投资者的意愿，出让部分财团股份，合作实现对 Supercell 的间接控股。公告显示，并购的卖方由软银集团、部分 Supercell 的员工股东及前员工组成。腾讯将购买卖方拥有的 Supercell 股权，合计最多约占 Supercell 全部股权的 84.3%。① 8 月 16 日，由腾讯做担保，财团全资附属公司向境内外多家银行借款，合计 35

---

① 腾讯. 有关腾讯参与财团收购 Supercell Oy 大部分股权的须予披露交易.（2016-06-21）. https://www.tencent.com/zh-cn/investors.html#investors-con-2.

亿美元。10 月 16 日，腾讯和公告发布后引入的共同投资者签订了财团股份认购协议，总对价为 8.5 亿美元，均采用现金方式交易，由此，腾讯和其他投资者各持有财团股份的 50%。10 月 27 日，并购完成。2019 年 10 月 21 日，腾讯对财团增持股份至 51.2%。

根据腾讯 2016 年 10 月公告的披露，财团最终持有的 Supercell 股权为 76.9%。并购总估值 102 亿美元，需支付并购价约 86 亿美元。双方协议约定对价分 3 期支付，分别于交割日、交割日 3 年后和延迟并购价发布日支付 41 亿美元、2 亿美元和 43 亿美元。① 此次并购的融资来源包括多种途径，既包括腾讯的自有资金 25 亿美元，也有发行债券融资的 12 亿美元、财团全资附属公司的银行贷款 35 亿美元、共同投资者认购财团股份支付的现金 8.5 亿美元，以及优先股融资的 5.5 亿美元。

在与共同投资者签订的认购协议中，约定腾讯和共同投资者各持 50% 的投票权益，但实际控制权在当期及以后均需归属于腾讯。由于腾讯在中国香港上市，适用国际会计准则而非中国会计准则，结合国际会计准则的规定，腾讯持有半数表决权，其配合公司其他治理条款，使审计师接受不并表的诉求，腾讯只就分得的股息或利润作为财团股息收入列在收益表中即可。腾讯拥有的财团权益源自附带赎回权的金融工具，今后可通过金融工具买卖，触发一系列条款变动，达到并表目标。

---

① 腾讯. 有关腾讯参与财团收购 Supercell Oy 大部分股权的须予披露交易. (2016-06-21). https://www.tencent.com/zh-cn/investors.html#investors-con-2.

并购后,从财务指标测算结果来看,腾讯的短期绩效为正,并购前后的运营、盈利、偿债及成长四个维度的主要财务指标处于上升趋势,并购长期绩效为正。[①] Supercell 的发展也逐步稳定。2019年9月23日,腾讯发布最新公告,公司拟透过其全资附属公司将其于财团 Halti S. A. 的可换股债券转换为财团股份并将其可投票股份权益由50%增加至51.2%,增持后可并表。[②] 10月21日,腾讯完成了增持股份的收购。

(二)焦点问题

腾讯此次跨境并购的方案较为明显地体现了税收筹划的特征,比较特别的操作有两点:一是短时间内迅速建立以并购为唯一目的的财团;二是引入共同投资者将财团股份减持至50%,之后又增持股份。事实上,腾讯所做的安排都是事先为控股架构和融资架构的搭建服务,为后续的税收筹划和企业运营做铺垫。建立财团可以形成间接控股架构,投资层与中间控股层各自发挥职能,既可享受税收协定的优惠条款,又可剥离风险;先引入共同投资者减持股份,可以不合并财务报表,防范并购初期的不确定性,又能通过投资者的加入设计多层级的融资架构,后增持股份是企业运营平稳的象征,也显示了腾讯在游戏产业领域的成效。此外,这样的架构设计能够为并购涉及的一般性问题带来较优的选择方案,如支付方式、并购

---

① 夏绍群. 互联网企业并购的动因及绩效分析——以腾讯并购 Supercell 为例. 天津:天津财经大学,2017.

② 腾讯. 自愿性公告——收购持有 Supercell Oy 大部份权益的财团之额外可投票股份权益的意向. (2019-09-23). https://www.tencent.com/zh-cn/investors/announcements.html.

方式和税务处理方式都会由于控股架构和融资架构产生联动效应。总之，通过搭建合理架构，腾讯可以进行有效的税收筹划，在此过程中也充分运用了税收优惠政策、利息抵税的税盾效应等，基本实现税后利润最大化。这也是值得其他企业思考和借鉴的。在并购中若能合理规避风险，将是一次有效的税收筹划。

二、腾讯并购 Supercell 税案分析

在此跨境并购案例中，腾讯通过组建财团的方式，在控股和融资方面搭建了良好的税收筹划架构，同时体现出税收筹划的三大思想，即流程思想、契约思想和转化思想，做到了由业务决定流程，由流程决定税收。腾讯并没有为了节税刻意设计方案，而是从业务需求出发，考虑整体的决策效果和税收负担，最终促成此次并购的顺利开展。

（一）跨境并购的控股方式分析

腾讯此次并购名义上的买方是财团全资附属公司，通过组建财团的方式间接持有 Supercell 股份，因此属于间接控股。财团及其全资附属公司的实质为特殊目的公司（SPV）。如果腾讯采用直接控股的方式，不设置财团，Supercell 将成为腾讯的子公司而需编制合并财务报表，并购初期运营的不确定性及控股过程内部交易的披露都会给腾讯带来风险和压力，但采取联合收购间接控股的方式就可避免上述问题，既消除披露压力，又不必为 Supercell 的业绩担忧，如果其经营业绩不好，不并表对公司股价的影响较小，满足上市公司

对股价平稳的需求。

　　间接控股的方式还有许多税收处理上的优势。此次并购的架构可简化为腾讯控股有限公司-卢森堡财团-卢森堡财团全资附属公司-Supercell 的模式，并购架构如图 12-9 所示。卢森堡是公认的避税地，为国际投资者创造良好的环境，提供便捷高效的金融服务，并与多国签订税收协定，在卢森堡投资注册可享受一系列税收优惠。所以，腾讯通过财团与 Supercell 交易可以获得税收优惠的红利，减轻税收负担。

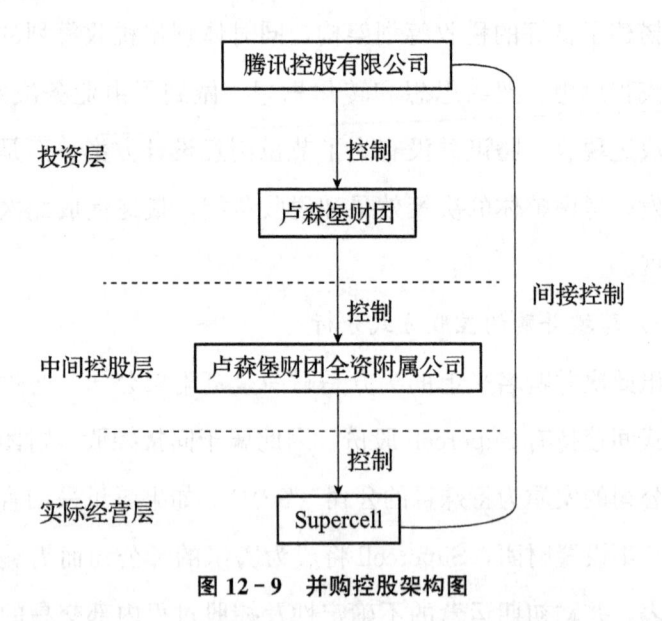

```
投资层          腾讯控股有限公司
                    │
                    │ 控制
                    ▼
                卢森堡财团
         - - - - - - - - - - - - -       间接控制
                    │ 控制
                    ▼
中间控股层   卢森堡财团全资附属公司
         - - - - - - - - - - - - -
                    │ 控制
                    ▼
实际经营层       Supercell
```

图 12-9　并购控股架构图

　　此外，卢森堡和芬兰都是欧洲国家，相关法律环境、政治体系相似，且可享受欧盟国家间的税收优惠政策，特别是可以免于缴纳股息红利的预提所得税，这不仅为并购带来了极大便利，缩短并购时间，减少并购过程的不确定性，还为并购双方今后的经营活动和交易活动提供良好的外部环境。

在后续经营过程中，利息汇回时，相当于有三层的控股架构。首先是位于芬兰的Supercell向位于卢森堡的财团全资附属公司汇回利息，二者都是欧盟国家，根据欧盟《母子公司指令》，子公司向母公司分派股息红利免缴预提税，因此Supercell向位于卢森堡的财团全资附属公司分派股息红利无须扣缴预提税。

其次，财团全资附属公司向财团汇回股息时，也无须就股息纳税。因为卢森堡税法对分配公司、收益公司和股份持有比例作出规定，满足条件即可免纳企业所得税。一是财团全资附属公司作为分配公司是卢森堡居民公司，满足分配公司是卢森堡或欧盟居民公司的规定；二是受益公司财团是卢森堡居民公司，满足受益公司是卢森堡或欧盟国家居民公司或其常设机构的规定；三是受益公司财团持有分配公司100%的股份，满足受益公司持有分配公司10%以上股份的要求。这就满足免纳企业所得税的3个条件，因而可以享受免纳股息所得税的税收优惠。

最后，腾讯接受卢森堡财团汇回的股息，根据《中华人民共和国和卢森堡大公国关于对所得和财产避免双重征税和防止偷漏税的协定》，如果股息收款人是股息受益人，且受益所有人是直接持有支付股息公司至少25%资本的公司（不是合伙企业），则所征税款不应超过股息总额的5%，因而对汇回的股息最多征收5%的预提税。① 由于没有并表，具体的适用税率没有披露数据，但相较而言，即使采用最高税率5%，税收负担也较轻。同时，通过三层间接控股的方式，可以延迟股息汇回的时间，实现递延纳税效应。

(二) 跨境并购的融资方式分析

此次并购的总价款为86亿美元，腾讯通过财团设计了巧妙的融资方式。最终并购的融资来源包括腾讯的自有资金25亿美元、发行债券融资的12亿美元、财团附属公司的银行贷款35亿美元、共同投资者认购财团股份支付的现金对价8.5亿美元和发行优先股筹资的5.5亿美元。

并购融资架构如图12-10所示。可见，此次并购设计了多层级的资金结构，包括自有现金、股权融资以及以腾讯集团作担保发行的债券融资，虽并购金额巨大，但通过此种方式融资，腾讯只需占用自身相对较少的资金。债券融资需要承担利息支出，作为财务费用在应税收入中扣减，还可发挥税盾效应，获得债券融资的利息抵税利益。

另外，并购Supercell是截至目前腾讯在游戏产业最大规模的一次收购，估值的溢价很高。资料显示，腾讯并购时现金流量足够当期一次性支付，但巨额的支出会对公司的财务指标产生影响，资本市场可能对腾讯资金链条产生担忧，从而影响股价，这对于上市公司是很不利的，所以多层级融资可以结合多种融资方式的优势，是一种较好的融资方式。

---

① 参见《国家税务总局关于印发〈中华人民共和国和卢森堡大公国关于对所得和财产避免双重征税和防止偷漏税的协定〉的通知》(国税发〔1994〕71号)。

```
            自有资金          债券筹资
            25亿美元          12亿美元


   普通股投资者         腾讯            优先股投资者

   8.5亿美元  50%  37亿美元  50%  5.5亿美元   无投票权


      卢森堡            财团

                       │ 100%            银行借款35亿美元

                    财团全资附属公司

                       │ 84.3%

      芬兰          Supercell
```

图 12-10 并购融资架构图

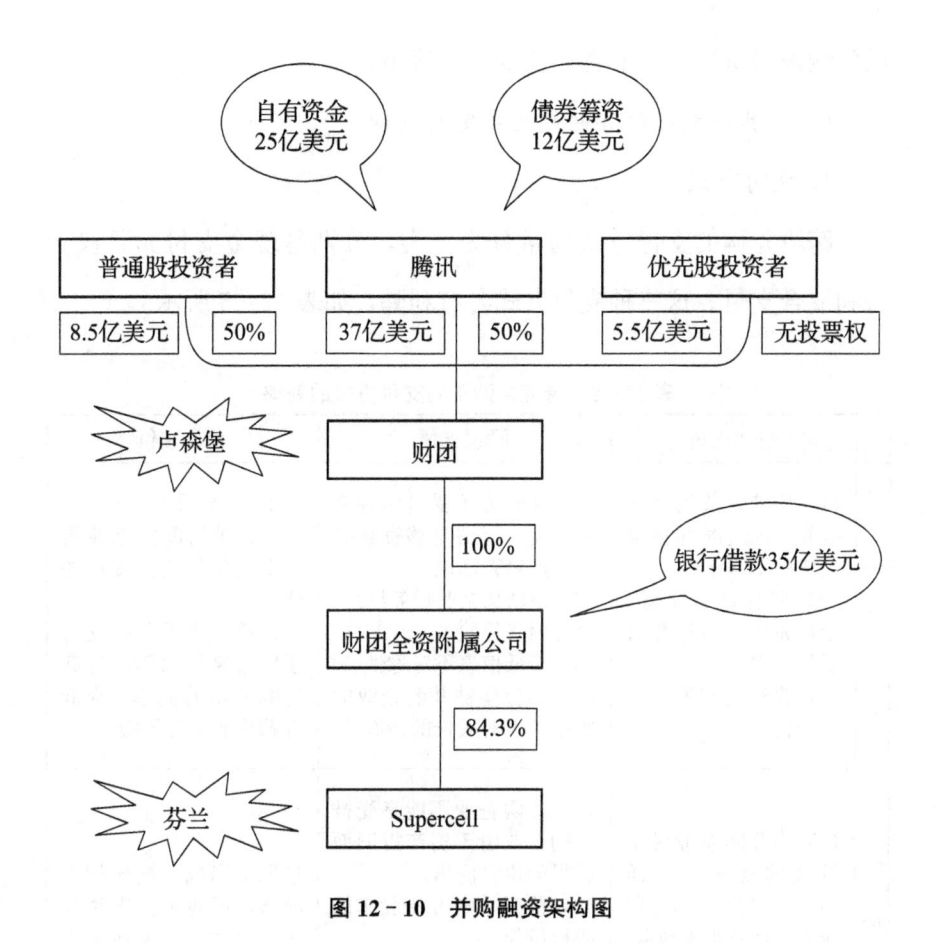

综上，采用"组建财团"的方式实现了多样化融资，达到以小搏大的效果，股权融资使腾讯对财团的持股比例减至 50%，从而达到不并表的目的。采用债券融资方式，一方面，财务费用税前支出体现税盾效应，利息抵税发挥税收挡板作用；另一方面，腾讯在向境外银行支付利息时，根据我国与卢森堡的税收协定及卢森堡的税法，一般情况下可以较低的预提所得税税率纳税，某些情况下还可

以免纳预提所得税,节省税款的现金流出。

(三)其他相关税务问题的界定与处理

1. 支付方式

跨境并购的支付方式通常分为三类,分别是现金支付、股权支付和混合支付。这三种支付方式各有利弊,如表 12-5 所示。

表 12-5 跨境并购不同支付方式的利弊

	现金支付	股权支付	混合支付
利	(1) 快速,节约并购时间,规避时间拖延造成的不确定性 (2) 拥有现金来源,抢得先机,使竞购对手处于劣势 (3) 股权结构不会发生变化	(1) 并购方不受自由现金流限制,保留足够资金维持生产经营活动 (2) 不增加企业财务杠杆,降低财务风险 (3) 降低信息不对称性 (4) 不会使被并购企业的股东减少对股份的持有	(1) 可选择多样的形式,正确搭配能够兼具现金支付和股权支付的优势 (2) 避免使用单一支付手段带来的风险,提高并购成功的概率,降低并购后的整合风险
弊	(1) 为并购企业带来沉重的现金支付压力;举债会产生偿还压力且面临汇率风险 (2) 被并购企业需承担自身应纳税额	(1) 并购企业不能享受被并购企业由于资产折旧而获得的税收优惠 (2) 稀释并购方原股东的股权份额 (3) 被并购企业不能在短时间内获得资金,可能造成交易延误或失败	选取不当或搭配比例不科学,可能不仅无法发挥自身优势,反而增大风险

采用有利合理的融资架构筹集资金,为腾讯采用现金支付方式提供了条件,不会造成很大的现金支付压力。在腾讯并购 Supercell 的案例中,出售方以持 Supercell 73.2% 股份的软银集团为主,它是

阿里巴巴的投资者，基于双方的合作以及阿里巴巴收购的意愿，腾讯的此次收购并不占据优势。但是当时阿里巴巴与 Supercell 由于价格问题谈判一度僵持不下，没有尽快达成收购协议。腾讯想要参与到这一收购事项中，现金支付能够节约并购时间，为谈判协议的尽快商定奠定了基础，避免股份支付的时间拖延造成收购延误，这是腾讯与阿里巴巴的竞争变被动为主动的重要一环。腾讯并购的目的在于扩张游戏版图，提高在国际市场游戏产业的份额，所以腾讯是在原有基础上扩大业务范围，要维持原有股权结构的稳定而并不想稀释股权，这也是采用现金支付方式最为关键的因素。

虽然现金支付意味着被收购方要承担较高的所得税，但相比当时迫切的现金需求和稳定的估值，出售者很可能依旧倾向于现金。对腾讯而言，这 86 亿美元并非完全来源于自有资金，其通过独特的融资方式为自身减轻现金压力，使本就"左手流量右手资本"的腾讯有足够的出资能力。

此外，在现金支付约定中，双方协议现金对价分 3 期支付，分别于交割日、交割日 3 年后和延迟并购价发布日支付 41 亿美元、2 亿美元和 43 亿美元。递延支付的方式使并购方可以分阶段地筹集资金，降低了融资风险和流动性风险，也有效缓解了现金支付的负担。

2. 并购方式

跨境并购的方式通常有两种，即资产并购和股权并购。二者在税务处理方面各有利弊，如表 12-6 所示。

表 12-6 跨境并购不同收购方式的利弊

	资产收购	股权收购
利	税务风险一般不被收购方继承	(1) 目标公司税收优惠延续 (2) 没有流转税税负 (3) 享受目标公司历史亏损所带来的所得税减免 (4) 税务程序较简单
弊	(1) 资产交易可能会产生非常高的交易税费 (2) 收购方不能享受目标公司历史亏损所带来的所得税减免 (3) 目标公司的税收优惠无法延续 (4) 程序复杂，包括评估价值向各项资产分配、发票开具等	潜在的税务风险会被收购方继承

并购采用股权收购方式，转让环节不需要缴纳流转税，这在很大程度上降低了并购双方的税负，是一种较为理想的节税收购方式，并且税务程序简单，这也会为腾讯的并购方案节省时间，增加成功并购的确定性。

股权收购的弊端在于潜在的税务风险会被收购方继承，但是腾讯通过组建财团形成的架构设计方便剥离风险，由具有独立法人资格的财团全资附属公司实际控股 Supercell，可以有效隔离 Supercell 的不良资产、债务风险以及破产风险等，使其不会波及腾讯的产业。另外，尽职调查可以在很大程度上排除这一隐患，腾讯对 Supercell 做了较为充分的尽职调查，尽可能量化风险。加之 Supercell 良好的口碑和价值创造能力，基本可以确定其历史清白，股权收购的风险不大。这样，股权收购的风险基本得以排除，采用股权收购是腾讯的较优选择。

3. 其他相关税务问题的界定与处理

股权收购的税务处理主要有一般性税务处理和特殊性税务处理。

股权收购的一般性税务处理以公允价值作为计税基础，而特殊性税务处理可以原有计税基础作为计税基础，并且享受在5年内递延纳税的优惠政策。特殊性税务处理的要求主要包括一个目的，即合理商业目的；两个比例，即收购的股权不少于企业全部股权的50%，股权支付不少于总交易对价的85%；两个不变，即12个月不改变原来的实质性经营活动且不转让所取得的股权。[①]

腾讯此次收购采用现金支付，不满足股权支付比例的要求，不适用特殊性税务处理。但有效税收筹划要求税后收益最大化，既要考虑税收成本，又要考虑非税成本和多边契约等条件。对腾讯而言，保持原有的股权结构对公司来讲是更好的选择，合理的并购方案是企业长期的利益最大化而非单次交易事项的税负最小化，因此采用一般性税务处理同样符合有效税收筹划的原理。

（四）对现有税务处理方式的评析

腾讯此次并购的核心在于组建财团来实现特定的控股架构和融资架构，达到通过"组团作战"以小博大，投入较少资金满足预期的目的，并承担较低税负。现有筹划方式是较为合理的，但也存在一些不足，例如三层控股架构在子公司的利润汇回时承担的税负仍

---

① 参见《财政部 国家税务总局关于企业重组业务企业所得税处理若干问题的通知》（财税〔2009〕59号）。

然较重,在债券融资时存在一定的债务风险和借贷困难。

1. 跨境并购控股架构的评析

根据腾讯的案例,可以看出企业跨境并购设计间接控股架构的优势在于:能够充分利用税收协定的优惠政策,企业设立的中间控股公司与被并购方所在国通常签有双边税收协定,在预提所得税、资本利得税等方面有相对较低的税率水平,在后续经营过程中减轻股权转让、利润汇回过程的税负;设立中间控股公司可获得我国境内税收的递延,腾讯及其财团可根据实际需要适当安排利润汇回的时间,推迟缴纳股息与资本利得方面的所得税,在现金流正常流动的基础上争取递延税款,获得货币时间价值,保证不影响资金用途,使留存在中国境外的现金尽可能多;为后续存在投资退出的可能性考虑,间接控股架构的设计使企业可以在中间控股层或被并购方层面退出,增加退出的灵活性,防范此过程为腾讯带来的财务风险。

但在架构最后一层,即由卢森堡向中国境内汇回股息红利时,适用10%的税率,是相对较高的。其他上市公司可以再增设一层,如果涉及多家位于不同国家或地区的中间控股公司,可灵活利用综合限额抵免法,相比分国限额抵免计算方法能够获得更多的税务收益,这样,设计多层间接控股架构可进一步增加我国企业跨境并购及后续经营的抵免限额。由此可见,间接控股架构是一种较为理想的架构模式,财团及其全资附属公司作为SPV发挥重要作用。

2. 跨境并购融资架构的评析

腾讯在此次并购中的融资架构设计在于实现多层级融资模式,

一方面通过权益性融资吸引共同投资者,减少腾讯对财团的持股比例,做到短期内不并表,这一做法主要出于对被并购方初期业绩不确定性的担忧,防止对股价的影响,这也是上市公司在跨境并购中一定要考虑到的问题,此融资过程较为简单,在此不过多分析;另一方面采用债券融资,利息抵税,发挥税盾作用,实现税收协同效应。组建财团使腾讯在并购融资时可以采用多样化融资途径,"组团作战"共同完成并购。但可采用更巧妙的融资方式,后续详细分析。

三、企业跨境并购的基本税收理论

(一) 有效税收筹划理论

有效税收筹划理论是斯科尔斯有关企业税收利益最大化的理论研究成果,核心观点在于交易过程需兼顾显性成本、隐性成本和非税成本等,在充分考虑上述因素后得到的优化的税收理论是企业有效的税收筹划。理论要点如图 12-11 所示。

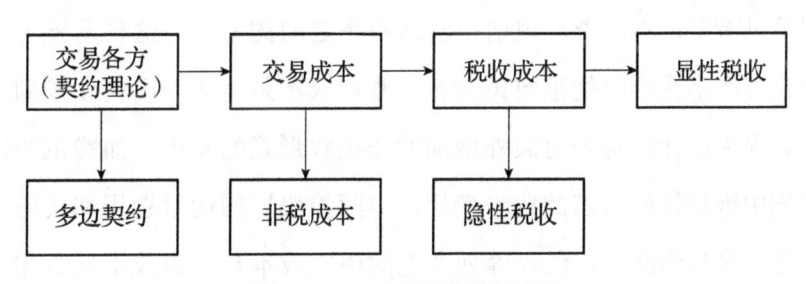

图 12-11 有效税收筹划理论

有效税收筹划理论的核心主要有三点。一是企业在税收筹划时需要考虑各个税种、各个阶段可能影响企业税收负担的因素,例如腾讯并购 Supercell 的过程中,既要考虑并购这一即时行为的印花税、所得税等,又要考虑后续运营这一可能持续较长时间的过程中的预提所得税等税收;二是税收成本只是企业税收筹划时应当关注的一方面,是诸多成本中的一项,有效的税收筹划必须综合考虑显性和隐性的税收成本、非税成本与多边契约等,腾讯要在短期内完成对 Supercell 的并购,不仅要考虑实际缴纳的税收,也要考虑今后维持此架构所需付出的非税收形式的其他成本等,降低非税成本;三是企业在投融资决策时,还需要考虑隐性税收因素,例如腾讯并购过程中债券融资的利息抵税等。

  上述多边契约涉及并购方、中间控股公司及被并购方等契约方。在税收筹划时,企业要系统性考虑,统筹兼顾所有契约方的负担,提升整体的利益。总结来看,在有效税收筹划理论中,税收成本包括显性税收和隐性税收,直接影响企业缴纳税款的多少。显性税收较易识别,是企业依据一国税法规定应当缴纳的税款;隐性税收是同等风险下,不同资产税前投资回报率之间的差额,这种差异主要来自资产享受税收优惠政策与否。非税成本是企业作出税收筹划之后,因为设计架构等而额外增加的非税收形式的支出,如腾讯并购案例中维护架构所需的成本费用、中间控股层的运营费用和代理成本等。多数情况下,税收筹划产生的税收成本与非税成本呈负相关关系,此增彼减。因此,税收成本和非税成本总和的最小化是企业进行有效税收筹划应当关注的核心问题。

(二)税收协同效应理论

税收协同效应理论是指税法漏洞或者各国税制的差异导致的不对称性为政策实施带来的差异,这在一定程度上有利于企业实现税收协同效应,主要表现在税盾效应、税收挡板、税法的非对称性和税收优惠政策四方面。

一是税盾效应,主要来源于债券融资。我国税法对债券融资和股权融资支付的利息或股息费用的处理有不同规定,股权融资支付的股息不影响企业应税所得,不得在企业所得税前列支,而债券融资支付的利息费用作为当期损益,影响企业的利润,通常作为财务费用在税前扣除,也有资本化计入产品成本,再通过折旧扣除的情况,最终都对应纳税额有影响,产生利息抵税效果。腾讯并购将两种融资方式巧妙结合,既实现了不予并表的财务目标,也利用了利息抵税的优势。企业跨境并购的交易金额往往比较大,多数企业自有资金一般难以完全满足需求,即使满足也对企业的资金流动情况不利,此时从外部筹措资金是较好的决策方式。权益融资实现财务目标后,通过债券融资,一方面缓解支付交易对价压力,另一方面可以获得税盾作用,实现税收协同效应。但实际运用过程中,需要考虑资本弱化和安全港规则等问题,配合更多的政策运用,采用多层级的融资方式,以免造成税务风险。此外,并购企业的资本结构和偿债能力也是需要考虑的重要因素。

二是税收挡板,一般是通过折旧或者摊销抵税形成的。在腾讯并购Supercell的案例中,采用一般性税务处理,按照资产的公允价值入账，如果公允价值大于资产的账面价值，即会计上的账面价值小于计税基础，则并购方能够获得两个价值差额的折旧抵税效应。如果资产在后续过程中转让或处置，则可扣除取得时的成本。

三是税法的非对称性，主要是指一家公司的亏损可以结转到另一家公司，后者能在更短时间内抵消，由此产生税收协同效应。如我国税法规定，除了高新技术企业和科技型中小企业的亏损可结转弥补10年外，其他企业产生的亏损可结转弥补5个年度，超过5年不可再结转，很多国家都有类似规定。在此并购案例中，并购双方的盈利都比较可观，但企业并购时，难免会遇到被并购方亏损的情况，此时企业可以设计中间架构，利用税法的不对称性，尽量使亏损在相对较短的时期内结转。有些公司甚至将亏损弥补作为并购动因，以充分利用其税收协同效应。

四是税收优惠政策。目前部分国家由于其优惠性的税收政策而成为避税天堂，这些地区不征收或征收较少的税收，或者正常征税但是有很多税收优惠政策，能够为投资者带来较多的税收利益，因而许多投资者将这些避税地作为投资的中间控股层，设计架构平台，从而实现跨境并购的税收筹划。

四、对腾讯跨境并购方案的改进设想

腾讯此次并购时间比较紧迫，在短时间内能够设计出如此严密的计划实属不易。在理想化条件下，若时间和条件允许，可以进一步筹划改进，为公司的税后利润最大化提供更合理的方案。

（一）增设香港中间控股公司

在本案例中，腾讯设立了卢森堡子公司及其全资附属公司，能够缴纳较低的预提所得税，如果条件允许的话，可以在腾讯（中国深圳母公司）与卢森堡财团之间再增设一层香港中间控股公司。这样控股架构变为四层，前两层与改进前相同，这里不再赘述。第三层变为卢森堡财团向香港汇入股息红利，根据双方签订的税收协定，香港中间控股公司满足持有卢森堡财团10%以上的资本，则无须向卢森堡缴纳股息预提税。另外，香港实行单一的收入来源地管辖权，因此来源于本土之外的股息红利在香港无须缴纳相关的所得税款，这样第三层是免缴所得税的。第四层是香港中间控股公司向深圳母公司汇回股息红利，按照中国内地同中国香港之间的安排，仅需就所得缴纳5%的税款。各层需缴纳的所得税如图12-12所示。

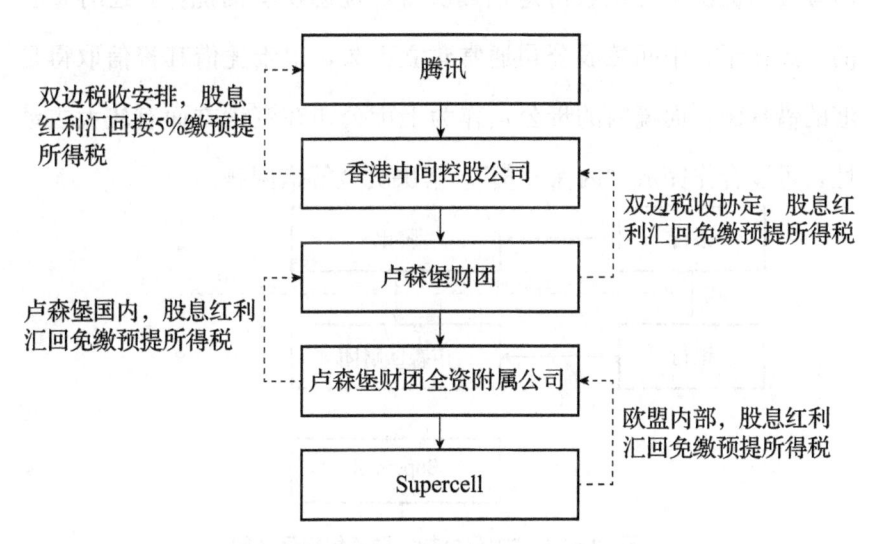

图12-12 改进方案后各层缴纳预提所得税情况

综上，如果增设香港中间控股公司，会使企业的预提所得税款有所减少。这在2017年我国将间接抵免由三层增加至五层的情况下是较为可行的一种方式，如果其他企业在后续有跨境并购意愿，可以参照这样的多层架构，为企业的并购成功设立双保险。

（二）采用"内保外贷"的融资方式

根据当前可获知的信息，腾讯此次并购采取的融资方式是由全资子公司的附属公司借款并偿还。在现实生活中，企业跨境并购还可以采用"内保外贷"的借款方式。

在债券融资中，"内保外贷"是一种较为理想的模式，即境内的金融机构为贷款做担保，实际款项由境外的金融机构向中间控股层发放，其结构如图12-13所示。"内保外贷"的融资安排不仅为境内母公司提供享受税收协定预提所得税优惠税率的优势，还有重要的一点在于，中间控股公司通常建立不久，很难凭借其资信取得足够的借款额，而境内的母公司作为上市公司在资信方面有较大主动性，可以合作完成"内保外贷"，解决资金筹措问题。

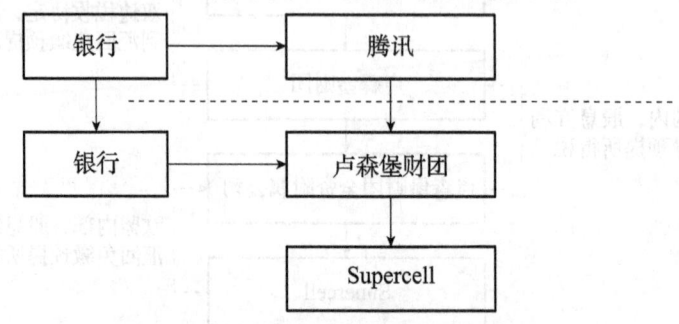

图12-13 "内保外贷"融资结构示意图

在"内保外贷"的融资结构下,如果结构中的所有公司所在国之间签订了税收协定,则只需缴纳较低的利息预提所得税或者免予缴纳预提所得税。在这样的结构中,贷款主体由中间控股公司承担,筹得款项后收购目标公司,减轻整体税负。

五、跨境并购筹划方案面临的税务风险

企业跨境并购的架构设计通常是为了防范财务风险和规避高额税收负担,但是税收筹划的合理与否在实际界定过程中需要深入分析,如果架构设计不当或者运营过程中税务问题处理不当,都会给企业带来风险。

(一)控股架构的税务风险

1. 境外控股平台被认定为中国税收居民企业的风险

我国《企业所得税法》及《企业所得税法实施条例》对居民企业和非居民企业作出明确界定,我国的税收居民企业满足注册地标准或实际管理机构标准之一即可认定,这里的实际管理机构针对的主要是生产经营、人员、账务和财产四方面。在腾讯并购的案例中,财团及其全资附属公司都不满足注册地标准,但是如果财团只是形式上存在而无实质性经营活动,管理权和财务账务都掌握在腾讯手中,就可能被认定为中国税收居民企业,这样,即使财团及其全资附属公司设在卢森堡,也应就其全球所得在中国缴纳企业所得税,而不能享受卢森堡的优惠税率。其他企业在投资过程中面临同样的认定风险,虽然不在境内注册,但是实际管理机构的判定也尤为重要。

2. 境外控股平台被认定为受控外国企业的风险

根据我国税法及国际税法的相关规定，腾讯并购案中，财团及其全资附属公司还有被认定为受控外国企业的风险。受控外国企业通常设立在税负比较低的国家和地区，境内企业通过控制利润的分配时间和途径，达到少缴纳税款的目的。我国对受控外国企业的认定条件包括由居民企业或个人控制，设立在实际税负明显低于正常水平50%的国家或地区，一般是指12.5%以下，且没有正当理由不作利润分配或减少分配。① 企业跨境并购设置中间控股层时，这三个限制条件很容易触碰到。仍以腾讯并购的案例来看，腾讯与共同投资者在协议中明确约定，腾讯现在及未来持有财团的控制权，条件一成立，卢森堡拥有很多税收优惠，实际税负低于12.5%并不难做到，即条件二达成，一旦财团没有按照规定即时分配利润，财团就会被认定为受控外国企业，不再享有卢森堡的税收优惠。对其他企业来讲，设置中间控股层通常是有控制权的，且设立地点的选取一般会把税率作为主要标准，只要不支付或延迟支付利润，就存在被认定为受控外国企业的风险，受到反避税规则的制约。

3. 境外控股平台被认定为导管公司的风险

导管公司是为了降低税负建立的转移或累积利润、逃避或减少税收的公司。这类公司具有比较明显的避税特征，通常只是登记注

---

① 参见《国家税务总局关于印发〈特别纳税调整实施办法（试行）〉的通知》（国税发〔2009〕2号）。

册而不从事实质性交易活动，是法律上的公司而无实质性的经营管理业务，依据我国实质重于形式的税收原则，这类公司不能享受税收优惠。我国税法明确规定，只有税收协定中的受益所有人在特定事项上可享受优惠税率，一般包括特许权使用费、股息、红利等。OECD 特别指出，一旦被认定为导管公司，即使其满足受益所有人条件，也不能享受优惠待遇。所以，一旦被认定为导管公司，其税收优势将会丧失。

腾讯并购 Supercell，将并购作为财团的唯一目的，今后财团如果不从事经营管理活动，只是在并购这一行为中发挥作用，则其虽符合卢森堡法律意义上的公司，却很有可能被认定为导管公司，后续经营期间的税收优惠难以获得。同理，其他企业在跨境并购中也会有类似的安排，但是一定要处理好中间控股公司的作用，为其安排一些实质性的业务，使中间控股公司免于被认定为导管公司。如果要做到这一点付出的成本费用很高，不及设计控股架构所获得的利益，则说明控股架构的设计不是有效税收筹划，并购方式还有待进一步斟酌。

(二) 融资架构的税务风险

1. 被认定为资本弱化的风险

腾讯并购案例中，财团全资附属公司作为最终的买方，资金来源包括腾讯的自有资金和债券融资等，也包括其自身的银行借款，最终权益融资为 51 亿美元，债权融资为 35 亿美元，债资比是相对较低的。许多企业在跨境并购中用大量债权取得融资款项，或者将母公司的款项作为借款，这确实可以发挥利息抵税的税盾效应，但如果是向关联方借款，则要考虑债资比。过高的债权融资会使企业陷于被认定为资本弱化的风险中。资本弱化即企业利用高额贷款方式增加税前扣除，增大债权比例而降低权益比例。为了规范税前扣除，许多国家对企业的债资比作出规定。例如，我国《关于企业关联方利息支出税前扣除标准有关税收政策问题的通知》规定，金融企业实际支付给关联方的债权性利息支出与股权性利息支出的比例不得超过5∶1，其他企业此比例为2∶1。国外也有类似规定，因此在并购时要慎用债权融资，以免被认定为资本弱化而付出更多的税务成本。腾讯在并购中采取的是多层级融资结构，没有突破规定的债资比。但是许多企业在并购融资过程中存在资本弱化问题，要合理安排融资结构，协调好企业的债资比。

2. 其他反避税规制

随着BEPS行动计划的落实推进，越来越多的国家参与到避免双重不征税的行动中，规范跨国公司的税收缴纳问题，因此企业跨境并购时要避免关联方贷款受到其他反避税措施的规制，比较常见的问题是通过中间控股公司融资可能被认为是滥用税收协定。腾讯并购行为没有体现这个问题，因为中国与芬兰签有税收协定，但是后续运营需注意财团和Supercell适用欧盟税收协定时的认定问题。对于其他企业的跨境并购，不排除为了享受标的公司所在国税收优惠而组建中间控股层的可能，要采用合理的融资方式和交易行为避嫌，防止被认为是税收协定优惠的不当授予。此外，根据不同国家的税务规定，关联方之间的利息往来可能会被划分为权益融资，这种情况下只能按股息分配处理，无法发挥利息费用的税盾作用。

六、我国企业跨境并购的税收筹划建议与风险防范

（一）控股架构的筹划及风险防范

1. 控股架构的筹划

跨境并购的控股方式通常包括直接控股和间接控股，相对而言，间接控股在降低税收负担、规避目标公司业绩风险等方面有着较好的筹划作用。因此，可以考虑将中间控股公司的选择、境外利润汇回方式的选择等作为架构设计的出发点。

（1）中间控股公司的选择。境外投资并购的中间控股公司需要满足公司的商业战略与税收影响的需要，暂认为间接控股的架构能够满足公司的发展战略，则需从有效税收筹划的角度出发。首先是控股公司所在地的选取，一般倾向于有较多税收优惠、投资环境良好的国家或地区。腾讯并购 Supercell 的案例中，中间控股层设在卢森堡，不仅税率较低，还有优良的投资环境，且公司注册流程简单，可以满足腾讯短期内完成并购的需求，在投资竞争中获得优势。其次，中间控股公司所在地通常与多国签有双边或多边税收协定，广泛的协定网络可以为今后的运营带来较多的税收利益，尤其是被并购方所在国与中间控股公司之间要有双边税收协定，有利于后续的利润汇回，并减少双重纳税。上述案例中，卢森堡和芬兰同属欧盟

国家，享受众多的税收优惠政策，此外卢森堡与世界大部分国家都有双边税收协定，无论是投资还是交易都可享受税收优惠。

税收协定优惠主要体现在所得税上，所以中间控股公司所在地最好满足接受被并购方汇回的股息红利不征或征收较少预提所得税的条件，也要满足中国境内公司与中间控股公司间支付股息时低预提所得税税率的条件。另外，控股平台所在地还应不设外汇管制。腾讯并购 Supercell 的案例就满足以上三个条件，为此次并购的顺利实施奠定基础。

（2）境外利润汇回方式的选择。中国企业跨境并购后利润汇回主要考虑两大环节：利润由被并购方汇至中间控股层，以及由中间控股层汇至中国境内母公司，涉及的所得项目有利息、股息、资本利得和特许权使用费等。在利润汇出被并购方环节，税负取决于被并购方所在国与中间控股层所在国的税收协定。腾讯并购的案例中，利润由芬兰汇至卢森堡，欧盟的税收协定降低了该环节的税收成本。之后中间控股层利润汇至我国境内企业环节，税负取决于中间控股平台所在国与我国间的税收协定。应当统筹考虑利润汇回与部分留存在控股平台的风险及收益，结合财务运作情况进行权衡，既要满足集团整体的后续商业计划，又需规避税收风险。

2. 控股架构的风险防范

（1）避免被认定为中国居民税收企业。由于中间控股公司通常在境外设立，一般不满足居民企业的第一条认定标准，为了防范中间控股企业的实际管理机构被认定为在我国境内的风险，可以强化中间控股公司本身的管理职能。以腾讯为例，可在卢森堡财团及财团全资附属公司聘请当地的高管，或者在两公司召开董事会，存放会计账簿、文件等，使中间控股公司具备实际管理的职能，而非由中国境内企业实际管理控制。其他企业同理，可增强控股平台的实际管理活动，但也要考虑到从事这些活动为企业带来的成本费用增加，权衡整体收益后，决定最优方案，做到有效税收筹划。

（2）避免被认定为受控外国企业。受控外国企业的三个条件中，后两个条件比较容易改变。税负方面，可以在"白名单"① 中选取中间控股公司，我国目前指定了12个非低税率国家（低税率检验白名单），分别为：美国、英国、法国、德国、日本、意大利、加拿大、澳大利亚、印度、南非、新西兰和挪威（国税函〔2009〕37号文）。由于卢森堡不在其中，腾讯并购案例中这一点不能实现。利润分配方面，控股平台应当向境内企业支付合理必要的利润，避免被认定为受控外国企业。要规避这一风险，利润汇回是腾讯必须落实好的一点。另外，企业在跨境并购时应当关注外部环境，与宏观的税收

---

① "白名单"是一份税务诚信名单，是经营状况良好、纳税信用高、风险等级低的纳税人。税收"黑名单"是指对达到重大税收违法失信标准的当事人，将企业纳税信用与法人、财务人员信息"捆绑"起来列入失信系统，向社会公布，并将信息通报中国人民银行、公安等相关部门，共同实施严格监管和联合惩戒。税收"灰名单"是指为强化对税收违法行为的预警、阻断和管控，切实提高纳税人依法纳税意识和税法遵从度，推进社会信用体系建设，税务稽查部门对达到税务稽查重点关注对象系列文件认定标准的案件当事人及关联方、相关人员，将以上企业及个人列入税收"灰名单"管理，并将信息推送相关部门共同实施严格监管。

经济形势结合，把握中间控股公司所在国的政策改革和受控外国企业规定变化，适时作出决策调整。总之，对于一般的企业，可并购前选择白名单国家，也可并购后做好利润分配。

（3）避免被认定为导管公司。导管公司的认定注重公司商业实质的判断，有效的税收筹划不仅降低税收成本，还符合多边契约，因此企业要构建经济实质。中国境内企业可以通过人员安排、管理机构设置与价值创造等方式使控股平台更加符合受益所有人的认定，而非只是一家文件公司。在腾讯并购 Supercell 的案例中，为确保卢森堡财团的非居民企业认定，应进一步做好多财团和财团全资附属公司的业务安排，可以向其分配一些交易活动，也可利用中间控股公司所在地的税收优惠，同时完善组织管理，例如腾讯可以向卢森堡派驻或者聘用当地的管理人员，在卢森堡财团召开股东大会或其他重要会议，在卢森堡进行交易活动等，这些都可以成为中间控股公司的商业活动，使其不仅仅局限于法律合规，也要形式合规。

（二）融资架构的筹划及风险防范

1. 融资架构的筹划

我国企业特别是上市公司在进行跨境并购的融资架构筹划时，可以借鉴腾讯的做法：一方面，以权益融资引入共同投资者，减少其在中间控股公司的股份，通过改变持股比例满足财务需求，保持股价稳定，使企业不必担心股价因并购大幅波动；另一方面，通过债权融资进行有效税收筹划，尽量发挥利息抵税的税盾效应，可以利用"内保外贷"的架构，解决中间控股层资信不足、难以筹得足够资金的问题，又可剥离风险，在投资退出时不会面临较多的障碍和债务风险。另外，融资架构的设计通常要求不受外汇管制的限制，利息抵税也应符合资本弱化规定和其他反避税条款的相关要求。

2. 融资架构的风险防范

（1）避免资本弱化规制。中间控股公司作为并购买方时，如果向母公司借款作为债权融资而非权益融资，则容易出现债资比较高的情况，应当合理安排权益融资和债权融资的配比关系。一些国家没有资本弱化规制，比如新加坡和泰国，此时中国境内企业在预期偿还能力足够时就可放心使用债权融资，实现利息抵税效应。① 但在有资本弱化规制的国家进行融资时需要慎重选择，以免被认定为资本弱化。腾讯并购案例中，35亿元来自银行借款，其余部分来自股东权益，均属合理性融资。但现实中，有些上市企业为了增加费用扣除，会采用母公司借债给中间控股层的方式，此类企业在跨境并购前应妥善安排融资途径，确保款项流入、流出和中间流经方所在的地区均满足当地资本弱化或转让定价法规的要求。另外，由于各国的税收制度变化频繁，特别是国际交流合作逐渐增多，应当关注整个并购流程涉及国家的税收动态，随时调整所采用的融资结构，规避政策变化带来的税收风险。

（2）避免国际反避税规制。相比权益融资，债权融资的主要优势是可以税前利息扣除。但是鉴于不同国家对于利息费用的认定和

---

① 张瑶. 税务视角下的中国企业海外并购架构设计研究——以X集团并购项目为例. 上海：上海国家会计学院，2018.

利益限制不同，在设计融资架构时要全面分析相关国家的税收政策，特别是双边税收协定的适用情况，如果两国没有签订税收协定而企业却享受费用扣除或者低税率，就会面临滥用税收协定的规制。腾讯并购案例中，中国与卢森堡、卢森堡与芬兰、中国与芬兰都签有税收协定，正常情况下不会被认为是滥用税收协定。

另外，BEPS行动计划也在不断完善打击各项避税行为的规定，因此企业要关注制度进程，特别是容易和债权关系比较紧密的"利息扣除"和"混合错配"等项目的规定，时刻关注并购相关国家的落实情况，如果融资方式在规制范围之内，应当考虑作出调整，避免铤而走险，带来更大的税收负担。

综上所述，通过对中国企业跨境并购中控股架构和融资架构的筹划，在保证企业并购动机的基础上，进行有效税收筹划，能够减轻并购双方整体的税收负担。控股架构和融资架构的设计也会带来一些联动效应，为企业并购的支付方式、并购方式等提供合理的决策手段。

税收筹划不是企业并购的主要目的，但是贯穿并购的整个过程，税收负担是企业跨境并购中不可忽视的问题，对并购行为能否成功起到关键作用。在实际的并购中，企业可结合具体情况选择合适的架构方式和融资方式，适当借鉴腾讯的经验以及相关的架构模式，增加并购成功的概率，防范可能出现的风险。

案例五　宇洪大建安财税筹划平台案例

一、宇洪集团大建安 EPC 模式

（一）宇洪集团概况

江西太平洋宇洪建设有限公司（以下简称宇洪建设）成立于 2005 年，注册资金 35 000 万元，具有房屋建筑工程施工总承包一级、建筑装修装饰专业承包一级、水利水电工程施工总承包二级（已获得全国水利信用评价等级 AAA，水利信用最高级）、施工劳务不分等级、模板脚手架专业承包资质不分等级等多项资质，并通过了 ISO 9001 质量管理体系认证、职业安全管理体系认证及环境管理体系认证。

作为江西省建筑行业先进企业，宇洪建设为振兴地方经济，广泛开展业务合作，专门成立了江西宇洪（集团）总部经济基地，成为政府重点扶持企业，为地方经济发展及国家财政收入作出了重大贡献，连续多年获得政府颁发的税收贡献特别奖（江西省纳税信用 A 级单位）和全省建筑业先进企业，曾获得华东地区优秀工程奖、江西省杜鹃花奖，并获得江西省工商局守合同重信用单位。

（二）大建安 EPC 模式

1. EPC 模式

EPC 模式即 EPC 工程总承包模式，是集设计、采购、施工于一体的工程承包合同模式，不同于传统的工程承包模式中以业主为核心，各部分施工单位分别向业主（发包方）负责的承包合同模式。在 EPC 模式下，总承包方将设计（E）、采购（P）、施工（C）融为一体，涵盖设计、设备采购、建筑施工、安装调试等具体工程业务，是一种总承包商统领多种类工程项目，直接向业主（发包方）负责的工程承包模式。

2. 大建安 EPC 模式

大建安 EPC 模式是指基于国际项目管理理念，突破 EPC 模式的局限性，在 EPC 基本框架上，以设计、采购、施工为根基，将建安工程承包范围扩展至项目托管、工程管理咨询、工程融资、灵活用工、零星劳务、物业管理、销售代理、广告营销、土地开发一二级联动等相关业务，总承包商将上述多种类型的业务综合打包成一站式服务的工程总承包模式。

大建安 EPC 模式的适用范围包括房地产开发项目、国家基础设施、公共配套设施、企业办公楼、综合场馆等的施工建造，其适用范围之广，非一般工程施工承包项目所能比拟。

二、大建安财税筹划平台新模式

（一）大建安财税筹划平台的逻辑架构

大建安财税筹划平台是 EPC 模式与平台经济的无缝对接，符合"业财法税融合"的逻辑框架，体现"业务、财务、法务、税务"四位一体，相互关联、相互协调、相互印证。大建安财税筹划平台突破了传统 EPC 模式的局限性,具有开放性、包容性的特征,以一种开放的胸怀承接各种综合性工程建设项目,为业主(发包方)提供勘察、设计、设备采购、建筑施工、项目融资、工程咨询、项目托管、工程监理、灵活用工、零星劳务、物业管理、销售代理、广告宣传、土地开发一二级联动等一站式服务的工程总承包模式。

大建安财税筹划平台涵盖三大市场主体:甲方(建设投资机构)、乙方(总承包商)、丙方(外部资源机构),代表以大建安 EPC 模式联结的社会资源整合过程。大建安 EPC 财税筹划平台的逻辑架构如图 12-14 所示。

按照业务逻辑关系和交易结构分析,甲方提供工程建设任务,乙方负责工程项目总承包。但是,由于甲方委托的工程建设任务需求多样性的社会资源,涉及业务类型广、业务量大,而乙方以其拥有的资源并不能保质保量地完成甲方委托的工程建设任务,因此,乙方需要借助社会资源的支持与帮助。丙方代表丰富的社会资源,于是丙方就自然而然出现了。丙方可以是一个法人机构,也可以是一个专业组织,还可以是能够提供资源的个人独资企业、合伙企业甚至个体工商户、自然人等。丙方的存在意味着丰富的社会资源都能够通过乙方与甲方的工程建设任务相对接。

在大建安财税筹划平台的三大市场主体中,甲方和乙方的关系最为直接,即乙方是甲方的总承包商,负责甲方工程建设项目及各类相关工程服务的总承包,并为甲方提供符合质量要求的施工建设

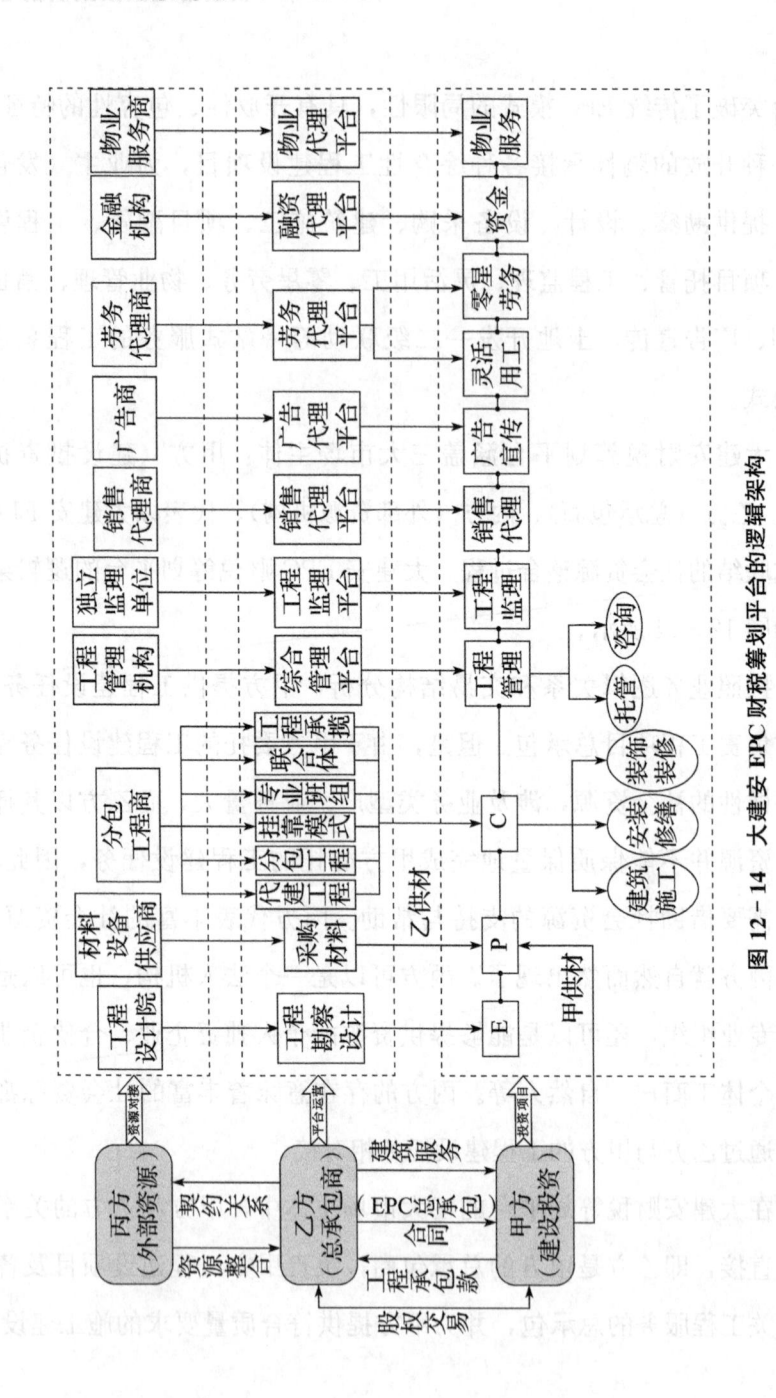

图 12-14 大建安 EPC 财税筹划平台的逻辑架构

与相关一揽子工程服务。大建安财税筹划平台突破了传统EPC模式的框架结构，汇聚工程管理、销售代理、广告服务、零星劳务、薪酬管理等设计服务、建筑服务、现代服务等在内的多种业务模式，实现"业财法税融合"。

在大建安财税筹划平台的三大市场主体中，乙方和丙方的关系最为微妙，即乙方作为一种实现与丙方所代表的丰富社会资源对接的平台，丙方可以视为乙方的资源提供方与支持方，源源不断地供给乙方在为甲方工程总承包服务中所需的各种资源。从现代组织理论的角度分析，乙方具有平台的基本特征和功能定位。乙方既是甲方工程项目的总承包商，也是丙方资源嫁接的平台方，体现着平台经济的本质属性，也遵循平台经济的运行规律。

（二）大建安财税筹划平台八大操作模式

大建安财税筹划平台八大模式如下：大建安EPC总承包方式（EPC+托管咨询+垫资）、施工总承包方式、联合体方式、专业施工班组方式、工程承揽方式、专业分包方式、劳务分包方式、组合方式（主体劳务分包+工程承揽方式）。

下面以大建安EPC总承包方式为例（见图12-15），探讨大建安财税筹划平台的具体模式。大建安EPC总承包模式是引进国际项目管理理念，利用建筑业多种承包模式，将房地产项目开发过程中从土地一二级联动开发到设计、施工、采购、项目托管、工程咨询、融资、工程监理、销售推广等业务的过程进行战略规划与协同整合的一种税务规划模式，主要适用于建设工程、房地产开发项目、新基建等领域。

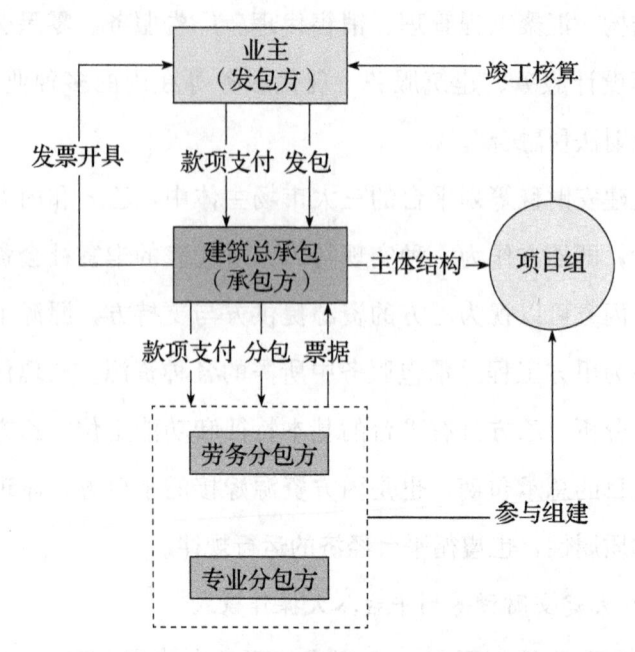

图 12-15 大建安 EPC 总承包方式

大建安财税筹划平台应用"业财法税融合"原理，实现"工程、财务、法务、税务"四位一体，通过合法、灵活、创新的八大操作模式，借助大建安财税筹划平台和总部经济（基地）的政策优势，提供独特的具有创新价值的大建安财税筹划操作方案，实现成本调控与税收规划，全面解决建安工程项目和房地产开发项目的财税痛点。

大建安 EPC 财税筹划平台还可以实施股权交易以完成税收筹划操作，即通过乙方投资或增资扩股的控股形式控股甲方（项目公司），然后利用乙方所在区域的总部经济税收优惠政策，实现股权转让所得的合规性转移与节税效果。

三、大建安财税筹划平台的运行原理

(一) 业财法税融合原理

大建安财税筹划平台细化了社会分工，强化了专业性及工程技术、信息技术的聚合效应，实现了工程管理、专业技术、法律规制与财税管理的无缝对接，真正实现"业财法税融合"。

(二) 平台经济原理

大建安财税筹划平台凸显了平台经济的价值。基于"业财法税融合"思想，大建安财税筹划立足于资源整合与信息共享平台的构建。一方面拉动工程建设需求方，通过大建安财税筹划平台模式切实解决工程需求方工程管理与资源对接的困难；另一方面联结资源供给方，增进其社会融合度，切实保证资源通过市场机制实现优化配置。即在资源供给方与需求方之间架起了一道桥梁，实现了资源的社会化整合、顺畅流动与合理配置，开启了新时代市场配置资源的新模式。

(三) 总部经济原理

大建安财税筹划平台形成了关于总部经济的总体框架，通过总部经济平台的建立，将上下游资源与需求汇聚到整个大建安财税筹划平台上。基于此平台资源，将上下游的资金、货物、劳务、服务等资源通过该财税筹划平台，有条不紊地输送到资源需求方，以总部经济贯穿起上下游企业，形成全产业链的市场交易模式，是彰显顶层设计思维模式的实践应用。

（四）资金链管理原理

大建安财税筹划平台融入一种资金链管理的新模式，工程总承包方通过大建安财税筹划平台，构建起畅通的外部资本输入通道。一方面，大建安财税筹划平台使社会资金快速融入工程项目建设之中；另一方面，大建安财税筹划平台能够将金融资本针对性地注入资金短缺的工程项目，做到资金运转高效率。大建安财税筹划平台打通了实体经济与金融经济之间的屏障，金融资本易于进入工程项目及建设项目。

（五）风险防控原理

大建安财税筹划平台充分体现了工程项目实施中的风险防控原理。从发包方的角度分析，大建安财税筹划平台将发包方的项目确定性地以大承包模式转移给总承包方，自身享有可预期的项目收益和回收周期。从总承包商的角度分析，设计、采购、施工等传统项目相互割裂的工程环节在大建安 EPC 模式下有机地结合起来，减少了传统工程项目模式下各环节相互冲突导致的工期延后、工程质量低下等问题。从分包方的角度观察，所有的工程分包都集中在总包方，工程分包链条明晰、责任明确。

四、大建安财税筹划平台及其合作优势

（一）大建安财税筹划平台

大建安财税筹划平台新模式建立在大建安 EPC 总承包模式的基

础上，以总部经济（基地）作为其平台依托，具有平台经济的基本属性，同时享受地方政府财政奖扶优惠政策。因此，大建安财税筹划平台一般建立在总部经济（基地），并以总部经济（基地）为业务规划的平台依托；总部经济（基地）一般建立在地方政府赋予财政奖扶优惠政策的地区或辖区，能够实现区域经济增长与税收收入的联动效应。

大建安财税筹划平台能够将平台机制、财政奖扶优惠政策、大建安EPC工程总承包模式有机结合起来，满足"业财法税融合"框架下的交易结构、财务管理、法律规制与税务规划的内在契合性，拓展形成一种崭新的交易结构模式与战略规划逻辑，从而突破传统的建安工程项目的模式束缚，创造出一种具有生命力、兼具灵活性、规范性的财税优化方案。

（二）大建安财税筹划平台的合作优势

第一，总部经济（基地）是政府指导监督下的合规性平台公司，契合当前平台经济发展趋势，采用大建安财税筹划平台独有的创新理念，实施大建安EPC新模式，涵盖大建安EPC总承包方式、施工总承包方式、联合体方式、专业施工班组方式、工程承揽方式、专业分包方式、劳务分包方式、组合方式（主体劳务分包＋工程承揽方式）等八种具体操作方式，全面彻底解决建安和房地产各类财税问题。

第二，大建安财税筹划平台以"建筑施工服务＋工程定额＋签证"为依据，科学筹划所投资建设项目的大建安EPC成本，有效筹划土地增值税、企业所得税税负，显著提升建设项目的净收益水平。

五、大建安财税筹划平台的操作模式与实践案例

(一) 大建安财税筹划平台的操作模式

大建安财税筹划平台以独创的大建安 EPC 模式为根基,引入"大建安 EPC 模式＝设计＋施工＋工程托管＋项目融资＋工程咨询＋工程监理……",以"建筑施工服务＋工程定额＋签证"为依据,科学筹划所投资建设项目的大建安 EPC 成本,合法筹划土地增值税、企业所得税和个人所得税,使项目收益率显著提升,最终实现项目开发建设的收益性目标。

大建安财税筹划平台在现阶段具有灵活性、独特性和可操作性,合规方面得到政府、财税机构和企业界等方面的专业验证。大建安 EPC 模式将大大拓展业界的财税管理思维,为工程建设项目、房地产开发、新基建等构建一个基于"业财法税融合"思想及国际项目管理理念的财税优化解决方案。

(二) 大建安财税筹划平台的实践案例

为了更好地阐释大建安财税筹划平台的框架、流程与操作方案,这里对一个具有代表性的始于规划阶段的大建安 EPC 案例进行解析。

1. 案例说明

本项目是位于我国中部地区的一个商业综合项目,主要包括 17 栋商铺,共 2 层。本项目总占地面积为 40 186.31m^2(约合 60.28 亩),总建筑面积为 62 430.36m^2,计容总建筑面积为 52 242.20m^2,不计容建筑面积为 10 188.16m^2。可销售面积为 52 242.20m^2,销售

预计总收入约为41 794万元。运营该项目的房地产开发公司原计划采用民营房地产开发企业的传统模式，找一家施工企业挂靠施工，将劳务作业分包给不同工种的包工头，所有的材料、设备自行采购，施工机械采取租赁形式获取。对上述项目进行测算发现，由于一些建安成本分包给包工头，项目无法取得工程施工的相应发票，因成本缺失或无法获取合规发票而加重了该项目的总体税负。

引入大建安财税筹划平台，通过大建安EPC模式进行全盘规划，在高质量完成相关工程施工的基础上，利用总部经济（基地）合理、合法取得相关成本与费用票据。经测算，利用大建安EPC模式操作方案，增加综合净利润4 509.37万元，综合净利润率提高了11.76%。

2. 基本数据及测算结果

本项目的基本数据及财税测算结果如表12-7至表12-11所示。

表12-7 商业综合项目采用大建安平台操作方案的财税结果比较表

序号	项目	原方案（未采用大建安EPC模式）		实施方案（采用大建安EPC模式）	
	方案说明	未增加装修工程，施工按定额价下浮8%		按实际签订价格（含垫资、咨询托管、销售广告等）	
		数据	销售收入占比（%）	数据	销售收入占比（%）
1	销售收入（万元）	38 342.90		38 342.90	
2	成本预算值（万元）	13 436.37	35.04	29 662.68	77.36

续表

序号	项目 方案说明		原方案（未采用大建安EPC模式）未增加装修工程，施工按定额价下浮8%		实施方案（采用大建安EPC模式）按实际签订价格（含垫资、咨询托管、销售广告等）	
			数据	销售收入占比（%）	数据	销售收入占比（%）
其中	（不含装修、土地）开发成本（元/平方米）		2 029.88	24.88%	2 688.68	32.96%
	主体建安成本（元/平方米）		1 350.46	16.55%	1 467.89	17.99%
	垫资（元/平方米）		—	0.00%	260.89	3.20%
	咨询（元/平方米）		—	0.00%	260.89	3.20%
	销售、广告（元/平方米）		—	0.00%	800.00	9.81%
	装饰装修（元/平方米）		—	0.00%	917.43	11.25%
3	按照合同获得合规的发票成本额				16 226.31	
4	应交增值税（万元）		2 413.13	6.29%	1 034.07	2.70%
5	土地增值税（万元）		8 884.09	23.17%	1 985.74	5.18%
6	企业所得税（万元）		3 955.61	10.32%	1 673.62	4.36%
7	个人所得税（万元）		2 373.36	6.19%	1 004.17	2.62%
8	4～7项税收总计（万元）		17 626.20	45.97%	5 697.60	14.86%
9	税收减少额（万元）				11 928.60	31.11%
10	增值额与扣除项目金额之比（%）		142.27%		9.45%	
11	开发利润（万元）		7 280.33	18.99%	2 982.62	7.78%
12	综合利润（万元）		7 280.33	18.99%	11 789.70	30.75%
13	增加综合利润（万元）				4 509.37	11.76%

表 12 - 8 税收测算表（原方案） 金额（元）

项目	行次	合计	普通住宅	非普通住宅	商业	车库	其他房产（商业、车库）	全部统一计算的情况	备注
一、销售收入	1	383 428 990.83	—	—	383 428 990.83	—	383 428 990.83	383 428 990.83	
二、扣除项目金额合计 (2=3+4+11+14+18)	2	158 267 004.42	—	—	158 267 004.42	—	158 267 004.42	158 267 004.42	
1. 取得土地所有权所支付的金额	3	24 112 000.00	—	—	24 112 000.00	—	24 112 000.00	24 112 000.00	
2. 房地产开发成本 (4=5+6+7+8+9+10)	4	95 404 345.16	—	—	95 404 345.16	—	95 404 345.16	95 404 345.16	
其中	土地征用及拆迁补偿费	5	—	—	—	—	—	—	—	
	前期工程费	6	4 650 943.40	—	—	4 650 943.40	—	4 650 943.40	4 650 943.40	
	建筑安装成本	7	84 309 623.78	—	—	84 309 623.78	—	84 309 623.78	84 309 623.78	

续表

项目	行次	金额（元）						备注
		合计	普通住宅	非普通住宅	商业	车库	其他房产（商业、车库）	全部统一计算的情况	
其中 基础设施费	8	2 863 777.98	—	—	2 863 777.98	—	2 863 777.98	2 863 777.98	
公共配套设施费	9	1 000 000.00	—	—	1 000 000.00	—	1 000 000.00	1 000 000.00	
开发间接费用	10	2 580 000.00	—	—	2 580 000.00	—	2 580 000.00	2 580 000.00	
3.房地产开发费用 (11=12+13)	11	11 951 634.52	—	—	11 951 634.52	—	11 951 634.52	11 951 634.52	
其中 利息支出	12	—	—	—	—	—	—	—	凡不能按转让房地产项目计算分摊利息支出或不能提供金融机构证明的，全部使用自有资金，没有利息支出，房地产开发费用按"取得土地使用权所支付的金额"与"房地产开发成本"金额之和的10%以内计算扣除
其中 其他房地产开发费用	13	11 951 634.52	—	—	11 951 634.52	—	11 951 634.52	11 951 634.52	

续表

项目	行次	金额（元）							备注
		合计	普通住宅	非普通住宅	商业	车库	其他房产（商业、车库）	全部统一计算的情况	
4.与转让房地产有关的税金(14＝15＋16＋17)	14	2 895 755.71	—	—	2 895 755.71	—	2 895 755.71	2 895 755.71	
其中 城市维护建设税	15	1 689 190.83	—	—	1 689 190.83	—	1 689 190.83	1 689 190.83	需根据最终增值结果的增值税调整，结果影响不大
其中 教育费附加	16	723 938.93	—	—	723 938.93	—	723 938.93	723 938.93	
其中 地方教育附加	17	482 625.95	—	—	482 625.95	—	482 625.95	482 625.95	
5.财政部规定的其他扣除项目	18	23 903 269.03	—	—	23 903 269.03	—	23 903 269.03	23 903 269.03	土地增值税特有
三、增值额	19	225 161 986.41	—	—	225 161 986.41	—	225 161 986.41	225 161 986.41	

续表

项目	行次	合计	普通住宅	非普通住宅	商业	车库	其他房产（商业、车库）	全部统一计算的情况	备注
四、增值额与扣除项目金额之比	20		—	—	142.27%	—	142.27%	142.27%	
五、适用税率	21		—	—	50.00%	—	50.00%	50.00%	
六、速算扣除数	22		—	—	15.00%	—	15.00%	15.00%	
七、应交土地增值税额	23	88 840 942.54	—	—		—	88 840 942.54	88 840 942.54	
八、有关税收									
1 增值税									
（1）增值税销项		32 338 529.17							
（2）增值税进项		8 207 231.57							

第十二章 税收筹划实战案例精选 549

续表

项目	行次	金额（元）							备注
		合计	普通住宅	非普通住宅	商业	车库	其他房产（商业、车库）	全部统一计算的情况	
(3) 应交增值税		24 131 297.60							
2 企业所得税									
(1) 收入		383 428 990.83							
(2) 成本和税金		134 363 735.39							
(3) 土地增值税		88 840 942.54							
(4) 净利润		158 224 312.90							
(5) 企业所得税		39 556 078.22							
3 个人所得税		23 733 646.93							
4 税金合计		176 261 965.31							含增值税、土地增值税、企业所得税及个人所得税

表 12-9 开发成本与开发费用预测表（实施方案）

序号	科目名称	估计开发成本（元）	分类合计（元）	备注
1	土地价款	43 401 600.00	43 401 600.00	土地征用及拆迁补偿费（按72万元/亩，共60.28亩）
2	勘察、测绘费	—	—	（根据实际情况测算，含在大建安EPC项目范围内）
3	规划设计费	—		
4	三通一平	—		
5	咨询费	—		
6	临时设施费	—		
7	规费	—		
8	监理费	—		
9	其他	—		
10	建筑工程		245 392 862.40	
11	安装工程			
12	装修工程（室内装修）			
13	基础设施费	—	—	（根据实际情况测算，含在大建安EPC项目范围内）
14	公共配套设施费	—	—	（根据实际情况测算，含在大建安EPC项目范围内）
15	开发间接费用	—	—	（根据实际情况测算，含在大建安EPC项目范围内）
16	财务费用	—	—	（根据实际情况测算，含在大建安EPC项目范围内）
17	销售费用（广告）	—	—	（根据实际情况测算，含在大建安EPC项目范围内）
18	管理费用	—	—	（根据实际情况测算，含在大建安EPC项目范围内）
19	合计		288 794 462.40	

表 12-10 开发成本与开发费用分摊表（实施方案）

项目	合计	普通住宅	非普通住宅	商铺	车位	分摊比例
可售面积（平方米）	52 242.20	—	—	52 242.20	—	
分摊土地成本（元）	43 401 600.00	—	—	43 401 600.00	—	830.78
前期工程费（元）	—	—	—	—	—	
建筑安装工程费（元）	225 131 066.42	—	—	225 131 066.42	—	
基础设施费（元）	—	—	—	—	—	
公共配套设施费（元）	—	—	—	—	—	
开发间接费用（元）	—	—	—	—	—	
财务费用（元）	—	—	—	—	—	
销售费用（元）	—	—	—	—	—	
管理费用（元）	—	—	—	—	—	
增值税销项（元）	30 602 465.17					
增值税进项（元）	20 261 795.98					
应交增值税（元）	10 340 669.20					
城市维护建设税（元）	723 846.84	—	—	723 846.84	—	13.86
教育费附加（元）	310 220.08	—	—	310 220.08	—	5.94
地方教育附加（元）	206 813.38	—	—	206 813.38	—	3.96

表12-11 税收测算表（实施方案）

金额（元）

项目	行次	合计	普通住宅	非普通住宅	商业	车库	其他房产（商业、车库）	全部统一计算的情况	备注
一、销售收入	1	383 428 990.83	—	—	383 428 990.83		383 428 990.83	383 428 990.83	
二、扣除项目金额合计 (2=3+4+11+14+18)	2	350 333 346.65	—	—	350 333 346.65	—	350 333 346.65	350 333 346.65	
1.取得土地所有权所支付的金额	3	43 401 600.00	—	—	43 401 600.00	—	43 401 600.00	43 401 600.00	
2.房地产开发成本 (4=5+6+7+8+9+10)	4	225 131 066.42	—	—	225 131 066.42	—	225 131 066.42	225 131 066.42	
其中	土地征用及拆迁补偿费	5	—	—	—	—	—	—	—	
	前期工程费	6	—	—	—	—	—	—	—	
	建筑安装成本	7	225 131 066.42	—	—	225 131 066.42	—	225 131 066.42	225 131 066.42	

续表

项目		行次	金额（元）							备注
			合计	普通住宅	非普通住宅	商业	车库	其他房产（商业、车库）	全部统一计算的情况	
其中	基础设施费	8	—	—	—	—	—	—	—	
	公共配套设施费	9	—	—	—	—	—	—	—	
	开发间接费用	10	—	—	—	—	—	—	—	
3.房地产开发费用（11＝12＋13）		11	26 853 266.64	—	—	26 853 266.64	—	26 853 266.64	26 853 266.64	凡不能按转让房地产项目计算分摊利息支出或不能提供金融机构证明的，全部资金使用自有利息支出，没有房地产开发得利息支出，房地产开发费用按"取得土地使用权所支付的金额"与"房地产开发成本"金额之和的10%以内计算扣除
其中	利息支出	12	—	—	—	—	—	—	—	
	其他房地产开发费用	13	26 853 266.64	—	—	26 853 266.64	—	26 853 266.64	26 853 266.64	

续表

项目	行次	金额（元）					备注
		合计	普通住宅	非普通住宅	商业	车库	其他房产（商业、车库）	全部统一计算的情况	

项目	行次	合计	普通住宅	非普通住宅	商业	车库	其他房产（商业、车库）	全部统一计算的情况	备注
4. 与转让房地产有关的税金 (14＝15＋16＋17)	14	1 240 880.30	—	—	1 240 880.30	—	1 240 880.30	1 240 880.30	
其中	城市维护建设税	15	723 846.84	—	—	723 846.84	—	723 846.84	723 846.84	需根据最终结果的增值税进项调整，结果影响不大
	教育费附加	16	310 220.08	—	—	310 220.08	—	310 220.08	310 220.08	
	地方教育附加	17	206 813.38	—	—	206 813.38	—	206 813.38	206 813.38	
5. 财政部规定的其他扣除项目	18	53 706 533.28	—	—	53 706 533.28	—	53 706 533.28	53 706 533.28	土地增值税特有
三、增值额	19		—	—	33 095 644.17	—	33 095 644.17	33 095 644.17	
四、增值额与扣除项目金额之比	20				9.45%		9.45%	9.45%	

续表

项目	行次	合计	普通住宅	非普通住宅	商业	车库	其他房产（商业、车库）	全部统一计算的情况	备注
五、适用税率	21				30.00%		30.00%	30.00%	
六、速算扣除数	22				0.00%		0.00%	0.00%	
七、应交土地增值税额	23	19 857 386.50		—	9 928 693.25	—	9 928 693.25	9 928 693.25	
八、有关税收									
1 增值税									
（1）增值税销项		30 602 465.17							
（2）增值税进项		20 261 795.98							
（3）应交增值税		10 340 669.20							
2 企业所得税									
（1）收入		383 428 990.83							

续表

项目	行次	金额（元）						备注
		合计	普通住宅	非普通住宅	商业	车库	其他房产（商业、车库）	全部统一计算的情况
（2）成本和税金		296 626 813.37						
（3）土地增值税		19 857 386.50						
（4）净利润		66 944 790.95						
（5）企业所得税		16 736 197.74						
个人所得税	3	10 041 718.64						
税金合计	4	56 975 972.08						含增值税、土地增值税、企业所得税及个人所得税

附录一/*Appendix One*
税收筹划前沿思想及其方法论①

一、税收筹划前沿思想

(一)历史溯源与典型事件

从已有的文献记载探讨税收筹划的起源,最早可以追溯到19世纪中叶的意大利。那时意大利的税务咨询业已经存在税收筹划服务,这可以看作税收筹划的萌芽。税收筹划在官方文件中正式出现始于美国财务会计准则(SFAS)。美国财务会计准则委员会(FASB)在SFAS109《所得税的会计处理》中提出"税收筹划战略"(tax-planning strategy)概念,并将其表述为:一项满足某种标准,其执行会使一项纳税利益、营业亏损或税款移后扣减在到期之前得以实现的

---

① 本文发表于《财会月刊》2021年第5期,作者为蔡昌(中央财经大学)。

举措。在评估是否需要递延所得税资产的估价准备及所需要的金额时，需要重点考虑税收筹划策略。SFAS109 的表述较为准确地说明了税收筹划与税务会计的关系，尽管现代税收筹划的边界远远超出了 SFAS109 所定义的范围，但税收筹划始终是税务会计的重要组成部分。

在税收筹划发展史上有三件里程碑式的事件，使税收筹划正式进入人们的视野。第一个事件：早在 1935 年，英国上议院议员汤姆林爵士针对"税务局长诉温斯特大公"一案的发言中对税收筹划就有所涉及：任何一个人都有权安排自己的事情，如果依据法律所做的某些安排可以使自己少缴税，那么就不能强迫他多缴税。这一观点得到了法律界的普遍认同，税收筹划第一次得到法律的认可，成为世界税收筹划史上的基础判例。

第二个事件：美国知名大法官汉斯（Hans）曾有一段精辟的论述：人们合理安排自己的活动以降低税负，这是无可指责的。每个人都可以这样做，不论他是富人还是穷人。纳税人无须超过法律的规定来承担国家税收。税收是强制课征的，而不是自愿的捐款。以道德的名义来要求税收，纯粹是奢谈。该判例成为美国税收筹划的法律基石。西方国家关于税收筹划的判例，多半出于民本思想的考虑，也即为纳税人着想，更多地站在纳税人的立场上。随着社会经济的发展，国家干预经济活动越来越多，纳税人在进行税收筹划时，不可对国家的宏观调控造成过多的负面影响。

第三个事件：欧洲税务联合会于 1959 年在法国巴黎成立，当时由 5 个欧洲国家的从事税务咨询的专业团体发起成立，后来规模不断扩大，其主要业务就是为纳税人进行税收筹划。这一事件充分表明税收筹划是随着社会经济的发展变化而逐渐出现的纳税人的理性行为，正是社会需求促进了税收筹划的发展。

（二）理性驱动与理论创新

税收筹划的理论研究和理性驱动相互交织在一起，正是追求税收筹划带来的税收利益的理性驱动，促使学者们不懈追求税收筹划的真谛。而对税收筹划方法与规律的研究为进一步实现税收筹划的理性决策奠定了基础。Hoffman（1961）指出，税收筹划研究文献大部分关注于税收实务的具体操作层面，这在很大程度上是由税收筹划本身的特点所决定的：研究者要使纳税人获得直接的税收利益，就必须时刻跟随纳税人具体经营情况及相关税收法规。这又深刻表明税收筹划理论研究反映着税收筹划的理性驱动，税收筹划理性驱动推动着税收筹划理论研究。

征税与纳税是一种永恒的、高智商的动态博弈对局，我们经常用渔网理论来刻画征纳双方之间的微妙关系：渔民编织渔网出海打鱼，在打鱼过程中，必然会出现一些漏网之鱼。鱼之漏网，原因在网，而不在鱼，鱼从网中钻出来是鱼渴望生存之天性。渔民不应该埋怨漏网之鱼，而应该退而织网。其实，将渔网理论应用于税收筹划有一定的借鉴意义：税法犹如一张大网，再结实的渔网都有网眼过大乃至破损之处，再完善的税法都有缺陷和漏洞。因此，税收筹划体现着纳税人捕捉税法漏洞、挖掘税收空间的洞察力，是纳税人对税收环境的反应和适应。更为重要的是，税收筹划堪称税收公平与效率的试金石，能使政府意识到修补税法之网的迫切性，进而演变成一种税制变迁的推动力，引发税制的诱致性制度变迁。

美国斯坦福大学商学院教授、诺贝尔经济学奖得主迈伦·斯科尔斯（Maron S. Scholes）认为，在错综复杂的税收筹划实务及其技术细节之中，隐含着税收筹划的一般规律，他与马克·沃尔夫森共同提出有效税收筹划理论，重点揭示经济分析视角的税收筹划方法论，系统阐释税收筹划的影响因素及方法模式：一是多边契约方法（multilateral approach），即企业在开展税收筹划时，必须考虑所有契约方的税收利益，筹划是基于多边关系的系统性筹划，而不应局限于单边利益；二是隐性税收（hidden taxes）决策方法，即纳税人在开展税收筹划时，必须考虑综合权衡税收利益，而不仅是显性税收，隐性税收也必须纳入决策分析框架；三是非税成本（nontax costs）决策方法，即企业在开展税收筹划时，必须考虑所有成本，而不仅仅是税收成本。迈伦·斯科尔斯的有效税收筹划理论体现了一般均衡的税收战略思想，旨在建立一个透视税收规则如何影响税务决策、资产定价、资本结构和战略管理的理论框架，这在很大程度上促进了税收筹划理论向纵深发展。

自罗纳德·科斯获得诺贝尔经济学奖以来，产权经济学思想逐步渗透进税收筹划领域，税收筹划被视为"由社会多方契约关系制约的、多方契约力量之合力推动的一种经济行为"（蔡昌，2008），在承认理性经济人逐利本性、契约不完备性和利益博弈均衡等前提下，契约各方当事人（涵盖经营者、投资者、供应商、代理商等利益相关者）便有动机、有条件利用交易契约进行税收筹划运作，在更大范围内更主动灵活地安排理财涉税事项，以达成契约各方的共赢局面。企业在进行税收筹划的动态博弈过程中，必须将企业内部的和外部的利益相关者作为一个整体，既要重点分析经济业务对核心利益相关者的税收含义，也要充分关注非核心利益相关者乃至边缘利益相关者的利益，考虑各种可能的协作与冲突，均衡契约各方的利益，制定出多方共赢的策略方案（盖地，2011）。其实，这一权衡利益相关者的税收筹划思想正是现实中特别有效的税收筹划方法，也是极为重要的蕴含利益支撑的税收筹划方法。

美国税务学会主席萨利·M. 琼斯与谢利·C. 罗兹-盖特那奇（2010）敏锐地指出，税收代表一种经营成本，而且要像产品成本、雇员工资、财务成本等一样进行管理。将税收作为一种战略规划变量，特别强调其在经营决策制定中的角色。《高级税收战略》[①]一书系统阐述了战略税收筹划理论，深入研究了税收战略、经营战略、企业成长和扩张的战略、资本交易等对交易各方的净现金流量、利润表和资产负债表的影响。

（三）税收博弈与模式演化

随着经济的全球化、动态化、数字化趋势不断加强，税收与经济的关系更为密切，税收也更显著地影响着我们的生活，我们身边

---

① 萨利·M. 琼斯，谢利·C. 罗兹-盖特那奇. 高级税收战略：第4版. 北京：人民邮电出版社，2010.

与税收相关的现实场景比比皆是。2013年1月3日，瑞士最古老的私人银行——韦格林银行承认曾帮助100多位美国富人逃避税收，并同意为此缴纳5 780万美元的补偿金和罚金。同时，这家有着271年历史的银行在经营超过两个半世纪后宣布永久歇业。① 法国政府决定，自2013年起，向年收入超过100万欧元的个人征收税率为75%的所得税以及提高财产继承税税率，不少富人"闻风外逃"。法国奢侈品巨头路易威登公司（LV）董事局主席兼首席执行官贝尔纳·阿尔诺2012年9月正式向比利时移民局递交入籍申请；法国著名影星、国宝级演员热拉尔·德帕迪约2013年1月3日申请加入俄罗斯国籍并获普京总统批准。② 2015年，欧盟判决荷兰政府与星巴克签订的预约定价协议正当地减少了星巴克在荷兰的税负，构成了荷兰对星巴克的非法国家补助，责令星巴克向荷兰政府补缴2 000万～3 000万欧元的税款。③ 2015年以来，著名足坛球星梅西、C罗、马斯切拉诺、内马尔等都因涉嫌逃税被西班牙政府、巴西政府制裁和处罚。2017年，欧盟宣布对亚马逊与卢森堡签订的税收协议展开调查，认为亚马逊在卢森堡非法避税，要求其补缴2.5亿欧元的税款及利息。2017年，亚马逊与美国国内税务局（IRS）的税收争议案经美国税务法庭审议，法官阿尔伯特·劳勒尔驳回了IRS的诸多指控，判定IRS多次滥用自由裁量权，最终以IRS败诉而结案。④ 美

---

① 瑞士最古老银行被迫永久关门．北京日报，2013-01-06．
② 富人税吓走富人 "大鼻子情圣"入俄籍．北京日报，2013-01-06．
③ 欧盟要求星巴克和菲亚特补税 更多公司面临风险．腾讯证券，2015-10-22．
④ 亚马逊打官司赢了，不用缴纳15亿美元税款．网易科技报，2017-03-24．

国总统特朗普在其任期内实施减税计划，在美国制造税收洼地以吸引国际资本投资。"一带一路"沿线的霍尔果斯市成了中国的税收洼地，"五免五减半"的企业所得税优惠及多种税收返还政策冲击着中国的税制体系，华谊兄弟、橙子映像、春暖花开、光线传媒、博纳影业等影视传媒公司蜂拥而至，徐静蕾、邓超、杨幂、范冰冰、吴秀波、黄渤、吴奇隆等知名导演和演员也活跃在霍尔果斯这片投资热土上。① 2018年10月3日，深受社会关注的范冰冰"阴阳合同"逃税案最终公布了处理结果：税务当局对范冰冰处以8.8亿元的巨额罚款，该案终于尘埃落定。开曼群岛当局2018年12月27日颁布《国际税收合作（经济实质）法》（The International Tax Co-Operation（Economic Substance）Law），2019年4月30日颁布《开曼群岛经济实质指引2.0》，2020年7月颁布《开曼群岛经济实质指引3.0》，要求在开曼群岛设立的经济主体开展"相关活动"并取得"相关收入"，必须满足经济实质测试，并向开曼群岛税务信息局申报相关信息。这是自BEPS行动指南颁布以来国际领域反避税规则的重塑与重大发展。OECD于2019年6月发布税基侵蚀和利润转移（BEPS）两大支柱的咨询意见，2020年1月31日发布两大支柱的包容性框架声明，并承诺对数字经济的税收应对方案在全球更大范围内达成一致。BEPS两大支柱的确立及实践推行将进一步影响国际投资环境与税收环境。

---

① "一带一路"最火城市：霍尔果斯成"皮包公司"集散地. 新京报，2017-11-03.

(四)制度诱因与法律逻辑

借用罗马谚语"私法乃为机警之人而设",其实税法作为公法也有"为机警之人而设"之妙用。从法律角度出发,税收法定原则要求实务中对税收法律作严格解释,即法律没有禁止的就是允许的,这意味着税收筹划包括中性倾向的避税和正能量的节税。法学界注重从司法原理上界定税收筹划(或中性避税)的范围,通过控制经济交易的无数税法细节和例外规定来进行合法的税收筹划,即法学界的研究是基于具体技术和特定规则的范式。

面对纳税的现实场景,纳税人出于税务战略和税收利益的考虑,非常热衷税收筹划的实践运作,税收筹划已经成为"皇冠上的明珠"。但纳税人最关心的还是税收筹划的合规性,那么法律规制下的税收筹划具有何种内涵与本质特征?笔者认为,税收筹划是指纳税人在既定的税制框架内,通过对纳税主体的战略模式、经营活动、投资行为、理财涉税事项等进行事先规划和安排,以达到节税、递延纳税和降低税务风险等目标的一系列税务规划活动。

税收筹划是纳税人的一种理性经济行为,有其制度诱因与社会环境。税收筹划有其社会经济土壤,这主要是指市场经济的制度诱因与外部环境,使其具有自发性特征,显示出勃勃生机。就如夏衍的散文《野草》中所描述的小草的那股韧劲:"你看见过被压在瓦砾和石块下面的一棵小草的生成吗?它为着向往阳光,为着达成它的生之意志,不管上面的石块如何重,石块与石块之间如何狭,它必定要曲曲折折地,但是顽强不屈地透到地面上来。它的根往土壤钻,它的芽往地面挺，这是一种不可抗的力，阻止它的石块，也被它掀翻。"税收筹划之所以具有生长的自发性和韧性，源于纳税主体的利益诉求与外部制度安排形成的双重驱动力。Klepper and Nagin (1989) 有一句极为经典的名言：人的一生中有三件事情是确定的：死亡、税收以及人类为逃避这两件事所作出的不懈努力。

基于私法自治原则以及法律框架下对税收利益的合法追求，税收筹划被界定为纳税人享有的一项合法权益。税收法定原则确立了纳税人的税收筹划权，而私法自治原则使这种权利成为现实。税收筹划是市场经济的必然产物，是纳税人具有法律意识的主动行为，它不仅具备合法性的基本要件，更体现着民主正义的税收契约精神。因此，对于有失公平的逃避税收行为必须坚决予以遏制和打击。如果放纵逃避税收行为，就会使经济生态失衡。因此，我们需要一个约束税收筹划行为的公平、透明的法律规则。

二、税收筹划方法论：研究范式与模型工具

（一）税收筹划研究群体与研究范式

国内税收筹划的研究发端于 20 世纪 90 年代初期的商品经济萌芽及社会主义市场经济体制建立时期。在市场环境下，企业作为营利性组织，必须考虑自身经营成本问题，税收就是其中很重要的一个成本因素。1994 年，我国出版第一部税收筹划专著——《税务筹划》（唐腾祥、唐向著）；20 世纪 90 年代中期，天津财经大学盖地教授作为税收筹划早期研究的代表人物，从税务会计研究延伸到税收

筹划研究，为我国税收筹划理论研究作出开拓性贡献。进入 21 世纪，活跃在税收筹划领域的学者有计金标、朱青、张中秀、黄凤羽、蔡昌、谭光荣、童锦治、丁芸、刘蓉、沈肇章、姚林香、高金平、王素荣、薛钢、王兆高、翟继光、席卫群、尹音频、王红云、张云华、庄粉荣、李继友等专家教授①，还有德勤、普华永道、毕马威、尤尼泰、中瑞岳华、立信等一些事务所及税务协会、研究机构的实务专家也活跃于涉税服务领域，为纳税人提供各类税收筹划咨询报告和家族财富管理方案，同时发表了若干税收筹划领域的专业论文，出版了多部税收筹划论著与教材。

按照研究思路可将税收筹划研究者分为学院派和实务派两大类：学院派主要包括高等院校、科研机构的一些研究者；实务派主要包括企业高管、职业经理人、财务总监以及税务系统的研究人员等。学院派主要从税收学、法学原理出发，结合税制要素和税收制度分析税收筹划的基本方法和技术，致力于发现税收法规中存在的优惠性待遇或"漏洞"。他们偏向于研究税收筹划方法论，原理性强、逻辑严谨，能够启迪思维。但是与税收实务联系不够紧密，操作性不强，在实务中往往需要结合具体情况进行验证。尽管学院派试图从企业经营业务的角度来加强与税收实务的联系，但其实质只是将企业经营业务中涉及的不同税种综合考虑，没有考虑实务中税收筹划本身的运作成本及非税因素等，存在一定的局限性。相反，实务派

---

① 此处所提到的学者，主要是发表税收筹划论著的专家教授，还有一些在税收筹划领域的知名专家或学者未能一一列举。

的研究则注重税收筹划本身的可行性,他们从税收实务角度探索可行的税收筹划实操方案,并从中总结出一些基本规律和方法,可操作性强,但是缺乏原理指引和方法论基础,容易陷入"一事一议"的局限,特别是在税制频繁变动时期,税收筹划方案很容易失效或陷入困局。

(二)税收筹划方法论的基本框架

方法是指人们实现特定目的的手段或途径,是主体接近、达到或改变客体的工具和桥梁;方法论则是指人们认识世界、改造世界的一般方法,具体是指人们用什么样的方式方法来观察事物与处理问题,即方法论就是一整套解决问题的方法体系。税收筹划的方法论就是如何开展税收筹划活动、解决税收筹划问题的一整套方法体系。税收筹划的方法论来自对税收筹划理论与现实问题的研究与探索。

1. 税收筹划方法论的精髓:归纳、演绎方法的交替使用

归纳、演绎方法广泛应用于税收筹划领域。归纳法是指通过样本信息来推断总体信息的思维方法,即从个别前提得出一般结论的方法,其优点是能体现众多事物的根本规律,且能体现事物的共性。演绎法是指人们以一定的反映客观规律的理论认识为依据,从服从该认识的已知部分推知事物的未知部分的思维方法,即由一般到个别的认识方法。

恩格斯的《自然辩证法》有一段关于归纳演绎的精辟言论:"归纳和演绎正如分析和综合一样是必然相互联系着的,我们不应当在

两者之中牺牲一个而把另一个高高地抬上天去，我们应当力求在其适当的地位来应用它们中间的任何一个，而要想做到这点，就只有注意它们之间的相互联系，他们的相互补充。"①

归纳法和演绎法给我们莫大的启示，税收筹划方法论其实就是归纳、演绎方法在税收筹划领域的引入。众所周知，税收筹划是致用之学，备受纳税人重视，实务中也出现了大量成功案例。如果从税收筹划个案出发，运用归纳法，从特殊推理到一般，归纳概括出税收筹划的基本方法与规律；然后，再从基本方法与规律出发，运用演绎法，从一般推演到特殊，将归纳获得的税收筹划基本方法与规律演绎推广到税收筹划实践中去。通过归纳、演绎方法的交替使用，可以深化对税收筹划本质的认识，挖掘税收筹划的各种方法，有助于解决现实问题，也有利于将理论、方法与现实操作完美结合起来。显然，归纳、演绎方法是推理、判断和认识问题本质的科学方法。

2. 税收筹划方法论的战略工具：税收筹划战略模型

基于税收筹划环境的复杂性，尤其是纳税人面对众多的利益相关者，必须借鉴战略管理的思想，制定税收筹划战略。盖地教授指出：税收筹划研究从单纯的节税论向经营战略论的转变是一个新的研究方向。② 迈伦·斯科尔斯认为，所有国家的筹划者都必须确定税

---

① 恩格斯. 自然辩证法. 北京：人民出版社，1956：189.
② 盖地. 税收筹划几个基本理论问题探讨. 天津财经大学 2005 年 MPAcc 税收筹划教学研讨会论文集.

收战略与公司的财务和经营战略之间的相互影响性。为了提高税收筹划的效率，实现税后利润最大化目标，企业在与利益相关者的交易中需要充分考虑税收因素的影响，这就是建立税收筹划战略模型的出发点。基于企业与其利益相关者的交易获得，纳税人的税收筹划战略模型设计如图1所示。

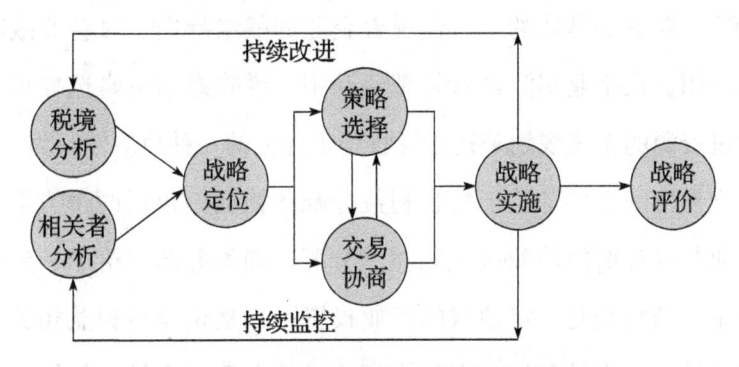

图1 基于利益相关者的税收筹划战略模型

从战略管理视角分析，税收筹划对环境和相关主体具有高度依赖性，持续观察分析税收环境和相关利益者的变化，持续改进税收筹划策略与战略规划，是税收筹划取得成功的基本保障。从"战略定位"到"策略选择—交易协商"，再到"战略实施"，这是税收筹划战略管理的关键步骤。

纳税人根据税境分析、利益相关者分析确定税收筹划的战略目标，给出明确的战略定位。税收筹划战略表明了未来的路径指向，是税收筹划的前进方向。税收筹划的战略定位必须建立在企业外部环境、内部条件和战略目标的基础之上。

美国战略学家斯坦纳（George A. Steiner）教授认为：策略即为达成计划中制定的目标所采取的特别行动，通常这类行动是指资源的配置与运用。① 从博弈论角度理解，策略就是参与人在给定信息的情况下的行动规则，它规定了参与人在什么时候选择什么行为。其实，策略也可以理解为特定环境下对于特定问题的应对之策，即"对策"，对策是具体的，它体现着企业的战略导向，对企业战略起支撑作用。在企业实际经营管理活动中，税收筹划策略选择可以看成通过资源的系统规划来建立税收竞争优势的一种适应性行为。

交易协商主要是关于税收利益分配的协商，包括两个方面：一是企业与税务部门协商税收利益的分配，如税务部门给予一定的税收优惠，鼓励企业一定领域的产业投资；二是企业与利益相关者协商交易结构与交易条件。交易协商的目的在于对交易中的税收利益达成一致。

笔者认为，税收筹划战略思维是兼顾宏观与微观、动态与静态，并受到局部利益与全局利益、短期利益与长远利益等关系影响的税收战略规划思维。税收筹划战略模型基于企业战略高度，以全局视野考量税收筹划的定位与运作，以协调各方利益关系为主线，以控制经营风险、财税风险及综合性风险为支柱，以实现企业价值最大化为目标取向。基于税收筹划战略安排，纳税人必须引入SWOT分析矩阵（见表1），建立税收筹划的战略分析框架。

---

① 刘心一，刘从戎．税收规划——节税的原理、方法和策略．北京：经济管理出版社，2006．

表1 税收筹划SWOT分析矩阵

		内部因素	
		优势	劣势
外部因素	机会	国家各类税收优惠政策的制度供给	内部优势：对国家相关税收政策有专门研究与外部机会相匹配	内部劣势：研究资金、专业人才的紧缺与外部机会相关
外部因素	威胁	国家法律、经济政策的非稳定性	内部优势：对国家经济运行状况有所研究与外部威胁相匹配	内部劣势：相关部门税收筹划氛围的缺失与外部威胁相关

3. 税收筹划方法论的策略工具：税收链

企业所从事的生产经营活动是多种多样的，在生产经营过程中面临的税收问题也是多种多样的，既有增值税等流转性质的税收，又有企业所得税和个人所得税等所得性质的税收，还有诸如房产税、契税、土地增值税等其他性质的税收。如果从企业的生产经营过程来看，其主要活动分为供应、研发、生产、销售等四大经营活动，即企业先采购原材料，然后研发新技术、设计新产品，继而进行生产加工，最后再到市场上销售产品。所有这些环节都创造价值或实现价值，构成了完整的价值链。在这条价值链上，有一部分价值是以税收的形式流入国库。企业所承担的税收都是在价值流转的节点确认纳税义务并实际缴纳给政府的，如果沿着价值流转的路径观察，也形成了一个与税收相关的链条，即所谓的税收链，税收链及其构成要素如图2所示。利用税收链有助于分析税收的形成机理与纳税环节。对于纳税人来说，纳税活动几乎都是在流程中形成的，即税收产生于流程。因此，所谓的税收链思想其实就是税收筹划的流程观，也蕴含着大系统思维，强调从税收链的结构布局去认识税收链的整体性特征。

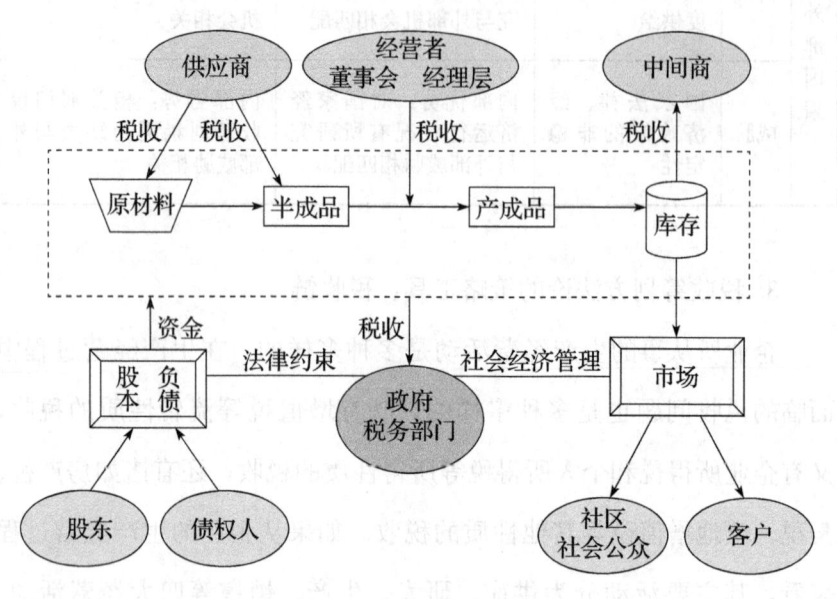

图 2　税收链及其构成要素

利用税收链工具，纳税人就能轻松找到税收筹划的易胜之地，即与哪些利益相关者合作最有效，在哪个流程筹划最合适，哪些税种的筹划空间最大。基于税收链的税收筹划方法其实就是一种系统筹划观，即从整体和全局出发，并非考虑局部环节税收负担或个别利益相关者的税收利益，而是以一种开阔的思维、宽广的视野，考虑全部流程的税款支出以及利益相关者的利益诉求与博弈均衡。

税收链思想要求纳税人基于合作博弈视角看问题,即要从企业与利益相关者的交易在整个价值链上的位置来考虑,照顾到利益相关者的纳税诉求,这样才能真正利用税收链彻底解决与利益相关者因交易活动而产生的税收问题。推而广之,在国际税收领域,随着数字经济的兴起,全世界联系日益密切,国家或地区之间的各个经济体共同形成一条基于数字经济的全球产业链,各个经济体在产业链上的位置及其对全球产业链的贡献程度,都会影响到其他经济体的实际税负水平和利润率高低。因此,从全球产业链视角分析,也涉及一个复杂的全球税收链,该税收链的影响超越了国界、国境,形成全球视野下的跨境税收分配大格局。因此,全球税收链会对跨国公司的税收利益造成影响,也会对一国或地区的税收主权形成挑战。从人类命运共同体角度出发,尤其在数字经济时代,全球供应链、产业链、价值链、税收链紧密相连,人类的经济活动和价值创造必须兼顾税收公平和国际利益均衡,这也是税收筹划方法论所必须考虑的重要问题之一。

附录二/*Appendix Two*

业财法税融合：理论框架与行动指南[①]

一、"业财法税融合"：管理协同视角的聚变效应

(一) 从"业财融合"到"业财税一体化"

(1) 聚合："业财融合"。近年来，实务界逐渐形成"业财融合"观点，后被学术界接受、政府助推而广为流传。"业财融合"的本质在于业务与财务的配合，或者说如何使二者更好地结合在一起。2016年6月，财政部发布的《管理会计基本指引》(财会〔2016〕10号)进一步明确，单位应用管理会计，应遵循融合性原则。管理会计应嵌入单位相关领域、层次、环节，以业务流程为基础，利用管

[①] 本文为国家社会科学基金后期资助项目"数字经济的税收治理问题研究"(项目编号：19FJYB037)的阶段性研究成果，发表于《税务研究》2020年第12期，作者为：蔡昌(中央财经大学)、王道庆(中国社会科学院大学)。

理会计工具方法，将财务和业务等有机融合。上述关于《管理会计基本指引》中所说的"有机融合财务与业务活动"便是当今学术界和实务界提及的"业财融合"。

张瑞君等（2004）基于价值链管理视角试图解释企业业务财务一体化，其核心观点为：优化企业业务和财务部门之间的信息交流，实现多部门协同，可以实现企业价值增值；杨允栋（2011）认为业务管理和财务管理的融合关系是局部和总体、主动和被动管理、原则和灵活性平衡的关系；郭永清（2017）明确"业财融合"是指业务部门与财务部门通过信息化技术和手段实现业务流、资金流、信息流等数据源的及时共享，基于价值目标共同规划、决策、控制和评价等管理活动，以保证企业价值创造过程的实现；张庆龙（2020）在内部协同思维下，提出业财融合的核心在于业务与财务在流程、系统、数据三方面的深度融合。

"业财融合"的本质是将财务人员的角色前置，充分发挥财务信息对业务的预测、管控和评价作用。"业财融合"是新时代财务工作转型的方向，即由传统的会计核算向和谐的业务发展转变。财务要融入业务，由事后监督向事前预测、事中控制、事后考核转变；业务要协调财务，业务规划和运行的目标在于实现利润最大化。基于资源有限的前提假设，管理者应如何基于业务流程及运营策略，应用财务技术手段帮助企业实现有效率的资源配置和价值创造。未来的财务部应该拥有更多懂财税的业务经营者，使财务部成为名副其实的业务经营方案提供商和财税问题解决商。

(2) 拓展："业财税一体化"。"业财融合"之后，还是实务界最先提出"业财税一体化"概念，也称为"业财税融合"。所谓的"业"，就是企业的运营流程与核心业务，无非是生产、贸易、服务、技术等具体业态，最多兼顾数字化、智能化特征；所谓的"财"，自然就是指企业的财务，理财思维居首要位置，然后强调"会计是一种商业语言"，会计信息是一个企业经营情况的实际反映，会计报表的质量体现着企业配置资源的能力与经营管理的成效；所谓的"税"，其实就是企业的税款计算、申报与缴纳，体现着税务风险管理能力。

郑桂方（2018）认为，企业要将涉税管理从企业内部向外部价值链延伸，税收等行政监管工作也变得尤为重要，必须注重企业的业财税融合。杨淑洁（2020）认为，业财税融合是指业务、财务、税务互相推动发展，组织运行中的业务、财税的"双轮驱动"机制打破了业务、财税固有的职能壁垒，会增加组织内外协调、协作和共生性管理的能力，共同创造组织价值。

相比"业财融合"，"业财税一体化"提升了企业运营及财税风险的价值认知，其内涵与外延有所拓展，实现了企业三大流程——业务流程、财务流程、税务管理流程的有机结合，使企业的财务数据、税务处理和业务操作融为一体。"业财税一体化"其实是互联网、大数据环境下财务共享、财税融合的高级模式，其思想不仅涵盖"业财税融合"理念，更凸显管理协同的重要性和必要性。

(二)"业财法税融合"的聚变效应

基于"业财融合"与"业财税一体化"思想,法律融入"业财税"已经成为一种必然,"业财法税"融合是一种新趋势。从管理协同视角出发,将法务、税务元素同时引入"业财融合",会产生"业财法税融合"的聚变效应。其实,"业财法税融合"思想的形成,也是源自学术界与实务界的不懈探索与认知深化,也在实践中不断得以发展。

"业财法税融合"是指企业根据现代财税管理要求,通过数据挖掘、信息传播、信息共享的高科技手段,有机融合业务、财务、法务、税务活动,在合法经营的基础上,利用财务手段、税收政策、法律工具等,从规划、决策、组织、控制和评价等方面全面提升效率、降低成本,实现企业价值最大化的管理协同行为。"业财法税融合"思想的形成与脱颖而出,是系统论思想应用于财税管理的一次创新,也是学术界与实务界对合规性认知的一次飞跃。"业财法税融合"体现的是一种管理协同思维,强调的是一种基于风险控制导向的场景融合与部门协同。概言之,"业财法税融合"思想为企业的交易结构设计、财税合规、价值创造提供了稳固的奠基石,成为新时代管理变革与技术进步的新引擎。

二、"业财法税融合"的理论框架

(一)"业财法税融合"的前提条件

从我国社会经济实践出发,"业财法税融合"思想之所以能够脱颖而出，得益于三大前提条件：一是信息共享，突破信息不对称的局限性。以大数据、人工智能、云计算、区块链等为代表的新一代信息技术为企业的数字化转型奠定基础，为实现"业财法税融合"提供了技术条件；二是法律渗透，商业模型、票据开具、抵税与记账必须完全符合法律规范，具有内在的逻辑关联性；三是管理流程，流程观念使得业务秩序环环相扣，价值链、税收链为业务交易提供完整的证据链，"业财法税融合"实现各类业务活动之间的内在贯通，从而形成全流程管控的闭环之妙。

（二）"业财法税融合"的逻辑结构

"业财法税融合"凸显业务、财务、法务、税务四位一体的重要性，产生一种奇特的聚变效应，旨在形成一种涵盖业务模式、财务管理、法律规制、税务管理的系统化风险管控模式，使经营业务及其管理流程得到来自财务、法律、税收的全方位管控，达到业务运营无障碍、法律操作无缝隙、财税管理无风险的最佳效果，从而有效提升价值创造活动，其逻辑结构如图1所示。

"业财法税融合"是一种商业模型、财税管理创新与法律规制的融合思想，其实践操作使企业具有以下财税管理优势：

（1）利用互联网、大数据技术将财务管理重心前移到交易（业务）环节，使公司财务规则、税务规则全盘融入交易结构底层及业务活动内部，从而形成一种财税治理视角的业务经营模式。"业财法税融合"的价值在于避免各组织间信息不对称与利益冲突导致的目标不一致，以信息为纽带促进各部门之间信息共享、协同互动。

图1 "业财法税融合"的逻辑结构

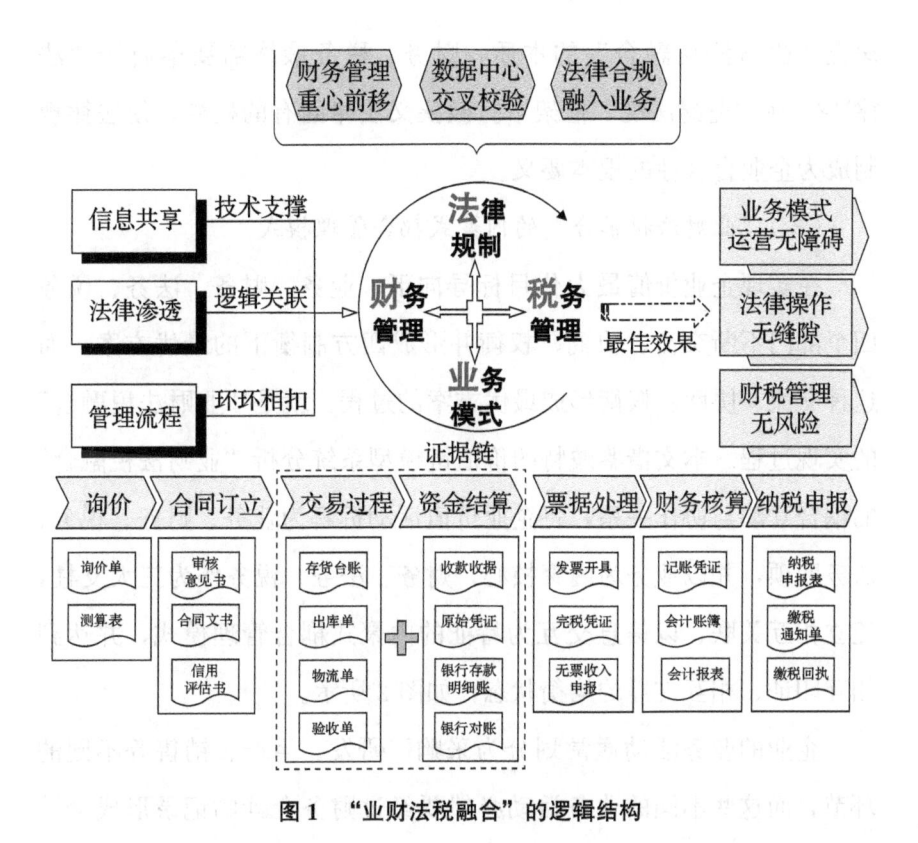

（2）在交易活动过程中建立数据集成中心，收集管理会计、财务会计、交易和税务的全量数据。企业的数据集成中心得以形成，进一步验证交易结构的真实性与合理性，实现交易、法务、财务、税务的内在逻辑一致性。

（3）在交易活动发生前和交易进程中发挥法律的规制作用，形成法律约束的基本逻辑，不仅实现财税管控的有效性，而且实现法律管制的合规性，开启交易控制、财税管理、法律校验的全新模式。

深究"业财法税融合"的本质,财务、税务最终需要落脚于"法律"[1],在"业财法税"框架下打破狭义法律固有的桎梏,使法律规制成为企业合规性的根本要义。

(三)"业财法税融合"的内聚式耦合管理模式

在实现企业价值最大化目标导向下,业务、财务、法务、税务四个部门不断交流、协商、权衡并形成四方制衡下的最优方案。而这种交流、协商、权衡形成最优方案的过程,就是"业财法税融合"的实现过程。本文借鉴波特的价值链模型系统分析"业财法税融合"的耦合互动与协作关系,将企业价值活动拆解为业务、财务、税务、法务四项,并以业务为内聚核心,财务、法务、税务作为三大支柱,建立相互关联、以信息交互为特征的内聚式耦合管理模式,并达到相互印证、相互支撑的均衡状态,如图2所示。

企业的业务活动通常划分为采购、研发、生产、销售等不同的环节,而这些不同的业务活动必然要经过财务会计的记录形成会计信息,也必然经过税务信息系统完成纳税,进而形成经营利润、税收支出、营业成本等财税信息提供给企业管理层及相关信息使用者,管理层通过甄别、判断会计信息进行经营决策,进而调整经营方向与业务模式,实现业务、财务的统筹规划,此乃"业财融合"的本质。

再从税务视角分析,企业的各项业务活动形成的会计信息为税

---

① 此处为法律的广义概念,即法律的整体,是指国家机关以强制力保证实施的、具有普遍约束力的行为规范的总和。

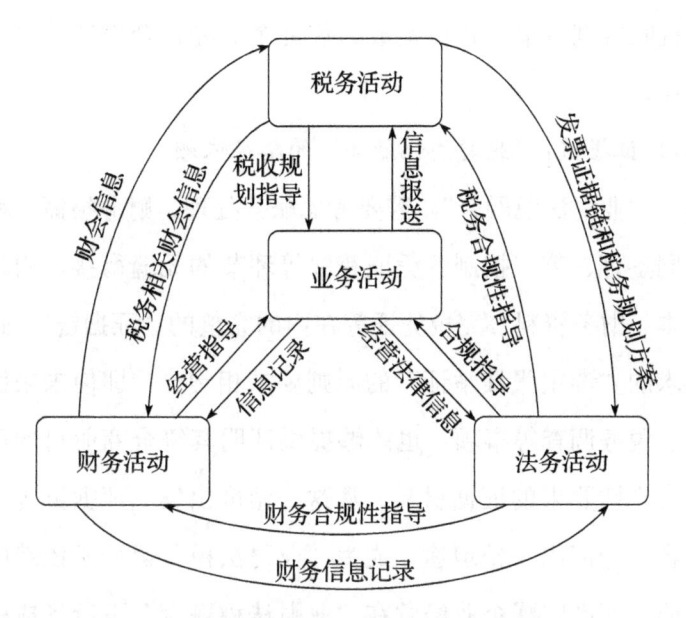

图 2　"业财法税融合"下的内聚式耦合管理模式

务管理等税务决策提供依据,反过来税务管理为业务活动提供财税支持,调整业务部门的经营活动,使企业实现综合税负率最小化或税后利润率最大化;除此之外,企业的采购、生产、研发、销售、物流、投资、融资、分配等内外部活动需要录入和开具发票,形成比企业自身会计记录效力更强的业务操作证据,形成的证据链可为法务部门提升业务的合规性提供支撑。

再从法务视角分析,除税务活动来源的发票证据链作为法务活动的支持外,较为重要的还有业务经营形成的合同。合同信息传递至法务部门,法务部门除了直接指导业务活动外,还能通过指导财务管理、税务管理与税收规划活动间接指导业务活动;此外,财务数据、税收规划方案也相应地成为佐证企业经营合规性的决策结果和信息流。

(四) 证据链:"业财法税融合"的路径依赖

实现"业财法税融合",需要考虑账务处理、财务披露、税务管理与合同签订、节点控制、凭证获取等环节的无缝衔接,构建包括合同文本、财务资料、完税凭证等在内的完整的"证据链"。这与法律上要求的"谁主张谁举证"的原则要求相契合,即使未来面对外部审计、税务调查等事项,也能够提供证明其符合商业目的原则以及财税合规性要求的证据材料。从这一角度出发,证据链为"业财法税融合"开辟出一条坦途,成为"业财法税"运行所依赖的基本路径,能够深度阐释企业经营在"业财法税融合"下所形成的一体化行为与一致性结果。

合同是商业活动、交易结构的主要载体,合同锁定了交易结构,同时也成为影响财务结果和税务风险管理的重要证据。企业在财务规划、税务安排时,往往是以合同文本为依据的,合同自然成为财务规划、税务安排证据链的关键证据。严谨完备的会计核算及真实账簿资料与备查簿,是企业开展税务规划、税务风险控制、适用税收优惠政策的法律证据,且直接影响最终的税务结果。

法务对于"业财法税融合"有着特殊的贡献,没有法律规制与事实甄别过程,就没有稳固的税务安排与风险控制行动。税务规划是一项专业性很强的工作,主要是在依法合规的前提下,借助于商业逻辑、经济合同等的事先安排,科学规划交易结构与商务活动,以无可争辩的事实依据和法律规范，实现合法降低企业的税收成本及涉税风险。对于财务造假、阴阳合同等违法行为，并非合法税收规划的有效范畴，因其从根本上也无法满足"业财法税"内在逻辑的一致性。

因此，真正的"业财法税融合"，一是必须做到准确把握税收契约思想，把握交易结构设计、财务规划、税务安排等的法律界限；二是必须保证交易结构设计、财务规划、税务安排具有完整的"证据链"，且证据材料之间具备内在逻辑一致性，能够为"业财法税融合"提供有力的证据支撑。

三、"业财法税融合"下的"四流一致"

（一）"四流一致"的内涵

所谓"四流一致"，是指业务流（货物流或服务流）、合同流、资金流、票据流保持统一性。具体而言，"四流一致"不仅要求收款方、开票方和货物销售方或服务提供方必须是同一个经济主体，而且付款方、货物采购方或服务接受方也必须是同一个经济主体。"四流一致"的基本假设是：买卖双方签署经济合同，真实发生合同所约定的交易活动。卖方向买方转移货物或提供服务，也即形成业务流；买方向卖方支付款项，也即资金流；卖方向买家开票，买家凭票入账并抵扣进项税，即票据流。如果在经济交易过程中，不能保证资金流、票据流和业务流相互统一，则会出现票款不一致，涉嫌虚开增值税发票问题，一经查实，不仅要补缴税款及滞纳金，还须承担行政处罚甚至刑事责任的法律风险。

(二)"四流一致"的运行规则

从企业经济运行实践出发,如图3所示,A,B,C,D为四家公司,A销售商品给B,A,B之间签订合规的交易合同,且A收取款项后为B开具发票;由于B是C的债权人,B要求C代为支付A公司货款;A销售给B的商品是从D处采购的。"业财法税融合"下的"四流一致",要求满足以下三大运行规则。

规则1:以合同流为中心,票据流、业务流并行一致;

规则2:资金流允许通过委托收付款方式保持间接一致;

规则3:销售方向第三方采购的货物再转销给购买方时,允许第三方直接通过物流配送转移给购买方。

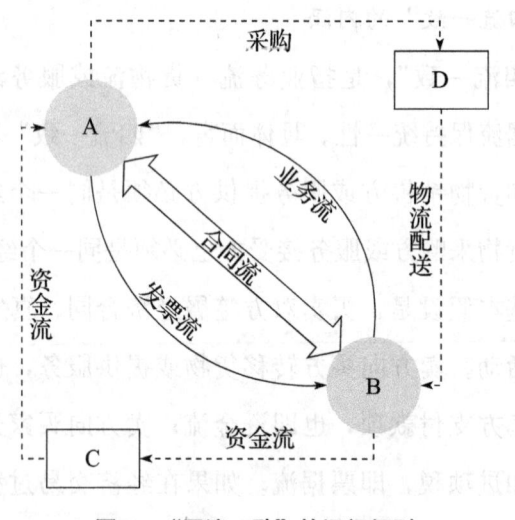

图3 "四流一致"的运行规则

规则1要求业务流、合同流、票据流应该保持一致。业务流是"四流一致"的根基，如果业务流不存在，合同就不真实或者没能正确履约，就属于商业欺诈或合同欺骗，若又出现开具增值税发票行为，就涉嫌虚开增值税发票。因此，业务流、合同流、票据流必须保持一致，任何两者或三者之间出现矛盾，都必须根据真实的业务活动对合同流和票据流进行调整，并使其保持一致。

规则2的本质是维持业务合规性与灵活性的平衡关系。其实，"四流一致"并不必然要求资金流与其他三流（业务流、合同流、票据流）整齐划一地保持完全一致，而是允许资金流通过委托收付款方式与其他三流保持间接一致。这里强调的是收款方或付款方可以与开票方或受票方不一致，并不是允许资金流的金额可以不一致。关于资金流不必然要求与业务流、票据流、合同流保持一致的问题，国家税务总局曾在2016年5月26日的视频会上针对网友提出的以下问题予以明确的政策解释。

网友问题：纳税人取得服务品名为住宿费的增值税专用发票，但住宿费是以个人账户支付的，这种情况能否允许抵扣进项税？是不是需要以单位对公账户转账付款才允许抵扣？

总局视频解答：其实现行政策在住宿费的进项抵扣方面，从未作出过类似的限制性规定，纳税人无论通过私人账户还是对公账户支付住宿费，只要其购买的住宿服务符合现行规定，都可以抵扣进项税。需要补充说明的是，不仅是住宿费，对纳税人购进的其他任何货物、服务，都没有规定因付款账户不同就不可以抵扣进项税额。①

上述答复清晰地表明，只要业务真实性不存在问题，至于资金支付主体是可以不完全与业务流、合同流、票据流保持一致的。在经济实践中，由于企业之间经常存在复杂的债权债务关系、三角债问题，以及广泛存在资金集中支付、委托收付款、债权债务抵消、债务重组等实操模式，不可避免甚至经常出现购买方与付款方不一致的情形。因此，很难保证资金流与其他三流完全一致。需要说明的是，资金流与业务流在特殊情况下并不必然强求一致，但一般要求在资金流方面能够清晰证明货币收支不存在违反财经纪律、非法集资或套现等违规操作。

规则3主要是针对互联网经济下的电子商务、平台经济模式作出的灵活调整。在日渐繁盛的互联网时代，电子商务、平台经济呈现出加速发展的态势，经济交往的广度与深度均系前所未有，交易活动愈来愈趋向复杂化，实现与业务交易完全一致的点对点物流配送遇到障碍，同时也可能因为经济性原则而丧失点对点物流配送的必要性。尤其是企业或市场主体之间进行货物转卖时往往会约定货物暂时不发生现实上的实际交付，而是通过"指示交付"或"占有改定"的方式完成货物所有权转让与交付过程。虽然货物本身没有发生空间上的转移，但已经发生法律意义上的"交付"，即货物所有

---

① 北京新视觉. 5月26日总局"营改增"视频会政策问题解答. [2020-08-24]. https://www.bjeye.com/shui/17101.html.

权已经发生转移，交易行为合理有效。这种物流配送与资金流、票据流不一致的情况也是符合常理的，即不能因为物流配送与业务交易不一致而被认定为不符合"四流一致"原则。因此，"四流"不一致并不必然存在问题，除票据流不一致外，其余三流不一致皆须结合实际交易情况进行专业判断。

四、"业财法税融合"的行动指南

（一）数据决策：智能化数据生态系统构建行动

企业面对"业财法税"融合问题，需要将业务、财务、法务、税务部门的信息管理系统有机连接起来，构筑统一的信息集成平台，并要求各部门在平台上完成各项工作任务，构建一个智能化数据生态系统。

（1）基于区块链的数据生态环境。"业财法税融合"拟从根本上打破各部门之间的信息壁垒，增强企业管理控制的协同效应。但信息共享并不是将企业管控于无节制、无规律的数据洪流之中，而是融入一种合规性与价值创造性管理流程。在"业财法税融合"框架下，基于管理无边界状态及各部门处于物理层面的分割状态，企业管控必然要求有条件、有约束的信息共享。区块链作为一种采用分布式共识算法生成数据、加密链式区块结构存储数据、加密技术保障信息传输安全的去中心化数据库结构，其与"业财法税融合"框架下的信息共享要求有着高度的契合性。

在共享机制方面，区块链采用节点式去中心化的技术架构，与

"业财法税融合"的四位一体的组织架构相契合。区块链具有分布式数据存储共享机制,在各节点间存储着数据账本,并且由于去中心化的数据存储机制,节点间数据各有备份,比如一项交易活动中财务、税务、法务、业务都持有交易数据,从数据存储结构上保证数据信息的及时共享。

在安全机制方面,区块链摒弃传统的中心信任架构,采用以加密技术与共识算法搭建技术信任机制。采用区块链搭建"业财税法融合"的数据环境,有效限制部门权力不对称所导致的数据篡改造假及信息失真篡改问题。

在合约机制方面,区块链的智能合约被编译内置于数据区块,并运行于区块链的虚拟环境之中。当交易状态发生变化时,智能合约能够自动判断预设的合约触发条件,自动履行合约规则。基于区块链智能合约的"业财法税融合"能够通过预设的交易状态转换条件,自动地将与交易相关的"业财法税"相关数据记录在区块中。

(2)基于大数据与云计算的数据挖掘。谷歌首席经济学家 Hal Varian 曾提出数据创造的真正价值在于我们能否提供数据分析这一增值服务的观点,面对"业财法税融合"下的海量数据环境,利用云计算和大数据技术进行数据挖掘,使"业财法税"等各方面数据信息有效关联起来,不仅能感知数据背后隐藏的行为动因,还能根据数据波动预测深层的趋势演化,从而更敏锐地洞察"业财法税"的互动规律。

(3)基于人工智能的协同进化。"业财法税融合"将原本割裂的各项职能有机地整合在一起,深入推进管理协同的实践应用。

在智能数据生态系统中,面对错综复杂的外部环境与不断变革的内部环境,仅靠人工经验不能满足决策的及时性与可靠性要求。因此,应通过引入人工智能技术,模拟人工复杂决策过程,编织出一张涵盖交易活动、财税处理、风险管理、合规管控等丰富细节的"信息网",并在神经网络算法、遗传算法等深度学习模型的加持下,通过自学习的方式不断迭代更新,实现数据生态系统的协同进化。

(二)管理变革:从行为秩序到逻辑秩序的重构行动

"业财法税融合"的管理变革需要自上而下的推进,这并非仅指在企业组织层面必须遵循自上而下的行为秩序,还包含从企业文化到管理流程的重构也必须遵循自上而下的逻辑秩序。因此,"业财法税融合"的管理变革须以企业文化驱动为起点,将服务思维、产品思维、创新思维纳入企业经营活动与管理流程之中。

(1)将服务思维内化于组织合作。"业财法税融合"要求业务、财务、法务、税务有机融合于企业的价值创造过程,做到"短期合规—中期提效—长期价值提升"的目标,而这一目标的实现需要各部门摒弃局限性的部门思维,将为客户服务的精神内化到部门合作中,将业务活动中的上下级部门视为自己的客户,以服务思维开展组织合作,减少部门目标不一致带来的冲突,共同聚焦于公司价值提升。以服务思维建立的"业财法税融合"模式,形成财务业务的有机结合,即财务部门服务于业务部门,所提供的合规监管灵活多样,贴近业务的实质性要求;业务部门同样服务于财务部门,及时提供财务部门所需的各种证据信息，以保障完整证据链下搭建缜密的内控体系。

(2) 将产品思维内嵌于合作成果。以往的"业财融合"，财务部门仅仅从提升自身部门工作效率的角度出发，局限于财务信息化、财务共享化的狭窄范围，并未做到真正的"业财法税融合"。根本原因在于没有在内部合作时将产品思维固化在合作中，缺乏成体系、满足要求的信息产品的输出，脱离了具体产品，产品标准、质量鉴证等体系建设也就无从谈起（徐晨阳等，2017）。"业财法税融合"要求部门内部合作中交互的成果应当是体系完备的信息产品，以保障证据链的完整性与契合性。

(3) 将创新思维内蕴于秩序重构。无论是智能化数据生态系统构建，还是无边界组织衍生，或者是内聚式耦合管理，都是为实现企业价值最大化、扫除传统管理模式桎梏的管理变革。"业财法税融合"下的秩序重构为管理协同找到了源头，从行为秩序到逻辑秩序的重构行动是管理变革的内在驱动力，需要业务、财务、法务、税务等多部门共同合作，以创新思维推动秩序重构。

(三) 组织变迁：实现开放性与智能化的变革行动

企业在"业财法税融合"前期，由于信息化技术的应用，传统"金字塔型"组织架构尚能满足企业对于价值创造的追求。但在后期不断融合过程中，由于组织运行存在交易成本，当一种新的组织结构能够为企业带来更低的交易成本时，企业会选择转变为这种新的组织结构（李朋波等，2017）。故而在"业财法税融合"后期，为满

附录二 业财法税融合：理论框架与行动指南 | 591

足对企业价值最大化的目标追求，企业应当积极推动组织变迁，摒弃传统"金字塔型"组织架构，转向具有"小前台—大中台"特征的"尖兵＋航母群＋大脑中枢式"组织架构，如图 4 所示。这一组织变革的内涵在于缩小业务前台，将其作为外界探寻、合作交流的先锋，后续是以数字化、智能化为核心，多种职能部门共建互融的"航母群"为中台，后台则是以"战略规划＋管理协同＋价值创造"为根基的"大脑中枢"。这种聚焦"前台—中台—后台"结构拆分、匠心独运的组织架构，其功能定位和管理协同优势非常明显：业务前台体型缩小，便于应对瞬息万变的外界环境；庞大的中台体系基于大数据技术支撑，集合企业各项职能，综合财务、税务、法务等

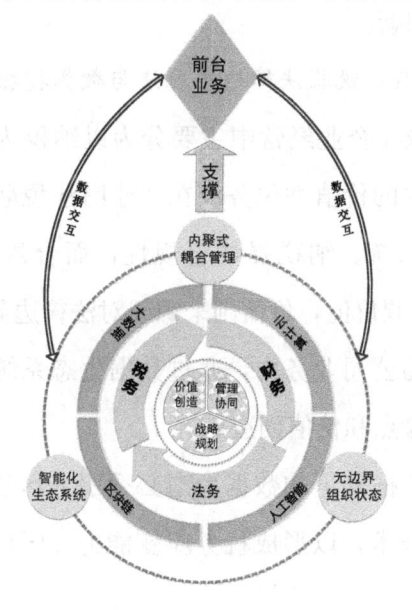

图 4 "尖兵＋航母群＋大脑中枢式"组织架构

部门共同对前台业务提供技术服务层面的支撑，从组织保障、管理协同中实现"业财法税"的有机融合；稳固的后台则以战略规划、管理协同思想、价值创造目标为"大脑中枢"，为"业财法税融合"的实践行动提供坚实的理论基石与决策指导。

五、"业财法税融合"推动税务管理创新

税务管理作为一个沟通政府与企业的重要桥梁，具有植根于业务、起源于法务、取材于财务的特点。将税务管理作为"业财法税融合"行动实践的落脚点，既能充分体现"业财法税融合"四位一体、耦合协同的特征，又能"窥一斑而知全豹"，全面推进"业财法税融合"的实践创新。

（一）技术拓展：税收法律边界厘清与数据挖掘

传统税务领域在企业经营中主要分为以纳税为主的合规性税务和以税负控制为主的价值性税务。在"业财法税融合"中，二者均需建立数据生态系统。纳税强调合规性，而合规性来源于程序正义。① 税负控制强调价值，价值则来源于对法律边界的厘清。在创新性与复杂性并存的公司业务中，通过数据生态系统能够清楚判断业务存在的税务风险点和价值创造点。

业财法税融合框架下的数据生态必须引入区块链、大数据、云计算等现代信息技术，以形成税务应变能力。区块链技术下构建的

---

① 程序正义是指解决争端和资源分配过程中的公平理念，本文将其界定为税务处理程序的规范性。

数据生态环境，通过分布式存储、多节点共享、自动化合约等技术囊括了整个业务下的所有信息。从税务合规角度分析，无论是外部税务稽查，还是内部税务审计，均能提供足够的数据资料，溯源业务全过程生命周期，提供验证"程序正义"的重要依据。基于大数据与云计算构建的数据挖掘系统，能够在大量业务、财务、法务数据下探索最优化路径方案。从税务规划角度分析，数据挖掘通过深度分析涉税数据探明业务中的涉税法律边界，在纳税义务发生时间、纳税地点等传统税收关键点中寻找最优解，在税务合规基础上实现价值创造。

（二）虚实结合：从思维到组织的税务管理创新

"业财法税融合"强调管理、供给、创新三大思维。从税务视角拓展分析，分别形成内外协同管理思维、多元化供给思维、内聚式创新思维。

内外协同管理思维是"业财法税融合"突破税务管理束缚的创新点。税务管理的视野不仅局限于客户、企业内部，更要放眼于政府与社会公众。对内，要将税务管理融入企业生产经营的各个环节，构建一个完备的税务合规性体系；对外，以信用体系建设为契机，将税务管理外拓至政府与社会公众范畴，促进企业税收信用的稳步提升。

多元化供给思维是"业财法税融合"下税务与其他部门保持协作关系的基础。企业各部门具有不同的信息供给能力，业务部门供给贴近市场要求的个性化资源计划，财务部门供给完整的财务信息，法务部门提供合法、合规性落地方案，而税务部门则提供满足税后收益最大化约束条件的税务安排。因此，"业财法税融合"下税务部门实现多部门协同时需要秉承多元化供给思维，在合规性税务与价值性税务这两大目标导向驱动下，尽量提供多元化税务方案。

内聚式创新思维是"业财法税融合"下税务管理的底层逻辑。税务管理贯穿于业务、财务、法务等诸多领域，内聚式创新思维与业务模式创新及法律边界约束下的价值创造相契合。唯有秉承内聚式创新思维，将税务管理积极融入业务活动、财务管理、法律规制之中，根据交易结构、管理特征提供个性化的税务管理实践操作，才能使企业在合规基础上实现价值创造，这恰好也实现了价值创造过程的收官。

在当今大数据背景下，基于不断增强的管理协同性与组织开放性，企业迫切需要走数字化转型之路。基于财务共享需求与合规性要求，企业借助大数据、云计算、人工智能、区块链等信息技术为其价值创造活动插上翅膀，使"业财法税融合"逐步迈向数字化、云端化、智能化发展方向。

参考文献

[1] 苏龙飞.支付宝 VIE 生死局.经理人,2011(8).

[2] 张恩俊.VIE 结构在互联网企业应用研究——以阿里巴巴为例.财会通讯,2015(2).

[3] 武宇彤.协议控制模式法律监管研究.北京:中国政法大学,2015.

[4] 陶紫薇.VIE 架构的法律问题研究.上海:华东政法大学,2014.

[5] 孙蔚蔚.从阿里巴巴支付宝案件看协议控制模式之法律思考.上海:华东政法大学,2013.

[6] 卢宇峰,柴怡宁.VIE 结构的风险及对策分析.中国商贸,2014(20).

[7] 王娜.基于 VIE 模式的企业风险及对策分析.商业经济,2015(1).

[8] 曹晓英.我国内地企业境外上市法律问题研究.北京:外交学院,2006.

[9] 潘成林.刍议我国民营企业红筹上市的法律监管.特区经济,2009(1).

[10] 赵勇.阿里巴巴赴美上市的法律问题思考.上海：上海师范大学，2016.

[11] 黄婧娴.VIE结构的风险与应对初探.上海：华东政法大学，2015.

[12] 武礼斌，施志群.境外PE投资架构的税务考量.中国外汇，2014（12）.

[13] 吕颖菲.VIE交易结构下税务风险的分析.财会学习，2016（9）.

[14] 刘天永.个人股权转让涉税问题分析与筹划路径.财会信报，2016-07-25.

[15] 依布拉音·巴斯提.我国互联网金融的财税发展路径分析.改革与战略，2017（3）.

[16] 何思玥.绿色金融初露锋芒——透过"蚂蚁森林"视角的分析.全国流通经济，2019（19）.

[17] 刘金焕.互联网金融企业税收筹划研究.北京：华北电力大学，2019.

[18] 曾丞艳.CRS下离岸信托涉税信息交换的研究.昆明：云南财经大学，2019.

[19] 夏芳.离岸信托的避税研究.金融经济，2006（12）.

[20] 陈东超.跨境资产规划新思维 离岸信托和私人基金.理财，2017（12）.

[21] 韩良.离岸股权信托的设立与治理.清华金融评论，2015

(5).

[22] 王昊. 利用离岸信托传承家族财富. 清华金融评论, 2014 (1).

[23] 吴骊. 在避税地进行离岸信托避税的主要方式. 福建税务, 2002 (7).

[24] 蔡昌, 张赛, 王思月. 中联重科组织架构的涉税分析与筹划. 新理财, 2018 (4).

[25] 蔡昌. 中国特色公有制产权税收论. 北京: 中国财政经济出版社, 2018.

[26] 蔡昌. 评点中外税案. 北京: 中国财政经济出版社, 2018.

[27] 蔡昌. 税收筹划: 理论、实务与案例. 3版. 北京: 中国人民大学出版社, 2020.

[28] 刘蕾. 互联网企业跨国并购财务风险控制研究——以腾讯并购Supercell为例. 济南: 山东大学, 2018.

[29] 蔡凌峰. 腾讯控股并购Supercell Oy案例分析. 深圳: 深圳大学, 2018.

[30] 高超. 腾讯跨国并购SUPERCELL的绩效研究. 长沙: 湖南大学, 2018.

[31] 龚小芸, 张树培. 我国企业并购的财务风险管理研究——以腾讯并购Supercell为例. 现代商贸工业, 2017 (24).

[32] 李淼. 腾讯缔造新纪录: 收购全球最赚钱手游商. 中国战

略新兴产业，2016（14）．

［33］李文晋．"腾讯控股"并购"SUPERCELL"案例研究．广州：华南理工大学，2018.

［34］李晓．腾讯并购芬兰 Super Cell 公司的动因分析．中国乡镇企业会计，2018（1）．

［35］刘俞宏．企业跨国并购中的财务风险分析及防范——基于腾讯收购 supercell 的案例分析．中国商论，2019（16）．

［36］戎珂，肖飞，王勇，康正瑶．互联网创新生态系统的扩张：基于并购视角．研究与发展管理，2018（4）．

［37］夏绍群．互联网企业并购的动因及绩效分析——以腾讯并购 Supercell 为例．天津：天津财经大学，2017.

［38］张佳琦．我国 TMT 行业海外并购动因与绩效分析——以腾讯并购 Supercell 为例．呼和浩特：内蒙古财经大学，2018.

［39］张可馨．腾讯并购 Supercell 绩效研究．商业会计，2019（17）．

［40］周越．腾讯收购案例分析．经贸实践，2017（20）．

［41］纪晓寒．手游行业并购绩效评价体系研究——以腾讯并购 Supercell 为例．浙江：杭州电子科技大学，2018.

［42］李俊良，洪创洲．从多阶段财务绩效看互联网企业并购事件——以腾讯并购 supercell 为例．现代经济信息，2019（3）．

［43］张瑶．税务视角下的中国企业海外并购架构设计研究——以 X 集团并购项目为例．上海：上海国家会计学院，2018.

图书在版编目（CIP）数据

一本书讲透税收筹划/蔡昌等著. --北京：中国人民大学出版社，2021.4
ISBN 978-7-300-29168-0

Ⅰ.①一… Ⅱ.①蔡… Ⅲ.①税收筹划 Ⅳ.①F810.423

中国版本图书馆 CIP 数据核字（2021）第 055290 号

一本书讲透税收筹划

蔡昌　等著

Yibenshu Jiangtou Shuishou Chouhua

出版发行	中国人民大学出版社			
社　　址	北京中关村大街 31 号	邮政编码	100080	
电　　话	010-62511242（总编室）	010-62511770（质管部）		
	010-82501766（邮购部）	010-62514148（门市部）		
	010-62515195（发行公司）	010-62515275（盗版举报）		
网　　址	http://www.crup.com.cn			
经　　销	新华书店			
印　　刷	固安县铭成印刷有限公司			
开　　本	720 mm×1000 mm　1/16	版　次	2021 年 4 月第 1 版	
印　　张	38.25 插页 2	印　次	2023 年 11 月第 7 次印刷	
字　　数	385 000	定　价	128.00 元	

版权所有　侵权必究　　印装差错　负责调换